Lieben heißt vergeben

Jacques Marin

Lieben heißt vergeben

Die christliche Ehe
gottverbunden, lebensnah, dauerhaft

Mit einem Vorwort von Msgr. A. M. Hardy,
Bischof von Beauvais, Noyon und Senlis

Parvis-Verlag
CH-1648 Hauteville/Schweiz

Vom gleichen Verfasser:
«Das Sakrament der Versöhnung, das Wunder der Liebe»,
Parvis-Verlag, 1997

Französischer Originaltitel «Aimer c'est pardonner»,
Editions des Béatitudes, 1990.
Dieses Buch wurde auch auf tschechisch, italienisch und portugiesisch übersetzt.

Deutsche Übersetzung: Doris Dunkmann

© Für die französische Ausgabe: Editions des Béatitudes, 1990
© Für die deutsche Ausgabe: November 2000

PARVIS-VERLAG
CH-1648 HAUTEVILLE/SCHWEIZ

Internet: www.parvis.ch — E-mail: book@parvis.ch

Alle Rechte, auch die des Teilabdruckes, vorbehalten

Gedruckt in der Schweiz

ISBN 3-907525-40-X

*Für meinen Vater, den ich kaum gekannt habe,
für meine Mutter, die seit fünfzig Jahren Witwe ist
und mich die Schönheit der Ehe gelehrt hat.
Für meine Brüder und Schwestern,
die der Familie so viel gegeben haben.*

*Für euch, die ihr mit ganzem Herzen
an diesem Buch mitgewirkt habt:
Jean-Louis und Monique,
Jean und Elisabeth
und für euch Kinder:
Anne, Benoit, François und Matthieu.*

*Für die Gemeinschaft der Seligpreisungen
und die Gemeinschaft «Wort des Lebens»,
Hüterinnen des Wortes Gottes,
das die Herzen bekehrt.*

*Für euch alle, ihr Zeugen der Liebe des Herrn
in eurer Ehe, ohne die dieses Buch
nicht geschrieben worden wäre.*

Vorwort

Der Titel ist zeitgemäßer denn je. Viele Ehepaare, die heute auseinandergehen, haben es nicht verstanden, ihre Liebe im rechten Augenblick in und durch die Vergebung zu erneuern.

Es stimmt, dass es nicht einfach ist, ganz natürlich und von sich aus zu vergeben. Zwischen zwei Menschen können sich sehr schnell und fast unbemerkt Hindernisse ansammeln. Die Charaktere stoßen aufeinander; die unterschiedlichen Prägungen treten zutage und es stellen sich die alten Angewohnheiten wieder ein.

Wenn man zusammenleben will, muss man lernen, solche Hindernisse ständig zu überwinden. Bei den Verlobten, die ich auf die Ehe vorbereiten durfte, habe ich auf den Rat des Kohelet hingewiesen: «Lasse die Sonne über deinem Zorn nicht untergehen.» Was für die Eheleute im Klartext heißt: Nach einem Zwist nie zu Bett gehen und einschlafen, ohne sich versöhnt zu haben.

Doch die Verletzungen bleiben; sie sind manchmal tief. Dann fühlt man sich schwach oder sogar völlig machtlos. Und in der Tat: Ich glaube, dass wir nicht imstande sind zu vergeben, wenn wir auf unsere eigenen Kräfte angewiesen sind. Wir brauchen Gottes Liebe, seine unendliche Barmherzigkeit, um unsere menschliche Liebe mitten in deren Wechselfällen ständig erneuern zu können.

Vielleicht bräuchten wir uns nur zu erinnern, was uns das Buch der Weisheit im zweiten Kapitel sagt: «Herr, du hast mit allen Mitleid, weil du alles vermagst: Du schließt die Augen vor den Sünden der Menschen, damit sie Reue empfinden.»

Doch in Jesus Christus haben wir mehr. In seinem Tod und in seiner Auferstehung haben wir den Sieg der Liebe, den wir nur zu ergreifen brauchen. Dieser Sieg liegt seit unserer Taufe in uns, und jedes Sakrament erneuert ihn für die jeweiligen Umstände unseres Lebens.

P. Jacques Marin sei dafür gedankt, gezeigt zu haben, dass dies besonders für die Ehe zutrifft. Zahlreiche Zeugnisse lassen uns den Sieg der Liebe entdecken, in der Arbeit und in vielen widrigen Strömungen und Kräften.

Besonders gelungen erscheint mir das Kapitel über die wieder verheirateten Geschiedenen. Es hat sich mit Bedacht von dem apostolischen Schreiben «Familiaris consortio» von Johannes Paul II. anregen lassen. Es kann verstehen helfen, dass keine Situation hoffnungs-los ist und dass für die Liebe niemals etwas endgültig verloren ist.

Die ständige Erinnerung an die Heilige Schrift bringt auf diesen Seiten das Wort Gottes gleichsam selbst zum Klingen, die Quelle aller Hoffnung.

Dieses Buch ist vor allem für Eheleute bestimmt, aber darüber hinaus kann es jedem helfen, der sich im Namen seines Glaubens irgendwo einsetzt. Es kann ihm helfen, den Glauben noch lebendiger und zum Zeugen eines Sieges der Liebe zu machen, der immer möglich ist.

gez. † Adolphe-Marie Hardy
Bischof von Beauvais, Noyon und Senlis

Vorrede

«Lieben heißt vergeben»; Die Ehe ist so sehr ein Aufruf zum Glück, dass dieser Titel überraschen mag.

Doch um was für eine Liebe und was für ein Glück geht es dabei? Lasst uns vom wahren Glück sprechen, von dem, das von Dauer ist, wenn es wirklich in Gott erfahren wird: «Gott ist Liebe.»

Gott ist im Herzen der Eheleute anwesend: Das ist etwas «Heiliges», es ist ein Sakrament. Gott ist da, und auch Treue ist da, denn Gott in seiner Treue stellt keine Bedingungen.

Wenn die Eheleute so mit Gott und mit der Wirklichkeit verbunden sind, können sie auf Gottes Gabe eingehen, die «geheimnisvoll und wahr» ist…

Ja, aber unter einer Bedingung — die im Leben der Liebe auf dieser Erde immer den Ausgangspunkt bildet: Wenn die Schönheit und Stärke jeder Liebe darin liegt, dass sie vor allem treu ist, dann muss der Mensch sich daran erinnern, dass allein Gott unbedingt treu ist. Das Geschöpf bleibt nur bedingt treu, weil Schwäche und Sünde hinzukommen. Wer das Gegenteil glaubt, macht sich als Mensch unbewußt Gott gleich und läuft in der Liebe geradewegs ins Verderben. Stolz, Zerbruch in der Liebe und Enttäuschung wären die Folge; es wäre der Tod der Liebe, das einzige wirkliche Verderben: die Auflehnung und die Hölle.

Aber Gott ist bis in seine Barmherzigkeit treu. Dank dieser Barmherzigkeit führt der Weg eines Ehepaars von Treue zu Treue, zueinander und zu Gott. Darum hat der Mensch ein unbedingtes Bedürfnis nach Barmherzigkeit, so wie sie ihm von seinem Erlöser entgegengebracht wird und wie er sie seinen Brüdern entgegenzubringen hat. Durch die Barmherzigkeit wird er die treue Liebe retten, die er einst gelobt hatte; dies ist für ihn die sichere Grundlage des Glücks. Wenn er aber die Barmherzigkeit umgehen wollte und bezüglich der unbedingten Treue nichts hat versprechen wollen, wird er umso unglücklicher sein: Er wird in diesem Fall draußen vor der Tür der Liebe stehen bleiben müssen.

Das Glück der Eheleute besteht also in einem von Gottes Gnade unterstützten Treuebündnis. Dies ist das Sakrament der Ehe, das die Eheleute einander in Gott spenden.

Darum ist eine festgegründete, dauerhafte Ehe also «gottverbunden», mystisch — und wie! Auf Grund ihrer Beziehung zu Gott, ihrer Verbindung zu Ihm in jedem Augenblick, erwartet sie — und mit welchem Glück! — die rettende Barmherzigkeit. Eine solche Ehe ist dann auch sehr «lebensnah»; frei von jeder Täuschung und jeder Utopie, ist sie geschützt vor der Lüge eines nur vorübergehend aufkommenden Liebesdrangs.

Wir müssen schlussendlich feststellen: Wenn die Treue, und zwar die ewige Treue, der Schlüssel zur Liebe ist, dann ist die Liebe der Eheleute nur in Barmherzigkeit möglich. Darum ist es zutreffend, wenn wir sagen: «**Lieben heißt vergeben**».

Das ist tatsächlich die unabdingbare Grundlage der ehelichen Liebe. Davon sind wir zutiefst überzeugt, sowohl auf Grund der Heiligen Schrift als auch durch die Erfahrungen der Ehepaare, die hier von ihnen berichten.

Der heilige Pfarrer von Ars, ein Fachmann in Sachen Liebe und Heiligkeit, hat gesagt: «Wir können Heilige werden, wenn nicht durch Unschuld, dann wenigstens durch Buße.» Könnte man daher zu Beginn dieses Buches in Übereinstimmung mit ihm und als Schlüssel zu den Darlegungen über die eheliche Liebe nicht sagen: «Wenn Eheleute einander nicht mehr mit **Hingebung** lieben können, dann können sie es immerhin — und immer — tun, indem sie einander **Vergebung** gewähren.»

Zuguterletzt, wenn man eine Ehe in Betracht zieht, die nicht in der Verbindung mit Gott gründet, beweist man einen Mangel an

VORREDE

Wirklichkeitssinn, da es keine wahre Liebe gibt, die ihre Quelle nicht zuerst in Gott, dem Geheimnis der Liebe, fände. Und da es bei fehlendem Wirklichkeitssinn auch keine Beständigkeit gibt, wollen wir uns dem Wesentlichen zuwenden — und der Gegenwart! Denn die christliche Liebe wird hier und heute gelebt. **Nur eine in der Gegenwart gelebte Liebe kann Glück schenken.** Wollen das nicht alle?

Einleitung
Schon jetzt die Hochzeit des Lammes

Die Ehe im Alltag nach dem Herzen Gottes

Die Eheleute mögen sich denken: Mitten in unserer heutigen Liebe soll **schon die Hochzeit des Lammes** stattfinden — aber warum eigentlich nicht?

Ist das ein zu mystisches Ideal für ein Ehepaar, das Gott dazu berufen hat, *ein* Fleisch zu sein? Ist das übermäßig anspruchsvoll und nur für ein paar Auserwählte gedacht? Eine Lehre, die zu einem gefährlichen «Abheben» von der Wirklichkeit und dem Alltag führt und die Wohltaten dieser Erde, die Gott der Ehe zugedacht hat, dadurch verkleinert, dass das Ehepaar bereits in die Ewigkeit versetzt wird? Keinesfalls!

Sogar im Gegenteil! Schon jetzt die «*Hochzeit des Lammes*» zu erleben ist für das Paar und die Familie der Schlüssel zu einer treuen, beständigen Liebe, die sich auch in den ehelichen Beziehungen zeigt und die die keuscheste und zugleich freieste Liebe ist. Gott selbst wird dort zum Empfänger, wo Er sich ganz zuhause fühlt, mitten in der Liebe.

Dann erfüllt sich das Wort: «*Sie werden ein Fleisch sein.*» Aber auch ein Herz und eine Seele. Das gehört in den Bereich des Unsagbaren: Gott ist anwesend.

> *Ihr Ehemänner, liebt eure Frauen, wie Christus die Kirche geliebt hat: Er hat sich für sie hingegeben* (Eph 5,25).

Hat die Hochzeit des Lammes nicht schon begonnen? Gott sprach: «*Ein Fleisch*» — das ist eine Angelegenheit des Glaubens, doch nicht des Unwirklichen. Es handelt sich also nicht um ein erstrebenswertes Ziel, auch nicht um eine beherzigenswerte Lehre, und noch weniger um ein noch so edles Bestreben. Es ist eine Angelegenheit des Glaubens, der «Glaube aber ist nicht Ansichtssache, sondern Gewissheit», wie der heilige Bernhard sagt (Brief 190 an Papst Innozenz II.). Dabei geht es vor allem nicht um irgend etwas Heldenmütiges, sondern um einen Ruf zur Heiligkeit, und zwar für beide.

Ist das maßlos? Ja, tatsächlich! Und zum Glück für all jene, die danach hungern, von der Liebe zu leben. Eine «maßvolle» Liebe, die wollen wir den Weisen dieser Welt überlassen, oder auch den «Furchtsamen», die sich zweierlei aufeinander folgende Arten von Liebe vorstellen — eine von dieser Welt und die andere in der Ewigkeit. So als hätte unser Gott keinen zusammenhang in seinem Denken, Er, der der Eine ist, und der Liebe ist!

In der Liebe ist keine Furcht; im Gegenteil, die vollkommene Liebe verbannt die Furcht (1 Joh 4,18),

sagt uns der heilige Johannes, als wolle er uns von jener uneingestandenen Furcht heilen, dass wir völlig in Gottes Liebe eingetaucht werden könnten. Und doch weiß Gott (und wir wissen es auch…), ob wir es nötig haben, ganz in seine Barmherzigkeit eingetaucht zu werden, um die Furcht vor uns selbst, die Furcht zu lieben, zu verlieren.

Es ist also **eine maßlose Liebe**, und das schon hier auf Erden! Denn in der Ewigkeit wird die unendliche Liebe herrschen, die wir allerdings jetzt schon so erleben, da das ewige Leben für uns bereits begonnen hat. Wie klug wäre der, der es schaffte, das Maß an Liebe festzustellen und zu beurteilen, nach dem ein jeder hier und heute leben sollte. Und wenn er es wirklich schaffte — was für ein Unglück für die wahrhaft Liebenden! Doch durchaus nicht für alle Liebenden: sicher nicht für solche, die nur einen Tag oder eine kurze Woche lang oder für ein kurzes Leben von 7 bis 77 lieben, sondern vielmehr für solche, die unvermittelt von der Vision der Hochzeit des Lammes «verführt» worden sind, solche, die wirklich «Liebe wollen», und zwar für immer.

Wer die Wahrheit erkannt hat, kommt gar nicht umhin, schon jetzt von ihr zu leben: Für den, *der die Hand an den Pflug gelegt hat* (Lk 9,62), gibt es kein Zurück. Sicherlich gilt es dann zu pflügen, doch für die Saat; und zu säen, doch für die Ernte. *Ein Engel trat aus dem Tempel (…), und die Erde wurde abgeerntet* (Off 14,15-16).

Wie gut das Ehe- und Familienleben zu dem Bild des Wettkampfes passt! Mitten in der menschlichen Hochzeit des Bräutigams und der Braut findet sich bereits die Hochzeit des Lammes, eines **geopferten, aber schon siegreiches Lammes**. *Würdig ist das Lamm, das geschlachtet wurde, zu empfangen Macht und Weisheit und Reichtum und Stärke und Ehre und Herrlichkeit und Lobpreis* (Off 5,12).

Die eheliche Liebe ist eine hingegebene, dargebrachte und geopferte Liebe. *Die in Tränen säen, die werden mit Freude ernten* (Ps 126,5). Auf dem Feld des Herrn, das *schon weiß ist zur Ernte, freuen sich der Sämann und der Schnitter* (Joh 4,36). Darin liegt der ganze Reichtum und die Schönheit der Familie, in der unmittelbaren Verbindung mit der Ewigkeit. Darum ist es für die Prediger wichtig, von Himmel auszugehen, von der Liebe des Himmel zu predigen, um das Glück der Erde zu begreifen und zu erleben!

Es ist wirklich so, dass jeder Mensch erlöst ist, um von der Freude der Hochzeit des Lammes zu leben, dort wo *Gott jede Träne von ihren Augen abwischen wird* (Off 7,17). Ist er aber nicht schon hier auf Erden erlöst? Und dazu, schon hier und jetzt davon zu leben? Das ist die Hoffnung und der Trost jedes Ehemannes, der seine Partnerin vor seinem eigenen Tod in jene Ewigkeit hinübergehen sieht, die sie einmal für immer vereinen wird.

Eheleute haben die besondere Gnade, das Ehesakrament mitten im gewöhnlichen **Alltag** in einer solchen **mystischen** Tiefe lebendig werden zu lassen. Eine überaus wichtige Gnade zur gegenseitigen Heilung, in der der eine in der von Gott gewollten und geschaffenen Gemeinschaft der andere wird: *Das ist wahrhaft Bein von meinem Bein und Fleisch von meinem Fleisch!* (Gen 2,23)

Welch ein Einverständnis im Hinblick auf die **Heiligkeit**! Und welche Gnade liegt für die Eheleute in ihrem Aufeinander-Bezogen-Sein, das Gott mit dem Sakrament besiegelt hat, damit Er wirklich als Bindemittel ihrer Liebe dabei ist: *Lege mich wie ein*

Siegel auf dein Herz (Hld 8,6). Gott allein ist Meister in der Liebe und in seiner Heiligen Dreifaltigkeit ist er imstande, Gemeinschaft zu stiften und seiner Menschheit jene Ähnlichkeit zu verleihen, für die sie erschaffen wurde. Dieser «neue und ewige» Bund wird im Herzen der auf dem Opferaltar dargebrachten Eheleute von der Eucharistie besiegelt.

Selig, die zur Hochzeit des Lammes geladen sind! (Off 19,9)

Selig die Eheleute, die einträchtig und durch gleich zwei Sakramente auf der Erde und im Himmel von demselben Bund leben. Sie erleben schon den Sieg des Lammes, der nicht erst in der Ewigkeit zu erwarten ist; schon heute zeigt er sich glanzvoll in jenen, die Er auserwählt hat, um aus ihnen *ein priesterliches Königtum, das auf der Erde herrscht* (Off 5,10), zu machen. Zusammen mit dem Priester am Altar feiern sie den unveränderlichen und unverbrüchlichen Bund, um im Leben Zeugen der treuen Liebe zu sein *durch Jesu Christus, den treuen Zeugen, den Erstgeborenen von den Toten, den Herrscher über die Könige der Erde!* (Off 1,5)

«**Die Eucharistie** ist Quelle und Gipfel jeder Evangelisierung», sagt uns das II. Vatikanische Konzil[1]. Das zweite Sakrament des Bundes, die Ehe, eignet sich ebenfalls vorzüglich zur Evangelisierung. Unter den «gläubigen Laien» sind besonders die christlichen Eheleute dazu ausersehen, in diesem unverbrüchlichen Bund Gottes mit den Menschen zu leben und ihn zu verkörpern. Nachdem sie ihn in einer innigen Eucharistie erfahren haben, sind sie aufgerufen, diese selbe Liebe Gottes mitten unter den Menschen zu verwirklichen:

Ihr seid das Salz der Erde, ihr seid das Licht der Welt (Mt 5,13-14); *das Himmelreich ist gleich einem Sauerteig...* (Mt 13,33).

Anknüpfend an das II. Vatikanische Konzil, wollte Papst Johannes Paul II. uns neu hinweisen auf jene «unverzichtbaren

---

[1] *Dekret über den Dienst und das Leben der Priester*, Nr. 5, Absatz 2.

Aufgabe des Ehesakraments in Kirche und Gesellschaft, alle Beziehungen zwischen Mann und Frau zu erhellen und zu inspirieren», und führte weiter aus:

> «Das Ehesakrament, das eine solche Beziehung in ihrer ehelichen Form weiht und als Zeichen der Beziehung zwischen Christus und seiner Kirche offenbart, enthält eine für das Leben der Kirche bedeutende Lehre; durch die Kirche muss diese Lehre die Welt von heute erreichen.»[2]

Die Welt von heute zu erreichen, das ist der glühendste Wunsch dieses Buches. Möge es nicht allein den Christen vorbehalten bleiben. Die Zeugnisse selbst zeigen übrigens Ehepaare, die noch dabei sind, die Liebe zu entdecken, und von denen einige den christlichen Glauben und die christliche Hoffnung und zugleich den Reichtum ihrer ehelichen Liebe entdecken.

Lieber Leser, es spielt keine große Rolle, wo du gerade stehst. Deine Suche und der gute Wille, die dich dieses Buch aufschlagen lassen, sind sie nicht das Wesentliche? Man muss zunächst in der Liebe klar sehen und zugeben, dass es ohne **Vergebung** kaum Liebe geben kann, auch keine Vergebung ohne ein verwundbares Herz, das die Wahrheit nicht mehr fürchtet. Ist es nicht das Wichtigste, **unterwegs zu sein** (und nicht nur auf der Suche), und zudem **auf dem richtigen Weg**? Die vielen Zeugnisse, die die Lehren dieses Buches verdeutlichen, zeigen sie nicht Ehepaare, die unvollkommen, aber voll guten Willens sind und entschlossen, den notwendigen Preis zu zahlen, um ein Höchstmaß an Liebesglück zu erleben?

Gott selbst, der Meister in der Liebe ist, hat den Weg zur Gemeinschaft einschlagen wollen, worüber die Welt immer noch staunt. Um das zu erleben, muss man vor allem **ein kindliches Herz** besitzen. Das ist die Schlussfolgerung dieses Buches. Von vornherein muss man aber auch ein einfaches Herz haben. Was

---

2 Papst Johannes Paul II., Nachsynodales Apostolisches Schreiben: *Christifideles laïci. Über die Berufung und Sendung der Laien in Kirche und Welt.* Nr. 52, 1988.

dich angeht, du brauchst nicht erst die Ewigkeit abzuwarten, um das Glück jener kennen zu lernen, *die dem Lamm überallhin folgen* (Off 14,4). Seine Hochzeit ist eine ewige Hochzeit.

Kapitel I
Lieben heißt vergeben

Die Liebe verzeiht alles, glaubt alles, hofft alles und erträgt alles (1 Kor 13,7)

1 — Die Liebe erträgt alles
2 — Hindernisse bei der Vergebung
3 — Barmherzigkeit ausstrahlen

Gott ist Liebe, Gott ist Licht. Wie sieht der Weg des Ehepaares aus, das Liebe und Licht werden soll?

Der Apostel sagt uns: *Werdet also Nachahmer Gottes als geliebte Kinder und wandelt in der Liebe, wie auch Christus euch geliebt und sich für uns hingegeben hat* (Eph 5,1-2).

Gott nachzuahmen versuchen: Das ist der einzige Weg zu einer beständigen Liebe auf unserer Erde. Es ist für die Eheleute in ihrer Liebe ein Weg des Lichts.

Ihn einzuschlagen heißt, Barmherzigkeit bis zur Selbstaufopferung zu üben. Und wir alle sind eingeladen, Jesus nachzuahmen, indem wir alles ertragen und Ihn bitten, in uns alle Hindernisse bei der Vergebung umzustoßen.

Verzeiht einander, wenn einer gegen den anderen eine Beschwerde hat; wie der Herr euch verziehen hat, so sollt auch ihr tun (Kol 3,13).

In der Gnade der Vergebung verwandelt sich alles, was für die Eheleute am verletzendsten und erniedrigendsten war, in Liebe — *werdet Nachahmer Gottes* —, man glaubt zu träumen! Ja, aber man muss damit beginnen, einander zu ertragen.

1 — Die Liebe erträgt alles

Wer aus dieser Verpflichtung, *alles zu ertragen*, etwas Nebensächliches in der Liebe machen wollte, hätte noch nicht recht verstanden, was Selbsthingabe ist. In der ehelichen Liebe gibt es nun aber zwei Seiten in der vollständigen Selbsthingabe: das was der Ehepartner bereitwillig gibt, und das was der andere ihm genommen hat. *Alles ertragen* gehört zu dem zweiten Teil. Denn wer alles geben will, muss der nicht darauf gefasst sein, alles ertragen zu müssen?

Wirklich lieben heißt einander ertragen

Einander *ertragen* zu können gehört zu den Beweisen echter Liebe: den anderen so zu lieben, wie er ist, das heißt, ihn zu so ertragen, wie er in sich selbst ist, noch bevor man ihn in dem erträgt, wie er spricht, handelt oder liebt.

Dies ist sicherlich eines der grundlegenden Geheimnisse einer tiefen, festgefügten, dauerhaften und treuen ehelichen Liebe.

Eine solche Haltung des Herzens, die ein reines Geschenk ist, zeigt sich grundsätzlich am Anfang der Liebe, wenn zwei Herzen einander zum ersten Mal begegnen. Sie ist in der Folge dann nicht mehr unbedingt so «natürlich» oder «selbstverständlich». Man muss zu ihr zurückkommen, glauben, dass dies noch möglich ist, und sie von Gott empfangen.

So ist die Lehre des Apostel Paulus gerechtfertigt, die er mit dem kurzen, unumstößlichen Satz wiedergibt: *Die Liebe verzeiht alles, glaubt alles, hofft alles und erträgt alles* (1 Kor 13,7). Ernstlich lieben, das soll heißen bis zum Ende lieben, wie Jesus: *Er hat sie bis zum Ende geliebt* (Joh 13,1). Und bis zum Ende lieben heißt, bis zum Ende ertragen, mit anderen Worten, *alles ertragen*.

Wir sind hier im Kern einer wirklich dargebotenen und hingegebenen Liebe, denn in diesem Fall ist es der nicht wahrhaft «Liebenswürdige», der die Richtung zur Liebe einschlägt, der immer wieder nach ihr verlangt, während er doch oft unfähig ist, sie zu empfangen, etwa auf Grund seiner Launen oder der in ihm steckenden Neigung, alles abzulehnen. Daher scheut sich der Apostel nicht, uns zu sagen:

Selig der Mensch, der die Prüfung erträgt (Jak 1,12).

Sehen wir in der Bibel nicht, wie Gott sein untreues Volk erträgt?

Mein Volk, was habe ich dir getan? Und womit bin ich dir lästig geworden? Antworte mir! (Mi 6, 3-4)

Das Volk scheint seine Gegenwart nicht mehr ertragen zu können, und das ganz ohne Grund — Gott ist es, der sich belästigt fühlen könnte! Und doch gibt Er nicht auf.

Denn ich habe dich aus Ägypten herausgeführt, ich habe dich aus dem Sklavenhaus frei gekauft (vgl. Ex 20,2).

Daher wird der Unerträgliche dem anderen vorwerfen, ihn nicht ertragen zu können. Das ist eine deutliche Verblendung, die nicht eben selten zu sein scheint.

Die Jünger, denen es an Glauben gefehlt hatte, um einen bösen Geist auszutreiben, werden von Jesus selbst gefragt:

Wie lange muss ich euch noch ertragen? (Mk 9,19)

Nebenbei bemerkt, es ist dieser Mangel an Glauben, der für Jesus unerträglich ist. Dasselbe gilt auch für die Ehepaare untereinander. Es wird einfach unerträglich, dass der andere so tut, als glaube er nicht mehr an die Liebe, und Erpressung einsetzt — die aber ist Lüge. Was unter Eheleuten am meisten verletzt, sind also nicht so sehr Undankbarkeit oder Schwächen in der Liebe oder sogar Gemeinheit, sondern viel mehr, dass man nicht mehr an die Liebe glaubt.

Genau das bringt Jesus an die Grenze seiner Geduld. Genau das bringt die Eheleute oft schwer zu Fall und führt sie zu der Feststellung, eine Niederlage erlitten zu haben: Wir können einander nicht mehr ertragen. Dann erklärt der eine oder der andere (oder beide), dass man nicht mehr an die gemeinsame Liebe glaube.

Der einzige Ausweg besteht für sie darin, zu der Gnade ihres Ehesakraments zurückzukehren, das ebenso wie die anderen sechs ein Glaubenssakrament ist, und wie die heilige Therese von Lisieux zu sagen: «Ich glaube, was ich glauben will.» «Einander ertragen» kann wie eine rein verneinende Haltung aussehen oder wie eine unabdingbare Voraussetzung, um zusammenzubleiben und auf dieser Grundlage von Zeit zu Zeit ein neues Auflodern der Liebe zu erleben, das einem die Gewissheit verleiht, dass die Liebe noch nicht abhanden gekommen war.

Das aber hieße das Wort *Ertragt einander in Liebe* (Eph 4,2) missverstehen. Der Epheserbrief macht ganz deutlich, dass man einander nur mit Liebe ertragen kann; sich gegenseitig ertragen ist tatsächlich bereits eine sehr beachtliche Liebestat: Das ist die Wahrheit. Wer die Tiefe der Liebe kennt, wird sich nicht mehr fangen lassen von der Lüge, das «Ertragen» sei nichts weiter als eine Vorbedingung der Liebe oder ein vorübergehender Zustand, bis man zur wahren Liebe zurückgefunden hat.

Sich gegenseitig ertragen gehört zur Liebe dazu: Jede eheliche oder brüderliche Liebe hat diese Haltung unbedingt nötig und niemand kommt daran vorbei. Das Geheimnis liegt jedoch offenkundig darin, wie man dabei vorgeht: «mit Liebe».

Der Apostel fügt hinzu: *Bemüht euch, eins im Geist zu sein durch das Band des Friedens* (Eph 4,3).

Muss dann nicht zunächst einmal der Blick geheilt werden, um das zu erreichen? Denn ein richtender Blick hindert tatsächlich daran, dass man den anderen so liebt, wie er ist. Er erzeugt Unzufriedenheit und Bitterkeit. Man beklagt sich über seinen Partner, und sehr schnell wird er «unerträglich».

Mit einem solchen Blick betrachtete zum Beispiel eine Ehefrau die Art und Weise, wie ihr (sonst durchaus annehmbarer) Mann seine Zeit gebrauchte, und sah dabei nicht auf sein Herz. In der Tat war «ein Schleier auf ihrem Herzen», aber *sobald einer sich zum Herrn bekehrt, wird der Schleier fortgenommen* (2 Kor 3,15-16). Der Herr ist ihr im Gebet zu Hilfe gekommen. Es genügte ihm nicht, dass sie ihren Mann mittels eines falschen Bildes ertrug. Er wollte ihr die Rückkehr zur wahren Liebe schenken. Hier ist ihr Zeugnis:[3]

> Therese: «Wir sind seit zwanzig Jahren verheiratet und ich war seit zwei oder drei Jahren vom Leben ziemlich schlecht behandelt worden. Auf Grund von Umzügen sah ich meinen Mann nicht mehr wie sonst: Er musste im Haus alles richten, und ich sah ihn nur noch als Bastler, als Handwerker. Aber der Herr hat mir meinen Mann in seiner ganzen Liebe und Freundlichkeit gezeigt. Wir haben unsere Liebe in ihrer ganzen Frische wiederentdeckt. Der Herr hat mir auch eine Gnade der Hoffnung geschenkt. Er hat mir ein Wort gegeben: *"Wenn du glaubst, wirst du die Herrlichkeit Gottes sehen."* Ich bin überzeugt, dass ich Gottes Herrlichkeit in meiner Liebe sehen kann.»

Die wahre Liebe liebt den anderen stets so, wie er ist. Man muss aber zunächst von dem Zerrbild geheilt werden, das man sich selbst von dem geliebten Wesen gemacht hat.

Verblendung macht das Leben und die Liebe zunichte. Mit Gott ist jedoch nie etwas verloren. *Gott ist Licht* (1 Joh 1,5). Dann braucht der Mensch sich nur noch im Gebet in seine Liebe zu stellen.

Sich entscheiden, den anderen mit Liebe zu ertragen

Dadurch dass Eheleute einander ertragen, schaffen sie Einheit in ihrer Ehe, bringen ihr Herz immer näher zu dem anderen und festigen das Band der Liebe, woraus ihnen ein Friede erwächst, der durch nichts zu verändern ist.

Es ist tatsächlich so, als würden die Eheleute einander Folgendes versprechen: «Du kannst die größten Dummheiten der Welt machen, ich habe mich dafür entschieden, dich zu lieben und dich also immer und ewig zu ertragen; nichts kann unsere Liebe zerstören.»

---

[3] Die meisten Zeugnisse in diesem Buch wurden bei Einkehrtagen gegeben; aus Taktgründen sind die Namen verändert, was ihrer Echtheit jedoch keinen Abbruch tut.

Eine solche Liebeserklärung ist nicht übertrieben; es scheint sogar, dass sie unbedingt nötig ist. Wenn sich nämlich zwei Freunde nicht mehr ertragen können, denken sie daran, sich zu trennen oder einfach wegzugehen. Oder zwei in einer Glaubensgemeinschaft lebende Brüder denken daran, in ein anderes Haus zu wechseln, wenn es ihnen unerträglich geworden ist. Aber Eheleute, die haben einander am Tag ihrer Heirat ein Sakrament gespendet, das allein der Tod lösen kann, ein sakramentales Band von göttlichem Recht, das anzutasten die Gemeinschaft der Gläubigen kein Recht hat und noch weniger der Staat. Es ist ein tiefes, geheimnisvolles Band wie nur eines:

Dies Geheimnis ist groß; ich deute es auf Christus und die Kirche (Eph 5,32).

Die christliche Ehe ist also etwas überaus Geistliches. Das Paar ist dazu berufen, so etwas wie einen kleinen Karmel zu bilden; ähnlich wie die Schwestern, die einander vierzig Jahre oder noch länger ertragen müssen, immer neben derselben Nachbarin mit denselben Ticks, derselben Art zu husten, zu singen oder zu seufzen…

Der Unterschied, werden Sie mir entgegnen, ist, dass die Karmelitinnen einander nicht ausgesucht haben! Mag sein; aber die Eheleute auch nicht, denn Gott hat sie füreinander ausgewählt.

Also wäre ein christliches Ehepaar mit seiner Treue in jeder Prüfung so etwas wie ein kleiner Karmel? Ja, ein wenig, und manchmal sogar sehr. Jedenfalls besteht zwischen den beiden mehr als eine Ähnlichkeit. Und solange der Ehestand nicht in dieser seiner mystischen Seite der Aufopferung gesehen wird, braucht man nicht zu meinen, dass dieses große Sakrament wieder seine volle Bedeutung in der Kirche zurückgewinnen könnte.

Um einander mit Liebe zu ertragen, ist es manchmal auch nötig, ein Gefühl des Ungerecht-Behandelt-Werdens aufzugeben, das zum Aufruhr gegen den anderen führt und ihn «unerträglich» sein lässt. So wurde einmal während einer brüderlichen Hilfeleistung ein Exerzitienteilnehmer von einer großen Gnade berührt, die ihn zu einem — sicherlich — guten Ehemann machte. Diese Heilung, ohne die man unmöglich «alles» geben kann, hatte er nötig gehabt:

> Pierre: «Bei unserer Ankunft habe ich gedacht, dass diese Einkehr eigentlich nichts für uns sei, da unsere Ehe gar nicht so schlecht lief. Wir hatten, schon bevor wir gekommen sind, viele Gnaden empfangen. Dann habe ich bemerkt, dass da noch viele Kleinigkeiten waren, durch die unsere Liebe wachsen könnte. Ich möchte Gott für ein Erlebnis preisen, das ich hatte: die Geschichte von Martha und Maria. Gestern Abend war ich «Martha», ich fühlte mich ungerecht behandelt, weil ich die Tische abräumte und Geschirr abwusch, während andere miteinander sprachen. Mir wurde klar, dass dieses Gefühl von Ungerechtigkeit nicht ganz rein war, und habe Jesus in der Kapelle um Vergebung gebeten. Heute Morgen war es wieder dasselbe, aber anders herum. Ich war «Maria» und sah neben mir, wie die Schwester, die sich um die Kassetten kümmert, ihre Arbeit mit Liebe tat; dabei habe ich innerlich nicht gespürt, dass sie etwas Ungerechtes empfand.»

Die Erfahrung zeigt, dass jemand, der in seiner Ehe lediglich «alles erträgt», dies aber gezwungenermaßen, ohne mit dem Herzen beteiligt zu sein, dabei oft eine Niederlage erlebt. Man muss also notwendigerweise noch weiter gehen: sich dafür *entscheiden*, alles zu ertragen, und zwar von Herzen gern. Diese bewusste Entscheidung verwandelt Streitsucht schließlich in Zärtlichkeit, wie das folgende Zeugnis zeigt:

> Odile: «Als Alain sich verheiraten wollte, hat er viel gebetet, dass der Herr ihm seine Frau über den Weg laufen ließ, und die war ich. Er hat mich wirklich als Geschenk angenommen. Als wir verlobt waren und ich meinen Freunden von Alain erzählte, nannte ich ihn "Alain von den Seligpreisungen", so sanft und geduldig fand ich ihn. Im Lauf der Jahre (wir sind jetzt achtzehn Jahre verheiratet) fand ich, dass die "Seligpreisungen" schwer zu tragen seien. Ich wurde ungeduldig, ich dachte, dass ich eine rasche Auffassungsgabe hätte und alles sehr schnell begriffe. Der Herr hat mir gestern gezeigt, dass ich achtzehn Jahre gebraucht hatte, um zu begreifen, dass ich meinen Mann nicht richtig zu lieben verstand. Nun danke ich ihm dafür, dass er mich mit Demut erfüllt hat. Ich erinnere mich, dass der

Prediger gesagt hatte: "Man muss dem Herrn Gehorsam erweisen, man muss alle seine Gedanken in die Liebe des Herrn stellen, man muss ihn um Vergebung bitten." Das hat mein Herz berührt. Ich bin zur Beichte gegangen. Da hat der Priester zu mir von meinem Leben und meiner Kindheit gesprochen; das hat mich erschüttert, und ich begann zu weinen. Ich habe die Lossprechung empfangen und der Herr hat sich uns beiden gegenüber von der Sanftmut, Geduld und Demut gezeigt, wie ich sie jetzt selbst üben kann.»

Diese Entscheidung für die Liebe müssen die Eheleute immer und immer wieder neu treffen. Sie haben ihren Teil daran. Aber schließlich ist es eine Gabe Gottes, wie es die eben angeführte Ehefrau bezeugt, die einem Gott begegnet ist, der sich ihr «in Sanftmut, Geduld und Demut» offenbart hat. Da ist ihr Herz erschüttert worden. Sie hat ihre Steitsucht einem Ehemann gegenüber aufgegeben, den sie «schwer zu tragen» fand. Dadurch ist ihr Ehe- und Familienleben vollkommen verwandelt worden.

Einander mit Geduld ertragen

Die «einander ertragen» können, üben eine Tugend aus, die «Geduld». Der Apostel Jakobus macht sehr richtig deutlich: Sich über den anderen beklagen, heißt ein Urteil über ihn fällen, und das lässt Ungeduld in uns aufkommen: *Seid auch ihr geduldig. Stärkt eure Herzen, denn die Ankunft des Herrn ist nahe; beklagt euch nicht übereinander, Brüder, damit ihr nicht gerichtet werdet* (Jak 5,8-9). *Richtet nicht, auf daß ihr nicht gerichtet werdet* (Lk 6,37), spricht Jesus.

Darum müssen die Eheleute, wenn nötig, den Teufelskreis durchbrechen, in den sie sich in jenen furchtbaren Augenblicken einschließen können, wenn jeder gleich «zurückschießt» und Verletzung auf Verletzung häuft — in rasendem Lauf zur gegenseitigen Zerstörung, wie um schneller zu einem Ende zu kommen. Es ist, als wolle einer den anderen davon abbringen, das in den Vordergrund zu rücken, was die Liebe fordert. Eine solche Ungeduld kann allmählich das Verlangen wecken, einfach wegzulaufen, und bald scheint das Zusammenleben unmöglich zu werden. Eheleute können ihr Unglück selbst herbeiführen, ohne dass jemand von außen hinzukommen müsste, um ihre Liebe zu stören.

Alle diese Augenblicke der Ungeduld machen es dann erforderlich, dass die Eheleute um Vergebung bitten. Das ist der einzig mögliche Weg zur Heilung. Und es wäre anmaßend von den beiden zu meinen, sie hätten hinsichtlich einer solchen Heilung die Wahl. Hören wir nicht allzu oft folgendes, schlechtes Zeugnis eines Zwiegesprächs ohne Liebe: «Wenn wir uns etwas sagen müssen, sagen wir uns das ins Gesicht» — bis zu dem Tag, an dem man zu dem anderen sagt: «Wenn du nicht zufrieden bist, kannst du deinen Koffer packen und gehen.» Und dann am anderen Morgen die Überraschung: «Warum ist sie denn bloß gegangen?» Und am übernächsten Tag die Überlegung: «Sie hat Unrecht, denn sie hat das Haus verlassen!» Das ist leider sowohl falsch wie auch wahr, denn sie hatten beide Unrecht, weil der eine wie der andere es an Geduld hat fehlen lassen.

Der Apostel Paulus sagt uns in der Tat: *Die Liebe ist geduldig. Die Nächstenliebe ist langmütig* (1 Kor 13,6). Diese Übersetzung, die den griechischen Urtext deutlicher wiederzugeben versucht, scheint uns sagen zu wollen, dass die Liebe zu einer Geduld aufgefordert ist, die sich nicht erschöpft, die es lange aushält. Das ist tatsächlich manchmal unter Eheleuten der Fall.

Hier ist das Zeugnis eines Ehepaares, das bereits dicht vor der goldenen Hochzeit steht; sie bekennen ihren Mangel an Geduld und zugleich ihr Verlangen, sich zu bekehren. Das hat die Treue ihres Bundes und ihre Beharrlichkeit in der Liebe gewährleistet.

> Yves: «Wir sind die beiden "Uralten" der Gruppe, weil wir gerade heute unseren siebenundvierzigsten Hochzeitstag haben. Wir sind sehr verschieden. Schon im Hinblick auf das Temperament. Annette ist auffallend ruhig, ich bin schrecklich aufbrausend. In geistlicher Hinsicht führt Annette von klein auf ein christliches Leben: Sie ist eine heiligmäßige Frau. Ich bin ein "Spätberufener", weil ich mit dreiundzwanzig Jahren getauft worden bin. Ich muss sagen, es fehlt einem etwas, wenn man in seiner Kindheit nie von Jesus gehört hat. Man hat den Eindruck, dass man auf einen zu dicken Stamm aufgepfropft worden ist und dass die Aufpropfung nicht recht gegriffen

hat. Der Prediger hat uns gesagt, in der Ehe würden die Gefühle der ersten Zeit oft vergessen und der andere bleibe immer das einzigartige Wesen. Annette wird für mich wieder das einzigartige Wesen. Claudel schreibt: "Was bei dem anderen unausstehlich ist, das sind nicht seine Fehler, sondern seine kleinen Schwächen." Nachdem ich mich einmal an das Sortieren gemacht habe, habe ich sehr schnell gemerkt, dass meine Frau die kleinen Schwächen hat und ich die Fehler. Und Fehler sind schlimmer als kleine Schwächen. Ganz besonders ein abscheulicher Fehler, der Mangel an Geduld. Ich brause wegen eines Ja oder eines Nein auf. Annette hat kleine Schwächen wie zum Beispiel, dass sie unpünktlich ist. Da werde ich wütend. Darum habe ich den Herrn gebeten, besonders in der Beichte, mir die Tugend der Geduld zu gewähren. Ich habe ihn auch in den Anbetungsstunden vor dem Allerheiligsten darum gebeten. Ich möchte Annette öffentlich danken, denn sie war sehr mutig, mich hierher mitzunehmen. Ehre sei dir, o Herr.»

Tatsächlich lernen die Eheleute es dank dieser Gnade der Geduld, sich allmählich so zu lieben, wie sie sind. Dabei sollte es Geduld aus Liebe sein, niemals also jene Hoffnungslosigkeit, die die schlechte Laune weiterbestehen lässt, mit dem heimlichen Bedauern, dass man nicht eine weniger nervtötende oder eine nettere Frau bekommen hat, einen weniger rohen und zornmütigen Mann.

Es sollte eine tätige Geduld sein, bei der man, als Gegenleistung für eine Undankbarkeit, still für die Umkehr des anderen betet. Wir befinden uns hier auf jeden Fall mitten in der gegenseitigen Heiligung, bei der der «unerträgliche» Partner dem anderen Gelegenheit gibt, sich durch Geduld zu heilen. Sieht der eine seine Geduld auf die Probe gestellt? Dann möge er beten, aber nicht um von der Last, die auf ihm ruht, befreit zu werden, sondern für die Umkehr des anderen. Dafür gibt es genug Beispiele. Viele Eheleute haben jenen Glauben an sich erfahren, der *Berge versetzt*.

Die Geduld bringt die guten Früchte der Ausdauer hervor, die in der ehelichen Liebe unabdingbar nötig ist: Ohne diese Ausdauer keine dauerhafte Treue.

Lieben heißt zuhören, miteinander reden, vergeben

Im Herzensgebet sehen die Eheleute, wie ihre Urteile übereinander gereinigt werden. Sie sehen das verschwinden, was das liebevolle Gespräch zwischen ihnen entscheidend blockiert hat, dieses Gespräch, das sie brauchen, um in der gegenseitigen Heiligung zu wachsen. Wenn sie dann miteinander reden, wird sich ein in Liebe gesprochenes Wort zum Aufbau des anderen nicht mehr in einen Vorwurf verwandeln. Der Gedankenaustausch, so anspruchsvoll er sein mag, wird weiterhin ein Liebesgespräch bleiben und nicht in bittere, oft abschätzige Worte abgleiten, die wenig Raum für die Hoffnung lassen.

Ohne geduldige Liebe verkehrt sich das Gespräch leicht in eine Verurteilung mit bissigen Bemerkungen wie: «Du bist wie deine Mutter»…, ein schmähliches Urteil, das die Frau tief verletzt und überdies noch die Schwiegermutter ablehnt. Dann sieht sich der Ehepartner allein gelassen… mit sich selbst.

Geduld ist nicht ohne ein Hinhören auf das Herz des anderen möglich, während spürbare Streitsucht zur Ablehnung führen würde. Darum ist das Zuhören immer die Grundlage für das Gespräch. Es handelt sich um ein Zuhören mit dem Herzen, und das ist etwas ganz anderes als schweigend abzuwarten, bis der andere aufgehört hat, einen zu reizen. Ein solches Zuhören wird im Schweigen entdeckt. Solange die Eheleute diese Erfahrung noch nicht gemacht haben, kann die Liebe zueinander nicht wirklich wachsen. Das war die Entdeckung eines Ehepaares nach mehreren Ehejahren:

> Albert: «Nach sechs Ehejahren hat der Herr uns geschenkt, dass wir einander in einem neu gefestigten, vollkommenen und lebenslangen Vertrauen wiedergefunden haben. Diese Einkehr war in unserem Leben eine ganz besondere Zeit. Geschwätzig wie ich bin, hätte das schweigend eingenommene Essen sehr hart für mich sein können, ich musste darüber lächeln und sah den Nutzen wirklich nicht ein. Nach und nach hat der Herr in mir ein wenig Ruhe, ein wenig Frieden einkehren lassen. Meine Frau flüsterte mir zu: "Keiner redet, aber alle haben ein Lächeln auf dem Gesicht." So war es. Und

ich habe begriffen, dass während dieses Schweigens alle diese unnützen Worte unterblieben, es blieben nur angenehme Gedanken und das Wesentliche mitzuteilen. Ich danke dem Herrn, dass er mich durch das gemeinsame Schweigen die Macht der Liebe und Brüderlichkeit hat entdecken lassen. Ich sehe jetzt ein, wie wichtig das Zuhören ist.»

Doch es gibt in der Liebe auch Unterlassungen oder unangesprochen bleibende Haltungen, die im Eheleben genauso unerträglich sind. Es gibt ein bedrückendes Schweigen, das unhaltbar ist, und eine Art, das Leben eines Unverheirateten fortzusetzen, die für den anderen nicht auszuhalten ist.

Es gibt auch Zeichen der Liebe, die der andere erwartet hätte, die aber versäumt wurden. Alles das ist dazu da, um vergeben zu werden.

Vor allem darf man nicht denken, die Zeit werde schon alles heilen. In der Liebe ist dieses Sprichwort vollkommen falsch, denn die Eheleute lieben einander zwar mit dem Herzen, aber ebenso mit dem Gedächtnis, und das Gedächtnis erinnert sich an die Leere genauso wie an die Fülle!...

Außerdem muss man bei dem anderen den Mangel an Ausdrucksmöglichkeit in der Liebe ertragen, und man muss den ertragen, dessen Empfindungsvermögen sich in der Familie nur wenig entwickelt hat. Es gibt bedrückende Einsamkeit zwischen Ehepartnern, die einander im Übrigen nie untreu geworden sind. Eine solche Lücke ist groß, selbst wenn sie unbewusst zugegeben wird: Es handelt sich um eine Verblendung auf der einen oder der anderen Seite (oder beiden). Das Ehepaar stellt sich eine Urkunde, eine Belobigung aus: «Wir beide, wir sind einander immer treu gewesen!» Was eigentlich nicht stimmt. Nie untreu, ja gewiss; aber einander bewusst treu zu sein, das ist etwas anderes... Wie viele begehen Unterlassungen auf Grund schuldhaften Schweigens, wie viele flüchten insgeheim in soziale oder kirchliche Tätigkeiten!

Wenn christliche Eheleute darangehen, *über Länder und Meere zu reisen, um einen einzigen Proselyten zu gewinnen* (Mt 23,15), müssen sie sich immer vergewissern, ob der Partner oder die Partnerin, die Gott ihnen gegeben hat, auch auf dem Weg des Heils ist; denn dies ist die erste Seele, über die man einst vor Gott Rechenschaft abzulegen hat.

Lieben heißt demnach zuhören, miteinander reden und vergeben. Zunächst zuhören, und nicht reden: Viele Paare beklagen sich über einen Mangel an Gespräch, nur wenige über fehlendes Zuhören.

Es ist jedoch das fehlende Zuhören, das das Gespräch verhindert: Kaum hat der eine den Mund aufgemacht, nimmt der andere, der weiß, was er gleich hört, eine verärgerte Mine an, bevor der Satz zu Ende ist. Dann sucht man einen anderen Gesprächsgegenstand, dann einen weiteren und so fort, bis es nicht mehr geht. Man zieht sich innerlich zurück in ein bedrückendes Schweigen, das mit dem Zuhören des Herzens nichts mehr zu tun hat. Wenn man sich aber wieder Zeit nimmt, um die Nähe des anderen zu genießen, kann erneut ein Wort der Liebe auftauchen, dann ein Gedankenaustausch über einen möglicherweise schwierigen Gegenstand, der im Schutz der Liebe dennoch annehmbar ist. Und schon hat man zum Gespräch zurückgefunden.

Es nützt nichts, wenn man sich über den Mangel an Gedankenaustausch oder Gespräch nach vielen Ehejahren aufregt: Zunächst wird man sich im Gebet wieder sammeln müssen. Es ist ein Hinhören auf Gott und zugleich auf das Herz des geliebten Wesens, um die Innigkeit eines wahren ehelichen Gedankenaustausches wiederzugewinnen. Diese Erfahrung haben zwei Ehepartner gemacht, weil sie dem Herrn beharrlich ihre Bitte vorgetragen haben; im Grunde ist es ein Geschenk Gottes, das sie erhalten haben:

> Anne: «Als ich hierher kam, lag es mir sehr am Herzen, dass wir den Herrn um die Gnade des Gesprächs und der innigen Verbundenheit bitten sollten. Es war sehr schwierig für uns, miteinander zu sprechen, es ging immer irgendwie daneben und wir waren durch den anderen schnell verletzt. Nun haben wir uns aber austauschen

können, was wir seit zweiundzwanzig Ehejahren nicht mehr gekonnt haben. Wir haben uns in vielen Dingen vergeben können. Unser Herz war frei geworden, um uns und unsere Kinder mehr zu lieben.»

Philippe: «Ich möchte hinzufügen, dass wir nun schon seit drei Jahren zu den Einkehrtagen kommen und dass wir wiederkommen müssen, weil wir erst nach drei Jahren erhört worden sind.»

Ausdauer ist also genauso wichtig wie das Zuhören, Ausdauer aber mit Taktgefühl und Liebe. Bei einem solchen eingehenden Zuhören können die Eheleute einander neu ertragen und so lieben, wie sie sind.

In der Ehe kann es zwischen den Ehepartnern nie eine allgemeine Unterhaltung geben, sondern immer nur einen angeregten Austausch, gefolgt von einem gemeinsamen Entschluss, um die Liebe zusammen zu vergrößern.

Das Gespräch wird nie einfach sein und es wird den Ehepartnern, die sich durch die Erwähnung früherer Verletzungen neu verletzen, ein Anliegen sein müssen, einander in dem Maß, wie ihre Liebe sich vertieft, zu vergeben.

Das Gebet umfasst Zuhören und Gespräch, aber auch die gegenseitige Vergebung unter den Ehepartnern.

So konnte das folgende Ehepaar, das es seit dem Anfang seiner Liebe schwer miteinander hatte, nur deswegen die Treue bewahren, weil es einander in der Haltung demütiger Armut Hand in Hand jeden Abend vergeben hat:

> Henri: «Wir haben von Anfang an Schwierigkeiten in der Ehe. Nach zwei Ehejahren hätten wir uns am liebsten wieder getrennt. Wir sind jetzt elf Jahre verheiratet und sind immer noch zusammen. Was uns in den Einkehrtagen geholfen hat, war der Rat, das Abendgebet gemeinsam zu beten. Und wirklich, wenn man seiner Frau die Hand gibt und im Vaterunser betet: "Und vergib uns unsere Schuld, wie auch wir vergeben", und dann trotzdem noch bedrückt ist — also, das kann ich nicht! Da vergeben wir uns dann immer.»

In dieser schlichten Vergebung findet des Ehepaar zurück zur Zärtlichkeit, einer ausgesuchten Zärtlichkeit, die vorher nicht mehr möglich war. Ein anspruchsvoller, immer neu zu gehender Weg, eine für den Aufbau der Liebe nötige Strecke von Stufe zu Stufe, von Prüfung zu Prüfung. Die christliche Liebe ist immer lebensnah, festgefügt und aufrichtig.

Die Liebe läßt sich nicht erbittern und trägt das Böse nicht nach... Aber auch: *Sie freut sich an der Wahrheit* (1 Kor 13,5.6).

In der Geduld, Zuhören; im Zuhören, Gespräch; im Gespräch, Wahrheit; in der Wahrheit, Vergebung, und in der Barmherzigkeit, unüberwindliche Liebe.

Welches Paar würde nicht gern in einer solch unüberwindlichen Liebe leben? Doch die eheliche Liebe ist ein geistlicher Kampf. Und der Schlüssel zum sicheren Sieg bleibt stets diese liebevolle Geduld, die keine Grenzen kennt. Dann aber beginnt die eheliche Liebe seltsam der Liebe Gottes zu jedem der beiden zu gleichen.

Diese übernatürliche Liebe zwischen den Eheleuten verleugnet nichts von der natürlichen, unmittelbaren Liebe des Herzens, sondern verwandelt und vollendet sie.

Die Christen mit einer Berufung zur Ehe sind zu dieser Liebe genauso aufgerufen wie ihre in geweihter Ehelosigkeit lebenden Brüder und Schwestern. Denn Gott hat keine zwei Arten von Kindern. Jedes hat das gleiche Herz um einer vollkommenen Hingabe willen erhalten. Und die Eheleute, gleich welche Verantwortung sie in der Kirche oder in der Welt haben, müssen diese vollkommene Hingabe in ihrer Ehe und für die Kinder verwirklichen.

Man begreift, dass die größte Traurigkeit im Menschenherzen daher rührt, dieses Glück der Hingabe nicht zu kennen, oder auch, es nicht zu wagen — und schlimmer noch, es abzulehnen.

Von Minute zu Minute, von Stunde zu Stunde alles mit Liebe zu ertragen wird zur höchsten Gnade einer Liebe, die schließlich «hingegeben» ist bis zur «Aufopferung».

Man muss jedoch deutlich erkennen, dass es auf dem Weg zur vollkommenen Vergebung, bis dahin, wo «alles mit Liebe ertragen» wird, durchaus nicht an Hindernissen fehlt. Sie sind aber nicht unüberwindlich, sie sind sogar dafür da, um besiegt zu werden. Das ist dann sogar ein zusätzlicher Liebesbeweis.

Das geht so weit, dass ein nicht von Prüfungen betroffenes Ehepaar zu Fragen Anlass gibt und dass ihm viele Gnaden fehlen würden, um in der Liebe wachsen zu können.

> *Erachtet es für lauter Freude, meine Brüder, wenn ihr in mannigfache Anfechtungen geratet. Ihr wißt ja, daß die Erprobung eures Glaubens Standhaftigkeit bewirkt; die Standhaftigkeit aber soll euch im Werk vollenden* (Jak 1,2-4).

2 — Hindernisse bei der Vergebung

Was aus dem Herzen des Menschen kommt

> *Was aus dem Menschen herauskommt, das macht den Menschen unrein. Denn von innen, aus dem Herzen des Menschen, kommen die bösen Gedanken: Unzucht, Diebstahl, Mord, Ehebruch, Habsucht, Bosheit, Arglist, Ausschweifung, Neid, Lästerung, Hochmut, Unbesonnenheit* (Mk 7,20-22).

Hier sehen wir alles beieinander, was uns davon abhält, ein barmherziges Herz zu haben, alles was ihm entgegen wirkt und was aus unseren Tiefen aufsteigt. Auf diese Weise werden wir unseren Nächsten oft verletzen. Der Herr lässt es jedoch nicht zu, dass die Eheleute über ihre Kräfte hinaus belastet werden. Das liefe Gottes Liebesplan für zwei zur Liebe bestimmte Herzen zuwider.

So erwartete einmal eine Frau, von einer schweren Last befreit zu werden, die aus nichts anderem bestand als einer fixen Idee ihres Mannes. Schließlich hat Gott sie erhört:

> Claire: «Ich bin mit meinen Schwierigkeiten hierher gekommen, mit einer großen Last auf dem Herzen, und ich möchte den Herrn preisen, weil er mich durch ein Wort der Erkenntnis[4] berührt hat,

das sich an eine zweiunddreißigjährige Ehefrau richtete und besagte: "Du bist mit einer ganzen Menge Schwierigkeiten gekommen und fürchtest, sie wieder mitnehmen zu müssen." Das stimmt, ich fürchtete, sie wieder mitnehmen zu müssen. Der Herr hat zu mir gesagt: "Ich werde nicht an dir vorüberziehen, du musst mir deinen Kummer anvertrauen und zu meinem Altar kommen, damit ich euch beide begleiten kann." Ich sagte mir, Worte der Erkenntnis seien für andere da, nicht für mich. Aber ich habe festgestellt, dass ich vom Herrn nicht vergessen worden bin.»

Camille: «Ich will den Herrn loben, denn ihre Schwierigkeit war auch meine eigene, sie betraf uns beide. Ich bin vor zehn Jahren vom Alkohol geheilt worden, kurz bevor ich Claire kennen gelernt habe, und bildete mir darauf etwas ein. Es war sogar Stolz geworden. Ich wollte um jeden Preis Zeugnis geben und damit habe ich Claires Leben vergiftet. Und das war ihre große Last. Ich glaube, jetzt ist Claire dazu da, Zeugnis zu geben, und ich soll an ihrer Seite leben. Und die Evangelisierung, die wird zu Hause anfangen.»

Das erste Hindernis in der Liebe kommt von der Selbstsucht, die zu Auseinandersetzung und Ablehnung führt, mit einem Wort, zum Zerbrechen der Liebe. Zu oft geschieht es aus Verblendung, dass man das eigene Vergnügen für wahre Liebe hält. Um das wiedergutzumachen, ist dann die Bitte um Vergebung nötig.

Das einzige Heilmittel in einer so spannungsgeladenen Lage besteht darin, dass das Herz sich ändert, anders gesagt, sich bekehrt.

So wie der Ehemann, der im Licht Gottes sein Versehen hinsichtlich seiner Frau entdeckt:

Paul: «Ich hatte den Eindruck, dass es Sylvie gegen den Strich ging, zum Allerheiligsten zu gehen. Wir sind seit zehn Jahren verheiratet und haben vier Kinder. In der Anbetungsstunde hat der Herr mir gezeigt, dass ich selbst eine demütige Haltung Sylvie gegenüber einnehmen müsste. Er hat mir alles gezeigt, was in diesen zehn Ehejahren nicht gewesen ist, alles was ich nicht getan habe. Ich hatte mich in Gedanken nach einer anderen Frau gesehnt; ich machte mir klar, wie unrein ich gegenüber meiner Frau war, wie sehr ich

---

4 Wort der Erkenntnis: Siehe Philippe Madre, *Wort der Erkenntnis, warum und wie?*, Vier-Türme-Verlag Münsterschwarzach, 1988.

Uneinigkeit in meine Ehe brachte durch alle diese Gedanken, die ich Sylvie nie zeigte. Der Böse legt in uns Gedanken, deren wir uns kaum bewusst sind, die aber unsere Ehe zerstören. Wir müssen darauf achten, dass unsere Gedanken immer beim Herrn sind, und zu ihm beten, wenn wir uns klar machen, dass wir uns auf dem Weg verirren. Wir haben ein viertes, ungewolltes Kind bekommen, hatten aber eigentlich bei drei Kindern Schluss machen wollen. Ich war dann sehr beeindruckt von dem Satz, man solle die Gabe des Lebens nicht bedauern, und davon, dass der Leib meiner Frau ein Tempel des Heiligen Geistes ist und dies etwas sehr Kostbares ist. Ich habe mir klar gemacht, dass ich es gegenüber meiner Frau an Aufmerksamkeit fehlen ließ und wie sehr ich sie dadurch frustriert haben muss, dass ich ihr nicht ein Höchstmaß an Achtung zukommen ließ (weil sie in ihrer Kindheit sehr schwierige Dinge erlebt hat), in meiner Haltung, einen ehelichen Akt erzwingen zu wollen, und sie in meiner Art der Annäherung nicht geachtet zu haben.»

Die anderen Hindernisse sind Urteile, Streitsucht, Hass, Groll, Eifersucht und sogar Rache. Unser Herz, das für die Liebe gemacht ist, gelangt allmählich zur Abneigung und zum Hass.

Unsere Urteile über unsere Brüder sind bösartig: Sie vernichten unsere Brüder und in diesen Gedanken, die wir gar nicht beherrschen, vernichten wir uns selbst: Das offenbart uns das böse Herz, das in jedem von uns schlummert. Es sieht wirklich — unbewusst — so aus, als würde es uns erheben, wenn wir den anderen erniedrigen.

Richtet nicht, damit ihr nicht gerichtet werdet (Mt 7,1), sagt uns dagegen Jesus. Und der Apostel gibt uns das Mittel, zu wissen, woran wir auf dem Gebiet der Gedanken sind, die uns in einer Hundertstelsekunde verraten, von Jesus entfernen und sein Herz ebenso wie das unseres Nächsten verletzen. *Einer achte den anderen aus Demut höher als sich selbst* (Phil 2,3). Das ist die richtige Lösung, um jegliches Urteilen zu unterbinden.

Das Urteilen ist eine wahre Sperre für die Barmherzigkeit: Seinetwegen ist dann kein Mitleid mehr möglich und Gott selbst sieht seinen Weg der Barmherzigkeit für den Sünder durch unsere Art zu denken, zu reden und zu handeln versperrt. Ein Mensch, der die Barmherzigkeit um sich herum nicht mehr sieht, kann auch nicht mehr an Gottes Barmherzigkeit glauben.

Einer der erhellendsten Abschnitte zu diesem Thema im Evangelium ist die Geschichte mit der wegen Ehebruchs verurteilten Frau (Joh 8). Es wird eine Falle aufgestellt: Jesus ist aufgefordert, sich zu äußern...; wird er dies gegen das Gesetz tun? Schweigend und betend geht Jesus von der Gesetzesangelegenheit zur Religion des Herzens über. Von denen, die geurteilt und verurteilt haben, zieht sich einer nach dem anderen zurück:

> *«Frau, wo sind sie? Hat keiner dich verurteilt?» «Keiner, Herr.» Da sprach Jesus zu ihr: «Auch ich verurteile dich nicht. Geh und sündige nicht mehr»* (Joh 8,10-11).

Jesus unterwirft seine Barmherzigkeit der Barmherzigkeit der Menschen: *«Auch ich verurteile dich nicht...»* Das ist bewegend! Was für eine Verantwortung haben wir demnach? Der Bericht über diese wahre Begebenheit sollte uns von unseren Urteilen heilen und uns besonders von dem Bösen überzeugen, das sie um uns herum anrichten!

Urteile, die ausgesprochen und wiederholt werden, verursachen Bitterkeit und Groll und im Gegenzug, Eifersucht und Rache. Wer geliebt hat, kennt sich selbst nicht wieder. Er fragt sich, wie er so weit hat kommen können. Er wird manchmal versuchen, sich zu rechtfertigen, aber schon hat auf beiden Seiten eine Verletzung stattgefunden. Man ist überrascht, und der böse Geist schürt den Zweifel: «Liebt er — sie — mich noch?»

In diesem Fall kann nur Gottes Barmherzigkeit eine Wiedergutmachung erreichen, indem in den Herzen das vergeben und geheilt wird, was es nötig hatte, damit die Herzen sich in der Liebe wiederfinden. Man weiß, was Eifersucht anrichtet: Zerstörung.

Wir sollen einander lieben, und nicht im entferntesten Kain nachahmen, der vom Bösen war und seinen Bruder erwürgt hat. Und warum erwürgt er ihn? Weil seine Werke böse waren, während die seines Bruders gerecht waren (vgl. 1 Joh 3,11-12). Unter

Eheleuten muss man dem anderen sogar den Erfolg vergeben, um zu vermeiden, dass Eifersucht aufkommt.

Das ist keinesfalls abwegig: wenn zum Beispiel ein Partner seine Stelle verloren hat und sich dann mit dem anderen vergleicht; oder wenn einer von den beiden geistliche Fortschritte macht und der andere Gott in seinem Leben nur sehr weit entfernt sieht. Bekanntlich verhindert die Eifersucht, dass man dem anderen seinen Erfolg «vergibt».

In einem solchen Fall ist es vollkommen unmöglich, unparteiisch zu bleiben. Wer ein Opfer von Neid oder Eifersucht ist, kann sich dem nur durch einen Dank an Gott entziehen, indem man ihm dafür dankt, dass er den Bruder mehr begünstigt hat.

Eheleute müssen einander ihren Reichtum und ihre Armut vergeben, je nachdem; denn in jedem von ihnen ist beides vorhanden. Und dies ist etwas, das nicht so leicht «liebenswert» ist. Man wird den anderen also «anders» lieben und ihm das vergeben müssen, was einem missfällt. Denn dadurch, dass man die Fehler des anderen vergibt, kann dieser sich ändern, sich bessern und bekehren — nie aber dadurch, dass man ihm Vorwürfe macht. Man muss anerkennen, dass die Sünde uns nicht natürlicherweise liebenswert macht und dass sie ein Hindernis für die Liebe darstellt. Zu unserem Glück hat Gott dieses Hindernis überwunden und schenkt den Eheleuten, die ihn darum bitten, die Gnade, es ebenfalls zu überwinden. Dies ist das Heilmittel, nach dem so viele Ehen auf dem Weg der Zerrüttung verlangen. Es hatte mit einem Urteil über das Denken des einen, dann des anderen begonnen. In großer Herzenseinheit zu leben setzt also zunächst voraus, dass die Eheleute gut voneinander denken. Einander mit ganzem Wesen zu lieben heißt auch, einander mit den Gedanken zu lieben.

Dem Evangelium entgegengesetzte Ideologien

Solche Ideologien sind leicht zu erkennen, denn sie geben vor, für den Menschen, selbst für die Ärmsten, das Gute zu wollen, schlagen dazu aber einen Weg ein, der nicht der Weg der Barmherzigkeit ist.

Es ist der Weg der Auseinandersetzung, vermischt mit Widersprüchen, Streit und Gegnerschaft. Dabei sind dann alle Vorurteile erlaubt. Man zweifelt an dem anderen, der verpflichtet ist, Beweise zu seiner Entschuldigung zu erbringen. Übelwollen tritt an die Stelle des Wohlwollens, das eine christliche Tugend ist: *Legt an das Gewand der Güte…* (vgl. Kol 3,12).

«Der Schock bringt das Licht hervor», meint man. Wenn es nicht ausgesprochen wird, so handelt man doch entsprechend und stellt es als etwas Gutes dar. Man müsse die Auseinandersetzung in die Hand nehmen, denken andere — wenn sie es nicht sogar lehren… Die Verblendung ist groß: Die Anregungen gehen nicht mehr vom Evangelium aus, sondern von einer bestimmten Philosophie, wohingegen der Apostel uns warnt:

> *Gebt acht, daß euch nicht einer einfängt durch den leeren Trug einer «Philosophie» nach Menschenart und im Sinne der Weltelemente, aber nicht im Sinne Christi* (Kol 2,8).

Die Philosophen des Zweifels und des Absurden haben ganze Arbeit geleistet. Mehrere Generationen von Studenten sind von diesen verderblichen Irrtümern geprägt worden, in einem Alter, in dem ihre noch schwache Psyche gegen den eigenen Willen von solchen Lehren geformt wird. Sie müssen sie lernen, behalten und wiedergeben können, ohne sie unbedingt zu glauben, damit sie zur Prüfung zugelassen werden und anschließend einen Beruf finden. Der Geist des Zweifels, des Streits und der Gegnerschaft widerspricht der Barmherzigkeit sowie dem Geist des Wohlwollens, von denen das Evangelium geprägt ist. Man muss sich dessen bewusst werden.

An vielen Orten fehlt die Barmherzigkeit und viele bemerken es gar nicht. Oder sie verschieben sie auf später, wenn die Ideen Zeit gehabt haben, aufeinanderzustoßen und das hervorzubringen, was die Philosophie versprochen hatte.

In diesem Geist des Widerspruchs steckt eine hochmütige Haltung des Urteilens über den Bruder. Wegen des gegen ihn bestehenden Verdachts, oft nach einem Vergleich, in dem der eine Recht, der andere Unrecht hat, ist kein Mitleid mehr vorhanden. Man kann nicht mehr aufeinander hören. Alles wird zerbrechlich. Das Gebiet ist vermint. Bei dem geringsten Zusammenstoß kommt es zu Verletzungen.

Hinter dieser Geisteshaltung, die für die Nächstenliebe verhängnisvoll und für den Aufbau der Welt wenig förderlich ist, verbirgt sich der Einfluss der Philosophie. Sie ist ein Unglück für die Brüderlichkeit, und in der Ehe eine Katastrophe. Das Ehepaar in Schwierigkeiten wird den Rat erhalten, das was nicht klappt, analysieren zu lassen, um es in die Hand zu bekommen. Eine solche Geisteshaltung bleibt unbewusst, wird manchmal jedoch auch theoretisch begründet und als notwendig erachtet, um das Denken voranzutreiben. Man denkt, das alles geschehe zu Gunsten einer besseren Verständigung unter den Menschen. Zuerst müsse hervorgehoben werden, was nicht geht, um besser zu begreifen, was gut ist. Man untersucht dann zum Beispiel den Unglauben, um besser zu verstehen, was Glaube ist. Man untersucht den Islam und den Buddhismus und das Gute (oder Schlechte) daran, um das Evangelium oder wenigstens ein besseres Verständnis desselben voranzubringen.

Unterdessen haben viele Christen, die sich mit den großen Religionen unserer Zeit befassen, noch kein einziges Mal in der Bibel gelesen und sind nicht imstande, die Titel von drei päpstlichen Rundschreiben des 20. Jahrhunderts zu nennen. Der Hochmut des Denkens hat die Oberhand gewonnen. Und dann sehen wir Gotteskinder, die vollgestopft sind mit Wissen, das Wesentliche aber nicht vermögen: die im Wort Gottes offenbarte Liebe des Vaters zu erkennen. Es gibt ein Wissen, das den Menschen nichts bringt, außer dass es ihre Neugier befriedigt. Dann hat das Denken keine Tiefe. Und das ist eine deutliche Schwierigkeit bei der Annäherung an den christlichen Glauben.

Das Offensein für den Heiligen Geist und das Hören auf das Lehramt der Kirche sind in diesen Kreisen nicht verbreitet, in denen der Austausch von Ideen ebenso üblich ist wie das Lesen soziologischer Untersuchungen, die in sich zwar gut sind, aber keine Frucht bringen können, weil der Wunsch fehlt, alle diese Tatsachen der Humanwissenschaften im Licht des Evangeliums neu zu betrachten. Nur das Evangelium offenbart uns aber die Barmherzigkeit und die Vergebung, die die Menschen einander schulden.

Murren

Murren führt zur Auseinandersetzung. Um das Murren zu vermeiden, muss man im Gebet um Demut bitten. Das ist die unabdingbare Voraussetzung für das rechte Zuhören, das nicht «Resignation» bedeutet. Es handelt sich dabei nicht um ein untätiges, sondern um ein tätiges Zuhören, ein inneres Beten, in dem man auf das hört, was der Heilige Geist uns durch den Bruder, der gerade spricht, lehren will. Wir bemerken hier, wie wichtig die Gnade der Innerlichkeit ist, um Gott zu begegnen, aber auch um unseren Brüdern zu begegnen in dem Schönsten, das sie uns zu geben haben, nämlich Jesus, der durch seinen Geist in ihnen lebt.

Was dieser Gnade der Innerlichkeit nun aber vollkommen zuwider läuft, das ist unser «Gemurre». Es war der Grund dafür, dass unsere Väter auf dem Durchzug durch die Wüste ins Verderben stürzten. Wir müssen nun die Lehre daraus ziehen:

Das Volk murrte gegen Mose und sagte: «Was sollen wir trinken» (Ex 15,24).

Ihr sollt den Herrn, euren Gott nicht versuchen, wie ihr ihn in Massa versucht habt (Dt 6,16).

Es ist dasselbe Murren, das die Pharisäer tiefer in die Verblendung stieß beim Anblick der großen Barmherzigkeit Jesu, als er sich mit den Sündern zu Tisch setzte. Das barmherzige Herz, das Jesus uns schenken möchte, wird durch das Murren vollkommen erdrückt. Es ist eine unüberwindliche Sperre und zerfrisst das Beste, was Gott uns ins Herz gelegt hat, damit wir Mitleid üben können:

> *Levi gab ihm zu Ehren ein großes Festmahl in seinem Hause; eine große Schar von Zöllnern (…) lag mit ihnen zu Tische. Da murrten die Pharisäer und Schriftgelehrten …* (Lk 6,29).

Gott ist gut: der Mensch murrt. *Musst du eifersüchtig sein, weil ich gut bin?* (vgl. Mt 20,15), fragt der Herr seinen Knecht, der mit dem, was man ihm versprochen hatte, nicht einverstanden war.

In der Begegnung mit der Armut und den Bedürfnissen unserer Brüder müssen wir wählen: entweder Hochmut und Murren, oder die Demut des Mitleids. Dazwischen scheint es nichts anderes zu geben. «Murren oder Mitleid»: Unser Herz spricht und offenbart sich. Das ist ein unvergleichlicher Test, der unsere Tiefen aufdeckt und uns alle Selbsttäuschung nimmt: ein Werk des Geistes der Wahrheit, um uns zu bekehren. Der Apostel Paulus ist in diesem Punkt ganz fest:

> *Tut alles ohne Murren und Widerstreben, damit ihr untadelig seid und lauter, Gotteskinder ohne Makel mitten in einem verdrehten und verkehrten Geschlecht* (Phil 2,14-15).

So leben Eheleute manchmal in offenem Murren oder auch in einem inneren Rückzug, der ebenfalls viel Leid verursacht. Manche Ehepaare richten ihr Leben, im Namen des Rechts auf Meinungsfreiheit, im Streit ein, oft ohne es zu bemerken.

Was tun? Nur das Gebet schenkt und bewahrt eine Herzenshaltung demütigen, geduldigen Zuhörens, das aus Nachsicht und Barmherzigkeit entspringt. Der Heilige Geist, der angerufen wird, enthüllt solches verborgenes Murren und taucht es umgehend in die Barmherzigkeit des Herrn ein. Auf diesem Weg werden die Eheleute nicht einmal eine Verletzung davontragen, wenn sie die Wahrheit entdecken, im Gegenteil.

Das ist das Geheimnis der Liebesgemeinschaft:

Nichts geschehe aus Streitsucht oder eitler Ruhmsucht, vielmehr achte in Demut jeder den anderen höher als sich selbst (Phil 2,3).

Mangelnde Unterwerfung unter den Heiligen Geist

Das Offensein für den Heiligen Geist bringt unsere Unterschiede keineswegs zum Verschwinden, seien es unsere Standpunkte hinsichtlich wirtschaftlicher, politischer oder gesellschaftlicher Erfordernisse unserer Welt, oder seien es vielleicht sogar unsere theologischen Ansichten; diese können zum fruchtbaren Meinungsaustausch dienen, wenn das in gegenseitigem Zuhören geschieht und jeder sich schließlich wieder an «Petrus» anschließen kann.

Hier haben wir es nicht mehr mit dem Murren zu tun, sondern mit freimütigen Erklärungen, die notwendig sind, um die von Gott kommende Aufklärung zu erhalten, einander zu vergeben und in der Unterwerfung unter den Heiligen Geist zu leben.

Jeder denkt an das Ereignis am Anfang der Kirche, das zu dem Wort des Paulus geführt hat: *Als dann Kephas nach Antiochia kam, trat ich ihm Auge in Auge entgegen, weil er im Unrecht war* (Gal 2,11).

Das ist ein Abschnitt der Heiligen Schrift, aber man erinnert sich auch an die Einmütigkeit, die sofort daraus erwuchs, dass sich nicht der eine der Meinung des anderen anschloss, sondern dem, was der Herr von seiner Kirche erwartete: *Es hat dem Heiligen Geist und uns gefallen, euch weiter keine Last aufzulegen außer den folgenden notwendigen Stücken* (Apg 15,28).

Wenn es sich einmal für uns ergibt, diese Begebenheit aus der Apostelgeschichte heranzuziehen, um irgendwelche möglichen Widersprüche zum Apostolischen Stuhl zu rechtfertigen, müsste man sich sofort an die Demut des heiligen Paulus und an die Schnelligkeit erinnern, mit der der Heilige Geist die Angelegenheit beigelegt hat.

Man müsste sich dann wiederum vertrauensvoll an den Heiligen Geist wenden, damit die Apostelgeschichte weitergeht, und das Christenvolk nicht in endlose Untersuchungen hineinziehen, die alle für das Leben der Kirche notwendigen guten Entscheidungen verzögern.

Solche Verzögerungen, die sich oft durch den Hochmut des menschlichen Geistes ergeben, sind für das Leben und die Entwicklung der Kirche schädlich. Wenn es den selbstzufriedenen «Geistesgrößen» immer wieder gelingt, sich geschickt aus der Affäre zu ziehen, dann haben die kleinen Leute darunter zu leiden, denn inzwischen weiß das Christenvolk nicht mehr, was es denken oder wie es sich verhalten soll. Und in einer solchen abwartenden Haltung hat das Volk keinen «Schutz» mehr.

Schnelle Unterwerfung unter den Heiligen Geist ist immer der Schlüssel für das Leben der Kirche gewesen, also auch für den wirksamen Dienst, den sie mit der Predigt des Evangeliums in der Welt auszuüben hat.

Unser gegenwärtiger Papst spricht immer deutlicher über alle die Bereiche, die sich auf die Zukunft unserer Kirche und der Welt beziehen. Dem müssen wir uns nun aber auch unterwerfen, und das ist nicht einfach.

Der Geist der Welt ist da, um den Christen jenes wohlbekannte, falsche Bild von der Kirche zu geben: ein Abklatsch unserer menschlichen Gesellschaften zu sein, die die Wahrheit innerhalb ihrer selbst suchen und sich dazu beglückwünschen. Sie finden dort kaum eine Antwort, da Jesus nicht der Mittelpunkt ihrer Suche ist.

Liegt das Heilmittel nicht darin, die von Jesus in und für seine Kirche gewollte Vaterschaft anzuerkennen?

Ist es Zufall oder einfach nur eine Ehrenbezeichnung, dass wir unseren Papst «Heiliger Vater» nennen? Oder sind wir damit Kinder, wirkliche Kinder? Es ist sicherlich viel leichter, dies «von fern» gegenüber unserem «Vater im Himmel» zu sein als gegenüber einem Menschen, dem Gott seine Vaterschaft hier auf Erden überantwortet hat, sei es leiblich für die Familie oder geistlich für seine Kirche.

In Antiochia war es nicht Paulus, der Recht hatte, und Petrus, der im Unrecht war, es ist der Heilige Geist, der gewonnen hat.

Wenn es unter Eheleuten im Gebet — und daher in der Unterwerfung unter den Heiligen Geist — zu einem Gespräch voller Fallstricke kommt, wird es weder Verletzte noch Gewinner geben. In der Unterwerfung unter den Heiligen Geist entspringt wie eine Quelle die Vergebung.

Die Eheleute, die eine «Kirche im Kleinen» bilden, sollen sich vom Heiligen Geist leiten lassen und im Streitfall nicht nur die Meinungsverschiedenheit feststellen, um sie mehr schlecht als recht beizulegen, sondern sie müssen den Heiligen Geist anrufen, ihm unterworfen sein und sich von ihm zu einer guten Unterscheidung der Geister anregen lassen, die zu einer guten Entscheidung führt. So geschah es einmal, dass eine Ehefrau, die auf Angriffe immer Gegenangriffe folgen ließ, ihren schuldig gewordenen Ehemann nur umso weiter von sich stieß. Später öffnete sie sich dem Heiligen Geist. Daher zeichnet sich schon die Hoffnung auf die mögliche Rückkehr ihres Mannes ab:

> Eliane: «Ich möchte allen, die verheiratet sind und das Ehesakrament empfangen haben, sagen, dass es wirklich ein unermesslicher Schatz ist, der uns hiermit gegeben ist, ein Vorrat, aus dem wir schöpfen können. Mein Mann ist vor dreizehn Jahren weggegangen, ich war im dritten Monat mit einem Kind schwanger, das heute also dreizehn Jahre alt ist. Vor drei Jahren habe ich eine Gemeinschaft aufgesucht, um meinen Bruder, der Eheprobleme hatte, dorthin zu bringen. Tatsächlich stand dann ich selbst vor einem Priester, der mich ermahnte, wegen der von mir eingereichten Scheidung — mein Mann war mit einer anderen Frau weggegangen — um Vergebung zu bitten, Ich habe also aus Herzensgrund um Vergebung gebetet. Vor zwei Jahren hat mein Sohn, der jetzt bald fünfzehn wird, bei mir sehr nach seinem Vater verlangt. Es war mir unmöglich, ihn einzuladen. Er hatte ihn in zehn Jahren nur dreimal gesehen. Ich ließ die Dinge laufen, aber als ich sah, dass mein Junge depressiv wurde, habe ich aufrichtig zum Herrn gebetet. Er hat mir gezeigt, dass ich meinem Mann schreiben solle, sich mit seinen Kindern in Verbindung zu setzen. Also habe ich geschrieben. Als mein Mann ankam, hat er «seine Kleinen» gar nicht so oft gesehen, aber er hat sich von neuem verliebt. Es ist wahr, seit einem Jahr wollte ich ihm vergeben, aber ich war ihm immer noch ein

wenig böse. Bei dieser Einkehr habe ich, glaube ich, alles hingegeben. Der Herr hat mir gezeigt, dass er an dem Herzen meines Mannes wirkte, und ich weiß, dass er wiederkommt, aber anders wiederkommt. Der Priester hat mir ein Faltblatt mit den Einkehrtagen gegeben, er erwartet mich dort mit ihm zusammen. Es war mein Mann, der wollte, dass wir kirchlich heirateten, weil ich protestantischer Herkunft bin. Ich lobe den Herrn und danke ihm, der mir meinen Mann wiedergibt und meine Familie neu aufbaut.»

Unwissenheit

Viele Irrtümer sind eine Folge von Unwissenheit. Es handelt sich also um ein Hindernis in der Liebe. Da es unter den Menschen wenig Barmherzigkeit gibt und auch nur wenig davon gesprochen wird, scheint man nichts mehr von ihr zu wissen. Und wenn die Menschen es mit Dingen zu tun bekommen, die unabwägbar und fremd in ihrem Leben sind, dann denken sie nicht an Gott, der lebendig und ihnen ganz nahe ist, sondern greifen stattdessen sofort zur Wahrsagerei (Geburtshoroskop, Horoskop, Kartenlegerei, Pendelei, Spiritismus, Magnetismus und so weiter). Das Wort Gottes jedoch verbietet streng jede derartige Übung:

Bei dir darf sich niemand finden (…), der Wahrsagerei, Zeichendeuterei, Geheimkünste oder Zauberei betreibt, keiner, der Bannungen vornimmt, Totengeist und Wahrsagegeist befragt, die Verstorbenen um Auskunft angeht; denn ein Greuel für den Herrn deinen Gott ist jeder, der solches tut (Dt 18,10-12).

Wem Gottes Güte und Barmherzigkeit völlig unbekannt sind, wird versuchen, sein Leben anders einzurichten: Man darf sich nicht irren, denn es gibt keine Entschuldigung, um den Schaden wiedergutzumachen. Wenn dem Menschen etwas Schlimmes zustoßen muss, ist man gewarnt, um es abwehren oder sich wenigstens darauf vorbereiten zu können. Etwas im Voraus zu wissen erlaubt, die Schläge abzuwehren und den so schmerzhaften Überraschungseffekt zu vermeiden. Tatsächlich lässt jeder Unglücksprophet ein furchtbares Damoklesschwert über denen schweben, die sich der Wahrsagerei ergeben. Das führt immer zum Verlust des Friedens, während man den vorausgesagten schlimmen Ausgang erwartet.

Manchmal begegnet man Ehepaaren, die sich unter einem schlechten Stern geboren wähnen: Sie geben das vor, um sich abzuhärten. Was sie auch tun und unternehmen, das was einen Schaden erlitten hat, ist nicht wieder heilzumachen und darum unverzeihlich. Nach ihrer Ansicht gibt es Gott vielleicht, aber in der Liebe der Eheleute hat er nichts zu suchen, er kümmert sich nicht darum. Das hat einzig und allein mit der Freiheit des Einzelnen zu tun, oder mit dem Zufall. Der Gott der Barmherzigkeit wird verkannt. Da ist dann Angst: Wie wird der morgige Tag aussehen? Wenden wir uns doch nochmals an die Wahrsagerei, um etwas mehr zu erfahren.

Viel mehr Ehepaare, als man glaubt, gestalten ihre eheliche Liebe aus Unwissenheit oder tiefem Unglauben mit Hilfe von Beratungen durch «Seher», mittels ihres Horoskops oder Geburtshoroskops. Wenn dieser Bereich der Liebe so viel Angst macht, liegt es daran, dass man nicht an den Gott der Barmherzigkeit glaubt. Dann macht man sein Leben an dem vorausgesagten Teilglück fest, um noch ein wenig zu «überleben». Währenddessen wird das Ungute solcher Vorhersagen sehr weh tun.

Das ist eindeutig eine Versklavung. Welche Not für ein solches Ehepaar auf der Suche nach dem «Glücksbringer», wenn es den Kreis der Wahrsagerei — die einer Religion gleicht — erst einmal betreten hat. Das ist der vollendetste Schicksalsglaube: «Es war beschlossen, das musste so kommen.» Da kann man nichts mehr wiedergutmachen. Wozu würde es nützen, Vergebung zu erlangen, wenn sie doch nichts wiedergutmachen kann?

Wahrsagerei ist eine unüberwindliche Sperre für die göttliche Barmherzigkeit und die Vorsehung sowie auch für ein gutes Einvernehmen unter den Eheleuten.

> So war es bei einem Ehepaar, das zu der Einkehr auf Anraten eines Dritten gekommen war, dem der Grund ihrer Uneinigkeit und der drohenden Scheidung nicht bekannt war. Es war ihnen gesagt

worden, dass die Ausübung der Wahrsagerei, vermischt mit Magnetismus (wöchentlich zwei Sitzungen seit drei Jahren), unheilvoll sei und sie das einem Priester anvertrauen sollten. Andererseits wussten sie nach ihrer eigenen Aussage gar nicht warum, aber es wurde für sie unmöglich, zusammenzubleiben und an manchen Tagen sogar, des anderen Hand zu berühren. Wegen dieser beiden Störungen stellten sie sich dem Priester vor. Es war keine große Erkenntnis nötig, um den Zusammenhang von Ursache und Wirkung zu durchschauen: Nach dem Befreiungsgebet im Hinblick auf alle diese «klug» gemischten Übungen der Zauberei, des Geburtshoroskops und des Magnetismus war es bemerkenswert zu sehen, wie sie den Kopf wieder erhoben, wieder lächelten und ganz anders atmeten als zuvor. Und der Priester, der zu ihnen sagte: «Seht euch jetzt an!» Es war gar kein langes Gebet nötig, damit sie zu ihrer ersten Zuneigung zurückfanden. Am nächsten Tag gaben sie, kurz zusammengefasst, folgendes Zeugnis: «Uff! Wir sind wie aus einem Alptraum erwacht. Ja, der Herr ist gut!»

Doch auf dem Weg dorthin sind sie auch im Sakrament der Versöhnung dem Mitleid des Vater-Gottes für jeden Einzelnen von ihnen im Besonderen begegnet. Nun waren sie in Bezug auf Gottes Güte keine «Unwissenden» mehr. Im Licht der Erkenntnis war das Hindernis zur Vergebung gefallen.

Sie konnten einander allen Undank und alle Verletzungen vergeben, die sie sich in zehn Jahren angetan hatten. Mit Hilfe der Unwissenheit hatte der große Feind der Barmherzigkeit die Vergebung durch den Schicksalsglauben ersetzt, um — wenn möglich — ein Ehepaar zu «sabotieren», das eigentlich nichts anderes wollte als sich zu lieben.

Gegen dieses Hindernis in der Liebe, das die beiden auf Abstand voneinander hielt, hätte die Psychologie nichts ausrichten können, da sie das Paar lediglich hätte «nachdenken» und die Scheidung ins Auge fassen lassen. Allein die Befähigung «zu binden und zu lösen» konnte sie retten. Dieses Amt aber hat Jesus seinen Jüngern gegeben:

«Wahrlich, ich sage euch: Was ihr auf Erden bindet, das wird im Himmel gebunden sein, und alles was ihr auf Erden löst, das wird im Himmel gelöst sein» (Mt 18,18).

Unser Vertrauen zu Gott beruht also auf seinem Mitleid für jeden von uns. Wir haben von der Schwachheit oder der Not, die uns einfangen könnten, nichts mehr zu befürchten. Es ist nutzlos, etwas «vorherzuwissen», weil Gott immer anwesend ist, um seine Kinder daran zu hindern, dass sie in die Irre gehen.

Die Verweigerung der umsonst geschenkten Barmherzigkeit

Wenn Eheleute einander nicht vergeben oder sich nicht vergeben lassen wollen, können sie sich damit selbst ein Gefängnis errichten.

Sehr oft versteht oder bejaht das Menschenherz diesen Schatz an Liebe nicht, von dem *unser Gott, der an Barmherzigkeit reich ist,* (Eph 2,4) uns etwas geben möchte.

Es ist sein Hochmut, der es daran hindert, die Wege des Herrn anzuerkennen, so sehr ist es sich sicher, dass die eigenen gut sind. So kommt es, dass Jonas den Mangel an Folgerichtigkeit bei seinem Gott nicht begreift. So macht er Ihn böswillig dafür verantwortlich und bedauert, dass die Bestrafung nicht stattgefunden hat.

Das ist zunächst einmal eine Flucht vor dem Amt der Barmherzigkeit: *Jona machte sich auf, um vor dem Herrn nach Tarschisch zu fliehen* (Jon 1,3).

Dann lehnt er Gottes Barmherzigkeit im Anschluss an die Reue ab, die inzwischen eingetreten war:

Gott reute das Böse, das er ihnen zu tun angedroht hatte, und er tat es nicht. Das verdroß Jona gar sehr, und er ward zornig (...): «Ich wußte, daß du ein mitleidvoller und barmherziger Gott bist, langsam zum Zorn und reich an Gnade, und daß dich das Böse gereut» (Jon 3,10; 4,1-2).

Jona hat Gottes Barmherzigkeit gegenüber den Sündern abgelehnt, zu denen er als Prophet geschickt worden war, weil er nichts vom Herzen Gottes begriffen hatte. Dadurch dass Jona die umsonst geschenkte Barmherzigkeit für Ninive ablehnt, gerät er selbst vollkommen in die Irre und wird infolgedessen sogar uneinsichtig. Ebenso ergeht es allen, die sich aus Hochmut selbst in eine Verblendung einschließen. Denn der Mangel an Mitleid führt sehr oft zu Verblendung: Was dem Priester und dem Leviten in dem Gleichnis bei Lukas (Lk 10,29) gefehlt hat, war Mitleid mit diesem halbtot am Straßenrand liegen gelassenen Menschen.

Was dem bösen Reichen gefehlt hat, auf dessen Türschwelle der arme Lazarus lag, war das Mitleid. Er sah ihn nicht einmal — eine deutliche Verblendung, die er später bereut hat. Darum bittet er Abraham, den armen Lazarus zur Warnung zu seinen fünf Brüdern zu schicken, damit sie bereuen. Wir erinnern uns an die Antwort: *Sie haben Mose und die Propheten, auf die sollen sie hören* (Lk 16,30).

Warum bejaht man Gottes Mitleid mit allen Menschen denn nicht? Warum erbittet man es nicht für sich selbst und vor allem, warum freut man sich nicht darüber? Das steckt tief in uns, wir besitzen dieses Mitleid nicht und verwehren es Gott. Warum dieser Mangel an Barmherzigkeit bei uns? Weil wir zuallererst uns selbst gegenüber nichts, oder nur wenig davon aufbringen; kaum haben wir uns geirrt, vielleicht sogar ungewollt, schon sind wir uns böse. Umso mehr, wenn wir uns für verantwortlich halten. Eine solche Entwicklung von persönlichen Schuldgefühlen ist nach dem Hochmut eine weitere Sperre, die uns zugedachte Barmherzigkeit anzunehmen. Dann müssen wir das Wort Gottes hören und daran glauben:

> *Es gibt jetzt keine Verurteilung mehr für die, die in Jesus Christus sind* (Röm 8,1).

Manchmal haben wir es, jenseits von der Zuweisung von Schuldgefühlen, mit einer Verhärtung des Herzens und dem Zweifel zu tun. Wie bei Jona kann man bei bestimmten, seit

Jahren zutiefst uneinigen Ehepaaren erleben, dass der eine sich verhärtet, wenn sich bei dem anderen eine Umkehr abzeichnet, und ihm die Rückkehr verwehrt, obgleich er auf diese Wandlung gewartet hatte. In einem solchen Fall ist oft Furcht vor einer Umkehr vorhanden, die Furcht, ein neues Leben anzufangen. Es scheint mit einem Mal, als verschließe sich das Herz im Augenblick der gemeinsamen Entscheidung, zueinander zurückzukehren. Das ist ungefähr so wie bei einem Gelähmten, wenn er gesund wird und im letzten Augenblick zögert aufzustehen, obgleich er deutlich spürt, wie die Kräfte in seine Beine zurückkehren. So kann auch ein Ehepaar im letzten Augenblick vor der Heilung seines Zerwürfnisses Angst bekommen, da es sich nicht gut vorzustellen vermag, was aus einem völlig umgewandelten Eheleben werden kann. Dann kann es zu demselben Fluchteffekt kommen wie bei Jona angesichts des rettenden Willens Gottes. Denn Gott will die Ehe immer retten.

In anderen Fällen kann ein persönliches Schuldgefühl so mächtig sein, dass der «Schuldige» sich von Seiten des anderen für vollkommen unentschuldbar hält. Dann bleibt die Barmherzigkeit außen vor, wenigstens zunächst einmal. So haben wir eine untreu gewordene Ehefrau zu ihrem Mann zurückkommen sehen, um ihn von Herzen um Vergebung zu bitten, die die Vergebung ihres Mannes aber nicht annehmen konnte, jedenfalls nicht sofort. Noch war die Last des Schuldgefühls vorhanden. Jenseits der Furcht kann sich im letzten Augenblick auch Zweifel einstellen, der Zweifel, ob die Liebe wirklich neu geschenkt werden kann, und dies nicht nur oberflächlich, sowie auch Zweifel an ihrer Dauerhaftigkeit. Auf diese Weise können Furcht und Zweifel bei schwer gekränkten oder getrennten Ehepaaren, die sich um Vergebung bemühen, plötzlich zu einer neuen Herzensverhärtung führen. Das darf einen weder wundern noch hilflos werden lassen. Man muss an ihrer Stelle glauben. Und auch sie müssen erneut Glauben aufbringen.

Denken wir beispielsweise an die beiden Eheleute, die sich, «nebeneinanderher lebend», ein wenig verhärtet hatten, so dass die Ehefrau schon an Scheidung dachte, während doch anfangs zwischen ihnen eine wahre und schöne Liebe bestanden hatte. Zweimal sind sie zu Jesus gegangen und wurden erhört. Der Herr erfüllt die Herzen neu mit Liebe. Priester, Eheberater und christliche Psychologen sind lediglich Hilfskräfte. Der Weg dorthin sind das Gebet und die gegenseitige Vergebung der Eheleute:

> Jacqueline: «Wir sind jetzt seit zehn Jahren verheiratet. Wir haben vier Kinder zwischen neun und drei Jahren. Vor zwei Jahren haben wir im Haus ein großes Unglück erlebt: Neun Monate gab es große Schwierigkeiten. Als Folge davon bin ich zusammengebrochen und krank geworden. Dieses ganze Leid hat uns erkennen lassen, dass wir eigentlich kein Paar waren, wir lebten nebeneinanderher und waren uns nicht einig. Ich wollte mich scheiden lassen. Dieser Gedanke ist mir seit Beginn unserer Ehe durch den Kopf gegangen. Das nahm jetzt Gestalt an. Ich fuhr mit den Kindern in die Ferien und tat alles, um nicht wieder nach Hause zurückzukehren. Dort hat der Herr uns die Gnade geschenkt, dass wir einander mit ganz anderen Augen sahen, die Vergangenheit vergaßen und den bösen Reflex aufgaben, die Entgegnung des anderen abzuwarten, die Gnade, stattdessen vom anderen etwas zu erwarten. Das war der erste Schritt. Wir sind weitergekommen. Als wir geheiratet hatten, dachte ich, dass wir uns immer lieben würden, dass es immer sehr schön sein würde und wir uns nie würden scheiden lassen. Später habe ich begriffen, warum man sich scheiden lassen konnte. Wenn man nicht mehr liebt, kann der andere machen, was er will, er kann weinen oder unglücklich sein — es berührt einen nicht mehr. Im Herzen ist keine Liebe mehr, da kann man sich genauso gut scheiden lassen. Aber der Herr ist zu mir gekommen und hat mir wieder Liebe ins Herz gegeben. Es kommt nicht mehr von mir, der Herr schenkt sie mir. Während dieser Einkehr habe ich den ganzen Weg erkannt, den wir zurückgelegt haben, ich erwarte noch viel, ich hoffe auf Gott.»

> Jacques: «Seit diesem Juni beten wir jeden Abend zusammen unser Abendgebet. Es ist sehr schwierig, das Vaterunser Hand in Hand mit seiner Frau zu beten, wenn man ihr etwas vorzuwerfen hat, denn man fühlt sich verpflichtet, ihr zu verzeihen. Ich möchte hinzufügen: Zu Beginn unserer Ehe sind wir zu einem Psychologen gegangen, weil es nicht so gut lief. Ohne Erfolg. Vor zwei Jahren

sind wir im "Haus Lazarus" in Paris gewesen. Sie haben uns geraten, christliche Psychologen aufzusuchen. Das ist ganz etwas anderes, weil es zusammen mit dem Herrn geschieht.»

Es gibt bei der Vergebung verschiedene Hindernisse; es ist wichtig, sie zu erkennen, um etwas dagegen tun zu können. Denn jedes Hindernis bei der Vergebung ist ein Hindernis für die Liebe. Aber ist es nicht das «Ich» jedes Einzelnen, das für die Liebe das Haupthindernis bildet, dieses Ich, das gemacht ist, um sich hinzugeben, und nun den Anlass für gegenseitige Verletzungen bildet, sobald es sich in sich selbst verkapselt? Durch den Weg der Vergebung wird wahre Liebe wieder möglich. Wenn die Tür des einen sich erneut für die Liebe öffnet, kann die Tür des anderen nicht verschlossen bleiben, und so fort. Das gleicht dann einer langen Kette aus Liebe, die wieder fest und lebendig ist und um sich herum in eine Welt strahlt, die in der Erwartung, eines Tages geliebt zu werden, schon fast verzweifelt.

3 — Barmherzigkeit ausstrahlen

Wenn Kampflust und Hass ansteckend und zerstörerisch wirken — eine großzügig geübte Vergebung zieht Vergebung nach sich. Es ist Gottes Plan, der will, dass niemand sich der Ausstrahlung seiner Barmherzigkeit entziehen kann.

Brüderliche Vergebung

Wenn man einem Bruder auf seine Bitte hin Vergebung gewährt, ist das ein Zeugnis: ein Zeugnis der Liebe. Es ist eine gegenseitige Ermutigung, einander weiterhin zu lieben, und im Lauf der Zeit ist es ein Zeugnis, das die anderen ermutigt, in der Liebe beständig zu bleiben.

Oft stellt die Vergebung — erbeten oder gewährt — die einzige Art, einander zu lieben, dar. Wenn die Liebe welk geworden ist, muss man immer wieder hier ansetzen. Das Evangelium Jesu lehrt uns die allumfassende Liebe, das heißt, es darf niemand von der Vergebung ausgeschlossen werden, andernfalls man nicht mehr jenes Herz Gottes besäße, dessen Liebe grenzenlos ist.

Was zählt, ist die Liebe: *Wenn ich die Liebe nicht habe, bin ich nichts* (1 Kor 13,2). Paulus zählt die Eigenschaften der wahren Liebe auf: *Sie ist geduldig…, dient gern…, ist nicht neidisch…, rechnet das Böse nicht an…, freut sich nicht an Ungerechtigkeit…, entschuldigt alles, erträgt alles* (1 Kor 4,7).

Schauen wir einmal, worin die brüderliche Vergebung besteht und wie weit sie geht. Die brüderliche Vergebung ist der Prüfstein jeder wahren Liebe: Ohne sie besteht die Gefahr, dass alles blockiert wird. Unwillkürlich möchte der Mensch um die gegenseitige Vergebung — das heißt sie zu gewähren und zu empfangen — herumkommen. Und doch, wäre ein Mensch der Beste und Klügste der Welt, für alle offen und von allen bewundert, könnte aber nicht vergeben — er wäre in Wirklichkeit nur ein Instrument, das mehr Lärm als Musik erzeugt: *eine klingende Schelle* (1 Kor 13,1).

Man wird sich an ihn wenden, aber er wäre doch noch in der Finsternis, er geht in der Finsternis und ist schließlich trotz aller schönen Worte, die man ihm macht, ein geteilter Mensch.

Wer behauptet im Licht zu sein und seinen Bruder haßt, der ist bis jetzt noch in der Finsternis (1 Joh 2,9).

Aus welchem Grund spricht Johannes so entschieden von Finsternis? Weil *einer, der behauptet Gott zu lieben und seinen Bruder hasst, ein Lügner ist* (vgl. 1 Joh 4,20). Jesus gibt uns als tägliches Gebet: «*Vergib uns unsere Schuld, wie auch wir vergeben unseren Schuldigern.*»

Wenn der Christ seinem Bruder nicht vergibt, schneidet er sich von Gott ab, auch wenn er die besten Absichten hat. Er schließt sich in die Sünde ein und ist nicht mehr imstande, von seinem Gott, den er doch lieben will, den Frieden des Herzens zu empfangen. Darum ist die brüderliche Vergebung der Schlüssel zu jeglicher Zivilisation, zu ihrem Fortschritt oder ihrem Rückschritt.

Papst Paul VI. hat uns aufgefordert, für eine «Zivilisation der Liebe» zu arbeiten: An der Stelle fängt sie an und muss demütig jeden Tag Schritt für Schritt wiederbegonnen werden. Es ist wie ein Feuer, das um sich greift und das allein den Menschen die Freude wiedergeben kann, in der von Gott ursprünglich geschenkten Gemeinschaft zu leben.

In unserer Zeit besteht ein riesiger Bedarf an gegenseitiger Vergebung. Man versteht besser, warum der Heilige Geist heute alle diese neuen Gemeinschaften ins Leben ruft, die nur durch die Barmherzigkeit Bestand haben. Das Zeugnis solcher Gemeinschaften besteht hauptsächlich in der Vergebung und der Barmherzigkeit, die im Gebet erlebt und durch dasselbe ermöglicht werden. Eine solche Bruderliebe, die nur durch die Barmherzigkeit wachsen kann, setzt letzten Endes die höchste Hingabe unserer selbst voraus:

Es gibt keine größere Liebe, als sein Leben für seine Freunde hinzugeben (Joh 15,13).

Außerdem sagt Jesus:

Seid vollkommen, wie euer Vater im Himmel vollkommen ist (Mt 5,43).

Dieses Wort spricht Jesus im Anschluss an seine Lehre über die Feindesliebe. Derjenige, der nichts mehr gegen seinen Bruder hat — keine Geste, kein Wort oder einen Gedanken und auch nicht mehr das geringste Urteil — wäre damit auf dem Weg der Vollkommenheit. Die Wege der Barmherzigkeit sind Wege der Heiligkeit. Der Geist der Welt kennt sie nicht, denn sie verlangen eine wirkliche Umkehr. Der Mensch steht vor einer eindeutigen Entscheidung, die ihn herausfordert, sein ganzes Leben zu ändern.

Wir kennen den tiefen, verborgenen Groll in uns nicht. Man muss Gott um Erleuchtung bitten. Es ist manchmal Groll aus früheren Zeiten vorhanden, den wir vergeben müssen. Bitten wir Gott, ihn uns zu enthüllen, Er wird es sicher tun. Er kann uns den Groll, den wir in uns haben, in einem einzigen Augenblick zeigen und heilen.

> «Auf einer Wallfahrt nach Nazareth vor sechs Jahren kamen wir mit dem Auto in diesem Dorf an. Wie in einem Blitz stellte ich mir Jesus vor, wie er vor zwei Jahrtausenden durch diese Straße ging, die wir hinauffuhren. Heute ging auf dem betonierten Gehweg ein Arbeiter mit einem Beutel auf dem Rücken vorüber. Zugleich kam mir das Bild von der Fabrik, in der ich seit fünfzehn Jahren gearbeitet habe, in den Sinn, dazu der Betriebsunfall, bei dem mir von einem Fahrzeug der Fuß zerquetscht wurde, und die Krampfadern von dem zu langen Stillstehen auf dem Beton… Ich fühlte mich durchbohrt. Ich hielt das Auto an, stieg aus und küsste den Beton auf diesem Gehweg. Zugleich küsste ich das Heilige Land Jesu und alles, was die Menschen mit dem rasenden Fortschritt und der Industrie in ihrer Jagd nach dem Geld hinzugefügt hatten… Ohne Groll stand ich wieder auf, ich bemerkte sofort, dass ich von einer Last befreit war, die schwerer als meine körperlichen Verletzungen wog. Von da an konnte ich den «Leitern» einer Industrie vergeben, die stets der Ertragfähigkeit unterworfen und aus diesem Grund mit ihrem Programm zur Verbesserung humanitärer Verbesserungen bezüglich der Gesundheit und der Sicherheit im Verzug war. Ich hätte nie gedacht, dass es für mich nötig war zu vergeben. Jesus von Nazareth hat die Erkenntnis geschenkt und mir auf der Stelle Heilung von einer tiefen Wunde gewährt, die mich mit so viel Bitterkeit erfüllt hatte.»

In gleicher Weise steckt auch in Ehepaaren oft unbewusst ein Streitpotential, das durch die vielen Reibungspunkte auf Grund der ehelichen Nähe zurückzuführen ist. Müssen sie nicht aber zuallererst von Tag zu Tag in ganz schlichter Brüderlichkeit leben? Muss ihre Vergebung nicht vor allem brüderlich sein? In dieser Hinsicht haben sie ihrer Familie oder ihrer Umgebung ein immerwährendes Zeugnis zu geben.

Allen vergeben

Evangelisieren heißt, für alle Menschen ein Zeuge der Barmherzigkeit Gottes zu sein. Von daher die Bedeutung der Ökumene und alles dessen, was zur Einheit der Christen beiträgt: die theologischen Forschungen des 20. Jahrhunderts, die Erklärungen des II. Vatikanischen Konzils, der Päpste und Bischöfe und schließlich auch das Gebet des Gottesvolkes, das von demselben Geist in derselben Fürbitte und in der von Jesus geforderten Beharrlichkeit versammelt ist.

Von daher ist es auch wichtig, innerhalb jeder Kirche alle Gegnerschaft zu vermeiden, die für den Fortschritt des Himmelreichs verhängnisvoll wäre. Die Kirche Gottes kann niemals eine Kirche von «Anhängern» oder «Klassen» sein; sonst würde sie die so wesentliche Barmherzigkeit außer Acht lassen, durch die sie allumfassend ist. Was die Presse betrifft, so erkennt man vom Evangelium angeregte Veröffentlichungen daran, wie die verschiedenen Meinungen zusammentragen werden und dabei der Geist der Spaltung vermieden wird, der unter dem Vorwand der Information Öl für das Feuer wäre. Es gilt also den Irrtum aufzuklären und dem, der sich geirrt hat, zu verzeihen, ohne zu vergessen, dass verzeihen nicht zustimmen bedeutet.

Im sozialen Bereich darf eine unterschiedliche Meinung nicht zum Ausschluss der Liebe führen. Und wenn man «zusammengestoßen» ist, bleibt immer die Möglichkeit zur Versöhnung. Denn sonst gilt die Frage Jesu: *Wenn ihr nur die grüßt, die euch grüßen, tun das nicht auch die Heiden?* (Mt 5,47)

Wer sich versöhnt, gibt damit zugleich ein Zeugnis als Christ ab.

Groll und Rachegefühle verschwinden nicht nur beiderseits, sondern auch in der Umgebung dessen, der Vergebung gewährt hat. Das Evangelium ist großartig, es schenkt uns die Liebe, die im gegenwärtigen Augenblick möglich ist. Die Ideologie ist zwar von gutem Willen erfüllt, doch die Liebe muss sie auf später verschieben, wenn alle sich geeinigt haben.

Leider begegnen wir allzu oft Beispielen von ansteckendem Hass. Daran können wir die Bedeutung der Aufgabe des Christen in der Welt ermessen. Durch Gottes Gnade kann er mit einem Herzen voll Barmherzigkeit leben.

Wenn ein Christ sich persönlich bekehrt, ist er imstande, die Ordnung der Dinge um sich herum auf den Kopf zu stellen. Niemand ist für die Barmherzigkeit unempfänglich. Es ist gut möglich, dass Saulus, der die Kleider des gemarterten Stephanus bewachte, gehört hat, wie dieser in seinem letzten Atemzug ausrief: «*Rechne ihnen diese Sünde nicht an!*»

Der Diakon Stephanus hatte soeben in einer langen Rede über die Geschichte und die Dogmatik die Frohe Botschaft verkündigt, und seine Predigt gipfelt in eben diesem seinem letzten Wort: *Herr, rechne ihnen diese Sünde nicht an!* (Apg 7,60) Dieses Wort gehört ganz in seine Verkündigung. Es ist die Zusammenfassung des barmherzigen Herzens, das er für die Seinen gehabt hat, und ermahnt sie zugleich kraftvoll, ihr Leben zu ändern.

So sind die Eheleute berufen, miteinander, aber auch mit allen anderen in Barmherzigkeit zu leben. Es ist undenkbar, dass die gegenseitige Vergebung auf die innige Zweisamkeit ihrer Liebe beschränkt bleiben sollte.

Sie müssen in ihrer gesamten Umgebung Barmherzigkeit üben, zum Beispiel im Beruf, wo die Arbeitslosigkeit zu Bitterkeit gegenüber der Gesellschaft führt. Ebenso bei den Glaubensgeschwistern, oder einfach nur in den angeheirateten Familien. Wie viele Verletzungen gibt es nicht gerade an dieser Stelle! Und es ist längst nachgewiesen, dass fortbestehende Streitigkeiten in diesem Kreis bei den Eheleuten in ihre ehelichen Beziehungen einen spürbaren Mangel oder eine Traurigkeit hervorrufen, die durch Selbstbeeinflussung weder geheilt noch zum Vergessen gebracht werden können. Die Familien insgesamt müssen ein Hort der Barmherzigkeit sein.

Sich selbst vergeben

Der verlorene Sohn ändert in dem Augenblick, als er sich seinen Fehler vergibt, seinen Kurs, zumindest teilweise. «Ich bin nicht mehr viel wert, aber ich kann immerhin noch ein Diener sein», und dann: *Ich will zu meinem Vater gehen* (Lk 15,18). Auch wenn es zunächst nicht so aussieht — sich selbst zu vergeben ist eine unerlässliche Voraussetzung für die Selbsterkenntnis, die alle unbedingt brauchen, besonders der Verkündiger, damit die Frohe Botschaft ankommt. Er muss tatsächlich selbst in der Barmherzigkeit bleiben, damit «alle im Öl des Heiligen Geistes baden», wenn er das Wort Gottes verkündigt. Das geschieht aber nicht ohne vorherige Befreiung. Nur Gott kann zugleich vergeben und befreien, und zwar zutiefst.

Auch Ehepaare in ihrer unermesslich großen, sie übersteigenden Verantwortung können hier und da in ihrem Leben «in die Falle» geraten und sich mit Schuldgefühlen beladen. In der ehelichen Liebe nimmt jeder die Schuld auf sich, um den anderen nicht zu verletzen, und kann sich dann nicht mehr vergeben. Der Herr ist ihnen in seiner Barmherzigkeit ganz nah. Verstehen sie es aber, seine Barmherzigkeit bis zum Ende auszuschöpfen? Glauben sie wirklich an «Jesus den Erlöser»? So erlebte ein Ehepaar, das schon längst die Vergebung seiner Schuld erlangt hatte, die Gnade, befreit zu werden. Denn in diesem bestimmten Punkt ihres Lebens hatten sie sich selbst gegenüber an einem Verdammungsurteil festgehalten, das sie daran hinderte, einander zu lieben. Darum war es notwendig, dass sie sich nach Gottes Vergebung auch selbst vergaben:

> André: «Ich danke dem Herrn für die Gnade des Friedens, die er mir gewährt hat. Ich bin von Natur aus ungeduldig und nervös. Seit langem nagten Schuldgefühle an mir. Der Herr hat das alles geheilt und ich werde jetzt besser mit Elisabeth leben.»
>
> Elisabeth: «Mein Mann und ich sind Philosophielehrer. Manchmal geben wir in einer Schwesternschule Kurse. Vor einigen Jahren hatte ich das erste Kind, das André und ich vor der Ehe zusammen hatten, abgetrieben. Nun ging es darum, den jungen Leuten sagen zu

müssen, dass das Baby schon von der Empfängnis an eine Seele hat, statt ihnen einen gelehrten Vortrag zu halten. Sie erwarteten von uns einfach mehr Zeugnis und Aufrichtigkeit. Wir waren aber von unserer Sünde noch vollkommen blockiert. Gestern hat der Priester uns gefragt, ob wir dem Kind einen Namen geben wollten, und wir haben zu diesem Heiligen, der jetzt im Himmel ist, gebetet. Ich mochte mir ständig vorsagen, was Marthe Robin[5] über die Babies gesagt hat, die alle in den Himmel kämen — ich fand keinen Frieden. Jetzt bin ich frei, darüber zu sprechen, ich kann Zeugnis geben und anderen Müttern mit derselben Verletzung zeigen, dass der Herr ein Gott der Barmherzigkeit ist. Wir brauchten uns nur noch selbst zu vergeben.»

Was haben wir uns zu vergeben? Unsere Unfähigkeit und unsere Unwürdigkeit:

– **Meine Unfähigkeit**: Ich muss mir alle meine Unzulänglichkeiten vergeben. Ich muss um Heilung für jedes Minderwertigkeitsgefühl bitten, aber nicht durch Selbstbeeinflussung, sondern durch ein geistliches Vorgehen. Und ein solches Vorgehen verlangt von mir Überzeugung in jeder Hinsicht:

- im Glauben: Gott kann nichts von mir verlangen, das meine Kräfte übersteigt;
- im geistlichen Bereich: Ich muss lernen, mit der Gnade zu rechnen;
- in der Nächstenliebe: Die anderen sind da, um mir zu helfen;
- in der Kirche: Ich befolge, was von mir verlangt wird, tue also was ich kann, und das ist sehr gut.

Ich wage hier den Grundsatz eines priesterlichen Lehrers während unserer Gymnasialzeit wiederzugeben: «Was nötig ist, ist nötig, was ist, das ist, und das Übrige besorgt der liebe Gott.»

– **Meine Unwürdigkeit**: Ich schulde mir nicht nur die Vergebung meiner Unfähigkeit, zu handeln und es gut zu machen, sondern auch dessen, was ich bin, die Art, wie ich «gemacht» bin,

---

5 (Stigmatisierte Gründerin der *Foyers de Charité* (Heime der Nächstenliebe) in Frankreich, (1902-1981), d. Übers.).

ich muss das falsche Urteil über mich aufgeben, wie jenes, dass ich zu nichts nütze bin. Ich muss auch erkennen, dass mir meine Verirrungen von Gott wirklich vergeben sind, auch alle Sünde, die mein tiefstes Wesen möglicherweise verletzt hat. Ich muss an das Wirken Gottes glauben, dessen Barmherzigkeit bis in mein Innerstes reicht. *Mein Gott, ich bin nicht würdig…, aber sprich nur ein Wort…* (Mt 8,8).

Jenseits dessen was ich bin, muss ich mir außerdem die zu einem bestimmten Zeitpunkt begangenen Sünden vergeben, an die ich mich erinnern kann. *Was in deinen Augen schuldig ist, das habe ich getan* (Ps 51,6). Das trifft für alle Christen zu, die Gottes Barmherzigkeit in Anspruch nehmen und sich dann von ihrem Gedächtnis verraten sehen, das sie erneut auf die Vergangenheit verweist. Eine Ehefrau gibt Zeugnis von der Befreiung im Hinblick auf die Unwürdigkeit, die sie auf Grund von Erlebnissen vor ihrer Bekehrung belastete:

> Maurice: «Wir sind seit fünf Jahren verheiratet und leben seit vier Jahren in einer Gemeinschaft.»
>
> Bernadette: «Ich weiß nicht, wie der Herr uns zurückgeholt hat. Wir waren Wege gegangen, die weit weg von ihm waren. Ich habe in der Sünde des Fleisches gelebt. Man darf die, die so leben, nicht verurteilen, denn das ist in bestimmten Familien oft ganz üblich. Es ist nicht leicht, da herauszukommen. Ich empfing das Sakrament der Versöhnung und fing doch wieder an; denn das Fleisch ist schwach. Mir war die Bedeutung eines Sakraments gar nicht klar. Ich habe dann auch das Ehesakrament empfangen. Ich dachte, dass der Herr mir mit einem Ehemann ein seltsames Geschenk gemacht habe. Wir mussten alle unsere Unterschiede annehmen, wir stritten miteinander. Hier haben wir für unsere Ehe eine Gnade der Einheit empfangen. Es hatte zwischen uns an Gespräch gefehlt. Da ich in der Sünde des Fleisches gelebt hatte, fühlte ich mich nicht würdig, geliebt zu werden. Mein Herz war sehr hart.»
>
> Maurice: «Meine Schwierigkeit bestand darin, zu wissen, dass Bernadette das alles erlebt hat. Ich war geduldig und habe gebetet. Wir sind hier, um uns in unserer Verschiedenheit das gegenseitige Zuhören schenken zu lassen. Gott ist barmherzig. Er schenkt uns

die Gnade, einander zuzuhören. Ich habe ihr alles verzeihen können. Das wird uns helfen, unsere Kinder zu lieben, damit auch sie in diesem Frieden aufwachsen können, der jetzt zwischen uns beiden herrscht.»

Im Tiefsten muss ich mir also vergeben, dass ich ein Sünder bin: *Ich war schon in Sünden, als meine Mutter mich empfang* (Ps 51,7), und ich muss gläubig dem Wort zustimmen, welches mir sagt, dass ich ein Kind Gottes bin, indem ich mir dies vom Heiligen Geist bestätigen lasse (vgl. Röm 8,16). Ich muss glauben, dass nichts mir diese Gabe nehmen könnte, die mir die Fähigkeit wiedergibt, Gott ähnlich zu sein wie am Anfang der Schöpfung. Denn Jesus hat sie mir in seiner Erlösungstat selbst geschenkt.

Wenn ich von Gott einen Ruf erhalte, kann ich nicht auf meine Sünde hinweisen, die mich daran hinderte, mit «ja» zu antworten, denn Jesus hat nie andere als Sünder in seine Nachfolge gerufen. Darum hat meine reuige Ehefrau, selbst wenn sie oft untreu geworden ist, stets das Recht, die Frage ihres Mannes: «*Liebst du mich?*» mit einem «*Ja, du weißt, dass ich dich liebe*» (Joh 21,17) zu beantworten. Sie kann sogar — wie der Apostel Petrus beim dritten Mal — sagen: «*Du weißt alles, du weißt auch, dass ich dich liebe*» (Joh 21,17). Das kann man auch so übersetzen: «Jetzt wo ich dir alles gestanden habe, will ich dir noch einmal sagen, dass ich dich liebe.»

Gott vergeben

Diese dritte Seite der Vergebung kann auf den ersten Blick noch überraschender erscheinen als die zweite. Und doch werden wir sehen, dass sie unbedingt nötig ist.

Es ist tatsächlich für einen Verkünder der Frohen Botschaft, der die Wunder Gottes verkündigen soll, ein gewaltiges Hindernis, wenn er mit seinem Gott noch einen «Streit» hat. Das bleibt oft in schädlicher Weise im innersten Herzen oder im Unbewussten des Jüngers verborgen, der in diesem Falle das Opfer einer Verblendung ist.

Man macht zum Beispiel nicht Gott verantwortlich, sondern das, was er zugelassen hat. Nie würde man Jesus angreifen, aber seine Kirche…, ja, das erlaubt man sich. Und sobald man von der sachlichen Prüfung zum Tadel, vom Tadel zum Streit übergeht, wird das vom Heiligen Geist durch die Gnade der Taufe und der Firmung im Herzen des Jüngers entfachte Feuer schnell erstickt sein. Man wagt nicht mehr, die Botschaft «auszurufen»!

Also müssen alle Vorbehalte aus unserem Herzen verbannt werden, denn schnell überschreiten sie das Maß.

So bezeugt ein christliches Ehepaar die Heilung von einer großen Verbitterung auf Grund eines schweren gesundheitlichen Schadens des Mannes, wovon die ganze Familie betroffen war. Von dem Augenblick an, in dem der Ehemann seine Krankheit bereitwillig annehmen konnte — das heißt sie Gott aufgeopfert hatte —, indem er Gott die von ihm zugelassene Prüfung gleichsam vergeben hatte, wurde die Liebe in der Ehe und in der Familie übergroß, so dass alle ihre Freunde es bemerken konnten. Wenn man ihn aber hätte erkennen lassen wollen, dass er mit Gott im Streit lag, er, der Christ — würde er es wirklich anerkannt haben?

> Yves: «Wir sind jetzt fünfundzwanzig Jahre verheiratet. Infolge eines ärztlichen Kunstfehlers vor achtundzwanzig Jahren bin ich gelähmt. Dann lernte ich Céline und die Gebetsgruppen kennen. Ich bin halbseitig gelähmt, habe Unruhezustände und heftige Kopfschmerzen. Meine Kinder haben mich ihr Leben lang krank gesehen. Ich hatte meine Krankheit mit dem Verstand angenommen, sie aber noch nicht Gott aufgeopfert. Ich fange an zu verstehen, dass ich dieses Opfer bringen muss. Kürzlich hatte ich auch Schwierigkeiten mit dem Herzen, eine Operation in Paris und bin noch in der Erholungsphase. Dagegen haben Céline und ich in unserer Ehe eine Heilung erfahren, ein Streicheln Marias in unsren Herzen. Freunde haben uns vor kurzem wiedergesehen und fanden uns ganz verändert. Sie fragten sich, was geschehen sein mochte, da sie bei uns nicht mehr äußere Zeichen von Zärtlichkeit bemerken konnten als früher.»

Céline: «Ich danke dem Herrn für diese Gnade des Zuhörens, die man täglich neu erbitten und empfangen muss.»

Manchmal können Voreingenommenheit und Hass zu einem Aufstand gegen Gott selbst führen. Dies lässt sich nicht selten hinsichtlich unserer Gedanken feststellen: Man beginnt, sich Fragen zu stellen, dann stellt man sie Gott und stellt sie noch einmal. Schließlich ist man überzeugt, dass er antworten müsse, man bemerkt, dass man auf dem Weg ist, die Gewalt über die Dinge zu verlieren... Alles geschieht so, als hätte man das Recht, von Gott Rechenschaft zu verlangen, von Ihm, der kommen wird zu richten die Lebenden und die Toten, Ihm, dem «Ganz Anderen»! Das kommt oft dann vor, wenn die Prüfung uns zu hart erschien. Gott erwartet von uns in der Prüfung Geduld. Ijob ist der Zeuge einer solchen Prüfung, und nachdem er Gott immer wieder hatte vorschreiben wollen, was Er zu tun habe, gesteht er selbst: *Ich war es, der verdunkelt deinen Plan...* (Ij 42,3). Oft machen wir heimlich nicht Gott selbst verantwortlich, sondern die Verzögerung, mit der Er uns gewährt, was wir brauchen:

Ein Tag ist bei dem Herrn wie tausend Jahre, und tausend Jahre sind wie ein Tag... Der Herr verzögert die Verheißung nicht, wie etliche es für Verzögerung halten, sondern er ist langmütig gegen euch..., daß alle zur Umkehr gelangen (2 Petr 3,8-9).

Eine weitere heimliche Art, gegen Gott zu handeln, ist die Behauptung, man sei weder Gott noch der Kirche böse, auch nicht den Apostelnachfolgern, sondern den Menschen.

Das Schlimmste aber ist, wenn man so weit kommt, Gott seine Barmherzigkeit vorzuwerfen. Der ältere Sohn in dem Gleichnis ist wütend auf die Güte des Vaters (vgl. Lk 15,25-32). Jonas ärgert sich und bedauert sehr, Ninive nicht zerstört zu sehen (vgl. Jon 4,1). Martha ist böse auf Jesus und eifersüchtig auf Maria, die den besseren Teil gewählt hat (vgl. Lk 10,40), und geht so weit, dass sie Jesus vorschreibt, was er zu tun hat: *Sage ihr doch, sie solle mir helfen.*

Der Mensch hat oft das Lächerliche an sich, Gott vorschreiben zu wollen, was Er tun solle. Das ist gewaltig, aber da steckt die Falle.

Es ist auch leicht verständlich, dass ein Ehepaar in der Prüfung versucht ist, seinem Gott böse zu sein. Denn Gott ist doch der Schöpfer des Lebens, und von der Vaterschaft Gottes hat das Paar den Auftrag für die Fortpflanzung: die Weitergabe des Lebens, erhalten. Gott hat des Leben geschaffen und es allen Menschen anvertraut, doch wie viel mehr noch den Ehepaaren. Zu Beginn ihrer hoffnungsvollen Liebe wird es den Eheleuten nicht an Überraschungen fehlen, die zu Enttäuschungen und manchmal zur Empörung führen. Die Prüfungen sind vielfältiger Art: Es kommt zu der erwünschten Geburt oder auch nicht, sie ist verheißen, tritt aber nicht ein. Die Kinder haben eine sehr anfällige Gesundheit. Man erwartet einen Sohn und bekommt vier oder fünf Mädchen. Einige Paare sind unvorhergesehenerweise unfruchtbar, andere dagegen dermaßen fruchtbar, dass eine Geburtenregelung fast unmöglich ist. Andere bekommen ein krankes Kind, das nicht gesund wird und das der Herr «wieder zu sich nimmt», wie man zu sagen pflegt. Als könnte der Herr wieder zurücknehmen, was er gegeben hat! *Die Gaben Gottes sind unbereubar* (Röm 11,29). Es wird seinen Eltern lediglich in den Himmel vorausgehen und sie jeden Tag dazu einladen, heilig zu leben, damit sie mit diesem Kind, dessen *Engel schon auf Erden das Angesicht Gottes schaut* (Mt 18,10), zu gegebener Zeit dort wieder zusammenkommen.

Andere haben einen schon erwachsenen Sohn oder eine Tochter, die selbst schon Mutter ist, welche ihre irdische Pilgerschaft entgegen aller menschlichen Vernunft schon vor ihren alten Eltern beendet. Unser Aufenthalt auf dieser Erde ist tatsächlich eine Pilgerschaft, oder biblisch gesprochen eine Zeit der Verbannung. *Wandelt während der Zeit eurer Verbannung in Furcht* (vgl. 1 Petr 1,17). Und der Psalm sagt: *Aufgezeichnet hast du meine Wege in der Verbannung* (vgl. Ps 56,9). Ist das für uns Christen eine hoffnungslose Sicht des Lebens? Sicher nicht! Es ist übrigens auch unwichtig, ob es eine Verbannung ist oder nicht, wenn wir doch schon hier das Geheimnis der Liebe besitzen.

Vor dem Tod wird das Paar, das doch für die Zeugung neuen Lebens geschaffen ist, am stärksten geprüft werden, um die größte Probe zu bestehen: den Weggang des einen vor dem anderen.

Darum hat sich die Mutter Kirche schon am Anfang ihrer ersten Gemeinschaften um die Witwen gekümmert. In all diesen Fällen schenkt der Herr seine Gnade, um die Prüfung durchzustehen, Aufruhr zu vermeiden oder wieder Abstand zu nehmen von einem unbiblischen, von selbst aufkommenden Gefühl der Zurückweisung. Doch es ist ein Vertrauensbeweis, wenn man angesichts des Leides zum Herrn ruft.

Das lehrt die Kirche schon immer, sie, die uns als Gebet für die Verstorbenen das *De profundis* schenkt:

> *Aus der Tiefe rufe ich, Herr, zu dir* (Ps 130,1). Dieses Gebet mündet in die Hoffnung: *Meine Seele hofft auf dein Wort. Meine Seele wartet auf den Herrn, mehr als der Wächter auf das Morgenrot* (Ps 130,5-6).

Wie zur Zeit der Apostelgeschichte versammeln sich noch immer Witwen zum Gebet und in der Weihe.[6]

Viele Ehepaare bezeugen, mitten in der Prüfung eine größere Annäherung an den Herrn erlebt zu haben, wohingegen der Geist der Welt sie in den Aufstand getrieben haben würde. Eine solche Haltung hätte nach der Trennung von dem geliebten Wesen zu einer noch schlimmeren Trennung von Gott geführt.

Darum hat die Kirche die christliche Beerdigung eingerichtet. Zu Beginn des 20. Jahrhunderts hatte das «liberale Denken» «zivile Beerdigungen» einführen wollen, mit der verborgenen Absicht, dass sich ganze Familien, die vom überkommenen Glauben abgeschnitten wären, in den Aufruhr gegen Gott einschließen würden, um schließlich in der Gottlosigkeit zu enden. Daher muss die

---

6 Geweihte Witwen: unter anderen, *Fraternité N.-D. de la Résurrection* (Unsere liebe Frau von der Auferstehung), 30, rue Gay-Lussac, F-75005 Paris.

Kirche sich stets um die Beerdigung ihrer Kinder kümmern, gleich ob der Feier ein Priester oder ein Laie vorsteht.

Der Kirche vergeben

Wollte man gewissen Schriften der jüngeren Vergangenheit und sogar von heute Glauben schenken, dann versteht die Kirche fast nichts mehr von den Schwierigkeiten in der Ehe. Und die christlichen Ehepaare sind sehr unglücklich: Sie würden die Kirche gern lieben, vermögen es angeblich aber nicht mehr, weil sie wirklich zu streng sei und mit der Zeit nicht habe Schritt halten können.

So können christliche Familien von der Kirche als einer Fremden sprechen, die ihre ehelichen Beziehungen überwacht — ohne sich dabei klarzumachen, dass sie selbst die Kirche sind. Die Kirche zu beschuldigen bedeutet für ein christliches Ehepaar, den Ast abzusägen, auf dem es sitzt. Was würde denn ohne die Kirche von der ehelichen Liebe auf der Welt übrigbleiben? Die Wahrheit ist, dass die Kirche durch ihren Dienst alle Jahrhunderte hindurch ermöglicht, das Wort Gottes in die Tat umzusetzen. Der Herr selbst stellt in der Liebe Ansprüche, damit die Liebe des Paares immer eine wahre Liebe bleibt, die allein zum Glück der Eheleute führt.

Daraus ergibt sich, dass die Kirche über das Wort Gottes nicht verfügen kann und kein Recht hat, es dem Geschmack des Tages oder den gerade gängigen Sitten anzupassen. Jene, die glauben machen wollen, dass die Kirche anders entscheiden könnte als das Evangelium, machen sich einer schwerwiegenden Lüge oder der Unwissenheit schuldig, was auf dasselbe herauskommt. Das Volk sucht die Wahrheit, die Eheleute stellen sich Fragen und stellen sie auch ihren Priestern, finden sich angesichts des Zerrbildes einer vergreisten Kirche dann aber nur zu oft auf sich selbst zurückgewiesen. Sie sehen sich auf ihr Gewissen verwiesen, um zu bestimmen, was gut und was schlecht ist. Man verfällt in Willkür und Freizügigkeit. Und das Ehepaar, das seine Kirche lieb hatte, wird ihr dann mancherlei vorzuwerfen haben...

Um aus dieser Sackgasse herauszukommen, werden sehr viele Ehepaare «der Kirche vergeben» müssen. Aber was vergeben? Das was sie letztendlich unterlassen hat... Auf Grund mangelnden Vertrauens in die Kirche, das heißt in die Menschen, die Christus als Führer auserwählt hat, stehen wir an der Grenze der Sinnlosigkeit. Das ist zurückzuführen auf die Verschwommenheit, die entsteht, wenn Leute ohne einen Bezug zum Evangelium die Fragen unserer Zeit mit den widersprüchlichsten Ratschlägen beantworten und sich dabei lediglich auf die allgemeine Meinung stützen. Johannes Paul II. hat nicht gezögert, im Hinblick auf die eheliche Moral zu sagen: «Die Wahrheit kann nicht nach der Meinung der Mehrheit bemessen werden.[7]»

Außerdem wissen wir, dass der Feind oft im Doppelsinnigen, Mehrdeutigen wirkt. Dadurch dass er die Ehe angreift, greift er das Leben an. Er tut das auf verlogene Art, durch Schriften, die eine «Liberalisierung» durchblicken lassen, die jedoch nie stattfinden wird, weil sie dem Wort Gottes entgegensteht. Überall wo er verhindern kann, dass Leben geboren wird, oder bewirken kann, dass es getötet wird, ist er dabei und ist leicht zu erkennen. Der heilige Johannes sagt uns, dass er ein «Lügner» und zugleich ein «Mörder» ist. Und die Theoretiker eines anderen Evangeliums, die die Kirche anschuldigen, vergessen sogar das II. Vatikanische Konzil dieser Kirche. Es hat die Forderungen der ehelichen Liebe eindeutig benannt und letztere als Wunder Gottes in seiner Schöpfung gepriesen. Aber sicherlich wird das Konzil nicht genug dargelegt und viele Christen ziehen es vor, sich an mehr als zweifelhaften Quellen Auskunft zu holen, die gegebenenfalls mit Vergnügen zu hören sind und darüber hinaus ihren Erfindern Ruhm einbringen können.

---

7 Ansprache auf dem Internationalen Kongress für die Familie in Afrika und Europa, zwanzigster Jahrestag von *Humanae Vitae*, La Croix, 16. März 1988.

So wie die Kinder ihren Eltern verzeihen müssen, dass sie ihnen freimütig die Wahrheit gesagt haben, was zu Überraschungen führen kann, so müssen die Christen der Kirche vergeben, dass sie ihnen ebenfalls die Wahrheit sagt.

Die Kirche ist fest, weil sie eine Mutter voller Zuneigung für ihre Kinder ist, und lässt keinen Riss zu, der jemanden ins Verderben bringen könnte. Hinsichtlich der Unauflöslichkeit der Ehe ist das Konzil so bestimmt wie das Wort Gottes:

> «Die tiefe Lebens- und Liebesgemeinschaft, aus der die Ehe besteht, ist vom Schöpfer gegründet und mit ihren eigenen Gesetzen ausgestattet worden. Sie baut auf den Bund der Ehepartner auf, das heißt auf ihrer persönlichen, unwiderruflichen Zustimmung. So entsteht vor den Augen der Gesellschaft selbst aus der menschlichen Handlung, in der die Ehegatten sich gegenseitig schenken und empfangen, eine Einrichtung, die vom göttlichen Gesetz bestätigt wird. Im Hinblick auf das Wohl der Gatten, der Kinder und auch der Gesellschaft entzieht sich dieses heilige Band der Laune des Menschen.[8]»

Die Ehe ist göttlichen Rechts. Darum ist es wirklich unverständig, die Kirche zu beschuldigen, um ihr dann Vorwürfe zu machen oder «Fortschritt» von ihr zu verlangen. Und es ist wahrlich ein ungebührlicher «Einfall», die Lehren des II. Vatikanischen Konzils, das uns zum Evangelium zurückführt, zu vergessen. In diesem Punkt bewahrheitet sich das Wort von Pater Emiliano Tardif: «Wir brauchen kein neues Evangelium, sondern eine neue Evangelisierung.[9]»

So sind die christlichen Eheleute dazu berufen, voll und ganz in der göttlichen Barmherzigkeit zu leben, um miteinander in Barmherzigkeit leben zu können. Doch wenn auch nur ein kleiner Rest von Streit mit der Kirche in ihnen ist, macht sie das

---

[8] Pastoralkonstitution über die Kirche in der Welt von heute, *Gaudium et spes*, Nr. 48.
[9] Emiliano Tardif, *Jesus ist der Messias*, Vier-Türme-Verlag Münsterschwarzach.

bitter, und es ist ihnen unmöglich, in ihrer ehelichen Liebe im Frieden der Seele und des Gewissens zu leben. Von daher ist es nötig, die Schlagworte der Gegenwart zu entlarven, die übrigens jeder Grundlage entbehren. Sie können nichts als Tadelsucht hervorrufen, Bitterkeit verbreiten und manchmal zur Ablehnung unserer sehr liebenswerten Mutter Kirche führen.

Befreit von solchem falschem Streit — denn die Kirche hat nichts, was sie sich verzeihen lassen müsste —, gestützt auf das altüberkommene Evangelium und im Vertrauen auf die Unterweisungen des Lehramts, kann das Paar endlich im Frieden leben. Es wird sein Leben lang Barmherzigkeit üben und auf eine Welt ausstrahlen können, die sich zu ihrer Umkehr Christen erhofft, welche Christus, aber auch die Kirche lieben.

Kapitel II
Der Sieg der Liebe

*Ich sage euch, im Himmel wird mehr Freude sein
über einen einzigen Sünder, der umkehrt,
als über neunundneunzig Gerechte, die der Umkehr
nicht bedürfen* (Lk 15,7)

1 — Der allmächtige Gott, Sieger durch seine Barmherzigkeit
2 — An die Möglichkeit der Versöhnung glauben
3 — Die Freude der Vergebung

1 — Der allmächtige Gott, Sieger durch seine Barmherzigkeit

Hebt euch, ihr Tore, hebt euch, ihr uralten Pforten, daß Einzug halte der König der Herrlichkeit! (Ps 24,7)

Der Allmächtige hat gesiegt über den Tod und die Sünde. Dieser Sieg wird uns jeden Tag durch seine Gnade geschenkt. Wenn wir unsererseits Barmherzigkeit üben, stellen wir uns in seinen Sieg und finden erneut zum Glück zu leben. Denn wir sind das Volk, das er sich erworben hat *zum Lobpreis seiner Herrlichkeit* (Eph 1,14).

Gott lässt seine Barmherzigkeit hervorbrechen

Seine Barmherzigkeit ist unendlich groß. Sie fließt über. Und der Mensch ist gerufen, dieselbe Barmherzigkeit hervorbrechen zu lassen.

Ein solches Hervorbrechen ist eine Gnade Gottes; dagegen ist «etwas aus sich hervorbrechen zu lassen» ganz und gar menschlich, in dem Sinn, dass der Mensch nichts anderes aus sich hervorbringen kann, als was er in sich selbst ist. Dadurch dass er «etwas aus sich hervorbrechen lässt», wird er sein Elend oder seine Anmaßung vor den anderen zur Schau stellen. Aber wenn Gott aus ihm hervorbricht, kommt es überall in seinem Umkreis zu einem Gnadenregen, so zum Beispiel im Umkreis einer christlichen Familie, die in dem Maße strahlt, wie sie Haus und Herzen zu einer Wohnstatt Gottes gemacht hat.

Wenn Gott die Herzen aufbrechen lässt, kommt nie jemand zu Schaden. Auf dem Weg nach Damaskus stürzt Jesus den Saulus vom hohen Sockel seines Stolzes herab. Doch nach wenigen Tages steht dieser wieder auf, um den lebendigen und auferstandenen Jesus zu verkündigen.

Mein Becher fließt über (Ps 23,5). Gott lässt seine Barmherzigkeit hervorbrechen und sein Volk bricht in Freude aus: *Juble und freue dich, Tochter Zion* (Sach 2,14).

Für den verlorenen und ins Vaterhaus zurückgekehrten Sohn bricht die Barmherzigkeit aus in ein *Festmahl, in Musik und Tanz* (vgl. Lk 15,23-25).

Was der ältere Sohn nicht versteht, das ist dieser ganze «Rummel» um einen Taugenichts, der wiedergekommen ist: «Ihm vergeben, ja, vielleicht, aber bitte ohne Aufsehen», so mag er, der dem Vater nichts schuldete, ganz folgerichtig gedacht haben. «Ein Fest? Ja, sobald er wieder etwas Geld verdient und gespart hat…, dann kann man weitersehen. Und wenn ich eingeladen werde, gehe ich sogar hin! Jetzt wollen wir erst einmal abwarten. Überstürzen wir nichts, er soll sich erst einmal beweisen!»

Aber «abwarten», das ist für Gott unmöglich. Gott kann nichts auf später verschieben: Er bricht in seiner Barmherzigkeit in Freude aus. Das ist die Freude am Heil, hier und sofort. Wer, offen für den Heiligen Geist, die Gnadengabe der Barmherzigkeit empfängt, kann sie darum nur in Freude üben: *Wer Barmherzigkeit übt, übe sie mit Freude* (Röm 12,8), sagt der heilige Paulus — und wie Gott, könnten wir hinzusetzen.

Hier haben wir für die Eheleute ein Merkmal echter Vergebung. Man sieht es an der Art und Weise, wie einer gegen den anderen barmherzig ist: Das macht nicht traurig! Oft hilft dabei der Humor, eine schwierige Lage zu auflockern. Glückliches

Ehepaar in solch einem Fall! Charismatisch? Ja, natürlich, aber zuerst charismatisch einer mit dem anderen, das ist klar, oder es wäre wenigstens zu wünschen.

In ihrem innigen Miteinander werden die beiden Ehepartner zu einer heiligen Stätte, wo Gott im Tabernakel seiner Liebe wohnt.

Gott ist die Quelle der vollkommenen Barmherzigkeit

Gott vergibt voll und ganz und auf der Stelle, mehr noch, er vergisst. Der Mensch ist dazu nicht in derselben Weise fähig, sollte sich aber nicht entmutigen lassen. Indem er an der Quelle, die in Gott ist, trinkt, wird er lernen, bis zum Ende zu vergeben. Dann kann er von den Wunden der Erinnerung genesen, die in ihm möglicherweise noch Spuren von Bitterkeit hinterlassen haben.

Seid barmherzig, wie euer Vater im Himmel barmherzig (oder *mitleidig*) *ist* (Lk 6,36). Das «wie» in diesem Wort Jesu ist erschütternd, aber zugleich so ermutigend und tröstlich: Es soll also möglich sein, wie unser Vater im Himmel zu sein, und das aus unserem Elend heraus!

Wir können sagen, dass Gott allein barmherzig zu sein vermag. Gott allein kann ein so reines Herz haben, dass er ganz und gar und auf der Stelle vergibt. Wenn Eheleute oder Brüder und Schwestern sich eine Undankbarkeit oder eine Kränkung (bei Ehepaaren bis hin zur Untreue) haben zuschulden kommen lassen und dann einer zum anderen durch gegenseitige Vergebung zurückkehrt, dürfen sie an dieser Vergebung nicht zweifeln. Es ist wirklich vergeben.

Indem wir also an der Quelle, die in Gott ist, trinken, werden wir es lernen, einander zu vergeben. Denn er, unser Gott, «**ist** Barmherzigkeit». Mit dem Wort «ist», das bei der göttlichen Barmherzigkeit steht, beschließt Papst Johannes Paul II. ein Kapitel in seinem wunderbaren apostolischen Schreiben über die «Versöhnung und die Buße» im Dezember 1984:

«Wenn wir uns verdeutlichen, dass diese Liebe so weit ging, das Leiden und den Tod des menschgewordenen Wortes zu verursachen, das einwilligte, uns mit dem Lösegeld seines Blutes freizukaufen, strömt die Dankbarkeit in uns über: Ja, der Herr ist reich an Barmherzigkeit, und wir gehen sogar so weit zu sagen: Der Herr **ist** Barmherzigkeit» (Nr. 22).

Selig sind die Barmherzigen... (Mt 5,7)

In einer seiner Seligpreisungen sagt Jesus uns: *Selig sind die Barmherzigen, denn sie werden Barmherzigkeit erlangen* (Mt 5,7). Sehen wir den tieferen Grund dafür. Es ist recht überraschend.

Denken wir uns einen Ehemann, der sich von seiner Frau etwas vergeben lassen muss. Wir meinen, er muss tatsächlich glauben, seine Frau werde das Herz haben, ihm zu verzeihen, damit ihm verziehen wird. Das Evangelium sagt nun aber etwas anderes: Vor allem muss der Mensch, der eine Sünde begangen hat, ein barmherziges Herz haben, er zuerst. *Selig die Barmherzigen, denn ihnen wird Barmherzigkeit zuteil werden*: Das ist die Lehre Jesu. Was bedeutet das? Wenn man nicht wagt, zu jemandem zu gehen und um Vergebung zu bitten, wenn man zögert, es unter Brüdern und Schwestern oder Ehepartnern zu tun, kommt es tatsächlich vor, dass man fürchtet, der andere würde nicht vergeben wollen. Das geht aber vor allem von mir aus, dem es an Barmherzigkeit fehlt. Ich muss mir daher ein barmherziges Herz erbitten, dann werde ich an die Barmherzigkeit des anderen glauben. Jeder Ehepartner muss barmherzig sein, damit sich die gegenseitige Vergebung als eine Gnade der höchsten Liebe erweist. Befinden sich die Eheleute in einem solchen Augenblick nicht mitten in der «Seligkeit», da sie dabei sind, entsprechend einer der acht Seligpreisungen zu handeln, die Jesus uns gegeben hat?

Ja, die Eheleute finden in der Barmherzigkeit ihr Glück, da Jesus ihnen sagt: «*Selig die Barmherzigen*», und nicht: «Wie schade für euch, dass ihr barmherzig sein müsst!» Man erkennt die Reife eines Ehepaares daran, dass die Ehepartner immer barmherziger miteinander umgehen. In jedem Augenblick wird Nachlass gewährt. Das wird schließlich der Schlüssel zu einer glücklichen Ehe und Familie sein: Auf den Kindern wird Frieden ruhen.

Eine Ehefrau betrachtete ihren Mann nicht mehr als beständig, da er bereits dreimal den Beruf gewechselt hatte. Aus diesem Grund war das Gespräch zwischen ihnen abgebrochen. Beide Seiten litten darunter. Der Herr kam ihnen zu Hilfe und in liebevoller Klarheit konnten sie einander die Wahrheit sagen:

> Eloi: «Wir sind seit fünfundzwanzig Jahren verheiratet. Seit vier Jahren haben wir versucht, in unserer Ehe wirklich wieder ins Gleichgewicht zu kommen, und das war schwierig.»
>
> Clothilde: «Wir hatten seit mehreren Jahren sehr, sehr große Schwierigkeiten, miteinander zu sprechen. Wir hatten mehrmals in Gebetsgruppen um ein Gebet für unser Ehe gebeten und eines Tages sagte man uns, es fehle uns an Klarheit in unserer Ehe. An dem Tag, an dem wir zum Gespräch zurückgefunden haben würden, würde vieles besser gehen. Es scheint, als seien während dieser Einkehr viele Dinge wieder ins Lot gekommen. Gestern gab es ein Wort der Erkenntnis, das Eloi auf sich bezogen hat. Es ließ eine Anzahl von Schwierigkeiten zu Tage treten, die bisher vergraben waren und zu vielen Verletzungen geführt hatten, auch zum Abbruch unseres Gesprächs seit so langer Zeit.»
>
> Eloi: «Dieses Wort lautete: "Hier ist ein Bruder, dessen Berufsleben sich in drei Abschnitte gliedert, und der aus diesem Grund alte Wunden hat, die geheilt werden müssen; ich denke, der Herr ist gerade dabei, das zu tun."»

Diese Unbeständigkeit hatte seine Frau tatsächlich nicht annehmen können, aus Furcht, der Familie würde es an Geld fehlen.

Die Barmherzigkeit wäscht solche Sünden, Zweifel und gegenseitige Undankbarkeit jedes Mal ab. Die Ehepartner gelangen über die Worte und Taten hinaus und können sich so lieben, wie sie sind, und um dessentwillen, was sie sind. Sie gelangen also ohne Mühe zur wahren, beständigen und treuen Liebe, die sie vor allen bösen Überraschungen schützt.

Die Torheit Gottes in seiner Barmherzigkeit

Gott hat für alle Menschen ohne Ausnahme ein Wort der Barmherzigkeit. Das Herz unseres Gottes ist unermesslich weit: *Gott ist größer als euer Herz* (1 Joh 3,20). Darum beschreibt Jesus sich als guten Sämann mit großzügigem Herzen, der freigebig aussät in der Hoffnung, dass auch die, die am weitesten von ihm entfernt sind, eines Tages gute Früchte bringen können. Das Herz unseres Gottes ist so töricht wie es großzügig ist. Den Menschen gelingt es nicht, an Gottes unendliche Liebe zu glauben. Und doch wäre es Weisheit für sie. Was Gott betrifft, er glaubt an den Menschen, und das ist Torheit, Torheit bis zum Kreuz.

Der Same in dem Gleichnis ist das Wort Gottes (vgl. Lk 8,4-15). In seiner großen Barmherzigkeit sät Gott es überall aus, damit niemand vergessen werde.

Gottes Wort ist treu und voller Barmherzigkeit. Eheleute können und müssen es täglich hören, dabei aber prüfen, mit was für einem Herzen sie es aufnehmen: *Mit aufrichtigem und großmütigem Herzen*, heißt es im Gleichnis vom Sämann. Es ist wirklich wahr, das Leben eines Ehepaares fußt auf dem Hören auf das Wort: Darum sollen die Ehepaare die Tageslesung des Evangeliums zusammen lesen, wenn sie nicht an der Eucharistie teilnehmen können. *Er hat uns zuerst geliebt* (1 Joh 4,19). Lassen wir uns von Ihm also seine «Liebesworte» sagen, die ganz auf unsere Schwäche und Sünde zugeschnitten sind. Dann werden wir seine Liebesworte haben, um uns gegenseitig zu vergeben.

Und sein Sieg wird auch unser Sieg sein.

Seid barmherzig, wie euer Vater im Himmel barmherzig ist (Lk 6,36).

Christus führt uns in seinem Siegeszug mit sich (2 Kor 2,14), indem er uns von der Verdammnis durch die Barmherzigkeit zur Gerechtigkeit führt.

Es freut Gott, die Welt zu retten. Darin spricht sein Herz und bringt alles das zum Ausdruck, was in der Liebe frei geschenkt ist.

Menschliche Weisheit hat das Menschenherz nicht überzeugen und also auch nicht retten können. Es ist die Torheit, die dies in den Herzen aller, die Gott berühren will, vollbringt, und zwar nicht mehr durch den Einsatz der Vernunft, sondern durch unverdiente Barmherzigkeit.

Was zu Recht zur Verurteilung bestimmt war, ist es nun nicht mehr — aus reiner Barmherzigkeit, die entsprechend den Bedürfnissen des sündigen Menschen immer neu geschenkt wird.

> *Denn da die Welt in der Weisheit Gottes durch ihre Weisheit Gott nicht erkannte, hat Gott es für gut befunden, durch die Torheit der Predigt jene zu retten, die das glauben* (1 Kor 1,21).

> *Als aber die Güte und Menschenfreundlichkeit Gottes, unseres Retters, erschien, hat er uns zum Heile geführt — nicht auf Grund von gerechten Werken, die wir etwa getan haben, sondern nach seiner Erbarmung* (Tit 3,4-5).

Damit diese Barmherzigkeit zu den Menschen gelangen konnte, hat Jesus den Dienst der Gerechtigkeit eingeführt, den er später auf seine Kirche übertragen sollte. Ein Dienst ganz zur Ehre Gottes, der den sündigen Menschen mit einer Hoffnung erfüllt, die alles menschliche Verständnis übersteigt und ihm gewährt, sich seinem Gott freimütig zu nähern.

> *Wenn nämlich der Dienst der Verurteilung herrlich war, um eure Zuverlässigkeit festzustellen, so ist weit mehr der Dienst der Gerechtigkeit überreich an Herrlichkeit* (2 Kor 3,9).

> *Im Besitze solcher Hoffnung nun treten wir mit großem Freimut auf und machen es nicht wie Mose, der eine Hülle auf sein Antlitz legte* (2 Kor 3,12-13).

Das ist Gottes heilbringende Gerechtigkeit, die nicht die geringste Ähnlichkeit mit der menschlichen Gerechtigkeit und deren ausgetüftelten Strafregistern besitzt. Denn Jesus hat die Schulden bezahlt.

Den gegen uns lautenden Schuldbrief mit seinen Bestimmungen hat er ausgelöscht und ihn beseitigt, indem er ihn ans Kreuz geheftet hat (Kol 2,14).

Diese rettende Gerechtigkeit sollen die Eheleute untereinander anwenden, indem sie die «Tafel abwischen» und niemals eine «Gegenleistung» erwarten.

So erlebte einmal ein Ehepaar den Sieg der Barmherzigkeit, als sie nach einen Leben voller Leid und gegenseitiger Verletzungen zur Trennung bereit waren. Als schon alles verloren schien, wurden sie von der barmherzigen Liebe des im Allerheiligsten anwesenden Jesus so angezogen, dass sie umkehrten:

> Luc: «Bis ich meine Frau kennenlernte, war ich bei der kommunistischen Jugend. Sie hat mich bekehrt und ich habe ihr das Glück versprochen. Wir haben mit dem Gedanken geheiratet, dass ich ihr das Glück schenken würde. Für mich bedeutete Glück allerdings Wohlstand, ein Haus, Arbeit und ein gesichertes Auskommen. Wir haben sechsunddreißig Jahre lang nebeneinanderher gelebt, ohne je in Gemeinsamkeit zu leben, und je länger das dauerte, desto schlechter wurde unsere Ehe, bis hin zu einem unvorstellbaren Tiefpunkt. Ich landete schließlich in der Psychiatrie mit einer siebenmonatigen Intensivbehandlung, so dass ich fast blind geworden bin. Meine Frau ist darüber krank geworden. Das war ein solches Elend, dass meine Frau weggehen und ich sterben wollte. Als ich so weit gekommen war, hatte ich auch sehr genaue Vorstellungen von den Mitteln, wie ich sterben wollte, die mir während meiner Spaziergänge in den Alleen des Parks eingefallen waren. Meine Frau lebte in ständiger Angst und konnte nicht mehr schlafen, es grauste ihr vor allem, mit anderen Worten, das Leben war verpfuscht. Gestern bin ich bis Mitternacht zur Anbetung gegangen. Und wie eine Erleuchtung habe ich etwas ganz Außerordentliches empfangen, das ich dann gleich aufgeschrieben habe, weil es mir mein Leben lang dienlich sein wird. Das sind die Worte, die ich habe sprechen können: "Jesus, ich liebe dich mit der Liebe, die du mir schenkst; ohne dich bin ich nichts, hilf mir, dich von ganzem Herzen zu lieben." Ich habe es meiner Frau nicht gesagt, aber sie hat es mir deutlich angesehen. Sie sagte zu mir: "Du hast ja gar nicht geschlafen, du bist ganz gelb." Ich wollte ihr nichts vorlügen und habe nichts erwidert. Die Gnade ist schließlich ganz wunderbar weitergegangen und

dafür danke ich dem Herrn. Am nächsten Tag war noch ein klein wenig Zeit für die Anbetung und ich sagte: "Sieh mal, für mich ist der Herr wirklich da." Das ist jetzt die Stunde Null unseres Lebens; sie strahlt überallhin, nach oben und nach unten, davor gibt es nichts mehr und alles ist auf die Zukunft gerichtet. Von dieser Stunde Null aus habe ich sie um Vergebung gebeten, sie hat mir ganz offensichtlich voll Kummer vergeben. Sie sagte mir ihrerseits, dass sie alles sehr bedauerte. Für sie war es nicht Untreue gewesen, sondern die Trennung der Herzen, sie hasste mich. Wir haben uns umarmt wie noch nie. Und als kleines Bonbon zum Abschied hat meine Frau gestern eine ganz kleine, aber so wunderbare Gnade erhalten. Sie, die sonst nicht schlief, sah ich am Morgen ganz froh im Bett liegen. Sie sagte zu mir: "Lasst uns einen Rosenkranz beten." Sie hatte ohne Schlafmittel geschlafen.»

Claude: «Ich bin noch wie eingemauert. Es ist erst ein kleiner Durchbruch da, vor allem bei der körperlichen Heilung. Ich glaube noch nicht an diese körperliche Heilung. Man muss noch für mich beten.»

Die Gott nachahmen wollen, müssen stets geben ohne zu zählen; sonst kommt dabei nur Handel, Überwachung, Untersuchung oder Gerede heraus und schließlich die Weigerung, sich hinzugeben.

Anders gesagt, von dem Augenblick an, in dem jeder untersucht, ob er in der Liebe auf seine Kosten gekommen ist, fehlt ihm ganz offensichtlich etwas. Er wird sich dessen bewusst und ist darüber enttäuscht. Die Psychologie beschäftigt sich dann damit, solche Enttäuschungen zu vermindern. Jesus aber heilt sie. Enttäuschung ist die Folge davon, dass man mit dem, den man liebt, abrechnet. Das ist das Gegenteil von Liebe, die eine Gabe ohne Gegengabe ist. *Wer spärlich sät, wird auch spärlich ernten* (2 Kor 9,6).

Wenn zum Beispiel ein Ehemann seiner in sich gekehrten, nicht liebesfähigen Frau immer mehr gibt, kann er sie dadurch schließlich retten. Hier erkennen wir die Gnade der Ehe, die dazu da ist, dass die Eheleute einander so lieben, wie Gott jeden Einzelnen von ihnen geliebt hat, das heißt ohne Gegenleistung.

Und wenn noch eine Rechnung aufzumachen und dem anderen eine Schuld zurückzuzahlen wäre, dann sagt uns der Apostel: *Bleibt niemandem etwas schuldig, es sei denn die gegenseitige Liebe* (Röm 18,3). Das ist einleuchtend! Die Liebe, die Gott jedem von uns entgegenbringt, ist unendlich groß. Was wäre dann erstaunlich dabei, dass wir unsere Brüder nie genug lieben können? Ist das nicht das wahre Glück? Stellen wir uns das Gegenteil vor; wie unendlich langweilig wäre das! Stellen wir uns eine vollkommen glückliche Ehefrau vor, die von ihrem Mann nichts mehr erwartete. Wie einsam würde er sein und wie furchtbar wäre es, wenn er der Liebe nichts mehr schenken, anbieten oder opfern könnte!

Vergeben, das ist der Sieg der Liebe. Zwischen streitenden oder uneinigen Eheleuten gewinnt immer der, der verzeiht. Jeder Sieg ist eine Quelle großer Freude, weil er am Ende eines harten Kampfes steht. Die Ehepaare sind untereinander zu einer solchen tiefen, gewissen und unfehlbar aufkommenden Freude berufen, die aus der gegenseitigen Vergebung herrührt. Das ist die Freude des Sünders, der umkehrt. Es ist Gottes Freude und die wird zur Freude der Eheleute. Doch zunächst hatten sie der Weisheit der Welt absagen und die Torheit Gottes teilen müssen.

2 — An die Möglichkeit der Versöhnung glauben

Gegenseitige Vergebung ist der schwierige Weg wahrer Liebe und mündet wie jede Liebe in Freude aus. So einfach ist das. Doch dazwischen liegt ein gutes Stück Weg, um so weit zu kommen.

Zuerst die Wahrheit

Die Liebe freut sich an der Wahrheit (1 Kor 13,6). Der Wahrheit entsprechend zu handeln bringt immer unermessliche Freude.

Die Lüge bringt Traurigkeit mit sich. Gegenwärtig wird unsere Welt auf allen Gebieten und auch in der ehelichen Liebe von den größten Lügen verwüstet. Diese Lügen setzen uns nicht außer Gefecht, aber sie machen uns tief traurig. Noch trauriger machen sie das Herz unseres Gottes, des Urhebers der Lebens und der Liebe. Wie kann der Menschheit aus diesem Schlamm der Lüge herausgeholfen werden? Um das zu erreichen, ist der Jünger aufgefordert, Jesus nachzuahmen, der gekommen ist, «die Wahrheit zu tun»; in seinem Leiden sprach er: *Ich bin dazu geboren und dazu in die Welt gekommen, um für die Wahrheit Zeugnis abzulegen. Jeder, der aus der Wahrheit ist, der hört auf meine Stimme* (Joh 18,37).

Pilatus muss zugeben: *Ich finde keine Schuld an ihm* (Joh 18,38). Und wenige Minuten später: *Als ihn nun die Hohenpriester und die Diener sahen, schrien sie: «Ans Kreuz mit ihm! Ans Kreuz!» Pilatus sagt zu ihnen: «Nehmt ihn und kreuzigt ihn. Denn ich finde keine Schuld an ihm»* (Joh 19,6). Pilatus hat sich dann vielleicht noch lange die Frage gestellt: *Was ist Wahrheit?*; aber eins ist sicher, er hat die Wahrheit nicht «getan».

Jesus zeugt mit seinem zu unserer Erlösung dargebotenen Leben für die Wahrheit. Nach der Auferstehung treten dann seine Jünger in seine Fußstapfen und gehen ihrerseits bis zum Ende: Es gehört zu den ersten Blutzeugen, dass sie für die Wahrheit starben. Bereits Johannes der Täufer hatte sein Leben für die Wahrheit hingegeben… Stephanus, der erste Blutzeuge, starb, weil er seinen Zuhörern die Wahrheit gesagt hatte. So geht es von Jahrhundert zu Jahrhundert weiter.

Als Maximilian Kolbe Christus sein Leben darbot im Austausch für das Leben eines Familienvaters, der darunter litt, nicht mehr für Frau und Kinder sorgen zu können, da rief er seinen Schergen und der ganzen Welt die Wahrheit zu. Eine auf Hass, Rache und Mord gegründete Herrschaft ist für Gottes Herz eine gewaltige Verletzung. Das Opfer des Franziskaners hat eine Familie gerettet. Sie hat an seiner Seligsprechung am 10. Oktober 1982 teilgenommen.

Das Ende des 20. Jahrhunderts Kirchengeschichte erwartet Zeugen für die Wahrheit, und wie zur Zeit Johannes des Täufers gerade auch bezüglich der Ehe. Unsere Welt erwartet Zeugen, die die Gnade der Ehe laut herausrufen, vor allem durch ihr Leben, aber auch mit Worten.

Kein Zweifel, der Herr möchte der Traurigkeit seiner verhöhnten Liebe im Herzen des Ehepaares ein Ende machen, das doch *nach seinem Bild und seiner Ähnlichkeit erschaffen* ist. Das ist jedoch ohne den Nachweis der Wahrheit nicht möglich, so sehr ist die Lüge die wichtigste Ursache für den Zerfall der Ehe. Dabei geht es nicht allein um die Zukunft der Kirche, sondern um die der ganzen Welt. Johannes Paul II. hat Alarm geschlagen, als er sich an die europäischen Bischöfe wandte:

> «Ich bin der Ansicht, dass die Familienpastoral im Hinblick auf eine erneute Evangelisierung zweifellos zu den wichtigsten Anliegen zählt. Was hier auf dem Spiel steht, das ist die Zukunft der Kirche in Europa, ebenso wie das Gute die Zukunft der europäischen Gesellschaft darstellt.[10]»

Zu allem, was die Menschen zur Verzerrung oder Zerstörung der Liebe unternehmen, kommt noch die Rechtfertigung der Irrtümer, die den begangenen Sünden gleichsam ein Schloss vorhängen, in dem Versuch, deren Rechtmäßigkeit nachzuweisen: *Sie kennen wohl Gottes Satzung, dass alle, die solches tun, den Tod verdienen; dennoch verüben sie es nicht nur selbst, sondern spenden noch denen Beifall, die so handeln* (Röm 1,32).

Wenn in der Liebe und in der Ehe nicht zuerst die Wahrheit verkündet und alle Lüge aufgedeckt wird, kann die Krise in der Welt und sogar mitten in der Kirche nicht behoben werden. Hier liegt die Verantwortung der Hirten.

Wenn man die Wahrheit durch die Aufdeckung der Sünde zunächst sachlich verkündigt und dann zu der unsachlichen Einstellung kommt, jeder solle an seiner Stelle so handeln, wie er

---

10 *Symposion der europäischen Bischöfe*, 1985, DC Nr. 1906, Kol. 1085.

kann, dann ist man kein guter Diener Gottes mehr. Darum macht Johannes Paul II. in dem bereits angeführten Abschnitt 9 des Briefes an die Bischöfe Europas den Irrtum deutlich:

> «Dadurch dass man dem Subjektivismus und dem Individualismus den Vorzug gibt, die ausschließlich zu einer eigensüchtigen Selbstverwirklichung neigen, ist die Ehe ihrer intimen natürlichen Bedeutung und ihres Wertes beraubt worden.»

In Hesekiel stellt Gott die Verantwortung des Wächters klar heraus:

Menschensohn, ich habe dich zum Wächter bestellt für das Haus Israel; hörst du ein Wort aus meinem Munde, so sollst du sie von mir aus verwarnen. Sage ich zum Gottlosen: «Du wirst sicher sterben», und du verwarnst ihn nicht und redest nicht, um den Gottlosen von seinem gottlosen Weg abzubringen und ihn am Leben zu erhalten, so wird dieser Gottlose wegen seiner Sünde sterben, sein Blut aber werde ich von deiner Hand fordern (Hes 3,16-19).

Wenn die Wahrheit die Sünde offenbar gemacht hat, werden das Eingeständnis und auch Reue möglich, dann Vergebung und Versöhnung. Der Mensch wird sein Heil wirken und die Eheleute werden der Weg der Liebe wiederfinden können, wenn sie ihn verloren haben. Ja, aber nicht irgendeinen Weg der Liebe, sondern den wahren, den, den Gott in seiner Treue geschenkt, in seinem Wort gelehrt und in den Sakramenten vermittelt hat.

Hat man es nicht gewagt, das Konkubinat — die wilde Ehe — mit «freie Liebe» zu bezeichnen, das doch ein Beispiel für Entfremdung schlechthin darstellt: Der Mann und die Frau sind in der Suche nach dem je persönlichen Wohl ihre eigenen Gefangenen, und das für unbestimmte Zeit. Das Gesetz der Liebe ist dann nicht mehr die Treue, sondern die Wollust.

In einer eben erst aufgekeimten Liebe zwischen zukünftigen Eheleuten muss die Wahrheit gelten: Vor der Ehe die Verlobung.

Und die «Jungverliebten», seien sie zwanzig oder vierzig Jahre alt, erwarten, dass Zeugen der Wahrheit wie Priester, treue Ehepaare und Laien sie die Wahrheit lehren. Dies ist einer der größten Liebesbeweise, den wir ihnen geben könnten. Doch oft macht die Wahrheit Angst. Schon der Apostel Paulus musste sich dagegen verwahren: *Bin ich denn dadurch euer Feind geworden, dass ich euch die Wahrheit sage?* (Gal 4,16)!

Für Liebende ist es immer eine große Freude, wenn man ihnen die Wahrheit sagt, denn *die Liebe freut sich an der Wahrheit* (1 Kor 13,6).

So beschloss ein Paar, das seit einiger Zeit in wilder Ehe, ohne das Sakrament, zusammenlebte, sich bis zur kirchlichen Trauung zu verloben:

> Martine: «Wir sind seit genau vierzehn Tagen zusammen. Wir haben drei Jahre auf diesen Augenblick gewartet, und das war für uns sehr schwierig. Wir sind nicht verheiratet und haben einige Schwierigkeiten, um diesen Schritt zu tun. Wir sind als Paar hier angekommen und fahren als Verlobte wieder ab. Ich weiß, dass das eine große Gnade ist, es ist nicht einfach. Als der Geistliche uns das sagte, war ich unzufrieden. Das ist nicht so leicht zu sagen. Ich bin sicher, dass der Herr uns die Gnade gibt, entsprechend zu leben. Daran zweifle ich nicht im Geringsten, ich glaube an diese Einkehr. Alle Teilnehmer haben auf dieser Einkehr etwas für sich erwartet; wir fahren verlobt nach Hause. Danke, Herr.»
>
> Jacques: «Wir hatten andere Pläne, wir waren zufrieden, so zu leben, aber der Herr hat uns gebeten, das zu ändern. Ehrlich gesagt, habe ich es anfangs gar nicht so aufgefasst, ich war ärgerlich darüber und habe übrigens sehr geweint. Aber dann kam ein Wort für mich: "Hier ist jemand, der von dem Gefühl, verurteilt zu sein, geheilt wird." Das ist wahr, ich hatte es wie eine Verurteilung aufgefasst. Es wird noch monatelang dauern, bis wir vor dem Herrn ein Paar sind, aber wie der Herr will, und dafür danke ich ihm.»

Man muss also zuerst gemäß der Wahrheit handeln, und das in Liebe. Eine solche Klärung herbeizuführen ist eine Prüfung, aber sie schenkt Frieden. Einer der Hauptscheidungsgründe ist der Mangel an Klarheit in der Wahrheit. Eine verborgene Sache zieht dabei die andere nach sich. Der erste Irrtum bestand darin, sich auf den Spruch zu stützen: «Nicht jede Wahrheit ist geeignet, dass man sie ausspricht»; dieses Sprichwort ist nämlich falsch. Man muss es folgendermaßen «umkehren»: «Wenn man wirklich liebt, schenkt Gott immer einen Augenblick, in dem die ganze Wahrheit gesagt werden kann.» Dabei geht es also nicht um die «volle Wahrheit», die man dem anderen ins Gesicht schleudert, sondern um liebevolle Feinfühligkeit, mit der alles gesagt werden kann. Und die Freude des Heils kehrt ins Haus zurück, dazu die Hoffnung. Es bleibt dann noch immer ein weiter Weg zurückzulegen, doch das erscheint jetzt möglich. Die Wahrheit führt zum Geständnis, das Geständnis zur Reue, die Reue bewegt das Herz, das bewegte Herz empfindet Mitleid. Und im Mitleid kommt es zur Umkehr, zur Heilung und zu der Vergebung, die die Liebe neu schenkt und aufbaut.

Klarheit schaffen ist ein Geschenk Gottes und zugleich eine Entscheidung des Menschen: Die Eheleute müssen sich voll hineingeben. Hier folgt das entsprechende Zeugnis eines Ehepaares:

Noëlle: «Ich hatte um die Gnade der Klarheit für unsere Ehe gebeten. Und gestern wurde uns während des Gebets der Brüder gesagt, dass wir eine solche Gnade empfangen würden.»

Claude: «Ich habe dem Herrn viele Bitten vorgelegt, um Klarheit und um gemeinsames Beten mit meiner Frau. Aber ich hatte nicht das Gefühl, zum Herrn zu beten, weil wir beide das Gebet im Bett sprachen. Meine Frau fand das sehr gut. Ich wollte aber, dass man sich zusammen hinkniete, dass wir zuhause eine Gebetsecke hätten. Während einer Unterweisung wurde gesagt, man könne auch im Liegen beten. Ich betete: "Herr, das wirst du mir nicht antun." Und ich sah meine kleine Frau eifrig ihren Bleistift schwingen. Dann wurde hinzugefügt: "Kniend zu beten ist besser." Meine Frau sah mich nicht mehr an. "Auf Knien zu beten ist ein Demutsbeweis." Da habe ich dem Herrn gedankt. Es scheint, dass dieser Abschnitt in der Unterweisung gar nicht vorgesehen war, dass der Heilige Geist den betreffenden Bruder aber dazu getrieben hatte, dies hinzuzufügen. Das war wirklich für uns bestimmt.»

Die Eheleute sind immer gerufen, zur Liebe zurückzufinden, wenn nicht im gemeinsamen Leben, so doch zumindest im Herzen. Als Priester habe ich mehrere wirklich «verlassene» Gefährten getroffen, die so weit gekommen waren, dem anderen vollständig zu vergeben. Der andere ist nicht zurückgekommen, aber die Liebe, die war zurückgekehrt. Der Herr tut Wunder, wenn er auf die Rückkehr des verlorenen Sohnes wartet.

Sich auf Gottes Wort stützen

Wenn die Sünde durch den Nachweis der Wahrheit erst einmal offengelegt ist, muss man sofort an die Versöhnung glauben, die nun stattfinden kann und muss. Doch dass man in einen solchen Nachweis der Wahrheit einwilligen konnte, liegt vor allem daran, dass man die Versöhnung für möglich gehalten hat.

Zunächst wird man sich mit Gott versöhnen müssen, dann als Ehepaar. Eine solche Versöhnung verlangt oft zahlreiche Glaubenserweise, sowohl vom Priester während des Sakraments als auch von dem Ehepaar im Hinblick darauf, dass sie zu einer innigen Gemeinschaft von Leib, Seele und Herz zurückfinden, da sie doch geschaffen sind, *ein Fleisch* zu sein. Darin besteht der Glaube an das Wort Gottes.

Jede Sünde, ohne Ausnahme, muss an die Barmherzigkeit Gottes abgegeben werden. Jede Verunglimpfung der ehelichen Liebe ist dazu da, um von den Eheleuten entsprechend Gottes Geboten vergeben zu werden. Ehebruch ist genauso eine Sünde wie die anderen auch: Diebstahl, Lüge und so weiter.

> *Du sollst nicht töten,*
> *du sollst nicht die Ehe brechen,*
> *du sollst nicht stehlen...* (Ex 20,13-15).

Es bedürfte schon einer wirklich bösartigen Sprachregelung, um aus solch eindeutigen Geboten das Gegenteil herauslesen zu wollen.

Manchmal besteht unter Eheleuten eine stillschweigende Trennung. Sie gehen nebeneinanderher. Als «gute Christen» denken sie an alles Mögliche, nur nicht an Scheidung. Dann kann allein Gottes Eingreifen das Eis brechen, das der Flamme der Liebe entgegensteht. Zeuge ist ein Ehepaar nach vierzigjähriger Not:

> Benoît: «Ich habe vierzig Jahre nicht gemerkt, dass mir der Herr eine Frau ausgesucht hat, ich dachte, ich hätte sie selbst ausgesucht, und vierzig Jahre habe ich sie leiden lassen. Heute hat er mir das Herz geöffnet, damit ich versuchen kann, ihr all die Liebe zu schenken, die Gott mir gegeben hat. Danke, Herr.»

> Catherine: «Ja wirklich, ich habe einen stummen Mann geheiratet, das heißt, er ist am Tag unserer Hochzeit verstummt. Als wir verlobt waren, war er nicht stumm: Ich begriff das nicht. Wenn wir mit Freunden bei Tisch sind, redet er sogar sehr viel: Wenn die Freunde nach Hause gehen, waschen wir zusammen ab, und dann kommt nur noch: "Gib mir das Geschirrtuch!", dann ist Schluss für die Woche oder den Monat, wenn wir niemanden zu Gast haben… Da wir beide Christen sind, gehen wir jeden Sonntag zur Messe. Als ich zu einer Einkehr fuhr, hat er mich mit dem Auto hingefahren und auch wieder abgeholt: "Wie geht's; war die Einkehr gut?" Das ist alles. Zweiundvierzig Jahre in Teilnahmslosigkeit und Gesprächslosigkeit! Manchmal habe ich rückwärts gezählt; wenn die einen sagen: "Ich habe nur noch so und so viele Jahre zu leben", sagte ich mir: "Es geht nicht mehr lange mit mir; umso besser, das Leben sagt mit nichts mehr." Das soll mal einer versuchen, vierzig Jahre zu leben, wenn man es allein tun muss! Ich hatte ihn zu einer Einkehr in Lourdes angemeldet, ohne es ihm zu sagen, und dort hat ihn die Jungfrau Maria erwartet.»

> Benoît: «Ich wollte nicht nach Lourdes, denn für mich waren das Händler im Tempel. Ich stellte mir vor, dass der Herr dort weniger anwesend sei als die Händler. Widerwillig und gezwungenermaßen bin ich hingegangen. Aber tatsächlich hat mich die Stimmung in Lourdes überrascht. Dann erwartete mich die heilige Jungfrau. Ich komme nie zu spät, und in dem Augenblick, als die Lichterprozession begann, mussten wir uns bei der Grotte versammeln. Damals zog die Prozession oben an der Basilika vorbei. Ich war als einer der Ersten bei der Grotte. Da kommt ein Jugendlicher mit einem Pariser Spruchband. Das war ein großes Ding aus Glas mit Kerzen, das

sehr schwer war. Es fragte mich, ob ich es eben halten wolle, er sei gleich zurück. Er ist nie wiedergekommen und mit diesem Ding musste ich an der Spitze der ganzen Lichterprozession mitgehen.»

Catherine: «Ich habe mich daran erinnert, um ihn hierher mitzunehmen, ich habe ihn gefragt: "Willst du nach Nouan[11] mitkommen?" — "Ja", mehr sagte er nicht. Und am ersten Tag waren vier Worte der Erkenntnis für uns bestimmt.»

Benoît: «Für mich kam: "Hier ist ein Mann, der Gott danken muss, dass seine Frau ihn hierher gebracht hat." Das habe ich auf mich bezogen.»

Catherine: «Und für mich habe ich gehört: "In der Versammlung ist eine Frau, die heute Abend eine junge, unverheiratete Schwester angeschaut und beneidet hat." Ja, denn die Ehe war für mich dermaßen schrecklich, dass ich diese Schwester beneidet habe. Wir fangen also nach vierzig Jahren an, verheiratet zu sein. Seit vorgestern Abend ist mein Mann nicht mehr stumm; und seitdem beten wir zusammen, was vorher undenkbar war. Der Herr hat Wunder für uns getan.»

3 — DIE FREUDE DER VERGEBUNG

«Ich glaube an Wunder»

Das ist der Titel eines Buches von Kathryn Kuhlmann, in dem eine große Gabe der Heilung im Namen Jesu bezeugt wird. Wer hat nicht von dem Zeugnis dieser Frau aus den Vereinigten Staaten gehört, die auf Grund der Gnadengabe ihres Glaubens durch zahllose Krankenheilungen Menschenmassen zur Umkehr führen konnte? Die Versöhnung geschiedener Eheleute? Das ist in bestimmten Fällen ein Wunder. Ja, das kommt zuweilen vor, warum aber nicht häufiger? Wenn das nicht ein Wunder im eigentlichen Sinn des Wortes ist, so ist es doch jedes Mal eine Wundertat Gottes, wenn in einer Ehe die Liebe erneut den Sieg davonträgt.

---

11 (Sitz einer katholischen Gemeinschaft, die Einkehrtage für Ehepaare veranstaltet; d. Übers.)

Warum sollte man Gott nicht um ein solches Wunder bitten? Wir bitten in der Familie oder auf Wallfahrten durchaus um die körperliche Gesundheit oder die geistige Umkehr eines Verwandten oder Freundes. Und wir alle sind Zeugen des Handelns Jesu gewesen, der lebendig unter uns weilt.

> So ging es einer jungen Frau, die, gestützt auf jemand anderen, kommt und um ein Gebet bittet. Man legt ihr die Hände auf, wie Jesus es von uns fordert (vgl. Mt 16,18): *Heilt die Kranken!* (Lk 10,9) Auf dem Weg zurück — immer noch auf den anderen gestützt — entspannt sie sich plötzlich mitten in der Versammlung wie eine Feder, kehrt zu ihrem geistlichen Betreuer zurück, nimmt ihn in die Arme und tanzt vor allen, besonders aber vor dem Herrn, im allerschönsten und anmutigsten Walzerschritt. Wie wenn eine unsichtbare Hand gewirkt hätte? Ja, eine unsichtbare Hand hatte alles im Nu wieder zurechtgerückt. Die eintausendfünfhundert Teilnehmer an dem Gebet konnten es sehen: Es geschah vor einigen Jahren auf der charismatischen Versammlung in Lux bei Chalon-sur Saône.

So konnten wir auch Ehepaare sehen, die zusammen zur Heiligen Eucharistie gingen, sie anbeteten, sich der Allmacht Gottes hingaben und völlig verwandelt von dort zurückkamen, gereinigt und von dieser selben unsichtbaren Hand von ihren bereits vergebenen Sünden befreit. Es ist «der Finger Gottes», von dem die Evangelien zu uns sprechen, das heißt das Wirken des Heiligen Geistes: *Wenn ich durch den Finger Gottes die bösen Geister austreibe...* (Lk 11,20), spricht Jesus. Und an anderer Stelle: *Wenn ich aber durch den Geist Gottes die Dämonen austreibe...* (Mt 12,28). Die beiden Ausdrücke werden in den Parallelberichten tatsächlich unterschiedslos verwendet. Demnach ist es der Heilige Geist, der dem kranken Ehepaar wieder Leben schenkt und es befreit.

> Eine Ehefrau hatte seit zehn Jahren eine krankhafte Angst vor Schmutz, konnte nicht auf ungepflasterten Wegen gehen und war unfähig, ihrem Mann und den beiden Kindern gegenüber ihre Liebe zu zeigen. Diese Frau sahen wir zwei Stunden lang in der Natur an der Seite ihres Mannes einen Kreuzweg gehen und bei jedem Schritt den Namen Jesu aussprechen. Bei der vierzehnten Station stimmte sie mit der ganzen Versammlung das Auferstehungslied an.

Was den Psychologen in zehn Jahren nicht gelungen war, hat Jesus während eines Kreuzweges getan.

Ja, aber glauben wir wirklich an die Heilige Eucharistie, das Sakrament der Heilung? Glauben wir wirklich, dass Jesus uns durch sein Leiden und seinen Tod am Kreuz erlöst hat?

Hören wir das folgende Zeugnis einer Heilung während der Anbetung vor der Heiligen Eucharistie, die mit viel Gnade für die Familie verbunden war:

> Marie-Noëlle: «Es war so schwierig, mit meinem Mann zu leben, besonders bei Tisch und vor den Kindern. Wir konnten überhaupt nicht ruhig miteinander reden. Ich bin lebhaft und nicht sehr sanft, das machte die Sache nicht einfacher. Meinen Mann zu verlassen kam für mich nicht in Frage. Ich habe sehr unter dem Mangel an Zärtlichkeit von Seiten meines Vaters gelitten, der mich auf seine Weise geliebt hat, mir aber ständig Vorwürfe gemacht hat; nie habe ich auf seinen Knien gesessen. So fiel es mir schwer, zu lieben und mich lieben zu lassen. Eines Tages habe ich nach der Beichte beschlossen, meinen Mann mehr zu lieben, und ich merkte, dass er weniger hart mit mir war. Seitdem habe ich beschlossen, ihn noch mehr mit dem Herzen zu lieben, zärtlicher zu ihm zu sein, seine Hand zu nehmen oder ihn anzulächeln. Es geht jetzt besser zwischen uns, er hat zwar noch seine Wesensart, aber ich glaube, wir sind auf dem richtigen Weg: Er hat unseren siebzehnjährigen Sohn zu einem Rennen in die Stadt mitgenommen, etwas, das er früher nie getan hätte. Der Herr hat ihn schon angerührt. Ich danke dir, o mein Gott. Sie haben über mich gebetet und Sie haben mir gesagt, dass Jesus im Begriff sei, meinen Mann zu berühren und mich davon zu befreien, dass ich ihm nicht von Herzen vergeben konnte. Während Sie für mich gebetet haben, habe ich überhaupt nichts gespürt. Ich bin dann von Ihnen zur Anbetung in die Kapelle gegangen. Kaum war ich eingetreten, habe ich wirklich eine große Befreiung durch den Herrn verspürt. Ich hatte nicht mehr diese Last auf dem Herzen, sondern ganz großen Frieden in mir. Heute Abend will ich zum Dank und für Ihren Dienst das Magnifikat beten. Ich habe während der Einkehr wirklich entdeckt, dass nur Jesus zwischen Mann und Frau Liebe geben kann.»

Die Betrachtung des durchbohrten Herzens Jesu und die Anbetung der Heiligen Eucharistie schenken Heilung. *Durch seine*

Wunden sind wir geheilt (Jes 53,5 und 1 Petr 2,24). Nach der Heilung des von Geburt an Lahmen (vgl. Apg 3) erklärt Petrus vor dem Hohen Rat: *Denn kein anderer Name unter dem Himmel ist den Menschen gegeben, in dem wir gerettet werden sollen* (Apg 4,12).

Das Paar wird also um jede Heilung gläubig und vertrauensvoll bitten müssen. Dann wird Jesus für die beiden Wunder tun. Und die Umgebung des Paares, für das die Gemeinschaft der Brüder gläubig gebetet hat, wird ausrufen — wie wir es schon oft gehört haben —: «Dass die beiden noch zusammen sind, ist wie ein Wunder!», oder mehr noch: «Dass sie nach einem — zwei oder zehn — Jahren der Trennung wieder zusammen sind, was für ein herrliches Wunder hat Gott da für sie getan!»

Wenn zwei Ehepartner nach einer vierjährigen, im Ehebruch verbrachten Abwesenheit des Mannes das gemeinsame Leben wiederaufgenommen haben, wage ich das als etwas zu bezeichnen, das zu den Wundern gerechnet werden kann. Und wenn es einfach eine Gebetserhörung war, warum geschieht es dann nicht häufiger? Es gibt körperliche Heilungen, die zu den Wundern gehören. So gibt es auch Fälle, in denen ein Ehepartner zum anderen zurückgekehrt ist, die ganz einfach ein Wunder sind.

> Bei einer Einkehr stellte sich ein Paar vor: Sie lebten unverheiratet zusammen. Sie konnten ihren Irrtum erkennen, um Vergebung ihrer Sünde bitten und beide konnten mit der Gebetsunterstützung der ganzen Gemeinschaft wieder Ordnung in ihr Leben bringen. Der Mann war nämlich verheiratet und hatte mit seiner richtigen Frau mehrere Kinder, hatte sie jedoch verlassen. Dieses Paar entschloss sich, ihre ehebrecherische Beziehung aufzugeben, und ein paar Monate später kam der Mann wieder zu einer Einkehr, dieses Mal aber mit seiner richtigen Frau. Sie hatten einander alles vergeben. Das war für diesen Mann nicht leicht, wie man sich vorstellen kann. Aber zunächst galt es, daran zu glauben. Und als wir die Frau fragten, ob sie bereitwillig alles habe vergeben können, antwortete sie froh und ohne zu zögern: «Ja» und fügte hinzu: «Ich habe jeden Tag gewartet, dass er zurückkäme, und so war ich gar nicht überrascht.» Und du, der Mann? Er erwiderte: «Ich war mir sicher, dass sie auf mich wartete. Ich wusste, dass sie mir während meiner viel

zu langen Abwesenheit treu geblieben war, und das hat mir die Neigung und die Kraft gegeben, ins Eheleben zurückzukehren.»

Diese treue Ehefrau hatte den Glauben und die Hoffnung bewahrt: Die Liebe war gerettet!

Eine Liebe ohne Glauben kommt auf dieser Erde nicht sehr weit. Dieser Ehemann konnte das Glück mit seiner richtigen Frau wiederfinden, weil er daran geglaubt hatte. Die zweite Frau, mit der er vier Jahre zusammengelebt hatte, hat ihrerseits daran geglaubt, dass Gott sie mit ihren beiden kleinen Kindern, die dieser ungesetzlichen Verbindung entstammten, nicht verlassen werde. Und mit Glauben hat die Ehefrau jeden Tag die Rückkehr ihres Mannes erwartet. Die Gemeinschaft, die sie umgab, hat daran geglaubt, desgleichen der Priester. Wenn die Ehe so gelebt wird, hat sie Zukunft! Aber dazu ist Glaube nötig, der Glaube, der Berge versetzt, von dem Markus zu uns spricht: *Wahrlich, ich sage euch: Wer zu dem Berge da spricht: Hebe dich weg und wirf dich ins Meer, und in seinem Herzen nicht zweifelt, sondern glaubt, daß das, was er ausspricht, geschieht, dem wird es zuteil werden* (Mk 11,23).

Es ist auch eine Gnadengabe: *Einem anderen wird der Glaube gegeben in demselben Geist, einem anderen die Gabe der Heilung* (1 Kor 12,9).

Wir haben wirklich gesehen, wie Lahme gingen, Blinde das Augenlicht wiedererhielten, Taube hörten, Stumme redeten und der Gelähmte sich aufsetzte und losging. Warum sollte dann nicht auch eine Ehefrau geheilt werden, die schon immer unter ehelicher Gefühlskälte gelitten hat? Das Gebet um innere Heilung bewirkt Wunder, sofern es mit Glauben gebetet wird. Aber Jesus wollte die Eucharistie abwarten, um zu zeigen, dass er derjenige ist, der heilt:

> Nathalie: «Als ich am Ende der Einkehr Zeugnis gegeben habe, wollte ich nicht über meine Gefühlskälte reden, weil ich noch keinen wirklichen Beweis für diese Heilung hatte; aber ich war vollkommen sicher, dass Jesus mich geheilt hatte. Tatsächlich habe ich einige Tage nach dieser wunderbaren inneren Heilung (nie werde ich aufhören, dem Herrn dafür zu danken, dass er zu diesem Zweck

Priester gebraucht) während einer Eucharistiefeier ein Prickeln auf dem Bauch verspürt. Dann kam mir ein Wort Jesu wieder in den Sinn, das ich etwa einen Monat zuvor erhalten hatte: das Wort von der seit achtzehn Jahren verkrümmten Frau, die Jesus heilte. Wir sind seit achtzehn Jahren verheiratet. "Frau, siehe, du bist von deiner Krankheit geheilt!" Das stimmt wirklich! Ich kann euch von meines Mannes und meinem Glück berichten. Ich verstehe auch, dass diese Heilung nicht allein für mich bestimmt ist. Jesus will viele Herzen berühren. Es gibt viele junge Frauen, die unter Gefühlskälte leiden und nicht darüber zu sprechen wagen. Jesus will auch sie heilen. So selten ich darüber zu sprechen gewagt habe, war ich doch jedes Mal durch die Erwiderungen der anderen noch mehr verletzt. Beim ersten Mal hat mir die Frauenärztin geraten, Sekt zu trinken, beim nächsten Mal habe ich während einer Einkehr mit dem gastgebenden Ehepaar gesprochen, wo der Mann mir offen ins Gesicht lachte und die Frau… mir hinterher sagte, auch sie sei gefühlskalt! Beim dritten Mal sagte mir ein Priester, das sei das Kreuz, das ich mein Leben lang zu tragen hätte. Ja, Jesus befreit und heilt bis in die Tiefe des Wesens. Er will das Verborgene ans Licht bringen und seine Herrlichkeit und Allmacht hervorbrechen lassen. Ich danke Jesus, jetzt wo ich tatsächlich den Beweis dafür habe, dass ich von Gott wirklich geliebt werde. Er hat mich angeschaut und lässt seinen Blick weiter liebevoll auf mir ruhen. Ob ich in der Küche bin oder anderswo, diesen Blick habe ich vor mir. Und ich sage Ihm die ganze Zeit: "Danke, Jesus." Es ist sicher, dass wieder Prüfungen kommen, aber jetzt habe ich eine neue Kraft in mir und mit dieser Kraft werden wir jetzt unsere eheliche Liebe erleben.»

Ja, der Herr hat uns armen Menschen die Gabe des Glaubens in die Hände gelegt, damit wir sie zur Ehre Gottes gebrauchen! Aber in welches Elend sind wir oft da geraten, wo wir zu «vernünftig» geworden waren! *Möchtet ihr doch ein wenig Torheit an mir ertragen!* (2 Kor 11,1), rief der Apostel Paulus in einem Überschwang des Glaubens, den er den Korinthern vermitteln wollte.

Da ich in dieser Weise an die Heilung der Kranken glaube — nicht, um etwas Besonderes zu sein oder die Medien anzulocken, sondern um Gottes Wort zu gehorchen und danach zu handeln — bin ich dahin gekommen zu glauben, dass alle Sünder sich bekehren und sich demnach mit dem Herrn versöhnen können und dass auch die Eheleute sich untereinander versöhnen können, ungeachtet der Schäden, der Gründe oder der Zeit, durch die sie getrennt waren.

Am Ende einer Beichte, die voller Zerknirschung und in schriftlicher Form erfolgt war, sah ich den Stummen reden und ohne zu stottern ausrufen: «Danke, Herr!» Warum sollte ich nicht zwei Ehepartner erleben, die einzeln (nicht gemeinsam) eine gute Beichte ablegen, das heißt ihre in der Ehe begangenen Sünden bereuen, und nachher zusammen vor den Priester treten, damit er ihnen die Hände auflegt, um sie in der mächtigen Gnade der Ehe zu erneuern? Ja, das habe ich erlebt. Und ich habe auch gesehen, wie sie sich nach einer langen, allzu langen Unterbrechung liebend umarmten.

So haben einmal zwei Eheleute ein Zeichen ihres Glaubens an das Ehesakrament gegeben und dadurch nach fünfzehnjähriger Trennung zum gemeinsamen Leben zurückfinden können. Zunächst hat Gott sie als Bruder und Schwester Seite an Seite zusammengeführt, dann konnten sie sich auch wieder als Eheleute annähern. Dazu ist offensichtlich ein Neuanfang nötig. Und der grenzt schon ans Wunderbare. Aber wer wollte uns verbieten, an Wunder zu glauben? Und welcher Ungläubige wäre so dreist, zu Gott zu sagen: «Vollbringe ein Wunder, dann will ich daran glauben!»?

> André: «Wir sind seit 1969 verheiratet. Unser Leben in der Ehe hat kaum vier Jahre gedauert. Als ich heiratete, fühlte ich mich nicht untadelig, ich hatte Schwierigkeiten und unsere Ehe hat nicht gehalten. Es kam zu einer langen Trennung, fünfzehn Jahre, bis schließlich das Ehesakrament zu wirken begann. Der Herr hat mich gerufen, ich war in einer solchen Verwirrung. Dies war die einzige Lösung zur Überwindung einer Krise, die schlimm hätte ausgehen können. Seit ich zum Herrn zurückgekehrt bin, hat er unaufhörlich gewirkt und das brachte mich dazu, wieder an der Haustür zu «kratzen», und das nach fünfzehn Jahren. Darum glaube ich fest an die Gnade des Ehesakraments, aber nach einem solchen Bruch zwischen den Eheleuten ist es nicht so einfach, wieder anzufangen. Dabei hat etwas eine wichtige Rolle gespielt: Ich bin mit Glauben

zurückgekommen — ein Geschenk des Herrn —, mit dem Glauben an das Gebet als Grundlage eines möglichen Zusammenlebens. Trotzdem blieben wir Seite an Seite wie Bruder und Schwester. Dank dem Gebet war das ein Leben, das Form annahm, während es ohne Gott nichts gewesen wäre. Die Gnade dieser Einkehr zeigt sich darin, dass zwischen uns wieder kleine Zeichen möglich sind. Der Herr will uns noch enger zusammenbringen. Zwischen uns war eine Mauer entstanden und der Herr hat begonnen, sie abzubauen. Wir danken Ihm, der uns zeigt, dass alles möglich ist, selbst wenn man denkt, alles sei verloren.»

Letzten Endes verlangt der Herr von den Eheleuten für einen solchen Neuanfang nichts weiter als einen Glaubensbeweis und etwas guten Willen. Dann muss man sich auf beiden Seiten um die Umkehr bemühen, denn Gott will nicht sehen, dass sie wieder zusammenkommen, um sich erneut zu verletzen wie im ersten Abschnitt ihrer Ehe.

Aber man muss an Wunder glauben. Denn so etwas geschieht nie zufällig. Dazu ist das Gebet der gesamten christlichen Gemeinschaft nötig. Sie erhält die Gnade. Der Priester in seinem dienenden Priestertum steht bereit und verwaltet das Sakrament der Versöhnung. Und wenn er wirklich glaubt, wird er weitere Wunder sehen. Dies sind die «Großtaten Gottes», von denen das II. Vatikanische Konzil zu uns spricht:

> «Obwohl die Gnade Gottes auch durch unwürdige Diener das Werk der Heiligung durchführen kann, so ist es doch der Wille Gottes, seine Wundertaten normalerweise durch diejenigen kundzutun, die sich in stärkerem Maß dem Antrieb und der Führung des Heiligen Geistes geöffnet habe, innig mit Christus verbunden sind und ein heiligmäßiges Leben führen, so dass sie mit dem Apostel sagen können: *Nicht mehr ich lebe, Christus lebt in mir* (Gal 2,20).[12]»

---

12 II. Vatikanum: *Dekret über Dienst und Leben der Priester*, Nr. 12.

Ich glaube an die Sakramente und an das Gebet der Gemeinschaft

Um das Wunder zu erlangen, dass zwei Eheleute einander vergeben und wieder zusammenleben, sind vier Sakramente nötig:
– die Eucharistie und die Anbetung derselben,
– der erneute Glaube an das Ehesakrament,
– der reuige Empfang des Sakraments der Versöhnung,
– der Glaube an das Priestertum des Priesters.

Vorher, währenddessen und nachher ist aber auch eine Glaubensgemeinschaft nötig, die treu in der Fürbitte und so beharrlich ist wie der lästige Freund (vgl. Lk 10,5) oder die arme Witwe, die darauf bestand, man solle ihr Gerechtigkeit angedeihen lassen (vgl. Lk 18,1). Denn die Gnade geht machtvoll auch durch die Gemeinschaft — die fast ein achtes Sakrament darstellt —, wenn sie beharrlich das Gebet des Glaubens und das Fasten übt.

Glücklich eine wahrhaft christliche Gemeinschaft, die den Herrn keine Handbreit verlässt, bevor sie nicht erhört worden ist, und es dann versteht, «das fette Kalb» zu schlachten, die Nachbarn einzuladen und überall um sich herum auszurufen: *Freut euch mit mir, denn ich habe das Schaf wiedergefunden, das verloren war!* (Lk 15,6)

> Zwei junge Leute, die zwei Jahre zuvor geheiratet hatten, waren schon seit mehreren Monaten wieder getrennt. Jeder war zu seinen Eltern zurückgegangen. Sie hatten das Ehesakrament aufgegeben und gaben auch das Sakrament der Eucharistie und das der Versöhnung auf. Trotzdem gingen sie jeden Sonntag in die Messe, da sie auf Grund ihrer musikalischen Begabung Mitgestalter der Messfeier waren. Eines Tages war das ganze Viertel mit allen Familien zur Eucharistiefeier erschienen. Das Wort des Tages lautete: *Was Gott verbunden hat, das soll der Mensch nicht trennen* (Mt 19,6). Am Ende der Predigt bekam der Prediger ein Wort der Erkenntnis: «Was würden Sie zu einem jungen, von gegenseitiger Liebe erfüllten christlichen und wirklich gläubigen Ehepaar sagen, das nicht imstande wäre, zu Gott zurückzukehren? Er wird ihnen die Kraft geben, wieder zueinander zu finden. Das würde auch zur Versöhnung der Familien führen, die sich seit dieser Trennung zerstritten

haben.» Beim Friedenskuss ging der junge Ehemann, sich über die ganze Gemeinde hinweg setzend und die Sperre der Familie überwindend, zu seiner jungen Frau, um sie zu umarmen. Sie gingen wieder zur Kommunion. Am Abend empfingen sie die Vergebung von ihren Sünden. Vier Tage darauf legten sie vor einer Versammlung von fünftausend Zuhörern Zeugnis ab. Das Gebet der ganzen Gemeinde, die seit Monaten um die Rückkehr ihres Organisten und ihrer Gitarrenspielerin gebetet hatte, war erhört worden. Auf dem Weg dorthin war lediglich durch einen durchreisenden Priester das Wort der Barmherzigkeit ergangen. Er hatte von dem Drama dieser Gemeinde nichts gewusst und einfach an die grundlegende Wahrheit erinnert, dass Gott der Herr des Unmöglichen ist und mit Hilfe seiner Gnade alles geschehen kann, sogar das, was unsere menschlichen Fähigkeiten übersteigt. Außerdem hatte er das Wort angeführt: *«Sie werden ein Fleisch sein»* und: *«Der Mensch wird Vater und Mutter verlassen.»* Alles war beisammen, das war zu sehen. Die beiden verlorenen Schafe waren wieder da.

Zugleich mit dem Vater empfängt die ganze Gemeinschaft den verlorenen Sohn, der zu ihm zurückzukehren beschlossen hatte: «Ich will zu meinem Vater gehen.» Durch sein Priesteramt hat der Priester die ganz besondere Aufgabe, zur Versöhnung einzuladen und zu ermuntern. Der Priester ist unentbehrlich, nicht nur zur Lossprechung. Durch ihn soll eine Gnadengabe sichtbar werden und bewirken, dass jeder Gläubige in ihm einen Kanal zum endlich wiedergefundenen Leben und zur möglich gewordenen Versöhnung erkennt. Das Konzil sagt tatsächlich, dass er ein unparteiischer Sammler sein soll:

> «In der Auferbauung einer christlichen Gemeinde sollen die Priester aber niemals irgendeiner Ideologie oder einer menschlichen Parteiung zu Gefallen sein, sondern als Boten des Evangeliums und Hirten der Kirche ihre Kraft auf das geistliche Wachstum des Leibes Christi verwenden.[13]»

So allumfassend muss das Herz des Priesters sein, damit er die Menschen zur Versöhnung einladen kann. Von daher auch seine

---

13 *Dekret über Dienst und Leben der Priester*, Nr. 6.

Rolle bei den Ehepaaren und der Gemeinschaft, die er versammelt. Die Glaubensgemeinschaft als Ganze soll Bürge für die Treue der Eheleute sein. Sie wird da sein, wenn sie Prüfungen durchmachen, und sie mit Gebet umgeben, um vom Herrn die Erfüllung seiner Verheißungen zu erlangen.

Gläubig beten: Da liegt der Schlüssel zur Begleitung unserer Ehepaare in Schwierigkeiten. Allein der Glaube kann uns das Hindernis der vollendeten Tatsachen vermeiden helfen. *Doch wird der Menschensohn, wenn er kommt, noch Glauben finden auf Erden?* (Lk 18,8)

Der Schlüssel zur geschenkten und zur wiedergefundenen Liebe ist stets der Glaube. Es gibt nur einen Weg, um die Abwärtsbewegung des so heftig angegriffenen Ehesakraments umzukehren: Glaubenstaten von Seiten der Eheleute, der Gemeinschaft und des Priesters.

Und Gott wird nicht säumen, Wunder zu tun, denn Er ist seinen Verheißungen treu. So erlebte es ein seit fünfundzwanzig Jahren verheiratetes Ehepaar, Christen, die zwei Kinder hatten und «unter den Augen Gottes» an eine Trennung dachten, weil offenkundig Schwierigkeiten hinsichtlich einer tiefen und wahren Begegnung in der leiblichen Vereinigung bestanden. Das bezeugt der folgende Brief:

Lieber Bruder Priester,
auf unserer Durchreise am 13. Juli hattest du mich nach unserer Unterhaltung gebeten, dir acht Tage später zu schreiben, und das tue ich jetzt mit sehr großer Freude: Du hattest uns gesagt, Gott sei «der Gott des Unmöglichen», und das hat er uns während der Vesper ganz deutlich gezeigt. Jean hatte um das Gebet der Brüder gebeten und wurde auf der Stelle von dieser Furcht befreit, die alles blockierte. Seitdem begegne ich einem vollkommen verwandelten Jean und wir erleben nach fünfundzwanzig Ehejahren wahre Flitterwochen (endlich!). Ich danke dir von ganzem Herzen, dass du uns beiden in dieser verzweifelten Lage so lange zugehört hast. Wir danken dir besonders für dein Gebet und für das der Brüder.

Wir umarmen dich herzlich. Danke. Juliette.

Beim Glaubensgebet kommt es zu vielen Gebetserhörungen. Und dieses Gebet ist der gute Weg, statt eine Niederlage festzustellen, selbst wenn diese Niederlage schon seit fünfundzwanzig oder dreißig Jahren besteht.

Dazu gibt es das Zeugnis eines kinderlosen Ehepaares, das sich nach mehreren Ehejahren und verschiedenen ärztlichen Beratungen zusammen mit der versammelten Gemeinschaft im Gebet an Gott wendet und zwei Monate später die Erhörung ihrer Bitte erlebt, doch mehr erhält, als es erbeten hatte: Sie bekamen Zwillinge! Zwei Jahre später kommen sie wieder in die Gemeinschaft: Das eine Kindchen konnte nicht laufen. Wir haben von neuem gebetet. Ein paar Tage darauf lief der Kleine wie sein Bruder.

Glaube, der rettet

Wenn du in deinem Herzen glaubst, wirst du gerettet (Röm 10,9). Der Glaube ist sehr zurückgegangen. Anders gesagt: Lauheit hat sich eingestellt (vgl. Apg 3,16) und wir wissen, was der Herr mit den Lauen macht. Was den Glauben an das «Unmögliche» betrifft, der ist schwieriger geworden, weil die geistlichen Ansprachen zaghaft geworden sind und in der Möglichkeitsform gehalten werden: «Vielleicht könnte der Herr bereit sein, euch zu gewähren…» Zu oft ist in den Predigten von bestimmten, zum «Tabu» gewordenen Themen keine Rede mehr: Wenn der Priester von Zusammenleben, Unzucht oder Ehebruch spricht, wird sich fast ein Drittel der versammelten Gemeinde betroffen fühlen — hinsichtlich mindestens eines Familienmitglieds — und ist vielleicht entrüstet, fühlt sich schuldig oder manchmal sogar zu Unrecht verurteilt. Also spricht man lieber von der Liebe unter Brüdern und in der Gesellschaft und bringt ein weiteres Mal die Solidarität in der Welt zur Sprache. Sich ernsthaft um den Ausgleich der Ungleichheiten in der Welt zu bemühen, indem man in einigen Fällen einen Scheck schickt, kann leichter sein, als weiterhin treu mit einem «unerträglich» gewordenen Ehepartner zusammenzuleben. Denn dies erfordert viel mehr Glauben. Bekehren wir uns und kommen zum Bund zurück:

Laß mich umkehren, daß ich umkehren kann, denn du bist Herr, mein Gott (Jer 31,18).

Die Eucharistie kann eine lebendige christliche Gemeinschaft erneuern und dann werden die Verlobten erneut um die Trauung bitten. Im Bußsakrament finden die Eheleute die Versöhnung, die nötig ist, damit sie dem Geheimnis des Bundes entsprechend leben können, das sie in dem von uns allen — Bischöfen, Priestern und Laien — gebildeten Leib der Kirche verkörpern.

Doch zunächst müssen unsere Gemeinschaften neuen Eifer, das Gegenteil von Lauheit, entwickeln. «Bewahren wir uns den Eifer des Geistes», sagt Paul VI. in seinem Schreiben über die Evangelisierung (vom 7. Dezember 1975, Nr. 80). Sie müssen alle Gleichgültigkeit, Ängste, Zweifel und jede abwartende Haltung aufgeben, damit die zukünftigen und die ehemaligen Ehepaare bei ihnen Kraft und Halt finden. «Sieh nicht auf unsere Sünden, sondern auf den Glauben deiner Kirche», beten wir in jeder Messe.

Werde wach und festige den Rest, der dem Sterben nahe ist (Off 3,2). *Psalter und Harfe, wacht auf! Ich will das Morgenrot wecken* (Ps 57,9 und 108,3). Hören wir auch jenen Hymnus aus dem ersten Jahrhundert der Kirche, der vom Heiligen Geist in den vom Geist eingegebenen Schriften niedergelegt und auf uns überkommen ist. Anscheinend ließen sich schon die ersten Christen sanft in den Irrtum fallen. Schon war es notwendig, *«die unfruchtbaren Werke der Finsternis aufzudecken»*:

Wach auf, du Schläfer, steh auf von den Toten, und Christus wird dir aufleuchten (Eph 5,11-14).

Lauheit, Gleichgültigkeit, Finsternis — nichts davon ist von Gott gewollt. Was ist also zu tun? Beten, immer beten, doch in der vollkommenen Gewissheit, erhört zu werden:

Darin besteht die freudige Zuversicht, die wir zu ihm haben, daß er auf uns hört, wenn wir nach seinem Willen um etwas bitten. Und wenn wir wissen, daß er bei allen unseren Bitten auf uns hört, dann wissen wir auch, daß wir das von ihm Erbetene bereits besitzen (1 Joh 5,14-15).

Kein Zweifel, der Herr will die Gnade der Ehe retten, das ist sein Wille. Seien wir also auch gewiss, dass er auf uns hört, und durch den Glauben werden wir bei diesem Sakrament ein Erwachen erleben, das die Kirche selten gesehen hat und das ihre Geschichte prägen wird!

Vergebung, die befreit und die Liebe aufbaut

Frei sein zu lieben, immer und stets von neuem: Das führt zur wahren Freude. Das wirkliche Leid des Menschenherzens besteht darin, nicht lieben zu können, und schlimmer noch, die Liebe eingebüßt zu haben. Von daher die Bitterkeit, der Groll oder die Rachsucht, die jenes Gefängnis schaffen, aus dem der Mensch befreit werden muss.

Diese Befreiung kann er nicht allein bewirken: Dafür muss ein anderer eintreten, um ihn wieder auf den Weg der Freiheit zu setzen. Und ein Ehepaar besitzt nie allein den Schlüssel zu dem Gefängnis, in das es sich oft selbst eingeschlossen hat.

So steckte einmal ein Ehepaar in dem Gefängnis Unfruchtbarkeit. Sie hatten sich großherzig um eine Lösung bemüht, aber ihr Herz war davon nicht befriedigt. Eine Vergebung war nicht gewährt worden und das setzte ihnen jetzt zu. Es schien ihnen, als könnten sie sich nicht vollkommen vereinigen. Im Gebet kam ihnen die Erleuchtung. Sie haben einander vergeben und dadurch wurde die Verletzung vollständig geheilt. Die Annahme eines Kindes hatte keine Lösung gebracht. Im Gebet der Gemeinschaft wurden sie befreit:

> Jean: «Seit unserer Heirat haben wir die Schwierigkeit, dass ich unfruchtbar bin. Das liess zwischen uns eine Mauer entstehen. Wir haben das schmerzvoll erlebt, als wir es erfuhren, und haben ein

Kind angenommen. Wir haben ein kleines Mädchen von dreieinhalb Jahren, das unser ganzes Glück ist. Aber wir haben uns noch Vorwürfe gemacht.»

Colette: «Ich habe Jean immer noch vorgeworfen, dass er unfruchtbar war.»

Jean: «In unserer ehelichen Beziehung war immer noch irgendwo so etwas wie ein Schleier und irgend etwas, das nicht ging. Die Gnade, die wir hier empfangen haben, das ist die Kraft der Vergebung und der Heilung von der Selbstverurteilung.»

Colette: «Ich bin so glücklich!»

Durch die Vergebung entsteht auf beiden Seiten die Gnade der Befreiung, die es erlaubt, zur Liebe zurückzufinden. Die Barmherzigkeit wird das Herz der beiden im gegenseitigen Geben und Nehmen erneuern, die Kirche schöner machen und letztlich zur Rettung der Welt beitragen.

Dann dürsten die Herzen der Eheleute gleichsam danach, einander vergeben zu können — einer Gnade, die sie nicht beiseite lassen wollen, weil in ihrem Gedächtnis jene erfüllten Augenblicke im Anschluss an eine Bitte um Vergebung (wie kühn sie auch sei) fest verankert sind. In einem solchen Augenblick haben sie tiefe Gemeinschaft und unaussprechliche Freude erlebt.

Es war die Freude, die Liebe wiedererstehen oder sogar neu entstehen zu sehen. Die Vergebung befreit, baut aber auch auf. Sie räumt die Hindernisse beiseite und schafft dadurch neuen Frieden, also günstige Bedingungen, um in der Liebe weiter zu wachsen. Wie viele Ehepaare kümmern in der Liebe dahin, weil sie es oft an der nötigen Vergebung haben fehlen lassen. Lieben heißt vergeben. Und vergeben heißt aufbauen. Hier ist das Zeugnis eines Ehepaares, das durch ein lange hinausgezögertes klärendes Gespräch befreit wurde:

> In einer Klinik für Schwerkranke lag ein Mann mit Krebs im fortgeschrittenen Stadium im Sterben. Seine Frau pflegte ihn nach ihrem langen Arbeitstag zu besuchen und lief eines Tages dem Krankenhausseelsorger über den Weg. Sie kam sehr schnell auf ihren tiefen Schmerz zu sprechen, da die Tage ihres Mannes gezählt

waren. Am härtesten war für sie, dass sie ihren Mann mit einer Lüge würde verlassen müssen: Zweimal hatte sie ihn «betrogen» und es ihm nie gestanden. Ihr Mann stand vor dem Ende, war aber noch bei vollem Bewusstsein und litt sehr. Von Gewissensbissen erfüllt, gestand sie die Angelegenheit dem Seelsorger, der ihr riet, ihren Mann um Vergebung zu bitten. «Nie, dazu ist es zu spät, das ist jetzt unmöglich!» — «Fürchten Sie nichts, dieses klärende Geständnis kann für ihn sowie auch für Sie nur gut sein.» Sie glaubte ihm. Zwanzig Minuten später verließ sie das Krankenzimmer und kam zu dem Seelsorger zurück, um ihm zu danken. Ihr Mann hatte ihr geantwortet: «Beide Male habe ich es geahnt… Wenn du wüßtest, was für ein Geschenk du mir machst, welche Last du durch dein Geständnis von mir nimmst!» Am nächsten Tag kam sie wieder: Ihr Mann hatte aufgehört zu leiden. Sein Gesicht wirkte gelöst. Ein leichtes Lächeln auf seinen Lippen bewies, dass seine Seele im Frieden war. Gott hatte sein Versprechen, das er durch den Seelsorger gegeben hatte, gehalten: «Dadurch werdet ihr beide große Wohltaten empfangen.» Gott ist treu. Beide waren durch die erbetene und gewährte Vergebung befreit. Am letzten Tag war ihre Liebe neu erstanden. Mit Jesus ist es zwar manchmal spät, aber nie zu spät.

Vergebung zwischen Eheleuten bewirkt also stets und unter allen Umständen eine ganz unvergleichliche Freude.

Die Vergebung ist ein Bestandteil der Liebe, einer Liebe, die diesen Namen verdient, das heißt die treu und beständig ist. Hier erleben die Eheleute in sich die mystische Tiefe der Gnade der Ehe, die sie empfangen haben. Sie können in keine falsche Mystik abgleiten, denn die gegenseitige Vergebung führt sie stets zur Wahrheit der Liebe zurück:

Liebe Kinder! Wir wollen nicht mit Worten lieben und mit der Zunge, sondern in Tat und Wahrheit (1 Joh 3,18).

Die Schönheit dieser Vergebung aber besteht darin, jeden Tag eine Opfergabe zu sein, *nicht siebenmal, sondern siebenundsiebzigmal* (Mt 18,22), in der Tiefe einer von Jahr zu Jahr wachsenden Liebe, wie Paulus in seiner an alle Korinther gerichteten Ermahnung sagt:

LIEBEN HEISST VERGEBEN

Ich ermahne euch also, Brüder, bei den Erbarmungen Gottes, daß ihr eure Leiber als ein lebendiges, heiliges, Gott wohlgefälliges Opfer als euren geistigen Gottesdienst darbringt. Paßt euch nicht dieser Weltzeit an (Röm 12,1-2).

Die Eheleute können ihr Leben einzig und allein über die Vergebung aufopfern. Jede persönliche Aufopferung an der Vergebung vorbei wäre trügerisch und würde auf einer falschen Mystik beruhen.

Eifrigen christlichen Eheleuten wird gern vorgeworfen, vom Boder der Tatsachen abzuheben, wenn sie sich auf die Mystik einlassen; die das meinen, mögen hier auf ihre Unkenntnis des mystischen Lebens — der Berufung aller Getauften — eine Antwort finden.

Ja, aber wie findet man den Weg zur befreienden Vergebung, die die Freude der hingebenden Liebe wiederschenkt, wenn einem zunächst die Einsicht in die Notwendigkeit fehlt, dass unbedingt zu klären ist, was bekehrt und vergeben werden muss? Die Herzen können zwar großzügig sein, aber erst einmal müssen sie die nötige Einsicht haben. Der Apostel Johannes sagt uns in seinem Brief: *Gott ist Liebe* (1 Joh 4,16). Er achtet jedoch sehr darauf, uns klarzumachen, dass Er vor allem *Licht* ist. Das ist für ihn eine grundlegende Wahrheit, der Unterbau seiner Botschaft:

Das ist die Botschaft, die wir von ihm vernommen haben und euch verkündigen: Gott ist Licht, und Finsternis gibt es keine in ihm (1 Joh 1,5).

Die Liebe nimmt ihren Weg über die Vergebung, die Vergebung über die Wahrheit und die Wahrheit über die Einsicht. Öffnen wir unsere Herzen der Einsicht, um zu lieben!

Was aber tun, wenn die Eheleute sich in der düstersten Nacht befinden? Dann rettet die Hoffnung — und der Herr schenkt sie immer neu.

Kapitel III
Hoffnung mitten in der Nacht

Denn die Finsternis schwindet und das wahre Licht leuchtet bereits (1 Joh 2,8)

1 — Aufdeckung der Finsternis
2 — Die Ehe in der Krise?
3 — Die Krise verhindern oder steuern?
4 — Die Wege der Hoffnung

Wenn die Herzen nicht im Licht sind, können sie einander nicht lieben. *Als Kinder des Lichts leben* (1 Thess 5,5) ist die Gnade aller Getauften, noch mehr aber der «Geweihten». Die Ehe aber ist eine Weihe. Die Eheleute müssen sich unaufhörlich läutern lassen, um in ihrer Liebe zu wachsen. Sie müssen Jesus in die Mitte ihres Lebens stellen, den Geist der Wahrheit empfangen und ihr Leben dem Wort Gottes anpassen. Wenn die Eheleute also der Verblendung und deren Lügen absagen, werden sie immer offener für die wahre Liebe, die unentbehrlich ist, damit dem Sakrament in einem Leben in Licht und Liebe entsprochen wird. «Licht und Wahrheit»: die Grundfesten treuer, großherziger Liebe, Liebe, die befreit ist von allem Verschwommenen, von Ängsten und Zweifeln, denen es in der Finsternis nur zu gut gefällt.

1 — Aufdeckung der Finsternis

Die Täuschung der Hochherzigkeit

Hochherzigkeit allein genügt nicht; die Eheleute müssen in ihrem Leben auch klar sehen, besonders dann, wenn sie sich nicht wahrhaft vereinigen können und darunter leiden. Angesichts einer solchen Unfähigkeit, in der ehelichen Liebe zu wachsen, suchen einige Ehepaare andernorts nach Ausgleich, das heißt im Rahmen einer größeren Gemeinschaft oder der Brüderlichkeit. Jeder der beiden übernimmt in der Gesellschaft oder — als Christ — in der Kirche Verantwortung. Dann kann die Hochherzigkeit die Wahrheit verdecken, die Wahrheit aber besteht darin, dass Gott die Ehepartner vor allem zu einem Leben in wirklicher gegenseitiger Hingabe berufen hat. Das schließt für die beiden nicht aus, dass sie sich auch ihrer Umgebung widmen, schon um der anderen Klippe, der Selbstsucht zu zweit, zu entgehen. So stellte sich ein Ehepaar die Frage, ob es allem entsagen und in eine Gemeinschaft eintreten solle. Der Geist der Wahrheit hat sie belehrt, dass sie zuvorderst ihrer Ehe die Ehre geben und nicht flüchten sollten:

> Paula: «Wir haben Einkehrtage für Ehepaare immer vermieden. Auf dieser Einkehr haben wir nun erfahren, dass man den Karren nicht vor den Ochsen spannen soll, das heißt wir hatten viel für den Herrn tun wollen, wir hatten viel geben wollen, das Wichtigste dabei vielleicht aber vergessen, unseren Ehealltag. Ich glaube, dadurch dass wir nach einer Gemeinschaft suchten, haben wir uns voneinander entfernt, bis dahin, dass wir vor Ungeduld, dass etwas geschehe, fast kopflos wurden. Wir verstanden gar nichts mehr. Das führte dazu, dass wir allmählich das Gebet ein wenig vernachlässigten, weil wir uns dagegen sträubten. Dann haben wir einen weiteren Mangel entdeckt: Wir baten einander nicht um Vergebung und wir waren sehr verblüfft, als der Priester davon sprach. Wir ließen kleine Unzufriedenheiten einfach stehen und allen kleinen Alltagsärger sich anhäufen. Wir baten nicht um Verzeihung, entweder aus Vergesslichkeit oder aus Stolz. Ich glaube wirklich, dass wir vor allem Folgendes empfangen haben: dass wir zunächst wieder regelmäßig beteten und es lernen mussten, einander jeden Tag um Vergebung zu bitten, wodurch wir gegenseitig Klarheit schaffen würden. Das Übrige kommt dann von selbst. Der Herr wird uns dann erkennen lassen, was wir tun sollen.»

> François: «Wenn es sein Wille ist, dass wir zu Hause bleiben, tun wir das. Das Übrige zeigt der Herr dann später.»

Wenn ein Ehepaar sich mit dem Gedanken trägt, in eine Gemeinschaft einzutreten, ist das sehr großzügig von ihnen. Das muss aber auch seine Berufung sein. Wenn das Paar seine Liebe vertieft, wird es vom Herrn Antwort erhalten.

Mangel an Wahrheit

Warum die vielen Niederlagen in der Liebe? Sicher weil es an Unterweisung über die wahre Liebe fehlt. Ohne das Licht des Glaubens kann der Mensch gar nicht erkennen und erst recht nicht ertragen, dass er die Vergebung unbedingt nötig hat, um in der Liebe ausdauernd zu sein. In seinem Hochmut gibt er weder seine Schwäche noch seine Sünde zu; er erkennt höchstens seinen Irrtum.

Man sucht dann weit, sehr weit weg nach den Gründen für die Niederlage in der Liebe, außer bei der Sünde. So ist es dann auch nicht nötig, sich der Vergebung zu bedienen, um zur Liebe zurückzufinden.

Es ist gerade dieser Mangel an Wahrheit, der die innigen Beziehungen von Eheleuten und auch schon von Verlobten verdirbt. Was ein Paar angeht, das nicht unterstützt vom Ehesakrament lebt, so hängt die Dauer ihres Zusammenlebens davon ab, wie lange sie sich ertragen konnten, ohne einander um Vergebung zu bitten. Wenn der Streit zu groß wird, weil er nicht vom einen Tag zum anderen durch gegenseitige Vergebung bereinigt worden ist, trennt man sich einvernehmlich und tut so, als sei man zusammen glücklich gewesen und werde es auch morgen nach der Trennung noch sein.

> Ich kenne ein Paar, das zwei Jahre unverheiratet zusammengelebt hatte, sich trennte, dann ein drittes Jahr erneut beisammen war, dieses Mal mit etwas mehr Ernsthaftigkeit und nach einer Berufsausbildung. Als Christen gedachten sie zu heiraten und hatten sogar schon das Datum festgelegt, wobei sie sich eine mehrmonatige Wartezeit ließen. Von Woche zu Woche waren sie voneinander enttäuscht und mussten in Frieden übereinkommen, dass sie nicht füreinander geschaffen seien. Das Zusammenleben in ihrer Jugend

hatte sie tatsächlich nicht auf eine lebenslange Vereinigung vorbereitet, denn es hatte gar nichts von einer gegenseitigen Hingabe an sich gehabt.

Eine solche falsche Liebe — in der man auf den anderen nur um des eigenen Genusses willen zugeht — erzeugt auf beiden Seiten eine Lässigkeit, die jedem verfrühten Zusammenleben bald ein Ende macht. Die Verblendung ist groß, in der man die Selbstsucht zu zweit für wahre Liebe gehalten hat. Noch größer ist die, zu meinen, die vollkommene Liebe sei möglich ohne Gott.

Der sich selbst überlassene Mensch täuscht sich in der Liebe und täuscht zugleich auch den anderen. Denn Gott hat dem Paar alle nötigen Fähigkeiten ins Herz und in den Leib gelegt, um zu spüren, ob jeder den anderen mit hingegebener, oder umgekehrt mit selbstsüchtiger, Besitz ergreifender Liebe liebt. *Die Liebe handelt nicht taktlos, sie sucht nicht den eigenen Vorteil* (1 Kor 13,5).

Trotzdem kann ein Ehepaar es einige Jahre in einem solchen von wiederholten Niederlagen durchzogenen Leben aushalten. Die Ankunft eines oder zweier Kinder lässt sie sich mehr an diese klammern als an den Ehepartner, bis zu dem Tag, an dem sie so weit kommen, sich trotz der Kinder zu trennen. Bestenfalls beauftragt man einen Psychologen, sich um das unglückliche Kind zu kümmern: Er wird tun, was er kann, wird die elterliche Liebe aber nie ersetzen. Nicht die Hochherzigkeit der Eltern war zu beanstanden, sondern ihre Verblendung.

Tatsächlich versuchen die Eheleute oft mutig, wieder zusammenzukommen, doch immer so, dass sie dieselbe Niederlage wiederholen, weil sie die wahre Liebe nach Gottes Herzen nicht kennen und die eigene Sünde nicht erkennen.

Ihre sogenannte «verständnisvolle» Umgebung kommt dann mit ihnen nach so vielen ebenso mutigen wie unfruchtbaren Versuchen zu dem Urteil, sie seien eben «nicht füreinander geschaffen» gewesen. Durch die Unterschrift unter eine solche Niederlage wird der Eheberater, der Psychologe oder der Richter die beiden dazu ermutigen, einen besseren Partner zu suchen — diesmal den Richtigen! Das nennt man Subjektivismus. Wo ist die Wahrheit? Der wahre Grund für die Scheidung wurde nicht entlarvt.

Die Wahrheit ist, dass das Paar schon lange nicht mehr in der Barmherzigkeit gelebt hatte. Und daran hätten sie erinnert werden müssen, oder man hätte es sie vielmehr erst lehren müssen, damit sie zu einer gegenseitigen Vergebung gelangten. Außerdem muss an die Vergebung geglaubt werden.

Man muss an die Vergebung glauben, aber gewiss auch an die Umkehr, die ein Werk des Herrn ist: *Kehre uns zu dir, Herr, dass auch wir uns wenden, mach unsere Tage wieder wie einst!* (Klg 5,21) *Laß mich umkehren, daß ich umkehren kann, denn du bist der Herr, mein Gott* (Jer 31,18).

Verblendung

Verstrickt in Schwierigkeit, hat einer, der sich in der Liebe «verloren» hat, große Mühe, Gott zu erblicken, der doch zugegen und ganz nahe bei ihm ist, um ihm zu helfen.

Der Hochmut schiebt die Umkehr hinaus: Angesichts der eigenen Schwäche zögert man oder schlimmer noch, lehnt es ab, Gottes Rettung aus dieser Not zu erbitten.

Gottes Barmherzigkeit kommt dem Menschen in seiner Schwäche zu Hilfe. Wer aber aus Verblendung seine Schwäche nicht sehen und also keinerlei Barmherzigkeit annehmen will, wird versuchen, sich angesichts der Schwierigkeiten des Lebens aus eigener Kraft herauszuhelfen. Fern der Barmherzigkeit ist er selbst unfähig, sie zu üben. Im Bericht von dem blind Geborenen (vgl. Joh 9) sehen wir die Weigerung der Pharisäer, sich angesichts dieses von Jesus Geheilten von Mitleid «bewegen» zu lassen. Sie drohen sogar den Eltern des wunderbar Geheilten, sie aus der Synagoge auszustoßen. Die Verblendung spielt immer den «Ankläger»: *Wir wissen, dass Gott die Sünder nicht erhört* (sagen sie im Hinblick auf Jesus) (Vers 31), und zum wunderbar Geheilten: *Du bist ganz und gar in Sünden geboren und du willst uns belehren? Und sie stießen ihn hinaus* (Vers 34).

Es ist der Feind, der den Menschen solches Böse antut: *In ihm ist keine Wahrheit. (...) Er ist ein Lügner und Vater der Lüge* (Joh 8,44). Er ist fähig, das Gute für das Böse ansehen zu lassen, und das Böse für das Gute. Und dies bei den «Gelehrtesten» auf Erden und zuweilen bei den Hochherzigsten. Wer über Wissen verfügt, wird von der Verblendung stolz; sie redet ihm ein, der «Beste» zu sein und nicht mehr auf andere hören zu müssen. Den Pharisäern fehlt es weder an Glauben noch an Hochherzigkeit, sondern lediglich am rechten Zuhören und an Demut: Sie sind anmaßend, sie kennen die Antwort schon, bevor sie fragen. Sie halten den anderen von vornherein für verloren, während sie selbst es bereits sind. Hochmut führt zur Verurteilung. Verurteilung erzeugt Anklage, Verdammung, Ausschluss und Mord. Die Pharisäer klagen Jesus an: *Du beleidigst auch uns* (Lk 11,45). Dennoch sagt Jesus nichts anderes als die Wahrheit.

Verblendung führt also zum Tod, und zwar mit dem Anspruch, das Leben schöner zu machen: *Keineswegs, ihr werdet nicht sterben! Vielmehr weiß Gott, daß euch an dem Tag, da ihr davon essen werdet, die Augen aufgehen und ihr werdet sein wie Götter, die Gutes und Böses erkennen* (Gen 3,4), sagt die Schlange lügnerisch zu Eva.

In dem Maß wie sich die Beweise für den Irrtum häufen und zurückgewiesen werden, führt die Verblendung ihr Opfer in immer dichtere Finsternis. Bis zu dem Tag, an dem die Falle unsichtbar aufgestellt wird, um den schwer zu «Fall» zu bringen, der nur über Gott geredet und den Anschein von Aufrichtigkeit erweckt hat, welcher allen Sand in die Augen zu streuen vermochte.

Zur fast allgemeinen Überraschung begehren die Pharisäer, die sich am meisten für die Sache Gottes einsetzen, den Tod des Gottessohnes. «*Ihr habt den Teufel zum Vater und wollt die Gelüste eures Vaters tun. Jener war ein Menschenmörder von Anfang an*» (Joh 8,44). *Die Hohenpriester aber beschlossen, auch den Lazarus zu töten, weil um seinetwillen viele Juden hingingen und an Jesus glaubten* (Joh 12,10-11).

Das einzige Heilmittel gegen Verblendung ist Demut. Ohne sie kann es vorkommen, dass ein Ehepaar die Liebe tötet.

So besaß einmal ein Ehemann nicht die Demut, seine Trunksucht anzuerkennen. Seine Frau erdrückte ihn in seiner Schwäche mit ihrer Überheblichkeit. Ein Wort der Erkenntnis hat sie beide aus der Sackgasses befreit, in der sie sich täglich zunehmend verrannten:

> Françoise: «Mitten in der Unterweisung kam ein Wort der Erkenntnis, das mich zum Weinen brachte. Aber Gott schickt die Wahrheit immer um zu heilen: "Wenn du deinen Mann spät nach Hause kommen siehst und du, statt außer dich zu geraten und ihm böse zu sein, beten würdest, wirst du sehen, dass er viel früher heimkommt, als du denkst. Und wenn du nun zu ihm gingest, seine Fahne bemerktest und ihn dann lieben würdest, statt ihn anzuklagen, ihn mit Vorwürfen zu überschütten und zu verurteilen?" Ich begriff, dass das mir galt. Ich habe mich immer wie eine Sittenrichterin vor meinen Mann hingestellt. Ich richte ihn. Im Tiefsten liebte ich ihn, aber es war mir nie möglich, seinen Blick auf mich zu ziehen. Wenn er mich auf der Straße ansah, habe ich die Augen abgewendet, ich wollte, aber konnte nicht. Trotzdem habe ich im tiefsten Herzen alles von ihm erwartet. Aber ich glaube, ich war es, die nicht "geben" konnte. Danke Herr, denn jetzt glaube ich, dass ich ihm etwas geben und ihn ansehen kann: Der Herr wird es mich lehren.»
>
> Bernard: «Ich will etwas bezeugen, das meine Frau nicht weiß, aber sie soll es erfahren, jetzt wo ich ihrer Liebe gewiss bin. Meine Arbeit fällt mir ziemlich leicht. Aber abends, da werde ich eingeladen, hier ein Pastis, dort ein Pastis. Eines Abends, als ich einen Pastis zu viel getrunken habe, sitzen wir beim Essen. Meine Frau tischt mir ein Glas Wein auf, ich trinke es aus. Ich fand, das war nicht genug, ich habe mir etwas nachgeschenkt. Sie füllt es wieder, um mich zu ärgern. Das ist mir zu Kopf gestiegen, ich habe das Glas nicht getrunken, ich bin aufgestanden und aus Wut weggefahren. Ich bin ungefähr fünfzig Kilometer gefahren. Bei Freunden habe ich angeklopft, aber es war niemand zu Hause. Dann klopfte ich bei den nächsten. Ich war an dem Abend insgesamt vier Stunden weg und hatte nicht nur diese vier Stunden Schlaf verloren, ich konnte in der Nacht auch nicht schlafen und musste wieder zur Arbeit fahren. Ich habe den Tag so gut ich konnte hinter mich gebracht, ich bin am

Abend nach Hause gekommen, wir haben uns angeschrien, bis wir hierher gekommen sind. Wir sind jetzt wieder versöhnt und ich hoffe, dass so etwas nie wieder vorkommt.»

Françoise: «Ich möchte einem Ehepaar danken, das hier ist. Ihnen verdanken wir, dass wir gekommen sind und uns auch bekehrt haben, denn sie haben viel für uns gebetet.»

Gott hat ihnen Einsicht geschenkt, doch dazu war Demut nötig, die der Schlüssel zur Klarheit und zur Liebe ist. Jede Untersuchung über die Gattenliebe, die sich nicht auf Gottes Wort gründet, ist in großer Gefahr, der Täuschung, dem Irrtum oder sogar der Lüge zu verfallen. Dieses Ehepaar, das doch großzügig und für seine Umgebung offen war, war auf dem Weg ins Verderben. Sie haben auf den Herrn gehört und dadurch hinsichtlich ihres Lebens Einsicht und die Wahrheit gewonnen, und das hat sie gerettet.

Überheblichkeit

Wenn der Mensch vom Erfolg ein wenig trunken ist, wird er auf den drei Gebieten des Wissens, der Macht und der Sexualität zu einer leichten Beute für den Versucher:

Das Wissen bietet Gelegenheit, sich zur Geltung zu bringen. «Es ist ein Unglück für die Wissenschaft, wenn sie sich nicht zur Liebe hinwendet», hat Pasteur gesagt.

Die Macht artet in Machtstreben aus. Wenn es keine Väterlichkeit mehr gibt, bedeutet das für die Herde Massenmord. Jesaja entlarvt diese Geißel:

Die Wächter sind alle blind und haben keine Einsicht. (...)
Die Hirten sind gierige Hunde und werden nimmer satt
(vgl. Jes 56,10-12).

Der sexuelle Hochmut besteht in der Verführung des Gegenübers, oder noch heimtückischer, in dem eitlen Ruhm, sich als dessen Herr zu fühlen.

In einer Sünde aus Schwäche kann man sich noch auf dem richtigen Weg befinden und nur versackt sein in der schlechten Gewohnheit. Wer aber in Verblendung geraten ist, scheint fröhlich voranzugehen; dabei hat er sich im Weg geirrt! Und er ist nicht imstande, sich das klar zu machen: Er wird einem Bruder vertrauen müssen, um umzukehren und den rechten Weg wiederzufinden. Im Folgenden sehen wir einen sehr schweren Fall von Überheblichkeit:

> Einmal bin ich einem Ehepaar begegnet, das zusammen mit drei anderen Ehepaaren zwei Jahre lang regelmäßig die Sexualpartner tauschte. Dem «christlichen» Ehemann gegenüber, der mir widerwillig, aber ohne den Schatten eines Bedauerns, davon berichtete, habe ich deutlich mein Missfallen bekundet, oder vielmehr das des Wortes Gottes: *Sie werden ein Fleisch sein. Was nun Gott verbunden hat, das soll der Mensch nicht trennen* (Mt 19,6). Er erwiderte: «Ich habe niemanden betrogen, da meine Frau einverstanden war.» Ich habe zehn volle Minuten mit ihm reden müssen, bis der Schleier endlich fiel: Blitzartig hat er erkannt, welch einen Hochmut sie zusammen bewiesen haben, das Wort Gottes dadurch zu missachten, dass sie glaubten, es besser machen zu können, und meinten, Einehe und eheliche Treue seien «überholt»: Die vier Paare waren miteinander einig — waren sie also nicht im Besitz der Wahrheit?
>
> Ich wagte die beiden zu fragen, ob sie bei dieser Erfahrung «glücklich» waren. Sie gestanden mir, dass das nicht der Fall war, und darum hatten sie aufgehört. Aber sie sahen die Sache noch nicht recht ein. Als ich sie fragte, ob sie sich also geirrt hätten, bejahten sie dies mit einem Seufzer der Erleichterung! Gott war in seiner Barmherzigkeit zugegen, um sie wieder aufzurichten. Sie hatten sich geirrt, dies jedoch nie vor sich selbst oder vor Gott zugegeben. Sie kamen mit ihrem Leben nicht mehr zurecht und waren aus diesem Grund zu einer Einkehr gekommen, wobei sie alles Mögliche in Betracht zogen, außer dass sie sich auf einen schlechten Weg verirrt hatten. Nie zuvor hatten sie die Wahrheit, vom Wort Gottes ausgehend, in einer solchen Weise verkündigen hören: *Gottes Wort ist schärfer als jedes zweischneidige Schwert* (vgl. Hebr 4,12). *Wenn ihr in meinem Wort bleibt, werdet ihr wirklich meine Jünger sein; und ihr werdet die Wahrheit erkennen, und die Wahrheit wird euch freimachen* (Joh, 8,31). An diesem Tag erlebte das Paar eine wahre Befreiung.

Weit und breit ist der Weg, der ins Verderben führt, und viele sind es, die auf ihm hineingehen (Mt 7,13).

Hatten sie Lust, verlorengehen? Sicher nicht! Aber sie waren schlicht und einfach in eine Verblendung geraten, die sie das Böse für das Gute halten ließ. Am Anfang hatte die Überheblichkeit gestanden. Sie lag in dem Gedanken: Wir sind stark genug, um nicht weiter zu gehen, als geboten ist. Doch sie sind sehr weit gegangen — zu weit.

Der Hochmut des Wissens

Man kann heute einen Hochmut des Wissens feststellen, der auch den gebildetsten Menschen in furchtbare Verblendung stürzt. Das trifft auf einige Genforscher zu, die sich auf die verrücktesten Versuche einlassen, bis dahin, das Leben in den Kühlschrank zu stecken. Von ihrer Wissenschaft verblendet, haben sie die Liebe vergessen, die eheliche und die Elternliebe, die immer das tiefste und wichtigste Ziel der Fruchtbarkeit bleiben wird.

Daneben kann eine zu selbstsichere medizinische Wissenschaft die Tötung eines Babys vorschlagen, in der Gewissheit, die Mutter werde keinen Schaden davontragen:

> Eine 42-jährige Mutter hatte bereits mehrere Kinder, als sich ein Nachkömmling ankündigte, im Französischen ein «Zuspätkommender» genannt — so als ob es für Gottes Liebesplan ein Zuspätkommen geben könnte! Sie suchte ihre Frauenärztin auf und es entspann sich ungefähr folgendes Gespräch: «Sie sind nicht verpflichtet, dieses Baby zu behalten. Sehen Sie, dieser Altersunterschied zu den anderen, wenn Sie es großziehen. Und dann ist da noch die Gefahr, dass es nicht so schön wird wie die anderen...» — «Frau Doktor, Sie wollen damit sagen, dass es behindert geboren werden könnte!» — «Ja, das wissen Sie.» — «Ja, sicher. Was Sie aber nicht wissen können ist, dass mein Mann und ich bereit waren, ein verlassenes Baby mit Trisomie anzunehmen... Wenn nun mein Baby behindert sein sollte, dann werden wir trotzdem sehr glücklich sein.» — «Dies ist eine andere Sicht der Dinge.» Ja, die Sicht Gottes und des Evangeliums. Ein paar Monate später wurde das Baby

geboren: ein ebenso «schönes» Kind wie die anderen und die Freude der Großen.

Daher sind alle, die eine Lösung für das Leben finden, indem sie den Embryo im Mutterleib töten, vollkommen verblendet und verlieren auf diese Weise den Sinn für die Liebe.

Das in mehreren Staaten gültige Gesetz zugunsten der Abtreibung erlaubt sicherlich, dass man sich nicht «außerhalb des Gesetzes» befindet, wenn es anwendet wird, doch nie wird es das Herz des Mannes oder der Frau befriedigen, die es in Anspruch genommen haben. Nie wird es den Hochmut oder die Selbstsucht seiner Erfinder rechtfertigen können. Angesichts dieses Gesetzes haben sich glücklicherweise mehrere Gruppierungen gebildet, die Frauen aufnehmen und unterstützen, welche allein vor der Verantwortung für das werdende Leben stehen. So zum Beispiel die Vereinigung «Mutter der Barmherzigkeit»[14].

Auch wenn der Mensch in seinem Wissen über das Leben, dessen Ursprung und Wachstum noch mit Riesenschritten vorankommen kann, nie wird er darüber Herr sein. Nur Gott ist der Herr des Lebens, und zwar für immer. Doch wie können so gescheite, von Entdeckung zu Entdeckung schreitende Geister eine Wahrheit nicht kennen, die so grundlegend ist, dass sie von ihnen nicht verrückt werden kann? Dies gilt immer: Der Unwissende geht an mangelndem Wissen zugrunde, der Gelehrte an hochmütiger Verblendung. Das Furchtbare in beiden Fällen ist, dass die Liebe lächerlich gemacht wird. Und in der Ehe bekommt ein Paar alle die Folgen zu spüren. Daher rührt die Krise, von der sie zur Zeit so schwer befallen ist.

Im Jahr 1979 ist Papst Johannes Paul II. vor der ganzen Welt im Namen der Achtung vor den Menschenrechten auf diese Krise eingegangen, damit das Kind endlich geschützt wird:

---

14 «Mutter der Barmherzigkeit» verfolgt das Ziel, Frauen anzuhören und zu unterstützen, die eine Abtreibung entweder erwägen oder durchgemacht haben und sich davon verletzt fühlen. (In Deutschland bekannt geworden durch: Philippe Madre, *Leben lassen*, Patris Verlag, Vallendar-Schönstatt 1993. D. Übers.)

> «Die Sorge um das Kind vor seiner Geburt, vom ersten Augenblick der Empfängnis an, und dann im Lauf der Kindheit und Jugend ist für den Menschen die vorrangigste und grundlegendste Weise, seine Beziehung zum Menschen auszudrücken.[15]»

So ist jeder Mensch aufgefordert, die Finsternis aufzugeben und das Licht zu wählen. Die Wissenschaft schließt nicht aus, dass jemand viel Herz hat — und etwas gesunden Menschenverstand.

Darüber hinaus hat jeder Mensch ein Gewissen und jeder Christ hat das Wort Gottes, um sein Leben anständig und im Glaubengehorsam zu führen. König Baudouin von Belgien hat sich nicht verpflichtet gesehen, ein mörderisches Gesetz zu unterzeichnen. Er hat es abgelehnt, sich durch die Unterschrift unter einen Text bloßzustellen, der die Abtreibung in dem Land gesetzlich erlaubt, für das er verantwortlich ist. Die Wissenschaft schließt auch nicht aus, ein Gewissen zu haben! Und davon hat der große König dieses kleinen Landes mit der Gnade Gottes vor der ganzen Welt Zeugnis ablegen können. Eine solche Haltung kann nicht nur einigen Propheten vorbehalten sein. Wir wollen darin für heute und morgen ein Hoffnungszeichen sehen. Schon gibt die neue Generation Antwort darauf.

2 — DIE EHE IN DER KRISE?

Das darf man nicht überzeichnen. Vor allem bedeutet es nicht, dass alle Ehepaare Schwierigkeiten hätten. Dennoch ist durchaus zuzugeben, dass man sich weltweit dringend mit dieser Frage beschäftigen muss.

---
15 Rede vor den Vereinten Nationen am 2. Oktober 1979, Nr. 21.

Es gibt eine Krise der Ehe

Ja, es gibt eine Krise der Ehe. Das ist eine Tatsache. Das zu behaupten ist keine Beleidigung all derjenigen, die unter dieser Krise in ihrer Ehe leiden. Ebenso wenig ist es ein Satz ohne Hoffnung, der Verzweiflung entstehen lassen könnte. Ganz im Gegenteil, wenn man von der Wirklichkeit, und zwar der heutigen, ausgeht, ist alle Hoffnung erlaubt. Und in diesem Fall hat man nicht nur das Recht, über diese Krise zu sprechen, sondern sogar die Pflicht, sich zu fragen, woher diese Verletzung in der Menschheit kommt, um sie heilen zu können.

Die Statistiken liegen vor und keiner kann sie bestreiten. In Frankreich werden jedes Jahr 120000 Scheidungen ausgesprochen, anders gesagt, enden fast ein Drittel aller Eheschließungen in der Trennung. In diesem Land werden ungefähr 1,5 Millionen Geschiedene gezählt. In bestimmten Landesteilen vollzieht sich der Niedergang offenkundig noch schneller; hier ein Beispiel: «Im Departement Cantal stiegen die Scheidungsanträge 1986 um 16%, im folgenden Jahr um 27%. 1989 gab es ebenso viele Scheidungsurteile wie zivile Eheschließungen.[16]»

Gehören die, die diese Krise nicht wahrhaben wollen, nicht häufig zu denen, die keine Lösung sehen und die Frage lieber ausklammern oder verharmlosen, statt die eigene Unfähigkeit hinsichtlich einer Bewältigung zuzugeben?

Dann sind da noch jene, die die Grundlagen unserer Kirche und unserer Gesellschaft selbst in Frage stellen. Sie finden die Erschütterung selbstverständlich, die in dem allgemeinen Klima der beschleunigten Veränderungen zu erwarten war, welche die bessere Welt von morgen vorbereiten. Dem hat man sich einfach zu unterwerfen. Wir sollen uns vor allem nicht bei irgendwelchen überholten Mustern aufhalten, Kämpfen der Nachhut, der Unwissenden, Furchtsamen oder der Feinde des Fortschritts. Im Anschluss an umfangreiche Untersuchungen wird die immer

---

16 Msgr. Cuminal, Vorsitzender der bischöflichen Familienkommission, *La Croix*, 29. März 1990.

unbedeutendere Erscheinung der Ehe dann versetzt in ein größeres Umfeld, in dem sich das Problem verliert und die Folgen dieser Erschütterung möglichst gering gehalten werden. Ausgehend von der tatsächlichen Lage, wird man daraus sogar abzuleiten wagen, dass die Ehe unmodern geworden ist. Wir müssen es also abzuwarten verstehen, ob der Sinn für die Ehe wiederkommt: Nichts erzwingen, sondern nur feststellen und abwarten! Angesichts eines unaufhaltsamen Fortschritts wäre jede andere Regelung «rückständig» oder eine «ängstliche Wiederherstellung». Denn bald ist die Menschheit von der Kette der Sittenprediger befreit, die sich von einer fundamentalistischen Lesart der Bibel anregen lassen.

Es steht viel auf dem Spiel. Wer bringt Licht in das Dunkel? Welche Wahl werden die Menschen treffen? Die Entscheidung aber, die es zu fällen gilt, kann nicht in ferner Zukunft erfolgen, sie ist dringend notwendig. Sie muss unbedingt heute geschehen.

Für morgen erhebt sich für den Philosophen die folgende Frage: Wird der Mensch Herr seines Schicksals sein?, und für den kleinen Mann auf der Straße: Wird er noch ein Recht auf gesunden Menschenverstand haben? Und die grundlegende, drängende Frage unserer Zeit: Kann der Christ in dieser Welt noch ein gültiges Zeugnis geben, wenn er nicht ab sofort der Gnade der Ehe die Ehre gibt? Die Antwort lauter: Sicher nicht! Was soll er also tun — nicht nur «meinen», sondern tun?

Die tieferen Ursachen der Krise

Zunächst müssen wir klar erkennen, woran wir mit der Ehe sind. Diese Krise betrifft die Paare, die nicht mehr heiraten, ebenso wie die, die getrennt oder in Scheidung leben.

Wenn man es bei der Feststellung belässt, jede Scheidung sei ein besonderer Fall, der sich aus äußeren, wirtschaftlichen, gesellschaftlichen oder kulturellen Ursachen «erklären» lässt, stößt man nicht bis zum Wesentlichen, das heißt zum Ursprung des Zerwürfnisses vor. Dieses ergibt sich stets nach dem folgenden

Muster: Die Ehepartner liebten einander, dann haben sie sich gegenseitig verletzt und konnten oder wollten einander nicht vollkommen und so oft wie nötig vergeben. Alle anderen Gründe sind zwar auch vorhanden, letztendlich aber zweitrangig und mit dem tiefsten Grund in bestimmter Weise verknüpft: der verweigerten Vergebung. Das ist manchmal keine absichtliche Weigerung, aber das Leben wird ein solches Durcheinander, dass die Ehepartner sich gar nicht mehr die Zeit nehmen, um Vergebung zu bitten. Nehmen wir zum Beispiel jenes sicherlich aufopferungsvolle Ehepaar, dem eines Tages aufging, dass es seine Familie zu verlieren drohte, weil es sich vom Leben hatte «auffressen» lassen:

> Françoise: «Wir sind seit viereinhalb Jahren verheiratet und haben zwei Kinder; gerade erwarte ich das dritte. Wir hatten anfangs Glück, beide hatten wir einen festen Glauben. Aber davon war bei unserer Ankunft hier nicht viel übrig. Im Auto hatte ich richtig mit Bernard zu kämpfen; ich wurde mir bewusst, dass sich das Gespräch zwischen uns im Lauf der Jahre verzogen hatte. Mein Mann hat sich von seiner Arbeit fangen lassen, ich mich von den Kindern. Da beschlichen mich Zweifel: Habe ich mich im Mann geirrt, habe ich mich in der Berufung geirrt? Es hat mir sehr gut getan, wieder zu hören, dass der Herr treu ist. Er hat sich mit uns im Ehesakrament verpflichtet und nach vier Jahren gesehen, dass wir außer Atem kamen; darum hat er uns hierher geführt, um uns erneut zu sagen: "Ich bin da, ich bin treu, pflegt den Glauben, die Hoffnung und die Liebe." Ich habe noch etwas anderes entdeckt: Der Herr ist Licht, und wenn man sich von diesem Licht entfernt, bleiben nur Finsternis und Verblendung. Wir haben in den vier Jahren nicht mehr miteinander gebetet und das auf andere Weise auszugleichen versucht. Der Herr hat mir ans Herz gelegt, dass ich ihn vor allem in meinem Leben als Mutter zu Hause an die erste Stelle setzen soll. Als ich mich mit einer Schwester der Gemeinschaft, die uns empfing, austauschte, hat sie mir gesagt, ich könne aus meinem Haus ein kleines Kloster machen, wie Maria in Nazareth. Ich möchte das wirklich gern zustande bringen.»

> Bernard: «Ich wusste gar nicht recht, was ich hier wollte, ich was am Ende, ich habe nur gewartet. Wir hatten vor dem Sommer

beschlossen, in den Ferien eine Zeit für den Herrn festzusetzen. Die Welt hatte mich «gefressen». Wir können sagen, dass wir hier zusätzlich noch eine Gnade des Gesprächs und größerer Klarheit erhalten haben. Ich entdecke außerdem für mich das Sakrament der Versöhnung. Wenn man von Montagmorgen bis Samstagabend sehr beschäftigt ist, hat man fast keine Zeit mehr zum Ausruhen. Ich ging am Sonntagmorgen noch in die Messe, aber das Haus wurde zum Ort, wo der Druck nachließ. Jetzt weiß ich, dass ich dank Françoise einmal im Monat einen Priester treffen kann. Das hat der Herr mir ins Herz gegeben. Und außerdem wollen wir als Ehepaar am Gespräch und an der Klärung der Dinge festhalten.»

Ein Blick des Glaubens zur Überwindung der Krise

Die Scheidung ist eine Wunde in der Gesellschaft; diese Beweisführung kann nicht ausreichen, um sie abzulehnen. Es stimmt, dass mit der steigenden Zahl der Scheidungen durch einen solchen umfassenden Rücktritt — mancherorts bis zur Hälfte der Ehen — auch die Eheschließungen selbst beeinträchtigt werden.

Die Scheidung ist auch als eine Wunde in der Familie anzusehen: Das ist mehr als deutlich. Denn die Opfer der elterlichen Trennung sind hauptsächlich die Kinder.

Die Scheidung — eine sittliche Wunde? Das wagt niemand zu leugnen, doch angesichts der vollendeten Tatsache und der Unfähigkeit, anders zu handeln, folgt jeder seiner eigenen kleinen Moral, um sein Gewissen zu beruhigen, etwa nach dem Beispiel: Ich will meiner zweiten Frau niemals untreu werden; damit löscht man alles aus und fängt wieder von vorn an.

Ist in diesem abwegigen Abenteuer nicht aber Gott, der Schöpfer der Ehe, der am meisten Betroffene? Am stärksten wird davon immer noch das Herz Gottes zerrissen. Für jemanden, der nie gewagt hat, das verletzte Herz Gottes zu betrachten, ist es sehr schwierig, die Einsicht und Kraft zu gewinnen, zu dem geliebten Wesen und einem Leben in Treue zurückzukehren. Angesichts einer Niederlage verschließt der Mensch sich stets in sich selbst oder wendet sich an andere, die nicht unbedingt gläubig sind, und läuft somit Gefahr, falsch beraten zu werden. Um da herauszukommen, muss man den Kopf erheben und weiter hinauf, zu Gott, schauen: Nicht länger in dieser waagerechten Ausrichtung verharren, in der der mit sich selbst allein gelassene Mensch in seinen Schwierigkeiten versinkt. Nur ein solcher Blick des Glaubens von Seiten des einen oder des anderen «Getrennten» wird das Wunder des Wiederzusammenfindens vollbringen können, um das die Gemeinschaft im Gebet bittet.

Anhaltspunkte auf dem Weg ins Freie: Gottes Wort und die Sakramente

Unsere Welt bewegt sich im Nebel, im Ungewissen. Die Jugend lebt in einer Gesellschaft ohne Anhaltspunkte: Man weiß nicht mehr, wo das Gute und wo das Böse ist. Muss man jeden Versuch noch einmal beginnen, auf die Gefahr hin, sich zu verlieren, um die Anhaltspunkte zu finden, anhand derer die neue Zivilisation aufgebaut werden kann?

Nichts ist weniger wünschenswert; denn diese Anhaltspunkte, die schenkt uns Gottes Wort. Es genügt, ihm zuzuhören, um aus dem Ungewissen herauszukommen und endlich *«auf Fels zu bauen»*.

Die Unkenntnis des Wortes Gottes macht viele Christen leider zu einer leichten Beute von Sekten, wie es sie heute so zahlreich gibt.

Schon im Jahr 1975 hat Paul VI. die Verkünder der Frohen Botschaft zu einem Beweis der Liebe aufgefordert: das Wort Gottes unzweideutig zu verkündigen:

> «Ein Zeichen der Liebe muss auch das Bemühen sein, den Christen nicht Zweifel oder Ungewißheiten zu übermitteln, die aus einem schlecht verarbeiteten Unterricht herrühren, sondern feste, weil in Gottes Wort verankerte Gewißheiten. Die Gläubigen brauchen solche Gewißheiten für ihr christliches Leben; als Gotteskinder haben sie, die

sich in seinen Armen ganz den Forderungen der Liebe hingeben, ein Recht darauf.[17]»

An manchen Tagen scheint es, als lebten wir in der Zeit des Propheten Amos:

Siehe, es werden Tage kommen, spricht Gott der Herr, da sende ich den Hunger ins Land, nicht den Hunger nach Brot, und nicht den Durst nach Wasser, sondern zu hören das Wort Gottes. Da werden sie irren von Meer zu Meer und von Norden nach Osten streifen, um Gottes Wort zu hören, und werden es nicht finden (Am 8,11-12).

Dieser Hunger nach dem Wort ist gegenwärtig wirklich vorhanden. Man müßte blind sein, um das nicht zu bemerken und auch nicht zu erkennen, dass hinsichtlich der Predigt des Wortes und der Unterweisung über das sakramentale Leben ein Nachholbedarf besteht.

Bei fehlender Unterweisung im Wort Gottes und ohne das Lehramt der Kirche machen sich Sekten breit. Wenn ein Ehepartner der Gefangene einer Sekte geworden ist, kommt es in der Ehe zur Trennung. Irrtum verursacht immer Spaltung.

So war ein christliches Ehepaar auf Grund von Unwissenheit auf dem besten Wege, sich zu verirren:

Laure: «Wir haben am Tag der Kreuzerhöhung geheiratet. Nach dreizehn Ehejahren sagte ich mir, dass meine Ehe nichts sei, es gebe gar keine Ehe. Die Arbeit befriedigte mich nicht. Die Kirche fand ich altmodisch, ohne Spiritualität. Ich habe immer nach dem Osten geschaut, habe Joga gemacht. Die Wiedergeburt war etwas Selbstverständliches für mich. Ich habe viel Zeit damit verbracht, meinen Rosenkranz zu beten, voller gutem Willen, in einer Art Sekte, der «Einladung zum Leben» (IVI)[18]. Dann wollte ich alles anders machen. Ich habe meine Arbeit hingeworfen, ich leitete die Scheidung ein. Dennoch habe ich Gott ständig gebetet, er möge

---

17 *Evangelii nuntiandi (Evangelisierung in der modernen Welt).* Nr. 79.
18 Die IVI ist eine unter vielen Sekten; gegründet von der Heilerin Yvonne Trubert, um der Menschheit zu innerem Gleichgewicht und Frieden zu «verhelfen»; eine synkretistische Gnosis.

nie zulassen, dass ich mich von ihm trennte. Ich habe diese Sekte verlassen und bin im Juli nach Lourdes gegangen: Nach dieser Wallfahrt haben Jacques und ich uns wie Verlobte wiedergefunden, während ich ihn vorher nicht mehr hatte ertragen können. Jetzt ist alles anders geworden, weil Gott sich um unsere Ehe kümmert. Es ist, als hätte er uns einander geschenkt, das ist ganz etwas anderes.»

Jacques: «Wir sind beide zur Kirche gegangen und haben beide den Glauben, die Hoffnung und die Liebe in den ganzen langen Krisenjahren nicht verloren. Aber es ist uns nicht gelungen, entsprechend unserem Ehesakrament zu leben.»

Das Wort Gottes, das uns von Liebe, Selbsthingabe und Treue spricht, wird zu oft nicht mehr gelehrt. Die neuen Wissenschaften der Psychologie und Soziologie haben es übernommen, unsere Kenntnisse zu mehren und eine Lehre vom Menschen zu entwickeln.

Was ist aber inzwischen aus der Theologie geworden? Sicher, an theologischen Forschungen hat es nicht gefehlt. Aber viele Glaubenslehrer bewegen sich freiwillig an den Grenzen der Wahrheit, in dem Bemühen, die Menschen in einer wieder ungläubig gewordenen Welt abzuholen, und haben darum vielleicht nicht mehr das Wesentliche gelehrt. Seit fünfzig Jahren finden die Theologen ihre Nahrung in einer rechtschaffenen und gewiss notwendigen Forschung an den Grenzen des Glaubens. Aber das christliche Volk war vielfach verwirrt, da ihm die grundlegenden Kenntnisse der Theologie fehlten. Man beschäftigte sich beispielsweise ohne theologisches Grundwissen mit der Befreiungstheologie. Man erforschte die Geschichte des Ehe- und des Bußsakraments, um deren Entwicklung im Lauf der Jahrhunderte kennen zu lernen, wusste aber so gut wie nichts über das betreffende Sakrament selbst. Auch die Unterweisung durch die Kirche ist nicht genügend verbreitet und gehört worden: Die päpstlichen Rundschreiben über die Ehe sind nicht hinreichend bekannt.

Darum hat die Unwissenheit bezüglich der Theologie der Sakramente dazu geführt, dass die Sakramente so weitgehend aufgegeben worden sind.

Von daher wird das Eingeständnis eines Ehepaares begreiflich, das ohne die Sakramente auszukommen glaubte und sich fragte, ob sie für ihr Leben nötig seien:

> Georges: «In den Unterweisungen wurde die Wichtigkeit der Sakramente besonders betont. Ich glaube nicht sehr daran. Ich fragte mich, wozu das gut sein solle. Was das in meinem Leben ändern würde. Jetzt fange ich an zu begreifen. Ich habe seit der Kindheit schwer zu tragen gehabt. Eines Tages hatte ich folgendes Bild: Ein harter Fels im Regen. Nach Jahren sieht man die Erosion, es zeichnen sich Risse ab.
>
> Unser Herz ist so ähnlich. Längere Zeit bemerkt man gar nichts, dann geht plötzlich etwas entzwei. Aber der Herr bringt durch die Sakramente Heilung; und das geschieht zur Zeit in unserem Eheleben. Er schenkt uns die Gnade, täglich miteinander ein Vaterunser und ein Gegrüßet seist du, Maria zu beten.»

Dieses Ehepaar gibt auf seine Weise zu verstehen, wie notwendig für sie die Entdeckung war, sich der Gnade öffnen zu müssen, und wie lange sie gebraucht haben, um das zu bemerken. Diese Gnade aber nimmt den Weg über die Sakramente. Denn Jesus selbst hat die Sakramente gewollt.

Ein Ehepaar, das das Ehesakrament empfangen hat und die Sakramente der Eucharistie und der Versöhnung nicht kennen würde, wäre in großer Gefahr. Wir wollen nicht vergessen, dass die Sekten hauptsächlich bei solchen Getauften Nachwuchs finden, die sich ihrer Taufe nicht bewusst sind.

Eine Ehe, die lediglich als Segen, nicht aber als Sakrament aufgefasst wird, lebt in einer oberflächlichen Beziehung zu Gott. Hier liegt eine der wichtigsten Ursachen für den Glaubensschwund in unserer Kirche in der zweiten Hälfte des 20. Jahrhunderts.

3 — DIE KRISE VERHÜTEN ODER STEUERN?

Selbstverständlich muss alles getan werden, um im Leben eines Ehepaares jeden Schaden zu verhüten. Aber wenn eine Krise ausbricht, muss man sie dann steuern oder lösen? Die Antwort ist klar: Die Liebe kann es nicht ertragen, dass eine Krise aufrechterhalten wird. Man muss jedoch gut hinsehen, welcher Art die Prüfung ist. Besteht sie nicht vor allem zwischen Gott und dem Menschen, oder sogar im Inneren eines jeden, bevor sie die Eheleute untereinander betrifft?

Die Geisteshaltung der «vollendeten Tatsache»

Sie besteht in Folgendem: Ausgehend von einer guten oder schlechten vollendeten Tatsache, versucht man, etwas Gutes zuwege zu bringen. Man beruft sich auf den Sinn für die Wirklichkeit: Mehr von den Männern und Frauen unserer Zeit zu verlangen ist nicht üblich, denn die Gesellschaft, in der wir leben, verhindert, in diesem Punkt dem Evangelium zu folgen. Seien wir andererseits nicht zu hoffnungslos: Schauen wir die Fortschritte an, die am Ende des 20. Jahrhunderts auf bestimmten Gebieten erreicht worden sind. Selbst wenn die Ehe im Augenblick nicht gerade glänzend dastehe, diese Mode komme wieder. Angeblich liegt im Leben des Evangeliums eine Art Gesetz mit Höhen und Tiefen, und nur die Unwissenden müssten sich deswegen entrüsten, oder schlimmer noch, eine Angstpsychose auslösen, während alles doch eigentlich gar nicht so schlecht aussehe.

Tatsächlich weiß jedoch alle Welt und die Statistiken beweisen es, dass eine Krise besteht. Bestimmte verheiratete, getrennte oder geschiedene Christen geben die Gnade der Ehe leichten Herzens auf und die Jüngeren «vergessen», dieses Sakrament zu empfangen, oder sogar die zivile Eheschließung. Zwar kennen alle die Statistiken, doch nicht alle ziehen daraus dieselben Schlüsse, bei weitem nicht!

Die Begriffe «Ehebruch» oder «Konkubinat» sind aus dem üblichen Wortschatz fast ganz verschwunden. Statt dessen ist man imstande zu erklären, dass die erste Ehe schlecht war, die zweite also gut ist, und schon ist vom Ehebruch keine Spur mehr vorhanden. Was die jungen Leute betrifft, die zusammenleben, sie sprechen von einer «kleinen «Ehe». Das ist die neue Bezeichnung für Konkubinat. Und nach dem Gesetz genießt die «kleine Ehe» dasselbe Recht wie die «große», diejenige, die die Kurzsichtigen eingehen (denn Scheidung ist teuer!). Außerdem werden die Paare im Konkubinat weniger besteuert. Welcher Vorteil bleibt also noch für die Ehe? Natürlich ist noch Gott da, und die Kirche…, aber man hat uns gesagt, das Wesentliche sei doch, auf der Suche zu sein…., also? Kennen Sie einen jungen Menschen, der nicht auf der Suche wäre? Die Wahrheit ist, dass es nicht genügt, auf der Suche zu sein, man muss auf dem Weg sein, und zwar auf dem richtigen.

Ausgehend von der vollendeten Tatsache, versuchen andere zu behaupten, die Paare im Konkubinat oder in ziviler Ehe seien schon gesetzlich vereint und könnten sich nun eine gewisse Zeit einem «Glaubensunterricht» unterziehen, der sie zum Ehesakrament führe. Dieses würde dann bewusst empfangen und von Bestand sein. Dieser theologische Plan ist mehr als verwunderlich. Als Ausgangspunkt und Grundlage dient ihm nicht mehr Gott, sondern das Leben der Menschen, die zur Sakramentalität der Ehe gelangen, sobald es ihnen richtig erscheint. Dies ist eine andere Form von vollendeter Tatsache.

Tatsächlich lehnt man es ab, sich in Frage zu stellen, und das entspricht nicht dem Evangelium. Diese Geisteshaltung ist nie christlich gewesen, weil darin Glaube und Hoffnung fehlen. Sie ist zerstörerisch, das heißt, sie nimmt die Niederlage an; unser christliches Leben aber ist ein Kampf um den Sieg. Paulus fasst die Sache an seinem Lebensende folgendermaßen zusammen:

Was mich betrifft: schon bin ich soweit, hingeopfert zu werden, und die Zeit meines Abscheidens steht bevor. Ich habe den guten Kampf gekämpft, ich habe den Glauben bewahrt (2 Tim 4,6-7).

Die Wahrheit muss gesagt werden: Wir haben vor Gott einen Vertrag unterzeichnet und verlangen von den Menschen anzuerkennen, dass er gebrochen worden ist. Das ist null und nichtig. Eine von einem menschlichen Gericht gefällte Entscheidung hat keinerlei Wert. Das durch den heiligen Paulus übermittelte Wort Gottes ist in dieser Hinsicht unmissverständlich:

> *Statt dessen zieht ein Bruder den anderen vor Gericht, und zwar vor Ungläubige! Es ist überhaupt schon ein Übelstand unter euch, daß ihr Rechtshändel miteinander habt. Weshalb laßt ihr euch nicht lieber Unrecht zufügen (…)? Statt dessen tut ihr selber Unrecht und begeht Raub und dazu noch an Brüdern* (1 Kor 6,6-8).

Und der Apostel fügt hinzu, daß ihnen schon Gerechtigkeit widerfahren ist, denn: *Weder Unzüchtige noch Götzendiener, noch Ehebrecher, (…) noch Diebe, noch Habsüchtige werden Anteil haben am Reich Gottes* (1 Kor 6,9-10).

Wer in unserer westlichen, größtenteils christlichen Welt (80% der Franzosen bezeichnen sich als katholisch) verkündet noch die Wahrheit, dass die Ehepartner einander gehören, und zwar fürs Leben? Und wen hat es beunruhigt, dass er das Gegenteil gelehrt hat?

Statt dessen herrscht die «vollendete Tatsache». Man muss sie berücksichtigen. Also wird gründlich nachgedacht werden müssen, wie die Krise zu steuern sei, denn die Menschen verstünden es nicht besser. Man hat dabei nur vergessen, dass, *was bei den Menschen unmöglich ist, bei Gott aber möglich ist* (vgl. Mt 19,26).

Den Weg des Glaubens einschlagen

Der Weg, der wieder eingeschlagen werden muss, der richtige, das ist der Weg des Glaubens, weil die Ehe ein Glaubenssakrament ist. *Alles ist dem möglich, der glaubt* (Mk 9,23).

Ein seit drei Jahren von seiner Frau getrennter Ehemann hat, getragen vom Gebet der Brüder, einen neuen Anlauf im Glauben gemacht, um zu seiner Frau zurückzukehren. Durch Gottes Gnade kam etwas in ihm in Bewegung. Im Vertrauen auf Gott hat er neues Vertrauen zu seiner Frau und sich selbst gefasst, um erneut ein gemeinsames Leben zu führen:

> Jean: «Ich bin seit drei Jahren von meiner Frau getrennt, und dabei hatte Mutter Teresa selbst die Patenschaft für unsere Ehe übernommen. Sie hatte das Hochzeitsdatum festgelegt und aus Kalkutta ein Briefchen zu diesem Tag geschickt. Sie segnete uns. Und nun sind es schon drei Jahre, die ich von meiner Frau getrennt bin. Wir haben unser Leben nicht "erneuert". Ich besuche die Kinder jeden Tag. Während dieser Einkehr kamen viele kleine Zeichen, die zeigten, dass der Herr uns wieder zusammenführen will, und ich bin sehr vertrauensvoll. Ich will zuerst versuchen, bestimmte Verletzungen, die ich Elisabeth zugefügt habe, zu heilen, und mit Gottes Gnade kommt dann alles Übrige.»

Die Hoffnung lässt den Christen die Gnade in der Welt von Gott erwarten. Ein eheliches Leben führen zu wollen, ohne sich täglich zuvorderst auf Gottes Gnade zu stützen, ist ein aussichtsloses Unterfangen oder ein Glücksspiel: Einige, heißt es, hätten eben Glück in der Ehe, andere seien unter einem schlechten Stern geboren und hätten nur Pech.

Doch müssen die Eheleute ihr Leben lang durch den Glauben und voller Hoffnung immer wieder zueinander zurückfinden.

Wenn die Gefühle beschädigt sind und die Liebe scheinbar unmöglich geworden ist, können die Ehepartner dadurch wieder zueinander zurückkehren, dass beide ihren Glauben und ihre Hoffnung tätig unter Beweis stellen. *Nun aber bleiben Glaube, Hoffnung und Liebe, diese drei* (1 Kor 13,13).

Bekanntlich geht vielen unserer christlichen Gemeinschaften der Geist für das Übernatürliche ab: Es ist Hochmut, dem Evangelium folgen zu wollen, ohne wirklich mit der Gnade zu rechnen. Die Ehe ist in der Kirche eine Einrichtung, an der man diesen Mangel mit am deutlichsten ablesen kann.

Tatsächlich besteht die Krise nicht zuerst zwischen den Eheleuten selbst, sondern zwischen ihnen und Gott. Im Glauben und in der Hoffnung findet jede Krise in der Liebe ihre Lösung.

Die Lüge aufdecken

Prüfet, ob etwas dem Herrn wohlgefällig ist, und habet nichts gemein mit den unfruchtbaren Werken der Finsternis, bringt sie vielmehr ans Licht (Eph 5,10-11). Eheleute sollen einander mit Liebe, Sanftmut und Demut sagen, was «nicht geht», und nichts auslassen, unter dem Vorwand, dem anderen nicht weh tun zu wollen.

In der Ehe ist vielerlei Verblendung möglich. Ehebruch fängt zum Beispiel oft auf diese Weise an. Dann hat der Prophet die Aufgabe, die Sache aufzudecken. So wie Nathan, der David das Gleichnis erzählte:

Darum nahm er das Lämmchen des armen Mannes und bereitete es dem Mann, der zu ihm gekommen war, zu (2 Sam 12,4).

Da (...) sagte David zu Nathan: «So wahr Gott lebt, der Mann, der so etwas getan hat, ist ein Kind des Todes!». (...) Darauf sprach Nathan zu David: «Du selber bist der Mensch!»
(2 Sam 12,5-7)

Wegen seiner Sünde segnete Gott David nicht: Am siebten Tag (...) starb das Kind (2 Sam 12,18).

Aber er verurteile ihn auch nicht. Bald darauf:

Bathscheba (die Frau seines Generals Urija, den er hatte töten lassen) *empfing und gebar einen Sohn; und sie gab ihm den Namen Salomo. Der Herr hatte ihn lieb und ließ es kundtun durch den Propheten Nathan* (2 Sam 12,24-25).

Gott handelt nach der Wahrheit und bleibt seiner Verheißung treu. Der Messias sollte einer menschlichen Ahnenreihe entstammen, die von der Sünde geprägt ist: *David zeugte Salomo von der Frau des Urija, Salomo zeugte Rechabeam, (...) Jakob zeugte den*

Joseph, den Mann Marias, von welcher Jesus geboren wurde, der Christus genannt wird (Mt 1,7. 16).

Die Geschichte Davids hat uns heute noch viel zu sagen: «Du stiehlst ein Lamm, du verdienst die Verurteilung und den Tod», du aber stiehlst die Frau deines Bruders, und niemand sagt etwas zu dir. Mehr noch: Die menschliche Gerechtigkeit gibt dir Recht, sie gesteht dir zu, deine erste Frau vermittels einer kleinen Geldsumme zu verlassen. Aber man wagt es, Gesellschaften zu tadeln, in denen die Frauen verkauft oder gekauft werden, oder in denen noch die Vielehe herrscht!

Dringend muss die Angelegenheit nicht nur benannt und müssen nicht nur Statistiken zusammengetragen werden, es muss die Art und Weise angeprangert werden, in der die Ehe verhöhnt worden ist, sogar unter dem Deckmantel der Gesetzlichkeit. Welche Propheten werden mutig genug sein, ohne Rücksicht auf ihren Ruf, ihre Stellung oder sogar ihr Leben das Wort zu ergreifen?

Mut zur öffentlichen Aufdeckung der Lüge zu haben, das ist die Aufgabe des Propheten. Aber dann wird er dafür verfolgt, dass er Licht ins Dunkel gebracht hat. Hören wir auf Jeremia selbst:

Das Wort Gottes ist für mich zum Hohn und Spott geworden den ganzen Tag. Sooft ich mir vornahm: Ich will nicht mehr daran denken und nicht mehr in seinem Namen reden, da brannte es in meinem Innern wie ein verzehrendes Feuer, das eingeschlossen war in meinem Gebein. Ich wurde müde, es auszuhalten, ich konnte es nicht ertragen. Ich hörte das Zischeln der Vielen: «Grauen ringsum! Zeigt ihn an, wir wollen ihn anzeigen!» Alle meine Vertrauten warten auf einen Fehltritt von mir: «Vielleicht läßt er sich verleiten, dann gewinnen wir Macht über ihn und nehmen Rache an ihm!» Aber der Herr ist mit mir als ein furchtbarer Held. Darum werden meine Verfolger straucheln und nicht obsiegen. Sie werden sich schämen müssen über die Maßen, weil sie nichts errei-

chen. Ewig wird ihre Schande dauern und nicht vergessen werden (Jer, 20,8-11).

Die Lüge muss stets angeprangert werden, weil sie erkennbar eine Ungerechtigkeit schafft, die die Menschen zu verschleiern trachten. Was für ein jammervolles Mitleid eines Herzens, das gerührt wird von der Notwendigkeit, die nach einer Trennung entstandene, zerstörerische Einsamkeit durch eine zweite Heirat aufzufangen. Gleichzeitig wagt die Verlassene mit dem gequälten Herzen nicht mehr aufzublicken, aus Furcht, an sich und allen, die Bescheid wissen, den Mann vorübergehen zu sehen, der ihr Treue geschworen hatte. Die Lüge ist da und breitet sich auf unseren Marktplätzen aus, sie geht von Untreue zum Ehebruch, vom Ehebruch zur Ungerechtigkeit. Die Herzen werden ermordet: Und das Gesetz rechtfertigt das und ermutigt dazu. Wären wir damit nicht wieder in den Zeiten des Propheten Jesaja?

> *So ist das Recht zurückgedrängt und die Gerechtigkeit muss fernstehen; die Wahrheit strauchelt auf den Gassen und die Geradheit findet keinen Eingang. Es wird die Wahrheit vermißt, und wer das Böse meidet, ist vogelfrei* (vgl. Jes 59,14-15).

Aber wo sind die Propheten?

4 — Die Wege der Hoffnung

Es ist also vordringlich, nach einer Trennung oder sogar einer Scheidung die Wahrheit zu sagen. Aber weder unser Glaube noch unsere Hoffnung könnten sich damit zufrieden geben, denn Gott will und kann immer die Heilung bringen.

Glauben, dass Versöhnung immer möglich ist

Wir müssen an die tatkräftige Barmherzigkeit unseres Gottes glauben, der zuerst den beiden von der Trennung Betroffenen vergeben und sie dann bekehren will, um ihnen so den Weg zur Rückkehr zu ebnen.

Wie kann das geschehen? Wie kann man in einem solchen Fall erhört werden? Durch das Gebet der Kinder, wenn das Paar welche hat, und durch das Gebet der Gemeinde, zu der sie gehören.

Erleben wir nicht tatsächlich allzu oft ein Ermatten der Gemeinschaft, angeblich aus Rücksichtnahme auf die inneren Angelegenheiten des Ehepaares? Ist unter einem solchen Vorwand nicht auch ein Mangel an Hoffnung und standhaftem Glauben verborgen?

Es ist sehr wichtig, dass die Gemeinschaft tätig wird! Das gehört zu ihrer Aufgabe: zu beten und sogar zu fasten, um jeden spalterischen Geist in einer Ehe zu vertreiben. Selbstverständlich setzen wir dabei eine einige und eifrige Gemeinschaft voraus. Sollte nicht aber jede Gemeinschaft so sein? Eine Versöhnung zwischen den Ehepartnern für möglich zu halten heißt dann, sich im Gebet in diesem Anliegen einzusetzen. Es ist also vordringlich, für sie zu beten; aber man muss auch ihnen raten, zu beten, zum Beispiel eine Novene, ein neuntägiges Bittgebet.

An das Sakrament der Versöhnung glauben

Man muss zugeben, dass viele praktizierende Christen daran denken, zur Kommunion zu gehen, das Sakrament der Versöhnung jedoch zu leicht vergessen. In diesem Sakrament aber können Ehepaare in Schwierigkeiten oder bereits Getrennte die Gnaden entdecken, die sie zum Durchhalten und zur Heilung benötigen. Wenn nämlich einer den anderen um Vergebung für Undankbarkeit oder Untreue bittet, werden sie für sich Gottes Barmherzigkeit empfangen. Und weil diese immer übergroß ist, werden sie einen zusätzlichen Teil erhalten, der ihre Wunden heilt und sie befähigt, dem Partner zu vergeben.

Darum muss man also glauben, dass nichts verloren ist. Denn ein Ehepaar, das in Versuchung gerät, an der gemeinsamen Wiederbelebung der Liebe vollständig zu verzweifeln, droht von

Zweifeln überwältigt zu werden. In diesem Sakrament liegt die Heilung von den Ängsten, da der Priester in der Lossprechung nicht nur Gottes Vergebung, sondern auch seinen Frieden vermittelt. Durch die Vergebung und den Frieden ist dieses Sakrament doppelt wirksam. Tatsächlich muss ja zuerst der Friede in das Denken und die Herzen der Eheleute einkehren, bevor die beiden wieder zueinander finden können. Wenn man daher einen Bruder in Ehenöten fragt, ob er noch an das Sakrament der Versöhnung glaube, setzt man ihn damit wieder oder ganz neu auf den Weg der Gnade, um zur Versöhnung mit seiner Frau zu gelangen.

An die Eucharistie, die Quelle der Versöhnung, glauben

Die Eucharistie und die Anbetung des Heiligen Sakraments sind machtvolle Heilmittel in jeder wie auch immer gearteten Krise der Liebe. Die Eheleute sollen (sofern sie nicht im Ehebruch leben) so oft wie möglich zur Kommunion gehen, um dadurch von allen ihren Verletzungen der Seele, der Erinnerung, des Herzens und sogar des Leibes geheilt zu werden! Denn die Heilung erlaubt, bis zum Grund der Vergebung vorzudringen und von dort aus dazu, zueinander zurückfinden zu können. Es gibt viele Zeugnisse von Heilungen während der Anbetung. Verkrampfung, Ablehnung und Streitsucht gelangen zur Heilung, wenn das Ehepaar Anbetung hält.

> Pierre: «Bisher hatte ich es sehr schwer in der Anbetung, es fiel mir schwer, mir die Gegenwart des Herrn in der Eucharistie bewusst zu machen. Heute Nacht ist es mir gelungen, eine Stunde lang Anbetung zu halten, ohne einzuschlafen oder zerstreut zu sein: Ich bin dem Herrn in Person von Herz zu Herz begegnet. Meine Frau war in einem Verkrampfungszustand, der auf mich abgefärbt hatte. Sie ist sogar deswegen zum Arzt gegangen.»
>
> Mélanie: «Ich war nicht depressiv, aber ich spürte meine Nerven, und der Herr hat mich durch den Priester geheilt, der während meiner Beichte für mich gebetet hat.»
>
> Pierre: «In diesem Verkrampfungszustand ist Mélanie zu dieser Einkehr für Ehepaare gekommen. Der Priester, der uns empfing, hat

sofort klar gesehen. Er hat unsere heutigen Schwierigkeiten mit den Schwierigkeiten in unserer Kindheit in Verbindung gebracht, die uns gar nicht bewusst waren, Schwierigkeiten mit unseren Vätern und Müttern. Das berührt uns sehr im Hinblick auf unsere Kinder. Durch das Gebet hat die Heilung begonnen. Während des Gebets der Brüder haben wir dann eine Ausgießung des Heiligen Geistes empfangen. Am nächsten Tag habe ich mit ihr zusammen die unerwartete, unglaubliche Erfahrung von Gottes Barmherzigkeit, seiner großen Zärtlichkeit gemacht. Wir waren sehr entspannt und glücklich. Ich danke dem Herrn, und es ist unsere Hoffnung, unsere Gewissheit, dass er in unseren Kindern die Erinnerung an unsere schlechten Beziehungen auslöschen wird.»

Die Frau wurde während des Sakraments der Versöhnung geheilt, der Mann während der Anbetung der Heiligen Eucharistie. Sie haben an Jesus geglaubt, der lebt und wirkt. Hierzu gibt es Tausende von Zeugnissen, die sich alle so zusammenfassen lassen: Ich habe eine gute Beichte abgelegt, die mein Leben verändert hat; oder: Wir haben die Anbetung nicht so beendet, wie wir sie begonnen hatten, denn uns wurde innere — zuweilen sogar körperliche — Heilung geschenkt. Das zu glauben und zu erwarten bedeutet nicht, einem Glauben an das unmittelbare Eintreten des Erhofften zu erliegen, es bedeutet, an Gottes Güte, Treue und Allmacht zu glauben. Wir sollen an die heilig machende Gnade glauben, doch ebenso an die gegenwärtige, in einem bestimmten Augenblick unseres Lebens wirksame Gnade, wir sollen sie erwarten und sogar ersehnen, aber ohne sie je zu erdichten.

Vor Gottes Angesicht ist nur Wahrheit, und wer sich in schweigender Anbetung zum Herrn kehrt, wird allmählich von der Wahrheit durchdrungen und sie auch befolgen wollen. Die Psalmen sagen: *Gerechte werden dein Angesicht schauen* (Ps 11,7). *Liebe und Wahrheit gehen einher vor deinem Angesicht* (vgl. Ps 89,15). Es ist der Ort, an dem viele Ehepaare geheilt werden, gleich an welchem Punkt sie stehen. Seinen Glauben an die Heilige Eucharistie tätig zu erweisen ist immer eine Quelle des Segens: *«Ich bin das Brot des Lebens. Wer zu mir kommt, wird nimmermehr hungern, und wer an mich glaubt, wird nimmermehr dürsten»* (Joh 6,35).

Das Gleichgewicht in der Ehe wahren

Der Herr kann niemals einen Einsatz verlangen, der über unsere Kräfte ginge. Es kann jedoch zu einer Überhäufung oder zur Überbeanspruchung kommen. Von Zeit zu Zeit muss das Ehepaar den Stand der Dinge erneut sorgfältig überprüfen: das Gebetsleben, das Leben in Ehe und Familie sowie die verschiedenen Aufgaben im Dienst an den Brüdern. Einmal war ein Paar an die Grenze der Erschöpfung geraten, weil es viele Menschen bei sich empfing: Der Herr kam, um die Ehepartner aufzufordern, ihre Aufgabe als *unnütze Knechte* des Evangeliums fortzuführen (vgl. Lk 17,10), aber in anderer Weise, ohne sich überall unersetzlich zu fühlen:

> Joëlle: «Ich war während der Einkehr berührt von dem Frieden, den der Herr mir geschenkt hat; doch das Wort "Lieben heißt alles hingeben" macht mir etwas Angst. Wenn ich alle die ansehe, die der Herr uns ins Haus schickt, Lahme und Kranke, bin ich dermaßen "ausgepumpt", dass ich Bruno, meinen Mann, nur schwer ertragen kann, und manchmal denke ich, dass wir uns noch prügeln werden und uns dann trennen müssen. Ich hatte also Zweifel, ob wir uns dermaßen "fressen" lassen müssten. Gestern habe ich durch das Gebet der Brüder wirklich den Frieden des Herrn empfangen. Ich habe verstanden, dass der Herr von mir als Frau und Mutter nichts weiter verlangte, als die Seele des Hauses zu sein und das Flämmchen des Gebets zu hüten. Von jetzt an werde nicht mehr ich die Gebende sein, werde nicht mehr ich trösten, sondern der Herr. Ich habe wirklich die Kraft und die Gewissheit gespürt, dass wir nichts zu befürchten haben, wenn man in der Hand des Herrn ist.»
>
> Bruno: «Ich habe um das Gebet der Brüder gebeten, weil ich mich blockiert fühlte. Ich habe folgendes Wort erhalten: "Danke dem Herrn, und so wird er das Übrige tun." Gestern hat mir der Priester dasselbe gesagt und mir den 150. Psalm vorgelesen. Heute bin ich durch ein Wort der Erkenntnis berührt worden: "Ich will dir eine wahre Leidenschaft für mich schenken."»
>
> Joëlle: «Der Herr greift auf sehr spürbare Weise in unser Leben ein, da er sich um unsere Sorgen kümmert. Wir haben gemeinsam das Wort bekommen, dass es gut wäre, unser Haus segnen zu lassen. Wir haben uns angeschaut, Bruno und ich, denn in drei Monaten

ist uns dreimal von einem Bruder gesagt worden, es wäre gut, das Haus segnen zu lassen. Wir wollen diesen Plan verwirklichen.»

Die dreimalige Einladung, das Haus dieser Familie segnen zu lassen, sieht harmlos aus. Aber offenbart sie nicht, dass die Brüder einen Mangel an Frieden verspürt hatten, der zurückzuführen war auf das Gedränge, das gelegentlich durch den unangebrachten Empfang zu vieler Leute entstand und der Familie schadete?

Um Heilung der Verletzungen beten

Ein bekanntes Mittel gegen Ehekrisen ist das Heilungsgebet. Gewiss, eine solche Bitte um Heilung befreit durchaus nicht von der notwendigen Bekehrung, um die gleichfalls gebetet werden muss. Wer aber nur um die Bekehrung eines Ehepaares betete, würde es sicher an dem Gottvertrauen fehlen lassen, zu dem wir verpflichtet sind; denn Jesus ist für *die Kranken und die Sünder* gekommen (Lk 5,31-32) und um ihnen alle Arten von Heilung zu schenken: sittlich, geistig, seelisch und körperlich. Manchmal ist ein Heilungswort unbedingt nötig, um die Liebe zu befreien:

> Louis: «Ich habe eine sehr dickköpfige Frau, aber das ist bei ihr etwas Gutes, denn wäre sie es nicht so sehr, würde ich nicht hier sein. Sie hat uns viermal angemeldet und ich habe dreimal nein gesagt. Beim vierten Mal war ich schon fast so weit, nein zu sagen, bin dann aber doch gekommen. Ich bin vom Heiligen Geist ergriffen worden. Bevor wir herkamen, stand unsere Ehe kurz vor einer Katastrophe. Im Lauf der Unterweisungen habe ich mein ganzes Unrecht eingesehen. Vorher hatte ich vor allem meine Frau angeklagt, das kennt man ja. Gestern hat der Knoten sich gelöst und heute sind wir glücklich. Warum? Weil wir Gottes Liebe wiedergefunden haben. Jetzt lieben wir uns durch ihn, wir sind weniger schwach.»
>
> Sylvanie: «Ich habe gesagt, mein Mann solle sprechen, denn sonst bin ich es immer, die redet, und ich erdrücke ihn. Ich behindere ihn darin, sich auszudrücken, so dass er nie mit mir sprach. Ich hätte gern mit ihm gesprochen. Ich habe durch mein Gebet und das der Brüder in der Gebetsgruppe durchgehalten. Ich habe sehr darunter

gelitten und finde es großartig, dass Louis jetzt frei vor allen spricht.»

Mit der inneren Heilung ist die Gnade der Befreiung oder «Entriegelung» verbunden, die im Leben so vieler Ehepaare notwendig ist! Recht oft sind es psychosomatische Störungen, die die Eheleute mit sich herumschleppen, wie zum Beispiel jene Ehefrau, die nicht mehr wusste, an wen sie sich wenden sollte, um sich aus ihrer Not zu befreien:

> Marie: «Ich muss dem Herrn für eine große Gnade danken, die er mir geschenkt hat. Ich hatte zunächst körperliche Beschwerden und alle Psychiater konnten mich nicht gesund machen. Das Gebet eines Priesters und der Brüder war es, das alle diese Verletzungen heilen und mir wieder Lebensfreude geben konnte. Ich will diese Freude mit allen meinen Freundinnen teilen, auch mit denen, die nicht an den Herrn glauben.»

Solche Bitten um Heilung sind unerlässlich, denn die Krankheit des einen steckt den anderen an und verursacht Ablehnung. Das bezeugt das folgende Ehepaar, das je einen eigenen Teil an Gnade empfangen hat:

> Odile: «Während dieser Einkehr haben wir einen neuen Weg vor uns entdeckt. Wir haben uns vom Herrn führen lassen. Ich habe eine große Gnade erhalten, eine, die sich auf die Ehe auswirken wird. Schon sehr lange litt ich schrecklich unter Ängsten und Furcht. Ich war seit meiner Kindheit gezeichnet. Ich litt körperlich, besonders im Bauch. Ich bin sicher, dass ich jetzt geheilt bin, dafür gibt es Anzeichen. Ich habe große Freude, großen Frieden und großes Vertrauen. Jean und ich haben uns neu dem Herrn überlassen und danken ihm für alle die Wunder, die er für uns getan hat.»

> Jean: «Ich will vom Humor des Herrn Zeugnis geben, von der Art wie er wirkt, denn als wir hier ankamen, konnte ich meine Frau nicht mehr leiden. Aber der Herr hat uns erwartet. Odile hatte eine Verabredung mit einem Priester und ich habe zu ihr gesagt: "Ich will an dich denken." Ich bin in die kleine Kapelle der Nonnen gegangen und habe auf dem Boden ausgestreckt angefangen zu beten. Nach einer Weile bin ich tief eingeschlafen. Und während ich schlief, hat der Herr mir eine ganz neue kleine Frau beschert. Als ich

wieder wach war, habe ich Odile aufgesucht, ich habe mit dem Priester gebetet und da war die Heilung vollendet.»

Dieses Paar hatte daran geglaubt, dass mit dem Sakrament der Versöhnung nicht nur Vergebung verbunden ist, sondern auch Heilung. Es muss hinzugefügt werden, dass eine solche im Gebet erreichte Heilung keine Täuschung ist: Der Ehemann zögert jetzt nicht zu bezeugen, dass die Heilung der Ehe festgestellt werden konnte, selbst wenn es heikel wäre, nähere Einzelheiten zu nennen. Doch um eine solche innere Heilung zu erhalten, ist ein empfindsames Herz nötig, sowohl für den, der betet, als auch für den, der Heilung erwartet. Sehen wir uns ein solches Herz an, das ganz besonders für das Eheleben vonnöten ist.

Kapitel IV

Nur ein empfindsames Herz kann lieben

Jesus sprach zu Maria von Magdala: «Frau, warum weinst du? Wen suchst du?» (Joh 20,15)

1 — Alles Mitleid kommt von Gott
2 — Die beiden Sakramente der Liebe
3 — Das Mitleid des Jüngers
4 — Trost, die Frucht des Mitleids
5 — Wahres und falsches Mitleid

BARMHERZIGKEIT ZEIGT SICH IM MITLEID UND IM TROST

«*Warum weinst du? Wen suchst du?*» Diese Frage stellt Jesus jedem verwirrten Herzen, so wie Maria von Magdala. Jesus hatte ihr schon alles vergeben. Nun will er sie trösten.

Das gilt auch für uns; Mitleid und Trost sind jene Vorzüge des Herzens, die verbunden mit dem Entschluss, zu vergeben oder um Vergebung zu bitten, die Tragweite eines solchen Beginnens ausmachen, bis hin zur Heilung von jeglicher Verletzung.

1 — ALLES MITLEID KOMMT VON GOTT

Die Bibel wird nicht müde, uns von Gottes Mitleid für sein Volk zu erzählen:

> *Ist mir denn Ephraim ein so teurer Sohn? Ist er mein Lieblingskind? Sooft ich ihn auch schelte, immer wieder muss ich an ihn denken. Deshalb schlägt ihm mein Herz entgegen, ich muss mich seiner erbarmen, spricht der Herr* (Jer 31,20).

Gott schenkt uns sein Mitleid und lässt es uns auf diese Weise entdecken.

Mitleid ist eine Herzenshaltung, die uns drängt, die Leiden und Nöte dessen zu teilen, den man liebt. Das liegt jenseits der Sprache; sie würde den anderen nur bedauern. Dabei handelt es sich nicht um Mitgefühl; dieses käme einer Herablassung von oben gleich. Ebenso wenig handelt es sich um ein Erbarmen, das ein Urteil über die Not des anderen durchblicken ließe. Es ist eine Angelegenheit der Barmherzigkeit; im Mitleid wird sie zu einer Regung des Herzens, das heißt des Innersten des Wesens.

Wahres Mitleid hat nichts mit Rührseligkeit oder Gefühligkeit zu tun. Dadurch würde es zu einer oberflächlichen Haltung herabgewürdigt, die das verletzte Wesen des anderen gar nicht annehmen könnte.

Jesus der wahre Mensch ist gekommen, uns dieses Mitleid zu lehren, er, der durch seine Gottheit unendlich fähig dazu ist. Das Leiden Jesu hat in Maria Mitleid entstehen lassen und lässt es immer neu in all denen entstehen, die glauben. Sie sehen sich durch Jesus in seinem Leiden erlöst und können nun ihre Herzen den Bedürfnissen einer verhärteten Welt öffnen.

Das Mitleid ist der Schlüssel zu den brüderlichen Beziehungen und mehr noch zu einer tiefen, beständigen ehelichen Liebe. Von daher ist es so wichtig, dass wir uns auf diese Gnade einlassen, wenn wir in der Nachfolge der Heiligen wirklich Früchte bringen wollen für die Kirche, so wie Jesus es uns befohlen hat:

> *Ich habe euch dazu bestimmt, dass ihr Frucht bringt und eure Frucht bleibe* (Joh 15,16).

Unsere Welt will kein Mitleid

Der Geist der Welt will kein Mitleid. Er geht daran vorbei, als sei es nicht vorhanden.

Eheleute können sich gegenseitig zutiefst unbekannt bleiben. Sie sind imstande, nicht auf den anderen zu zählen. Das beweist einen Mangel an Mitleid. So bei jenem Ehepaar, bei dem der Mann sich verhärtet hatte, ohne es recht zu bemerken:

> Paul: «Ich gehöre zu dem Teil der Christen, die sich an den lieben Gott und die heilige Jungfrau erinnern, wenn sie ein bisschen Angst haben. Ich habe einmal sogar große Angst gehabt, als meine Frau operiert wurde. In diesem Augenblick habe ich in etwas eingewilligt, was sie sich schon lange gewünscht hatte, eine Einkehr. "Ich komme mit dir, ich habe es versprochen." Und ich bedauere ganz und gar nicht, dass ich gekommen bin. Ich habe mich in diesen vier Tagen sehr glücklich gefühlt.»
>
> Valérie: «Was mich angeht, ich danke dem Herrn; denn noch vor einem Jahr war es undenkbar, dass wir etwas miteinander unternehmen würden, Paul und ich. Der Herr weiß, wie schrecklich ich darunter gelitten habe, immer allein zu beten. Ich glaube einfach, dass wir jetzt ein neues Leben anfangen und der Herr mit uns ist. Ich bin nicht allein, wenn ich Schwierigkeiten habe. Gott wacht über uns und wird unsere Ehe segnen. Er hat uns schon gesegnet. Nicht nur, dass er über mich wacht, sondern was wir noch erleben, das können wir nun gemeinsam erleben.»

Die Angst, ein geliebtes Wesen zu verlieren, genügt nicht, um Mitleid zu empfinden. Man muss einer weiteren Täuschung auf die Spur kommen: «Wissen» hat noch nie von selbst zu Mitleid geführt. Das bloße Wissen ist ein geistiges Spiel, das imstande ist, uns von unserem Inneren fern zu halten. Das trifft auf jene ewigen Studenten zu, die viel wissen, aber nicht gut motiviert sind und angesichts der Zukunft eine überraschende und enttäuschende Unentschlossenheit zeigen. Könnte das nicht daher kommen, dass ihr Herz im Lauf einer so langen Studienzeit nicht motiviert worden ist? Wenn dann ihr Einsatz gefragt ist, ergreift sie die Furcht vor dem Morgen.

Für bestimmte junge Leute von etwa fünfundzwanzig Jahren scheint das Mitleid gegenwärtig ein unerforschtes Gebiet zu sein, das aber trotzdem einem ganzen Leben Gestalt geben kann, weit mehr als das Wissen! Wenn sich der Gefühlsbereich nicht rechtzeitig und zunehmend entwickelt hat, stürzen die jungen Leute sich im Gedanken an die eheliche Liebe auf die fleischliche Liebe, weil sie den Bereich des Herzens nicht kennen wollten, der doch in der ehelichen Liebe immer führend bleibt. Die Vorherrschaft des Wissens über das Herz setzt sehr früh ein:

> Der vierjährige Luc ist das älteste von drei Kindern. Die Mutter sagt zu ihrem «Großen»: «Ich erkläre dir, wie du Brot kaufen gehst. Du gehst auf dem Gehweg, steckst das Geld in dein Täschchen, du sagst "Guten Tag", du rennst nicht und du trödelst nicht.» Luc kommt nach Hause: Die Mama gibt ihm die Note Eins. Am nächsten Morgen: «Luc, geh Brot holen!» Antwort: «Nein, Mama, das kann ich jetzt. Jetzt ist meine kleine Schwester an der Reihe!» (Sie ist ein Jahr jünger.) Er hat etwas dazugelernt, nicht aber einen Dienst erwiesen. Seitdem hat Luc nicht aufgehört zu lernen, er betreibt wissenschaftliche Forschungen. Er ist verheiratet, doch glücklicherweise hat er gelernt zu lieben, sonst hätte er nie etwas vom Leben verstanden. Zunächst hatte er kein Mitleid für seine von Arbeit überlastete Mutter aufgebracht. Dann wurde er ihr gegenüber sehr hilfsbereit. Wenn Mitleid für den Menschen nichts Natürliches ist, so kann er es immerhin lernen.

Die heutige Gesellschaft schafft viele natürliche Beziehungen ab und deswegen entbehrt sie nur zu oft das Mitleid. Man ist im Supermarkt nicht mehr verpflichtet, Guten Tag zu sagen oder mit jemandem zu sprechen. Die Nachbarin mag krank sein, aber wer weiß das? So wird unsere Persönlichkeit gewissermaßen durch unsere Sozialversicherungsnummer geschaffen, wenn man so sagen darf...

Unsere Welt lehnt Mitleid nicht immer ab, doch in ihren Ordnungen vergisst sie es. Es sei eben nicht, oder nicht ausreichend «einprogrammiert». Aber Mitleid lässt sich gar nicht programmieren. Es ist eine persönliche Regung des Herzens, das sich, sehr oft von selbst und unerwartet, über das geforderte Maß hinaus schenkt.

Es ist wichtig, diesen Mangel zu erkennen, um ihn zu beheben. Zu viele Menschen machen sich heute nicht einmal klar, dass sie auf diesem Gebiet mehr tun könnten. Dabei ist das für ein gutes Leben ganz unverzichtbar.

Der Feind, ein Gegner des Mitleids

Wenn ein Bruder in seiner Beziehung zu seiner Gemeinschaft oder ein Ehepartner in seinem Verhältnis zum anderen an seiner Verletzung festhält, ist das immer Sünde, denn durch den Glauben hat er die Gnade, zu vergeben, *bevor die Sonne untergeht* (vgl. Eph 4,26).

Sonst würde man dem Teufel die Zügel überlassen, der auf die Gemeinschaft oder das Ehepaar in Uneinigkeit oder Streit schon seinen Einfluss ausübt. Die Verletzung wird mit der Zeit giftig und dieses Gift ergreift schließlich die Gesamtheit; dann verbreitet sich Traurigkeit.

Wenn man mildernde Umstände sucht, bevor man um Vergebung bittet, setzt man sich damit dem «Teufel» aus, der die Gnade hinauszögern will und seine Beute fordert, die schon dabei ist, zu entschlüpfen. Es gibt unechte Krankheiten, die aus der Weigerung entstanden, um Vergebung zu bitten oder sie dem anderen zu gewähren. Die Eheleute müssen gewarnt sein: Der Feind wird immer alle möglichen Mittel gebrauchen, um eine Bitte um Vergebung auf morgen zu verschieben.

Mitleid kann die Welt retten

Das II. Vatikanische Konzil erinnert uns daran, dass die Kirche *dienstfertig und arm* sein soll, damit keiner von diesen Kleinen, bei denen man vor allem keinen Anstoß erregen soll (vgl. Mt 18, 6), sie nicht für größer als sich selbst halten und sich darum von ihr nicht mehr lieben lassen kann.

So machen Mutter Teresa und ihre Schwestern in ihrem Mitleid die Liebe des Vaters sehr anschaulich, der seinen Kindern, und vor allem den Verlassensten, zu Hilfe kommt. Wo Mitleid herrscht, wird die Frohe Botschaft bereits verkündigt. Doch ohne das Mitleid bestünde die Verkündigung immer nur aus leeren Worten, sie wäre eine unfruchtbare Rede, die nur dazu diente, die Liebe auf morgen zu verschieben. In jedem Jahrhundert hat die Kirche aus ihren Reihen die nötigen Freiwilligen gegen die Lepra, die Cholera, die Tuberkulose oder AIDS aufstehen sehen, die in der Nachfolge Jesu dafür ihr Leben einsetzen, weil sie angesichts solcher Not vom Mitleid berührt worden waren. Mitleid, das ist tatkräftige Liebe, eine Liebe, die für den «Nächsten», das heißt den Nächststehenden, unmittelbar zur Verfügung steht (ohne dabei die am weitesten Entfernten zu vergessen).

Wahres Mitleid muss zu mehr Gerechtigkeit und Gleichheit drängen, ohne den Ansporn zur tätigen Liebe zu vernachlässigen, der in unvorhergesehenen Fällen wie Trockenheit, Unglücken und so weiter nötig ist.

Aber anders als gewisse Ideologien meinen, reicht die Gerechtigkeit zur Rettung unserer Welt nicht aus. Dazu ist, tiefer gehend, Mitleid nötig, das allen die Sehnsucht nach wahrer Gerechtigkeit ins Herz legt, die den Bedürftigen ebenso gilt wie den Begüterten. Im Mitleid schenken die Herzen sich freiwillig, desgleichen die Geldbörsen. Ohne Mitleid müssen die Armen das Geld an sich reißen, das die Reichen zu viel haben. Daher wird man die Kräfte sammeln müssen, um das zu erreichen. Der Heide kann von einem solchen Schritt entschuldigt werden: Der Christ dagegen nicht. Mitleid ist wirklich der Schlüssel zur sozialen Gerechtigkeit.

Die oberste Aufgabe der Kirche ist es dann also nicht, wirtschaftliche, wissenschaftliche oder philosophische Theorien wiederaufzugreifen, zu lehren und dabei den Anschein zu erwecken, das sei das Wort des Evangeliums. Sie wird regelmäßig zur Anbetung ihres Gottes zurückkehren müssen, der *Mitleid und Erbarmen* für die Welt ist (Ps 145,8). Denn die Kirche lehrt nichts anderes, als dass man sich auf die Heilmittel des Evangeliums stützen muss.

Was das Eheleben der Partner angeht, die oft ganze Tage voneinander getrennt sind, so müssen sie viel miteinander reden, um sich mitten in den Sorgen des eigenen Lebens das Mitleid und die gegenseitige Hilfe zu bewahren. Alle Ehepaare, vom reichsten bis zum ärmsten, sind zum Mitleid aufgerufen. Doch sie müssen es zuerst untereinander üben, wie zeitraubend der Beruf oder wie schwierig der zeitliche Einsatz auch sein mag. Ist das Mitleid nicht das Geheimnis einer treuen, feinfühligen Liebe? Und wenn man dem anderen zuhört, wird daraus dann nicht Mitleid entstehen und sich entfalten?

So hat eine Ehefrau durch ihr geduldiges, gläubiges und vom beharrlichen Gebet getragenes Mitleid die Umkehr ihres Mannes erreicht, ohne zuerst auf das Unrecht zu achten, das ihr die Verschlossenheit seines Herzens zufügte. Dieser Umbruch ging von einer «neuen Geburt» aus. Und diese selbe Gnade der Befreiung strahlt andererseits sogar auch auf die Kinder aus. Wenn die Herzen eines nach dem anderen berührt werden, wird damit für die Heiligkeit der ganzen Familie der Grund gelegt:

> Jean-Paul: «Ich möchte den Herrn loben, denn er hat mich hierher in dieses Haus des Gebets geführt, wo er die Festung niedergerissen hat, in der ich mich verschanzt hatte. Ich sage Gott Dank, dass er mir Thérèse an den Weg gestellt hat, die durch ihre Liebe und Ausdauer begonnen hat, die Mauern dieser Festung zu untergraben. Das hat mir erlaubt, zum Sakrament der Versöhnung zu gehen, was ich seit langem gern hatte tun wollen; aber ich hatte nicht den Mut dazu aufgebracht. Ich hatte gedacht, dass der Herr die Sünden, die ich begangen hatte, nicht würde vergeben können. Danke, Herr.»

> Thérèse: «Ich bin dem Herrn vor sechs Jahren sehr eindrucksvoll begegnet, und das hat mein ganzes Leben aufgerüttelt. Mein größter Wunsch war, dass ich das mit Jean-Paul würde teilen können. Es war sehr leidvoll, ein so großes Glück in mir zu spüren und nicht darüber reden zu können, weil es ihn störte. Ich habe das ganz allein durchgemacht, mit wunderbaren Augenblicken, weil der Herr mir seine ganze Liebe und sein Vertrauen schenkte; aber daneben gab es auch tief traurige Augenblicke. Vor zwei Jahren hat unsere Gebetskreisleiterin zu mir gesagt, ich solle meinen Mann geistlich zur Welt bringen. Ich fand das wunderbar und zugleich begriff ich es gar nicht. Von da an begann ich meinen Mann wirklich in meinem Herzen, in meinem Schoß zu tragen wie bei einem Kind. Für uns beide fängt ein neues Leben an und das ist für unsere Kinder eine große Hoffnung, weil sie den Herrn nicht kennen, sie gehen nicht in die Messe, sie haben Angst vor Gott. Jetzt aber hoffe ich, dass alle

diese Ängste vergehen, weil der Herr unsere beiden Herzen berührt hat, und dass wir Zeugen seiner Liebe werden.»

Oft ist ein aus Sanftmut und Geduld bestehendes Mitleid unerlässlich, um die Ehe zu retten, wenn der Herr dem einen eine solche Gnade geschenkt hat und der andere sich bekehren kann. Dann sind beide «gerettet» und werden fähig, dieses Mitleid, das allein die Welt retten kann, weiterzugeben.

2 — Die beiden Sakramente der Liebe

Eucharistie und Buße: unzertrennlich

Die Eucharistie ist das Sakrament der göttlichen Liebe. Hier wird uns die Liebe des Vaters in seinem Sohn Jesus geschenkt, hier wo «wir eins werden durch den Heiligen Geist» (zweites eucharistisches Hochgebet). Darum ist jede Eucharistie eine Gnade der Brüderlichkeit. Und wie viele Herzen sind nicht besonders im Lauf einer Messe aufeinander zugegangen. Das haben auch ein Witwer und eine Frau erfahren, die er zu treffen pflegte. Beide waren sich hinsichtlich ihrer Zukunft höchst unklar. Und beide brauchten die Gnade der Befreiung, um sich ihrer Liebe gewiss zu werden:

> Claude: «Vor sechs Jahren ist meine Frau gestorben und ich habe vier Jahre eine fürchterliche Wüste durchgemacht. Nach und nach hat Gott während dieser Einkehr meine Trauer in Fröhlichkeit verwandelt. Und ich habe ein Lied gehört. Ich kann sagen, dass ich durch dieses Lied berührt worden bin. Es war am Tag der heiligen Claire — an diesen Vornamen meiner Frau erinnerte mich der Herr. Catherine hat mich darauf aufmerksam gemacht.»
>
> Catherine: «Seit etwa drei Jahren habe ich bemerkt, wie der Herr Claudes Herz ganz allmählich verwandelt und ihm von neuem zu lieben ermöglicht hat. Es gab einige eindrucksvolle Augenblicke, insbesondere eine Einkehr, die ich vor gut einem Jahr mitgemacht habe. Anfangs war für Claude die Vorstellung, er könnte von neuem jemanden lieben, noch unmöglich. Dies war aber ein Gebetsanliegen,

das ich der Gemeinschaft anvertraut hatte. Vor dieser Einkehr hatte ich selbst auch eine Schwierigkeit: Ich fand es schwierig, mir der Liebe von Claude gewiss zu sein. Hier in einer Eucharistiefeier kam dann die Befreiung, während wir beide gar nicht daran dachten, dass es der Tag der heiligen Claire war. Ich habe eine große Kraft und eine Gnade des Friedens verspürt. Ich bin sehr froh hinausgegangen und habe bemerkt, dass Claude dieselbe Kraft empfangen hatte. Das war das erste Mal, dass ein wenig Sonne nach einer Eucharistiefeier durchkam: Für uns war es Claire, die sie geschickt hatte. Alle diese Jahre unseres Weges, in denen man sich aufrieb, waren sehr hart. Ich habe immer gewusst, dass der Herr es war, der alles tat, und dass wir schon vereint waren in ihm, denn menschlich war das unmöglich. Jetzt haben wir eine Menge Pläne vor uns, mit Gewissheit. Als wir zu der Einkehr kamen, haben wir uns gefragt, ob wir füreinander würden leben können. Aber ein Bruder hat uns gesagt, man solle nicht um so etwas bitten, sondern um Demut. Das war eine Antwort, denn wir konnten nicht miteinander beten, aus Mangel an Demut. Und in Demut kam uns die Einsicht, dass wir uns zur Heirat entschließen sollten.»

Die Eucharistie ist das Geheimnis des neuen und ewigen Bundes: des Bundes, der alle Bündnisse Gottes mit seinem Volk zusammenfasst und krönt. Sie ist das vollkommene Opfer Jesu. Es ist bemerkenswert, dass das Herzensbündnis dieser beiden künftigen Eheleute während der Feier der heiligen Messe zustande gekommen ist..

In diesem Bund mit Gott sind wir jedoch voller Schwäche. Hier ist das Sakrament der Versöhnung ein unentbehrlicher Weg für den Christen, der als verlorener Sohn zum Vater zurückkommt und die Liebe seines treu gebliebenen Gottes erlebt.

Ob es eine schwere Sünde ist, die uns von Gott getrennt hat — zum Beispiel: *Du sollst nicht ehebrechen!* (Ex 20,14) — oder die Lauheit, wie gesagt ist: *Weil du lau bist und weder heiß noch kalt, so will ich dich ausspeien aus meinem Munde* (Off 3,16), in beiden Fällen spüren wir den unwiderstehliche Wunsch, zur barmherzigen Liebe unseres Gottes zurückzukehren. Es ist *das innige Erbarmen unseres Gottes* (Lk 1,78), von dem uns das Loblied des Zacharias singt.

Barmherzigkeit erzeugt Barmherzigkeit. Ein Ehemann, der das Sakrament der Versöhnung schon sehr lange nicht mehr empfangen hatte, beschließt hinzugehen und findet darin den Frieden wieder. Sofort spürt seine sehr bedrückte Frau bei ihm eine neue Art von Mitleid für sie und gewinnt bald darauf die Gewissheit, dass sie, ausgehend von dieser ihrer Schwäche, von ihm geliebt wird:

> Philippe: «Ich danke dem Herrn für den Frieden in mir, den ich durch das Sakrament der Versöhnung wiedergefunden habe. Jahrelang war ich nicht mehr hingegangen. Ich bin durch die Vermittlung eines Bruders der Gemeinschaft dahin gekommen, der mir ganz einfache Worte gesagt hatte: "Erst schleppt man einen Müllsack hinter sich her, dann einen zweiten, und schließlich hat man einen Container." So einen hatte ich tatsächlich. Er hat mir gesagt, ich solle ihn fallen lassen, und ich habe ihn hingeworfen.»
>
> Micheline: «Danke, Herr, denn du machst mich nach und nach gesund. Du führst mich durch kleine Dinge zu größeren. Du hast meine Depression benutzt, damit wir dich wiederfänden, und jetzt bin ich mir dessen sicher. Durch mein Leiden starte ich neu mit Philippes Liebe.»

Wie wunderbar, auf diese Weise die Barmherzigkeit zu erleben, die nach und nach gewinnt und allein imstande ist, uns, ausgehend von unserer Not und von dem, was wir sind, den Glauben an die Liebe wiederzugeben!

War nicht die Unwissenheit der Getauften einer der Gründe, warum das Sakrament der Versöhnung in den letzten vierzig Jahren so oft aufgegeben wurde? Sie brachten es fertig zu vergessen, dass dieses Sakrament zusammen mit der heiligen Eucharistie zu den beiden Sakramenten der Liebe unseres Gottes zum innersten Herzen eines jeden von uns gehört.

Es ist ein schwerer und für das geistliche Leben sehr nachteiliger Irrtum, den nötigen Eifer allein für die Eucharistie aufzubringen. Bekanntlich kann man unwürdig zur Heiligen Kommunion gehen, wenn man nicht häufig zur Beichte geht. Diese ist von der Kirche auf Grund ihrer jahrhundertealten Erfahrung immer empfohlen worden. Der Christ am Ende des 20. Jahrhunderts, der sich angewöhnt hat, seine Beichte auf große «Gelegenheiten» wie große Feste oder eine große Sünde zu verschieben, wird überheblich und beraubt sich einer Fülle von Gnaden.

Zwei Eheleute erklären eine solche Vertrautheit mit dem Herrn im Sakrament der Versöhnung, das aus Liebe von Jesus eingesetzt worden ist, um die Liebe wachsen zu lassen:

> Alain: «Bernadette und ich haben entdeckt, dass die Ehe ein Haushalt zu Dritt ist. Wir haben in dieser Woche so viele Gnaden empfangen, besonders die Gnade der Beichte. Wir kennen uns seit 1979 und seit dem Gymnasium haben wir versucht, ohne den Herrn zu leben. Wir sind in christlichen Familien aufgewachsen. Bernadette hatte ihren Glauben bewahrt, ich hatte ihn infolge von verschiedenen Schwierigkeiten beiseite gelegt. Sieben Jahre haben wir uns abgemüht, haben einen Schritt vorwärts und vier rückwärts gemacht. Dann sind wir durch die charismatische Erneuerung gegangen und es kam zu meiner Umkehr. Was wir in sieben Jahren nicht zustande gebracht haben, hat der Herr in sechs Monaten vollbracht. Wir hatten zwar die Gnade der Ehe empfangen, aber es war nicht immer so einfach, ohne Gott zu leben. "Bei ihm ist nichts unmöglich." Wie kann man vergeben ohne seine Vergebung? Wie kann man lieben ohne seine Liebe? Wenn man ein wenig aneinander geraten ist, und der Herr nach einem Gebet zu einem sagt: "Sieh dich doch einmal selbst an, du sagst, dass du mich liebst, und dabei ist dein Herz vollkommen verschlossen", macht man sich klar, dass man mit dem Gebet nicht mehr durchkommt, wenn man seiner Frau nicht vergeben hat. Ohne Gott und ohne das Gebet wären wir nicht da, wo wir heute sind. Und Gott schenkt weiterhin seine Gnaden, denn er ist treu.»
>
> Bernadette: «Ich habe die Gnade zu beichten empfangen. Immer habe ich mich zuerst dagegen aufgelehnt und mich geweigert hinzugehen. Während dieser Einkehr habe ich dann die Gnade empfangen, dass ich dem Priester vertraute, der den Herrn vertritt. In der Ehe hat man oft Kämpfe, man muss dem Herrn vertrauen und er löst alles. Ich habe darum gekämpft, nicht zur Beichte zu gehen, ich habe mit mir gekämpft, um auf meinen Mann zuzugehen, und seit einer Stunde kämpfe ich darum, hier nicht Zeugnis zu geben. Ich habe dem Herrn "ja" gesagt und dann ist alles anders.»

Die Eheleute sollen also regelmäßig an der Quelle der Liebe, die dieses Sakrament darstellt, trinken gehen, damit sie in ihrer ehelichen Liebe wachsen. Es ist wirklich zutreffend, dass das sakramentale Leben für jeden Getauften ein Gnadenschatz ist. Für Eheleute ist das noch beachtlicher.

Persönliche Begegnung mit Gott

Wenn wir im Sakrament der Versöhnung diese von Gott gewollte innige Begegnung erleben, die ein Werk des Heiligen Geistes ist (vgl. Joh 20), verstehen wir besser, was bei der allgemeinen Lossprechung in ihrem unpersönlichen und verstümmelten Wesen fehlt.

Dieses Sakrament ist ein Sakrament der persönlichen Liebe Christi zu jedem von uns, das genau wie die Eucharistie zum geistlichen Wachstum des Christen eingesetzt worden ist.

So sehen wir, wie Jesus der Samariterin in einem persönlichen und sehr zartfühlenden Gespräch unter vier Augen die Botschaft bringt. *Und seine Jünger wunderten sich, dass er mit einer Frau sprach* (Joh 4,27). (Die Einwohner von Ars wunderten sich anfangs, dass der Heilige Pfarrer in seiner Pfarrei eine Frau gleicher Art besuchte.) Für diese Sünderin war das eine Gelegenheit, in dem Wunsch nach Reinigung und in der unerlässlichen persönlichen Reue voranzukommen: «*Du hast fünf Männer gehabt, und der, den du jetzt hast, ist nicht dein Mann*» (Joh 4,17).

Jesus lädt sich auch bei Zachäus ein. Das ist ein unmittelbarer Anruf, der sein Herz berührt und ihn bekehrt (vgl. Lk 19). Und das Evangelium erwähnt nicht viele andere Gäste.

Desgleichen berührt Jesus zuerst Levis, des Zöllners, Herz, der auf den Anruf mit «ja» antwortet. Erst dann findet das große Festmahl mit allen statt (vgl. Lk 5). Zunächst aber hatte Jesus die persönliche Begegnung mit Levi herbeigeführt.

Bei der Ehebrecherin, der vom Gesetz und den Menschen verurteilten Sünderin, hat Jesus gewartet, bis er mit ihr allein war, um ihr zu sagen: «*Ich verurteile dich nicht. Geh und sündige nicht mehr!»* Er hat gewartet, bis sich die Versammlung aufgelöst hatte (Joh 8,1-17).

Anlässlich der Salbung in Bethanien bei Simon dem Aussätzigen trat die Frau zu Jesus, um ihm ihre ganze Dankbarkeit zu zeigen, *mit einem Alabastergefäß voll kostbaren Salböls und goß es über sein Haupt aus* (Mt 26,7). Die Jünger entrüsteten sich über eine solche «Verschwendung». Auch der Pharisäer Simon versteht diese persönliche Geste der Frau nicht, *die weinend von rückwärts an seine Füße herantrat, sie mit ihren Tränen benetzte und mit ihren Haaren trocknete, sie küßte und mit dem Salböl salbte* (vgl. Lk 7,38). Jesus musste sich des Gleichnisses von den beiden Schuldnern bedienen, um sich verständlich zu machen. Es ist wirklich so, das sich selbst überlassene Menschenherz begreift nichts von der göttlichen Barmherzigkeit.

Denn das ist eine Gabe Gottes. Die heilige Therese vom Kinde Jesu bezeugt es uns. Wir aber, die wir diese geistliche Tiefe der Heiligen nicht kennen, wir können nur durch die persönliche Erfahrung mit dem Bußsakrament zu dem Geheimnis der Liebe vordringen. Wer noch nicht so weit ist, wird große Mühe haben, den Unterschied zwischen den beiden Formen der Lossprechung, der allgemeinen und der persönlichen, zu verstehen! Darum müssen die Ehepartner selbst dieses Sakrament jeder für sich empfangen.

So hat eine Ehefrau ebenso wie ihr Mann die göttliche Barmherzigkeit an sich erfahren. Wie sie bezeugten, war der Gang eines jeden von ihnen zum Bußsakrament nicht nur eine Vergebung, sondern auch eine Befreiung. Am Anfang ihrer Liebe hatten sie vergessen, auf Gott zu zählen. Zugleich wurden ihnen alle die Gnaden bewusst, die sie im Lauf der Jahre durch das Sakrament empfangen hatten:

> Evelyne: «Wir sind seit neun Jahren verheiratet. Ich war von einem Satz, der uns während einer Unterweisung gesagt wurde, sehr berührt: "Sich vor der Hochzeit zu vereinigen ist eine große Beleidigung für Gott, weil das bedeutet, dass man die Liebe lebt, ohne auf Gott zu zählen, so als würde man verkünden, zum Zusammen-

leben brauche man Gott nicht." Dann machte ich mir klar, dass wir genau so gelebt hatten und dass ich Gott trotz aller meiner Beichten nie deswegen um Vergebung gebeten habe. Das ist eine Einsicht, die Er mir in dieser Woche geschenkt hat. Ich habe mit meinem Mann darüber gesprochen, der genauso dachte wie ich, und wir sind beide zur Beichte gegangen. Wir sind sicher, dass Gott uns vergeben und befreit hat.»

Für sie brachte das die noch größere Gewissheit, weiter in Gottes Hand zu bleiben. Ihre ganze Vergangenheit ruhte jetzt im Herzen Gottes.

Eine Begegnung durch die Gnade des Priestertums

Eine solche Begegnung kann durch die Ratschläge eines Priesters an ein Ehepaar zustande kommen, aber sie ereignet sich vor allem durch das Sakrament der Versöhnung. Wenn die Eheleute dieses Sakrament hingebungsvoll empfangen, werden sie darin die Gnaden der Barmherzigkeit finden, die für ihr Eheleben unerlässlich sind. Aus diesem Grund fordern die Väter der Synode von 1983 und Papst Johannes Paul II., die allgemeine Lossprechung solle «nur in sehr schwerwiegenden Fällen[19]» erteilt werden. Das ist eine sehr wichtige seelsorgliche Entscheidung: Es geht dabei um die Gesundheit des Gottesvolkes. Wir müssen auf die Stimme der «Hirten» hören, die Gott seiner Kirche gibt: *Er führt mich an Wasser der Ruhe, Erquickung spendet er meiner Seele* (Ps 23,2-3). Der Priester ist der Hirt, und besonders an seinem Priestertum können die Laien «Erquickung für ihre Seele» finden.

> *«Ich werde ihr Gott sein und sie werden mein Volk sein. Dann brauchen sie sich nicht mehr gegenseitig zu belehren und einer zum anderen zu sagen: "Erkennet den Herrn!" Sondern sie alle werden mich erkennen, Klein und Groß, denn ich vergebe ihre Schuld und denke nicht mehr an ihre Sünde»* (Jer 31,33-34).

---

19 Apostolisches Schreiben *Versöhnung und Buße*, 1984, Nr. 33.

Der Christ ist berufen, die barmherzige Liebe seines Gottes im Bußsakrament kennen zu lernen. Eine einzigartige Erfahrung, je nach dem Bedürfnis des Einzelnen, der Offenheit seines Herzens und dem Liebesplan, den Gott für ihn hat. Ein solcher Liebesbeweis geht sowohl über den Priester als auch über den Bußwilligen hinaus.

Das Herz des Bundes bildet die Eucharistie, aber auch das Sakrament der Vergebung, in dem Gott in seiner Liebe so weit geht, dass er die Sünde des Menschen sogar vergisst.

In dem Spalt zwischen dem reuigen Sünder und dem *an Barmherzigkeit reichen Gott* (Eph 2,4) steht ein Mensch, ein armer Mensch, der Priester. Er wird immer arm bleiben, aber darum muss er diesem ihm anvertrauten Amt nicht unter mehr oder weniger versteckten Formen davonlaufen.

Der Priester ist Zeuge der Barmherzigkeit Gottes, um zur Reue zu mahnen und geistliche Ratschläge zu geben, die das Sakrament begleiten. So wird er es vermeiden, unbedacht auf die allgemeine Lossprechung zu verweisen, und auch, die Menschen schlicht und einfach an Laien als Begleiter zu verweisen. Das hieße, aus dem großen Priestertum, das er eines Tages für alle Zeit empfangen hat, ein Stück herauszubrechen. Das hieße sicherlich, eine priesterlose Kirche vorzubereiten, ohne dass er es beabsichtigte. Es hieße, der nachfolgenden Generation ein verstümmeltes Priestertum als Vorbild hinzustellen, wodurch der Priester seine Rolle nicht mehr verstehen würde und das Priestertum nicht mehr anziehend wäre.

Dieses große Sakrament der barmherzigen Liebe Jesu, das dem Priester anvertraut ist, macht ihn zum Hirten für jedes seiner Schafe. «*Ich bin der gute Hirt, ich kenne meine Schafe, und meine Schafe kennen mich*» (Joh 10,14).

Im Sakrament der Versöhnung liegt die Gesundheit der Herde. Könnte die abnehmende Wertschätzung für dieses Sakrament nicht einer der Hinderungsgründe sein, dass unsere Gemeinden keine lebendigen Gemeinschaften werden? Muss nicht jeder zunächst einmal gesund sein, damit sich eine lebendige Versammlung bilden kann?

Der Priester ist dazu da, um dem christlichen Ehepaar diese zweifache Gnade der in diesen beiden Sakramenten enthaltenen göttlichen Liebe zu vermitteln. Hat der Priester nicht die Aufgabe, «die Berufung der Eheleute in ihrem Ehe- und Familienleben zu fördern», wie das II. Vatikanum fordert?

> «Die Priester sollen über Familienfragen eine entsprechende Ausbildung erhalten und sollen durch verschiedene seelsorgliche Tätigkeiten, durch die Verkündigung des Wortes Gottes, durch die Feier der Liturgie und durch anderen geistlichen Beistand die Berufung der Eheleute in ihrem Ehe- und Familienleben fördern, sie menschlich und geduldig in Schwierigkeiten stärken, sie in der Liebe bekräftigen, damit Familien entstehen, die über ihren eigenen Bereich hinauswirken.[20]»

Der Priester ist gehalten, sich nicht nur um das Seelenheil der Eheleute zu kümmern, er besitzt auch eine ganz besondere Gnade zu beten, damit sie in den «Kämpfen» gestärkt werden.

So wie der Prophet Elija, welcher der auf Grund ihrer Kinderlosigkeit verzweifelten Ehefrau Hanna wieder Frieden gab, besitzen die Gottesmänner anscheinend die Gnade, die Salbung, kinderlose Eheleute in ihrer Not trösten zu können. Elija hält Hanna zunächst für betrunken, so traurig ist sie in dieser Prüfung. Nachdem er seinen Irrtum eingesehen hat, sagt er von Mitleid bewegt zu ihr: «*Gehe hin in Frieden. Der Gott Israels wird dir die Bitte erfüllen, die du ihm vorgetragen hast.*» (…) *Hanna aß, und ihr Gesicht war nicht mehr das gleiche* (1 Sam 1,17.18).

Ebenso empfängt der Priester leidgeprüfte Ehepaare und sieht ihre Bitten zuweilen erhört, wenn er wirklich als ein Gottesmann angesehen wird (was er kraft seiner Amtseinsetzung tatsächlich ist). Die Eheleute werden stets getröstet, «mit einem anderen

---

20 *Gaudium et spes*, Nr. 52, Abs. 5.

Gesicht», aus einem solchen Gebet hervorgehen. Viele unfruchtbare Paare bitten in dieser Weise um das Gebet. Das ist die natürliche Folge der Heirat. Während der Trauung hat der Priester zu ihnen gesagt: «Mögt ihr eure Kindeskinder bis in die vierte Generation sehen.» Es ist selbstverständlich, dass man ihn in einem solchen Anliegen um ein gläubiges Gebet bittet. So machte einmal ein Ehepaar einen geistlichen Schritt:

> André: «Ich bin Vertreter; vor gut einer Woche sagte eine Freundin zu mir, wir müssten zu einer Einkehr in eine Gemeinschaft fahren. Wir hatten keine Lust hinzugehen. Die Geschäfte, die üblicherweise ruhig sind, überstürzten sich. Trotzdem nahmen wir Urlaub, um zu fahren. Seit wir verheiratet sind, können wir keine Kinder bekommen. Innerhalb von fünf Jahren haben wir eine Menge Fachleute aufgesucht, aber hier ist uns klar geworden, dass wir in dieser Angelegenheit nie mit einem Priester gesprochen haben.»
>
> Annie: «Während dieser Einkehr hat ein Priester um Heilung gebetet. Wir warten in Frieden ab, dass der Herr uns zu Hilfe kommt.»

Man müsste hier die Zeugnisse von all den Ehepaaren wiedergeben können, die in dieser Weise erhört worden sind, und auch die Zeugnisse derer, die von diesem Augenblick an eine übergroße Gnade des Friedens erhalten haben. Tatsächlich gehört es zu der Macht des Priestertums, dem gläubigen Volk Frieden zu schenken. Oft geschieht es nach einem solchen Bittgebet, dass die Eheleute eine Einsicht erhalten, die ihnen zeigt, wie sie sich als Ehepaar in anderer Weise einsetzen können, um Gottes Willen zu erfüllen.

Das II. Vatikanische Konzil erinnert uns auch daran, dass der Priester im Namen des Bischofs die Aufgabe Christi als Vorsteher und Hirt hat:

> «Mit großer Gewissenhaftigkeit sollen sie (die Priester) sich der Jugend annehmen, ferner der Eheleute und Eltern, die wünschenswerterweise in Freundeskreisen zusammenkommen sollen, um sich gegenseitig zu helfen, das oft schwere Leben leichter und ganzheitlicher im christlichen Sinn zu bewältigen.[21]»

Als im Oktober 1984 sechstausend Priester zu einer Einkehr im Vatikan versammelt waren, befand sich unter den Predigern auch eine Frau, eine Nonne: Mutter Teresa. Hier ein Auszug aus ihrer Ermahnung an die Priester aus aller Welt:

> «Die Welt hungert nach Gott. Ihr Priester, stillt ihn. Erfüllt sie mit der Liebe und Zärtlichkeit Christi. Vermittelt ihr diesen Jesus, der eure Herzen entflammt. Wir müssen Jesus in alle getrennten Familien bringen, in alle die zerbrochenen Heime, und sie lehren zu beten und den Rosenkranz zu beten. Man muss wieder dahin kommen, dass die Familie dem Heiligsten Herzen geweiht werden. Jesus muss sich eurer bedienen können, ohne euch vorher zu fragen. Ihr gehört Ihm, ihr seid Sein, ganz allein Sein.»

Wir waren alle erschüttert von dieser Botschaft, die uns an unsere Sendung als Hirten der Herde im Namen des Bischofs erinnerte. Es steht uns nicht frei, uns um alle die zu kümmern, die der Herr fürs Leben vereinen wollte. Der Priester ist dazu verpflichtet. Zur Erfüllung dieser Sendung aber hat er die Gnade, die Gnade des Priestertums. Und besonders die des Mitleids.

Der heilige Pfarrer von Ars hat gesagt: «Priestertum ist die Liebe zum Herzen Jesu.» Und sein Mitleid mit den Sündern, das die nach Bekehrung dürstenden Menschenmengen herbeiströmen ließ, hat er es nicht in der Anbetung der heiligen Eucharistie empfangen?

> Am Tag meiner ersten Messe in meinem Heimatdorf hatten die Gemeindemitglieder zwischen unserem Haus und der Kirche zwischen zwei Elektro-Masten zur Prozession ein Spruchband aufgehängt: «Der Priester ist ein zweiter Christus».
>
> Welch eine Überraschung und was für eine Erschütterung angesichts einer solchen Verantwortung, die immer über die Menschen hinausgeht! Aber hat dieses ganze kleine Volk in seinem ebenso einfachen wie wahren und tiefen Glauben nicht genau das von seinem Priester erwartet? Ja, gewiss, «kleine Priester für ein großes

---

21 Dekret über Dienst und Leben der Priester, Nr. 5, Abs. 8.

Priestertum», Zeugen des Mitleids Jesu, dieses verbindenden Mitleids, das den Ehepaaren in Schwierigkeiten zu Hilfe kommt, die sich mühen, zu ihrer ersten Liebe zurückzufinden.

Für das geistliche Leben der Familien werden Priester erwartet. Mögen sie es wie der göttliche Meister verstehen, sich auf dem Brunnenrand niederzulassen, wenn sie von ihren vielfältigen apostolischen Tätigkeiten außer Atem und von dem langen Weg ermüdet sind. Dort, wo nur noch die Erinnerung an einen Ort herrschte, *an dem Jakob, seine Söhne und seine Herden getrunken haben* auf ihrer Wüstenwanderung, ist die ewige Gegenwart des *Erlösers der Welt* (Joh 4,12-14) auf den Plan getreten.

Des Priesters Müdigkeit ist nicht so wichtig, sofern er sich noch hinsetzen und, wie Jesus in seinem Mitleid, warten kann.

Dieses verbindende Mitleid für die Eheleute wird die verwundeten Herzen heilen, indem es wieder hoffen lässt und durch die menschlichen Anfälligkeiten und Schwächen Verkündiger formt, die für die zweite Evangelisierung unbedingt gebraucht werden. *«Sie hat fünf Männer gehabt, und der, den sie jetzt hat, ist auch nicht ihr Mann»*, das stimmt. Aber sie hatte ein gutes Herz und Jesus hat auf ihr Herz gesehen. Er vermochte sie zur vollständigen Umkehr einzuladen. Sie hat «ja» gesagt, das Spiel war gewonnen! Die Evangelisierung ist dann von selbst gekommen. Evangelisierung ausgehend von der Gnade der Ehe, das ist kein leeres Wort...

Der Priester ist demütig zugegen; auch er sieht auf die Herzen, die Herzen, die schön sind, selbst wenn sie untreu waren. Dann umfängt Jesus sie mit seinem Mitleid, reinigt, verwandelt und bekehrt sie von Grund auf, er versammelt und vereint sie und lässt die Liebe aus ihnen hervorbrechen. Von Mitleid ergriffen, werden sie nun ihrerseits zu *guten Arbeitern in der Ernte, die reich ist* (vgl. Mt 9,37-38). Aber Jesus hat Priester gewollt, um ihnen das lebendige Wasser zu übergeben, das für die Umkehr und den Weg unerlässlich ist.

Wer wird noch wagen, uns einzureden, der Priester in geweihter Ehelosigkeit sei vom Leben abgeschnitten? Wenn er sein

Priestertum vergäße, wäre er sicherlich in Gefahr, seine Sendung zu versäumen, und wäre von daher von dem Volk abgeschnitten, das ihm anvertraut worden ist.

Doch jeder Priester, der sich in den Dienst der Gnade der Ehe stellt, sieht sein Leben voll eingebunden in die menschlichen Bezüge und schließt sich so dem Bild von dem Priestertum an, wie es das II. Vatikanum hatte: dass der Priester wirklich mitten im Leben der Welt steht:

> «Aus den Reihen der Menschen genommen und für die Menschen in ihrem Verhältnis zu Gott bestellt, um Gaben und Opfer für die Sünden darzubringen (Heb 2,17. 4,15. 5,1), begegnen die Priester allen als ihren Brüdern. So hat auch der Herr Jesus (…) unter uns gewohnt (…). Die Priester des Neuen Testaments werden zwar auf Grund ihrer Berufung und Weihe ausgesondert, aber nicht, um von ihm, auch nicht von einem einzigen Menschen, getrennt, sondern um gänzlich dem Werk, zu dem sie Gott erwählt hat, geweiht zu werden.[22]»

Verheiratete Diakone im Dienst der Barmherzigkeit

Das II. Vatikanische Konzil spricht von den «Diakonen, welche die Handauflegung "nicht zum Priestertum, sondern zum Dienst" empfangen haben. Mit sakramentaler Gnade gestärkt, dienen sie in der liturgischen Diakonie, in der Diakonie des Wortes und der Liebe in Gemeinschaft mit dem Bischof und seinem Presbyterium.» Etwas weiter unten kann man lesen: «Die Diakone (sollen) eingedenk sein der Mahnung des heiligen Polykarp: "Barmherzig, eifrig, wandelnd nach der Wahrheit des Herrn, der aller Diener geworden ist.[23]"»

Sehr oft werden vom Bischof unter verheirateten Männern ständige Diakone ausgewählt, wie vom Konzil vorgesehen. Ausgerüstet

---

[22] Dekret über Dienst und Leben der Priester, Nr. 3, Abs. 1.
[23] Dogmatische Konstitution über die Kirche, *Lumen gentium*, Nr. 29.

mit beiden Formen der sakramentalen Gnade, geben die Diakone Zeugnis in der Weise, die ihnen von Jesus mit diesem doppelt empfindsamen Herzen im Dienst ihrer Familie und der Kirche verliehen wurde. Hier die geistliche Erfahrung eines solchen Ehepaares, bei dem der Mann seit vierzehn Jahren Diakon ist:

> Jean: «Wir haben 1945 geheiratet. Wir mussten viereinhalb Jahre lang Kämpfe und Prüfungen durchstehen. Alles schien gegen uns zu verbündet zu sein. 1974 schlug mein Bischof mir vor, Diakon zu werden. Eine Woche später haben die Christen meiner Gemeinde mich um dasselbe gebeten. Nach der Zustimmung meiner Frau Henriette und einer zweijährigen Ausbildung bin ich 1976 von Pater Riobé geweiht worden, der zu mir sagte: "Ich sende dich nicht an die Kirchentür, sondern an die Türen, also darüber hinaus." Außerdem hat er uns einen Empfangsdienst bei uns zu Hause anvertraut: "Im Dienst aller, die noch mehr aufgenommen, geliebt, unterstützt und geachtet werden müssen, unentgeltlich…" Und seither sehen wir ständig Gottes Wunder. Wenn der heilige Paulus uns sagt: *Die Gastfreundschaft vergeßt nicht. Durch sie haben ja manche, ohne es zu wissen, Engel beherbergt* (Heb 13,2), so haben Henriette und ich mehrfach bemerkt, dass das stimmt, selbst wenn wir manchmal ganz erledigt waren. Zweimal stand der Notarztwagen vor unserer Tür.
>
> Wir haben fünf Kinder und elf Enkelkinder, die uns viel Freude machen (nachdem sie uns viel Kummer gemacht hatten…). Sie sind nur zum Teil kirchlich verheiratet und unsere Enkelkinder sind nicht alle getauft, aber immer konnten und können sie auf uns zählen, denn sie sind ja trotzdem immer noch unsere Kinder. Ich habe mir viel Zeit genommen, um benachteiligte Brüder und Schwestern auf die Ehe vorzubereiten; sie hatten keine Sorgen mit dem Reichtum, waren aber auf dem Weg zum Wesentlichen: zu Jesus Christus. Er unterzeichnet den Ehevertrag mit uns, und nie bricht er ihn. Meine größte Feude ist, kleine Kinder zu taufen. Was für ein Glück! Vor unserer Hochzeit nannten befreundete Ordensfrauen uns "die Verlobten vom unendlichen Glück". Nie hat uns bei großen Schwierigkeiten die Liebe Jesu gefehlt: Am Beginn unserer Ehe hatte ich Tuberkulose und ich bin drei Mal arbeitslos gewesen. Wir erinnern uns gerührt an den ersten Hunderter, den Henriette auf die hohe Kante legen konnte. Bei meiner Pensionierung waren neunundvierzig Photokopien nötig, um meinen beruflichen Werdegang zu

belegen. In unseren Prüfungen und Leiden habe ich Henriette nie weinen sehen, aber heute weiß ich, das sie das tat, wenn ich nicht dabei war. In den nun fast fünzig Jahren, die wir uns kennen, hat unsere eheliche Liebe nicht aufgehört zu wachsen, ein Geschenk, denn Gott ist treu und barmherzig. Unterstützt von den anderen Sakramenten, ergänzen das Sakrament der Ehe und die Diakonweihe einander, und jedes einzelne Sakrament ist eine Quelle reicher Gnaden. Der Herr hat mir seine Zärtlichkeit in gewisser Weise durch das Gebet der Brüder offenbart. Menschlich gesehen, wusste ich nicht, was Zärtlichkeit ist. Dies bot dem Herrn Gelegenheit, mich besonders im Hinblick auf Henriette zu heilen. Ich habe sie um Vergebung gebeten, denn ich hatte sehr ruhig gelebt. Der Herr hat mir auch eine Gnade der Vergebung gegenüber meinem Vater gewährt, der seit sechsundzwanzig Jahren tot ist. Diese Vergebung hat zur Heilung von psychosomatischen Erkrankungen geführt. Und es geht weiter! Danke, Herr, sei gepriesen!»

Henriette: «Ich habe sehr oft die Erfahrung dessen gemacht, was der Erzbischof von Perpignan, Msgr. Jean Chabbert, am Sonntag, dem 6. März 1988 auf der Nationalversammlung der Diakone in Lourdes gesagt hat: "Durch die Gnade der Ehe sind Sie tatsächlich in eine geistliche und apostolische Teilnahme an der Weihe Ihrer Ehemänner gestellt. Und von daher sind Sie seine Mitarbeiterin." Das habe ich gleich am nächsten Tag nach Jeans Weihe 1976 erfahren. Zu uns kam ein junger Drogensüchtiger. Jean war nicht zu Hause. Der junge Mann brauchte Trost und ich habe gemerkt, dass ich auf Grund der Weihe anders mit ihm sprach. Ich habe wirklich an der Gnade der Weihe Anteil, dadurch dass ich jeden Tag Menschen aller Art empfange, sogar Homosexuelle. Wir beten täglich miteinander. Unser Gebets- und Eheleben hat seit Jeans Diakonat eine ganz neue Weite bekommen. Danke, Herr.»

Die Barmherzigkeit ist ganz entschieden überall, in der Ehe, bei den Kindern und beim Empfang der Armen, gemäß dem ausdrücklichen Auftrag, den die Kirche erteilt hat. Durch dieses ständige Diakonat, das das II. Vatikanische Konzil dem Gottesvolk wiedergegeben hat, gibt es erneut die Berufung zum «Dienst», in dem sich das auf die Liebe gerichtete empfindsame Herz ganz besonders zeigt.

Der Heilige Geist war in Rom dabei, er sah und sah voraus, wie sehr die Kirche es nötig haben würde, der Welt diesen Dienst zu leisten und mitzuteilen, den sie ihr zu ihrer Rettung bringen könnte.

3 — DIE ANTEILNAHME DES JÜNGERS

Unser Gott ist die Anteilnahme selbst: *Gott ist barmhrzig und gnädig*, sagt uns das Buch der Psalmen (Ps 103,8). Er beruft uns, ihm zu gleichen: *Legt also an als Auserwählte Gottes, als Heilige und Geliebte, herzliches Erbarmen…* (Kol 3,12). Anteilnahme ist der Schlüssel zu jeglicher Liebe, sie ist auch deren Ausgangspunkt. Sie ist dort, wo der andere kein Niemand mehr für mich ist und es nie sein wird.

Nicht wirklich natürlich

Jeder kann feststellen, dass Anteilnahme nichts wirklich Natürliches ist. Manche Ehepaare verfallen in einen Tätigkeitsdrang (selbst im Dienst der Kirche), der sie die für die Ehe unerlässliche innige Herzenseinheit vergessen lassen kann. Der Geist der Wahrheit passt sich jedoch niemals einem solchen verdeckten Mangel an Bekehrung an.

Manchmal fehlt die Anteilnahme auf Grund einer oft wiederholten Unterlassungssünde. Dann suchen die Eheleute zwar keinen Ausgleich an anderer Stelle, aber sie werden gegeneinander immer «kälter». Das gleicht einer stillschweigenden Übereinkunft: «Keiner von uns beiden gehört zu den Gefühlsduseligen.» Auf deutsch: «Wir haben Angst vor unseren Gefühlen; Anteil zu nehmen würde uns zu weit führen», das heißt, es würde eine zusätzliche Bekehrung erforderlich machen. Manchmal sind Heilungen dringend erforderlich. So hat ein durch seine Vergangenheit verletztes Paar die Freude entdeckt, sich einfach lieben zu lassen:

Sylvie: «Der Herr hat mir zu verstehen gegeben, dass mein Herz noch nicht offen war, dass ich es nur für ihn zu öffnen brauchte, und in meiner Ehe würde alles in Ordnung kommen.»

Claude: «Ich möchte dem Herrn dafür danken, dass er mich "wiederbekehrt" hat. Ich bin getauft, habe die Erstkommunion erhalten. Ich bin ein Kind der Sozialfürsorge, bin durch viele Häuser gegangen. Ich habe Gott fallen lassen, und als ich meine Frau kennen lernte, habe ich ihm gesagt, dass er mich ärgere. Dann habe ich begriffen, dass Jesus trotzdem da war. Ich war Zimmermann und Klempner, übte den Beruf aber nicht mehr aus, weil ich ihn schrecklich fand. Dann habe ich in den Beinen Arthrose bekommen. In Lourdes bin ich ins Bad gegangen und jetzt kann ich eine Heilung bezeugen: Ich habe in den Beinen und den Armen keinerlei Schmerzen mehr. Ich kann tun, was ich möchte. Seit ich hier bin, hat mir der Herr auch den Schlaf wiedergeschenkt.»

Der Herr hat diesem Waisenkind seine Vatergüte gezeigt, sowohl für seine Gesundheit wie für sein Herz. Er hat ihm auch das zarte Fühlen der Liebe geschenkt, das er nicht gekannt hatte, so dass seine Frau sich nun ihrerseits von ihm lieben lässt. Das ist ein Geschenk der Barmherzigkeit, die sie weich gemacht und ihnen das empfindsame Herz gegeben hat, das in der ehelichen Liebe so nötig ist.

Die notwendige Bekehrung: das empfindsame Herz

Eine gute Verlobungszeit ist eine Lehrzeit in der gegenseitigen Liebe. Es braucht Zeit, bis man «sehen, wissen und innerlich bewegt werden» kann. Die unwillkürlich einsetzende Selbstverteidigung muss großenteils aufgegeben werden. Dann wird es unmöglich, sich mit guten Worten zufrieden zu geben…

Das ist der biblische Weg des «Lebens in Fülle», von dem Jesu zu uns spricht: «*Ich bin gekommen, damit sie das Leben haben und es in Fülle haben. Ich bin der gute Hirt*» (Joh 10,10-11). Jesus gibt das Leben und lässt es in der Ehe vom einen zum anderen gehen. Und das geschieht nie ohne eine Verletzung aus Liebe.

Als sie aber zu Jesus kamen, fanden sie, daß er schon gestorben war; sie zerschlugen seine Beine nicht, sondern einer der Soldaten stieß ihm seine Lanze in die Seite, und sofort kam Blut und Wasser heraus (Joh 19,33-34).

Dieses empfindsame, dieses verletzliche Herz Jesu müssen die Eheleute füreinander haben. Hier, in einem von vielen Prüfungen heimgesuchten Eheleben, wird ihre Liebe vom Mal zu Mal tiefer werden. Ein solches verletzliches Herz wird die Eheleute nicht schwächen, bei weitem nicht, es wird ihre Stärke sein. In den Prüfungen, in denen es nichts mehr zu tun oder zu begreifen gibt, werden die Eheleute beisammen sein *in dem, der größer ist als unser Herz und alles weiß* (1 Joh 3,20).

Ein empfindsames Herz müssen die Ehepartner auch für diejenigen ihrer Kinder haben, die vielleicht schon bei der Geburt offenkundig behindert sind. Mühelos werden sie dieses mitleidvolle Herz aufbringen, das sie das kranke Kind genau wie dessen Brüder und Schwestern — und sogar noch mehr — lieben lässt.

Wenn sie jedoch vor der Geburt bei einer Pseudo-Wissenschaft Rat suchen, die (auf Grund ihres Wesens) von der fürchterlichsten Selbstsucht beherrscht wird, können sie in Versuchung geraten, sich für die tödliche «bequeme Lösung» zu entscheiden. Dabei werden sie ein Herz voller Qual davontragen, und nur Gott wird sie von ihren Gewissensbissen befreien können. Denn die Liebe will das Leben blühen sehen.

Es gibt Gesetze, die das Böse in Kraft setzen. Das sollte die Eltern jedoch nicht in ihrem Recht auf ein empfindsames Herz beschneiden. «Das ist doch nicht vernünftig!», werden manche denken. Aber geht und redet vernünftig mit der Liebe, dann werdet ihr schnell erkennen, was dabei herauskommt! Am Anfang war eine wahre Liebesumarmung im Geben und Nehmen inniger leiblicher Gemeinschaft, und die Frucht dieser Liebe ist das Kind. Was für ein unermesslicher Hochmut, der einen «Eingriff» nahelegt, um dieses Aufwallen der Liebe und des Lebens zu zerstören! Ein seltsamer «Eingriff» — und was ist daran «medizinisch»? Wo bleibt die Pflege und die Heilung? Eine solche Maßnahme ist nicht nur gegen die Wissenschaft, sondern auch gegen die Frohe Botschaft gerichtet. Darum haben sich die Päpste der Reihe nach im Namen des Evangeliums und der Menschenrechte zu Verteidigern des Lebens gemacht. Johannes Paul II. hat sich folgendermaßen geäußert:

> «Die Kirche ist berufen, aufs neue und mit klarerer, festerer Überzeugung allen ihre Entschlossenheit zu zeigen, das menschliche Leben ganz gleich, in welcher Lage und in welchem Stadium der Entwicklung es sich befindet, mit allen Mitteln zu fördern und gegen alle Angriffe zu verteidigen.
>
> Deshalb verurteilt die Kirche als schwere Beleidigung der menschlichen Würde und die Gerechtigkeit alle Aktivitäten von Regierungen oder anderen öffentlichen Autoritäten, die in irgendeiner Weise die Freiheit der Ehegatten, über Nachkommenschaft zu entscheiden, zu beschränken versuchen. Dementsprechend ist jede gewaltsame Maßnahme dieser Autoritäten zugunsten der Empfängnisverhütung oder gar der Sterilisierung oder der eingeleiteten Abtreibung völlig zu verurteilen und mit aller Kraft zurückzuweisen.[24]»

Tatsächlich werden jährlich auf der ganzen Welt achtzig Millionen Abtreibungen durchgeführt! Wo liegt aber die Ursache für diese gewaltige Verblendung unserer Zeit im Hinblick auf den Empfang des Lebens? An der Wurzel liegt der Mangel an Mitleid, das von einem empfindsamen Herzen ausgeht, welches allein die Frohe Botschaft in die Tat umzusetzen vermag. Das Herz muss verändert werden. Und das nennt man Umkehr. *Ich werde euer steinernes Herz wegnehmen und euch ein Herz aus Fleisch geben* (Hes 36,26).

---

[24] Apostolisches Schreiben *Familiaris consortio* von Papst Johannes Paul II. an die Bischöfe, Priester und Gläubigen über die Aufgaben der christlichen Familie in der Welt von heute, 1981, Nr. 30.

Der sanftmütige und demütige Jünger

Jesus stellt sich seinen Jüngern in ergreifender Kürze vor: *«Nehmt mein Joch auf euch und lernt von mir, denn ich bin sanftmütig und demütig von Herzen»* (Mt 11,29). *«Lernt von mir»*, um gute, wahre Jünger zu sein. *«Sanftmütig und demütig»*? Man glaubt zu träumen.

Sanftmut und Demut also bilden das «Fleisch» der Christen.

Das ist ein Geschenk Gottes. So wie das Volk von Gott das gelobte Land erhielt, das aber noch erobert werden musste, so wird der Getaufte von Tag zu Tag dadurch «Christ», dass er wahrhaft ein Jünger ist.

Wenn ein Nicht-Glaubender zum Glauben kommt, ist das eine Angelegenheit des Herzens. Sich bekehren heißt, dem Herzen Jesu zu begegnen, diesem Herzen, das «die Menschen so sehr geliebt hat, dass es bis zur Erschöpfung und zur Vollendung nichts unversucht gelassen hat, ihnen seine Liebe zu bezeugen», wie Jesus zu der heiligen Margareta Maria Alacoque in Paray-le-Monial gesprochen hat. Sein Leben lang hat Jesus sich uns in Worten und Werken *sanftmütig und demütig* gezeigt. In genau diesem Sinn sollen die Christen ihr ganzes Leben lang wahre Jünger sein oder versuchen, es zu werden.

An dem Tag, als Jesus den Jüngern die Füße wäscht, rühren wir mitten an das Geheimnis der Liebe Gottes zu den Menschen, denn diese Tat ist die Tat des Dieners, der sich vor jeden seiner Apostel hinkniet: für seine Jünger das Herz eines Herrn, gewiss, doch eines Herrn, der «sanftmütig und demütig» bleibt. An dieser Stelle offenbart Jesus das Beste seiner selbst. Es ist das Geheimnis seines dargebotenen Lebens, und so soll auch das Leben seiner Jünger sein. Die Lehre, die sich daraus ergibt, ist klar: *«Denn ich habe euch ein Beispiel gegeben, damit auch ihr tut, wie ich euch getan habe»* (Joh 13,15). Allein diese Botschaft der Demut kann den Menschen erlösen. Welch eine Verschwendung, welche Verzögerung des Reiches ist es jedes Mal, wenn die Menschen in ihrem

Wissensstolz es ablehnen, sich «bewegen» zu lassen und zu Füßen ihrer Brüder niederzuknien.

Jesus ist bis ans Kreuz gegangen, und zwar aus Liebe. Wie viele Ehen können schon durch einen Blick auf das Kreuz Jesu gerettet werden! So empfing einmal eine Ehefrau während der Eucharistiefeier, die das Kreuzesopfer erneut gegenwärtig setzt, die Gnade, ihr Kreuz zu tragen. Sie ging so weit zu sagen: «Ich liebe dein Kreuz.» (Das sind ihre eigenen Worte.)

> Michelle: «Ich danke dem Herrn für alles, was er mir während dieser Zusammenkunft geschenkt hat. Ein Bruder hatte ein Wort der Erkenntnis und im Augenblick der Eucharistie habe ich wirklich die Liebe des Herrn empfangen. Ich fühle mich jetzt gestärkt, mein früheres Leben ist wirklich ausgelöscht und ich bin durch das Kreuz Christi gerettet. Herr, ich liebe dein Kreuz.»

Das mag verwundern, aber wir befinden uns hier im Kern des Evangeliums. Daran kann die Welt den Unterschied zwischen einem Philanthropen — einem Menschenfreund — und einem Christen erkennen. Wird in ihr dann nicht der Wunsch aufkommen, sich zu bekehren, wenn sie die Tiefen des Menschenherzens entdeckt, das sich endlich dem Herzen seines Gottes angeglichen hat?

Eheleute, die einander zuhören, geben ein Zeugnis von Sanftmut und Demut, diesen wesentlichen Werten der Liebe.

Fern von den Göttern der Fremde in der Kirche leben

Die Kirche hat die schwere, wunderbare Aufgabe, diese Liebe Gottes zur Welt zu offenbaren, die Er erlösen will!

Jesus ist der Erlöser, und zwar der einzige Erlöser. Das gelobte Land liegt vor uns. Um aber hineinzukommen, müssen wir «die Götter der Fremde verlassen», wie Josua von dem Volk Gottes verlangt hat. Sonst ist es unmöglich, «sein Herz vor Dem zu verneigen», aus dem Blut und Wasser, das Leben und das Heil der Welt, entsprungen sind.

Josua sprach zum Volk: «Beseitigt die Götter der Fremde und neigt euer Herz zum Herrn, dem Gott Israels» (Jos 24,23).

Es gilt eine Wahl zu treffen. Darum ist es für alle, die die Kirche Christi bilden, wichtig, zuallererst von all diesen «Göttern der Fremde» gereinigt zu werden, die sich immer wieder breit zu machen versuchen. Das «tiefe geistliche Leben» der Getauften muss behütet werden, daran erinnerte Kardinal Thiandoum, der Hauptreferent der Laiensynode, 1987 in seiner Abschlussrede:

> «Ohne ein tiefes geistliches Leben würde den Gläubigen die notwendige Nahrung zur Erfüllung ihrer kirchlichen Berufung und Sendung fehlen.[25]»

Auch Johannes Paul II. und unsere Bischöfe achten darauf, uns über diese falschen Götter aufzuklären.

Johannes Paul II., den Gott an die Spitze seines Volkes gesetzt hat wie einst Josua vor die Versammlung zu Sichem, wendet sich beim Heraufkommen des dritten Jahrtausends an uns mit offenen, deutlichen Worten über die Bedingungen, die erfüllt werden müssen, um mit der zweiten Evangelisierung, der Neueroberung des gelobten Landes, zu beginnen.

So wie der Apostel Paulus *die Weltbeherrscher dieser Finsternis, die bösen Geister in den Himmelshöhen* (Eph 6,12) zum wiederholten Mal anprangerte, hat Johannes Paul II. in Santiago de Compostella vor fünfhunderttausend Jugendlichen die «Verunreinigung der Ideen und Sitten» angeprangert, «die zur Zerstörung des Menschen führen können». Er fügte hinzu: «Diese Verunreinigung ist eine Sünde, aus der die Lüge entsteht. Ich spreche von der Sünde, die in der Leugnung Gottes besteht, in der Ablehnung des Lichts.»

Das ist Gottes eigener Schrei durch den Propheten Jeremia:

> *Doppelt Schlimmes hat mein Volk getan: Mich haben sie verlassen, den Quell lebendigen Wassers, und haben sich Zisternen gegraben, rissige Zisternen, die das Wasser nicht halten* (Jer 2,13).

---

25 *Documentation catholique*, 6. Dez. 1987.

Die Götter der Fremde besitzen kein Herz, und ihre hintergründige Theorie, die sich der Einsicht der Armen entzieht, besagt, sie verzichteten zunächst gewollt auf dieses Herz, um späterhin ein besonders großes zu haben... Also ist man gar nicht verpflichtet, von Herzen sanftmütig und demütig zu sein, das ist man später, wenn man die Schwierigkeiten beseitigt hat. Das ist die falsche Religion der Ideologie. Mit dem Evangelium Jesu hat das überhaupt nichts mehr zu tun.

Die «Götter der Fremde» besitzen auch keine Demut, sie mögen sie nicht. Es gelang ihnen schnell, sie den Jüngern Jesu zu nehmen. So wird ein Werk vernichtet, das für die Kirche und die Welt hätte fruchtbar sein sollen. Zum Beispiel erkennt in einer Ehe einer der beiden deutlich, was in der Familie zu verbessern wäre, während der andere keine Kraft hat oder anderer Meinung ist. Dann ist Vorsicht geboten, dass man nicht außerhalb des Evangeliums bei den «Göttern der Fremde» nach einer Lösung sucht, dort, wo der Geist das Herz beherrscht! Die Götter können keine Versöhnung bewirken. Im Gegenteil, sie sind es, die zur Spaltung führen.

Wenn das Ehepaar diese Klippe vermeiden will, muss es sich mit Brüdern umgeben und seinen Platz in der Kirche finden, zum Beispiel in einer Gemeinde. Der Weg dorthin führt über die Demut.

Ein christliches Ehepaar vertraut dem Evangelium und der Kirche. So läuft es keine Gefahr, sich in Religionen zu verirren, die eine andere Philosophie von der Liebe haben. Sich an unseren Gott, den wahren Gott, zu binden und alles von ihm, unserem Schöpfer, zu erwarten beweist keinen Mangel an Duldsamkeit. Am Anfang der Welt hat Er den Mann und die Frau geschaffen. Also wäre es unnütz und verhängnisvoll, den Sinn der Liebe und die Geheimnisse des Eheglücks bei anderen, falschen Göttern zu suchen. Daran lässt das Wort Gottes keinen Zweifel.

So spricht der König Israels und sein Erlöser, der Herr Zebaoth: «Ich bin der Erste und der Letzte; außer mir gibt es keinen

Gott. Wer ist mir gleich? Er trete auf, melde sich, er tue kund und lege es mir vor!» (Jes 44,6-7)

Nein, wahrlich, die «Götter der Fremde» wissen nichts vom Mitleid, das für das Leben der Menschen so nötig ist. Die Götter der Ideologie — des Heils des Menschen durch den Menschen oder des zum Herrscher gewordenen Geldes — sind unfähig zu einem solchen mitleidvollen Herzen, selbst wenn sie manchmal eine gewisse Menschenfreundlichkeit beweisen.

Was die großen monotheistischen Religionen betrifft, ihre Auffassung vom Mitleid — zum Beispiel hinsichtlich des Gewaltverzichts — fügt dem wahren Mitleid nichts hinzu, wie es uns die Bibel und das Evangelium lehren. Denn die Quelle dieses Mitleids ist nicht die bloße Betrachtung eines einzigen Gottes, sondern das Leiden Jesu, des Mensch gewordenen Sohnes Gottes: *Wer den Sohn hat, hat das Leben. Wer den Sohn nicht hat, hat auch das Leben nicht* (1 Joh 5,12).

In dieser Welt ist «das Religiöse» auf Grund der Gottlosigkeit und der Leere, die die Feindschaft gegen die Kirche hinterlassen hat, in Mode. Darum ist es dringend notwendig, dass die Eheleute und Familien sich voll und ganz auf die immer zeitgemäße Frage des Evangeliums einstellen.

Jesus hat seinen Jüngern die folgende Frage gestellt:

«Für wen halten die Leute den Menschensohn?» Da antwortete Simon Petrus und sprach: «Du bist der Messias, der Sohn des lebendigen Gottes» (Mt 16,13. 16).

Das Glück der Familie liegt in Christus. So möge Er herrschen, der *sanftmütig und von Herzen demütig* ist, und seine Herrschaft dadurch auf die ganze Erde ausweiten, aber nicht wie die *Großen dieser Welt*, denn «sein Reich besteht aus Gerechtigkeit, Liebe und Frieden[26]».

---

[26] Präfation zum Christ-König-Fest.

So ist die dem Herzen Jesu geweihte Familie geschützt. Wie schade wäre es, darin nichts weiter als Verehrung sehen zu wollen!

4 — Trost, die Frucht des Mitleids

Trost, eine Gottesgabe

Es trifft zu, dass Mitleid sich oft in tröstenden Worten oder Gesten äußert. In der Begegnung mit einem Bruder, der da ist um zu trösten, werden Schmerz und Pein, Leid und Verwundung gelindert und beruhigt. Wer sich der Pein dessen, der unser Herz berührt hat, annimmt, bringt damit seine Liebe zum Ausdruck. In einer brüderlichen Beziehung ist das richtig und notwendig. Wieviel mehr aber noch in einer ehelichen Beziehung!

Mitleid kann sich in vielen verschiedenen Formen ausdrücken: in einem Blick, einer Geste, in stillem Zuhören, einem Zeichen der Zuneigung oder einem Wort.

Aber wenn das Mitleid sehr weit geht, gleich in welcher Form, bringt es dem, der verletzt ist, eine Gnade des Trostes. Dieser kann sich zwar in einer Gefühlsregung zeigen, doch liegt er im Grunde jenseits des Spürbaren: Er soll von jedem auf Besitz gerichteten Gefühl gereinigt sein. Er soll umsonst geben werden, weil er der verletzten Seele vermittels eines Bruders von Gott selbst geschenkt wurde.

Mitleid ist eine Gottesgabe und der Trost ist es auch. Wenn Gott kommt und den Balsam seiner Liebe auf die Wunde legt, ist der Verletzte wahrhaft getröstet.

Gott ist Liebe, Gott ist Mitleid, Gott ist Trost. Und nie dürfen Menschen Gottes Platz einnehmen.

> *Ich, ich selbst bin es, der dich tröstet. Wer bist du, daß du dich vor sterblichen Menschen fürchtest, vor Menschenkindern, die wie Gras verwelken? Du hast den Herrn vergessen, deinen Schöpfer, (...) und zitterst immerfort, jeden Tag vor dem Grimm deines Drängers* (Jes 51,12-13).

Der dich verletzt, der dir Angst gemacht hat, ist nur ein Mensch, wohingegen der, der dich trösten kommt, dein Gott ist, scheint Gott uns sagen zu wollen.

> *Wie einen, den seine Mutter tröstet, will ich euch trösten, in Jerusalem sollt ihr getröstet werden* (Jes 66,13).

Es stimmt, Gottes Wort beruhigt und ermutigt, aber ebenso tröstet es. Und in diesem Trost, einer wahren Gottesgabe, wird uns wieder Hoffnung geschenkt.

Das erfuhr ein Ehepaar während einer Einkehr. Trost bewirkt mehr, als einen, der traurig geworden war, wieder «aus dem Loch» zu ziehen:

> Colette: «Ich bin von den Unterweisungen berührt worden. Ich glaube, im Sakrament der Versöhnung habe ich eine Gnade der Hoffnung empfangen, denn ich spürte Traurigkeit in mir: Mir war gesagt worden, ich müsste Christian vergeben und meine Last niederlegen. Wir haben am Anfang unserer Ehe zwei Kinder bekommen. Dann wollte ich noch mehr haben, aber Christian war nicht einverstanden, und später ging es nicht mehr. Ich habe das wirklich als große Traurigkeit in mir getragen und war Christian deswegen böse. Ich bin getröstet worden.»
>
> Christian: «Auch ich habe eine Gnade der Hoffnung empfangen, der Hoffnung, die man täglich nötig hat. Bevor wir nacheinander zum Sakrament der Versöhnung gegangen sind, waren wir, wie immer, wenn man über Schwierigkeiten spricht, ein wenig zänkisch. Seitdem leben wir in tiefem Frieden. Ich habe den Eindruck, dass ich mit einer zehn Jahre jüngeren Frau nach Hause fahre.»

Man glaubt den Psalm 103 zu hören:

> *Preise, meine Seele, den Herrn! Und vergiß nicht, was er dir Gutes getan hat. Er vergibt dir all deine Schuld, alle Gebrechen will er dir heilen. (...) Er krönt dich mit Huld und Erbarmen. Wie dem Adler wird deine Jugend dir neu* (Vers 1-5).

So leidet einer, der in dieser Welt nicht genug geliebt wird, der wegen seiner Unfähigkeit, sich beliebt zu machen, von diesen und jenen verletzt wurde, unter großer Unzufriedenheit. Bei Gott findet er den einzigen Trost, der die durch so viele Zurückweisungen und Undankbarkeit entstandenen Verletzungen seines Herzens schließlich zu heilen vermag. Die Eheleute selbst sind aufgerufen, die Gegenwart des Herrn im gegenseitigen Trösten zu erfahren, das weit mehr ist als ein Austausch von Zärtlichkeiten.

Wenn Mitleid Trost bringt, dann ist es durchaus wahr, dass der Trost wieder Frieden schenkt, und das ist wiederum eine Gottesgabe. So erkennen wir, wie der Herr nach einer Verletzung oder einer Beleidigung vorgeht, um den Schaden wiedergutzumachen. Er ist wirklich das Lamm Gottes, das sich unser erbarmt, das unsere Sünden getragen hat und uns den Frieden wiedergibt.

Selig die Traurigen, denn sie werden getröstet werden (Mt 5,5)

Gott in seinem Mitleid bittet darum, dass sein Volk getröstet wird: *«Tröstet, tröstet mein Volk!», spricht euer Gott. «Redet Jerusalem zu Herzen und ruft ihm zu: Zu Ende ist seine Knechtschaft, gesühnt ist seine Schuld»* (Jes 40,1-2).

In der Seligpreisung Jesu können wir verfolgen, wie Gott seine Verheißung erfüllt: *«Ihr werdet getröstet werden.»* Diese Verheißung wird wahr in Jesu Unterweisung, in der Krankenheilung und der Sündenvergebung. Hat der Mensch ein so dringendes Trostbedürfnis? Unverkennbar. Man muss nur all die Traurigkeit um uns herum sehen. Im Übrigen haben wir selbst auch oft eine tiefe, uneingestandene Traurigkeit in uns, die wir leicht zu verschleiern oder zu rechtfertigen wissen.

Sehr oft sind wir nur in Gedanken mit Gott verbunden, im Vertrauen auf den Heiligen Geist: «Wir haben verstanden…; wir haben viel gelernt…» Das ist richtig, denn *«der Heilige Geist (…) wird euch alles lehren, was ich euch gesagt habe»* (Joh 14,26). Aber ist er nicht auch der Tröstergeist? Die Kirchen der Apostelgeschichte, treu *in der brüderlichen Gemeinschaft* (Apg 2,42) und im Mitleid, wussten diese Gnade von oben zu empfangen: *Sie wurden erfüllt vom Trost des Heiligen Geistes* (Apg 9,31).

Wir müssen unbedingt zugeben, dass wir Trost brauchen, und ihn annehmen, wenn das Mitleid unseres Gottes für uns wirksam werden soll. Ebenso müssen wir vor unsere Brüder hintreten, die des Trostes bedürfen: Die Seligpreisung sagt, dass die Betrübten getröstet werden sollen…, von Gott, das ist gewiss, aber auch… durch uns.

Gepriesen sei der Gott und Vater unseres Herrn Jesus Christus, der Vater der Erbarmungen und der Gott allen Trostes. Er schenkt uns Trost in all unserer Trübsal, damit wir unsererseits die zu trösten vermögen, die in allerlei Trübsal sind, mit eben dem Trost, mit dem wir von Gott erquickt werden (2 Kor 1,3-4).

Aber vor allem, lassen wir es zu, uns von Gott trösten zu lassen?

Oft muss man erst Trost erfahren haben, um den Herzenfrieden wiederzufinden. Denn hier berührt Gott das Herz unmittelbar und heilt ganz besonders alle Neigung zur Traurigkeit, aber auch die aus den verschiedensten Gründen erfolgte Zurückweisung. Die Schranken fallen, alles wird wieder einfach: wie bei einem Kind, das aufhört zu schmollen und den Trost annimmt. Von neuem wird die Ehe von Liebe durchströmt, die auch Gott einbezieht. Angesichts der erneut empfangenen Zärtlichkeit verschwindet der Hochmut. Gott ist da, mitten in der Ehe und besonders im Gebet:

> Monique: «Ich war beeindruckt von dem Frieden, den einige Ehepaare um uns herum nach einer Einkehr ausstrahlten. Darum bekam ich Lust, hierher zu kommen. Ich war nach dem Tod meiner Eltern nicht gesund, ich war depressiv und hatte ständig Rückfälle. Am zweiten Abend bekam ich während der Vesper ein Wort der Erkenntnis, es sei eine Frau hier, die "nach der Geburt eines Sohnes Schwierigkeiten hat, auf ihren Mann zuzugehen, sie kann aber zu ihrem Mann zurückkehren, denn sie ist geheilt." Ich habe wirklich gespürt, dass das mir galt. Das ist großartig, ich hätte nie damit gerechnet. Ich hatte schon jahrelang Psychiater aufgesucht, aber umsonst. Und dort habe ich wirklich gefühlt, wie es über mich hereinbrach, es ist unglaublich!»

Jean-Louis: «Wir konnten nicht zusammen beten, wir waren zu stolz. Gestern Abend haben wir entdeckt, dass wir es doch können, und es war wunderbar.»

Dieser Trost bildet also den Ausgangspunkt für jegliches tiefe geistliche Leben und wird auch später bei vielen Gelegenheiten noch vonnöten sein. Es gibt jedoch einen ersten Schritt, und der kostet oft viel. Denn das setzt die Heilung vom Hochmut voraus. Sich trösten zu lassen verpflichtet. Es ist eine sehr wertvolle geistliche Erfahrung, auf der Gott endlich etwas aufbauen kann. Daher müssen die Eheleute in die Tiefe ihrer Armut hinabsteigen und demütig einwilligen, getröstet zu werden, um eine wahre und beständige Liebe aufbauen zu können. Und umgekehrt, wie viele Ehepaare müssen die Brüchigkeit ihres Bundes nicht darauf zurückführen, dass sie sich ihre tiefe Not nicht eingestehen. Jenseits der Tränen, von denen eine so tiefe Erfahrung begleitet sein kann — die nicht frei ist von Gefühlen —, muss das Ausmaß eines solchen Schritts erkannt werden. Er ist eine Quelle des Friedens. Vor allem eröffnet er ganz unerwartet einen geistlichen Weg.

Ein Gott, der die tröstet, die untröstlich sind

Eine Mutter kann ihrem Kind nicht immer geben, worum es sie bittet, sei es, weil sie es nicht hat, sei es, weil sie es nicht für richtig hält. Aber sie kann ihr enttäuscht weinendes Kind immer trösten.

So sind wir für Gott unseren Vater oft unzufriedene Kinder, die ihm sicher vertrauensvoll, aber auch mit verletztem Herzen vortragen, was uns fehlt, und wenn er uns das Erbetene nicht umgehend gibt, so sieht er doch unseren Kummer und will uns deswegen trösten.

Wenn es jedoch zu trösten gilt, was nicht getröstet werden kann, ist nur Gott dazu imstande, und das geschieht manchmal durch uns. Eine persönliche Erinnerung, die mein Leben geprägt hat und die ich hier, weil schon veröffentlicht, wiedergeben kann, macht das Drama unserer Zeit recht gut deutlich, dass nämlich die größten Nöte nur am Herzen Jesu Trost finden können.

Während einer von der Gemeinschaft *Emmanuel* veranstalteten Vollversammlung mit Einkehr in Paray-le-Monial waren wir, ungefähr zwanzig Priester, zum Beichthören auf dem großen Rasen verteilt: ein Stuhl, ein Priester in der Albe mit der Stola, und endlose Schlangen von Beichtwilligen.

> Ein junges Mädchen kam zu mir. Sehr schnell war es dann keine Beichte mehr, ein Schrei ertönte, den viele hören konnten. Als ich ihr von der Liebe des Vaters erzählte, ihres Vaters, der im Himmel und ihr zugleich so nahe ist, schrie sie auf: «Wo ist mein Vater? Wer ist mein Vater?» War sie ein Waisenkind? Nein, schlimmer! Mit zwanzig hatte sie erfahren, dass sie durch eine künstliche Befruchtung geboren wurde; aber von wem? Selbst ihre Mutter hatte ihr nicht sagen können, von wem sie stammte, während doch sonst eine alleinstehende Mutter — selbst wenn sie den Vater ihrer Tochter nicht zugeben kann — trotz alledem das Gesicht eines Mannes vor Augen hat, dem sie begegnet war, und sei es für einen Abend. Aber eine solche unbekannte Vaterschaft, kann man das überhaupt ertragen? Wie konnte sie sich darüber trösten, dass sie ohne eine Liebesumarmung empfangen wurde? Von wem und wovon war sie die Frucht? Mit zwanzig Jahren hatte sie natürlich keinen Bezugspunkt, es besser zu machen oder zu vergleichen…, über einen Verlobten nachdenken, der sie von sich aus achten würde…, einen Ehemann, der sie von sich aus nicht betrügen würde… Aber nein, nichts! Einfach nur Leere, vollkommene Leere. Ein riesiger Schwindel hatte sie ergriffen; ich sprach noch einmal von der Liebe unseres Vaters im Himmel, sie fiel mir in die Arme und weinte noch einmal laut auf. Mitten auf dieser Wiese brachte ich der Menge der Beichtwilligen meinen Ruf als Priester dar, als Sühne für diese Sünde des Hochmuts, diese Sünde des Menschen, der sich zum vollkommenen Herrn des Lebens machen wollte, und zwar des weiterzugebenden Lebens. Er ist ein Zauberlehrling, der in Wirklichkeit den Tod weitergegeben hat, denn dieses junge Mädchen konnte seine unermessliche Einsamkeit fast nicht überleben. Ich bat die Jungfrau Maria, sie weiter zu beschützen, und mit dem Mädchen sprach ich ein «Vaterunser». Bevor sie ging, bat sie mich, mir in die Augen sehen und mich küssen zu dürfen, und in dem wiedergefundenen Frieden willigte ich ein. Und wer von uns hätte sie abweisen mögen?

Der Rettungsdienst im Hintergrund zeigte sich beunruhigt, aber ich machte ihnen ein Zeichen, dass sie nicht einzugreifen brauchten: Hier lag keine Hysterie vor, das war leicht festzustellen und betraf die Medizin nicht. Die Wiedergutmachung lag nun bei Gott, Gott allein kann die Dummheit der Menschen wiedergutmachen.

Aber wer deckt dieses Unglück dann auf, das der Menschen selbst herbeiführt, wenn er von der Wissenschaft etwas verlangt, was sie mit gutem Gewissen niemals geben dürfte? Die Verblendung der «Geistesgrößen» muss ein Ende haben: Wie Blinde, die Blinde führen, ziehen sie ein Volk mit sich in den Abgrund, das durch begütigende Reden eingeschläfert ist, Reden über die Tatsache, dass unsere Zeit nicht schlimmer sei als die früheren Jahrhunderte. Man behauptet außerdem, es sei eine Zeit der Wandlung, die durchgemacht werden müsse, bis alles besser werde. Ja, aber hier ist gar keine Erwartung mehr, hier herrscht lediglich eine abwartende Haltung, und vielleicht sogar Feigheit. Es fällt schwer, dabei nicht an Jeremia zu denken:

Denn Klein und Groß, jeder von ihnen ist gierig nach Gewinn. Prophet und Priester, jeder übt Betrug. Und sie heilen den Schaden meines Volkes obenhin, indem sie schreien: «Frieden! Frieden!» Aber es gibt keinen Frieden! Zuschanden müssen sie werden, denn ein Greuel ist, was sie tun. Und sie können nicht einmal mehr erröten. Sie haben alle Scham verlernt. Darum sollen sie fallen, wenn alles fällt, zur Zeit ihrer Heimsuchung werden sie zu Boden stürzen, spricht der Herr (Jer 6,13-15).

O ja, bezüglich der Annahme des Lebens sind die Zeiten, in denen wir leben, schlimmer als die vorhergegangenen: Ich habe an meinem Weg Halbwaisen ohne Vater oder ohne Mutter und Vollwaisen gesehen, die alle bei der Geburt verlassen wurden — nie habe ich eine ähnliche Unordnung gesehen. Zwar hat es immer Waisenkinder gegeben, aber diesmal war der Verstand der Menschen nötig, um es schlimmer zu machen! Und das hat das zwanzigste Jahrhundert fertig gebracht.

Anscheinend hat man nicht mehr das Recht, die Lüge aufzudecken und die Wahrheit zu sagen, ohne sofort der Schwarzseherei beschuldigt zu werden. Dennoch, den Mut, alle diese Schandtaten des zwanzigsten Jahrhunderts ans Licht zu bringen, hat der Herr gerade jenen verliehen, die zugleich die Hoffnung predigen. Eine neue Generation erhebt sich, die «Kinder des Lichts», von denen der heilige Paulus spricht (vgl. Eph 5,8. 2 Kor 4,6). Also ist alles wieder möglich, jedoch unter der einen Bedingung, dass man die Demut aufbringt, seinen Irrtum zuzugeben.

Gott allein kann die Dummheit der Menschen wiedergutmachen. Aber das besagte junge Mädchen wird seinen Teil dazu beitragen müssen, um da herauszukommen, und wird vor allem großzügig vergeben müssen. Ich habe hier selbstverständlich nur das berichten können, was bereits bekannt war.

Sie war sicher noch nicht fähig, auf einmal alles das anzunehmen, was Gott ihr vorzuschlagen hatte, um da herauszukommen, alles was sicher auch ihren eigenen Erwartungen entsprach, um die Liebe wiederzufinden.

Aber Gott wollte sie doch schon trösten in dem, was ihr untröstlich erschien. Und vielleicht hatte sie noch am selben Abend weiteren Trost nötig. Jetzt ist die Zeit der göttlichen Geduld, bis zu dem Augenblick, in dem das lebendig geschundene Herz endlich einwilligt, getröstet zu werden und seine Not nicht mehr herauszuschreien; dann kann es der Stimme seines Herrn lauschen, die ihm sanft zuflüstert, dass Er es liebt und schon immer geliebt hat.

Fragen wir uns doch: 1988 wurden in Frankreich in neunundvierzig Zentren 9076 Embryonen tiefgefroren und größtenteils wieder eingepflanzt; haben die Forscher auf dem Gebiet der Bio-Ethik, die Juristen, die Theologen und die betroffenen Paare angesichts dieser Tatsachen wohl bedacht, wieviele Tonnen von Trost nötig sein würden, damit diese wohlgestalteten Körper auch «Hand und Fuß» haben? Doch zum Glück ist die Erlösung für den Menschen noch nicht beendet: Gott macht die Dinge wieder gut. Gottes Leben ist zu groß, zu schön und zu reich, um etwas «in vitro» zu halten. Gott in seinem unendlichen Erbarmen wird immer der Herr des Lebens sein.

So wird Er auch das letzte Wort behalten: Er wird trösten, was untröstlich ist, und von daher immer wieder neu Leben geben.

Maria, die Trösterin der Betrübten

In der Prüfung ist die Jungfrau Maria da und den Ehepaaren, die leiden oder es schwer haben, ganz nahe. Ein an Maria gerichtetes inständiges Gebet der Ehepartner ist mitten in der Krankheit eine unschätzbare Quelle des Trostes. Dafür gibt es viele Zeugnisse. Hier ein Beispiel:

> Georges: «Seit meiner sehr schweren Operation vor zwei Jahren haben mich mein Rosenkranz, das Gebet und die Eucharistie aufrecht erhalten. Meine Kameraden und andere Kranke konnten es kaum glauben, dass ich im Krankenhaus Scherze machen konnte.»
>
> Marie-Josette: «Mein Mann hat wirklich eine schwere Operation hinter sich und seither sind wir gezwungen, enthaltsam zu leben. Letztes Jahr in Lourdes haben wir die Gnade empfangen, das auszuhalten. Das Erste, worum er mich bat, als er nach der Operation aufwachte, war sein Rosenkranz.»
>
> Georges: «Wir müssen Maria sehr danken; sie ist eine gute Mutter und liebt ihre Kinder. Wir kommen immer zu ihr. Die schönste Heilung ist die Heilung der Seele, und die habe ich empfangen. Dafür danke ich dem Herrn und besonders Maria.»

Maria ist mit ihrem Sohn bis zum Äußersten der Aufopferung gegangen. Am Fuß des Kreuzes ist die Jungfrau Maria zugegen, um die letzten Worte ihres Sohnes Jesus aufzunehmen. Sie hört sein letztes Wort, den lauten Schrei: «*Vater, in deine Hände lege ich meinen Geist*» (Lk 23,46).

Seinen Geist legt Jesus in die Hände seines Vaters, seinen großen, schwer atmenden Leib legt er in die Arme seiner Mutter. Marias Leid ist unendlich groß, doch der Trost, den sie empfängt ist so groß wie die Verletzung: Ihr gemarterter, toter Sohn ist auch ihr Gott. Und aus diesem Grund ist keine Mutter jemals in einem solchen Ausmaß in den Tiefen ihres Herzens heimgesucht worden.

Den größten Trost empfängt Maria von ihrem Sohn, den sie dank ihres Glaubens nicht tot sehen kann. Darum übergibt sie den Leichnam Jesu denen, die ihn begraben werden, doch sind ihre Arme deswegen nicht leer geworden. Von da an ruht die Kirche darin: Maria, Mutter der Kirche.

Marias Herz öffnet sich für die weite Welt, für die Vielen, um deren Sünde willen das Blut Jesu am Kreuz vergossen wurde. Und die Kirche, der Leib Christi, bleibt in ihren Mutterarmen bis zur Wiederkunft des Herrn in Herrlichkeit. Darin findet jedes Glied des Leibes Raum und Trost für alle Zeit. Ihre Arme werden stets genügend stark, groß, sanft und empfangsbereit sein, um alles Menschenleid aufzunehmen. Die Arme, die den Leib eines Gottes bergen können, vermögen leicht auch den Leib seiner Braut, der Kirche, zu tragen. Maria, Trösterin der Betrübten, aller Betrübten, und mit welch einer Liebe!

Man stelle sich darunter nur keine doloristische, das Leiden um seiner selbst willen suchende, Frömmigkeit vor. Die einhundertfünfzig Schüler des Kleinen Seminars, zu denen ich vor fünfzig Jahren gehörte, werden sich ihr Leben lang an das «Stabat Mater» erinnern, das ihr Musiklehrer, ein Priester, sie zur Beerdigung eines plötzlich verstorbenen Mitschülers aus der zehnten Klasse gelehrt hatte. Nie habe ich Priester so weinen sehen wie damals, aber ich habe auch nie einen solchen Trost gesehen, der der Familie, den Priestern und uns Schülern zuteil wurde.

«Unsere liebe Frau von den sieben Schmerzen», «Unsere liebe Frau des Mitleids»…, es gibt vielleicht noch mehr solcher Namen, aber sie drücken dasselbe aus, ein und dieselbe Erfahrung: Die Jungfrau Maria, die dort, in den tiefsten Tiefen des verletzten Herzens, eingreift. Darum muss man Maria in den Familien neu das Vertrauen ausdrücken. In Trauer und Leid kann es dazu kommen, dass der Mensch Gott gegenüber seine Auflehnung zum Ausdruck bringt, aber Maria, der Mutter Gottes, gegenüber vermag er das offenbar nicht.

Das hat mich einmal bei einem Trauerfall in der Familie eines Arbeitskameraden in der Fabrik beeindruckt:

> Dieser Kamerad war für mich mehr als ein Arbeitskollege, er war ein Bruder. Ich hatte ihm von Jesus erzählen und ein Evangelium schenken können, in dem er in seiner Jugend schon ein wenig gelesen hatte. Diesem Vater einer großen Familie starb der vierzehnjährige Sohn durch einen Unfall, er wurde auf der Straße überfahren. Ich fuhr also nach der Arbeit die fünfzig Kilometer zu ihm und seiner Familie, um ihnen durch einen Besuch den Trost des Herrn zu bringen. Auf der ganzen Fahrt bat der Herr mich, nicht im Voraus zu überlegen, was ich sagen oder tun sollte. Er ließ mich nicht einmal vorher wissen, ob ich nicht einfach schweigen sollte, wie es bei solchen Besuchen oft der Fall ist, wenn das tiefe Leid einer Familie kein überflüssiges Wort zulässt. Um ehrlich zu sein, war es der Kollege, der das erste Wort sprach: «Weißt du, Jacques, ich verstehe überhaupt nicht, was uns zugestoßen ist, aber ich bin sicher, dass Gott es uns nach und nach zeigt.» Ich trat dann ein und lernte den Rest der Familie kennen. Als ich wieder fahren wollte, fühlte ich ein Bedauern und kehrte noch einmal ins Haus zurück. Mir fehlte etwas, und den anderen auch. Ich ging zur Mutter des Jungen und der Herr gab mir die Worte. Und sie erwiderte: «Mein Rosenkranz hat mich nicht verlassen, er hat mich nie verlassen.» Ich schlug ihr also vor, einige «Gegrüßet seist du, Maria» zu beten. Sie willigte sofort ein und sagte zu mir: «Es macht nichts, dass die Leiche nicht hier ist und dass sie noch im Krankenhaus ist, Sie können trotzdem für meinen Kleinen beten.» Als ich sie verließ, litt sie noch wie zuvor, aber als unsere Blicke sich trafen, sah ich, dass sie schon getröstet war. «Maria, Trösterin der Betrübten.» Beim Hinausgehen umarmte ihr Mann mich: «Gut, dass du gekommen bist, besonders ihretwegen. Sie ist nun darüber hinweg, es geht wieder.» Auch er war in der Hoffnung ein ganzes Stück weiter gekommen. Und der älteste Sohn, der seit fünfzehn Jahren nicht mehr hatte beten wollen, hat sich während dieser wenigen «Gegrüßet seist du, Maria» bekehrt.

Auch wenn eine Liebe zerbrochen ist, ohne dass dabei von Trauer die Rede wäre, wird Maria das zerbrochene Herz vor der Depression, also der Verzweiflung, retten. In einem solchen Fall können auch die Heiligen, etwa die heilige Therese vom Kinde

Jesu, eine mächtige Hilfe bedeuten: Sie sind uns vorausgegangen in der Prüfung und als Sieger daraus hervorgegangen.

So erging es einer jungen Ehefrau, die körperlich und seelisch sehr beeinträchtigt war; sie hatte die wahre Liebe gefunden und lebte darin, war aber infolge einer schwer geprüften Jugend seelisch anfällig geblieben:

> Marie: «Als ich siebzehn war, traf ich an einem 15. August einen jungen Mann, den ich beinahe geheiratet hätte. Wir sind fünf Jahre zusammen gewesen, keusch. Die Familie war nicht gläubig. Ich hatte mir gedacht, dass ich die Familie bekehren könnte, aber kurz vor der Hochzeit ist alles zusammengebrochen. Und ich bin dabei gefallen. Ich habe gegenüber dem Herrn sehr große Bitterkeit empfunden, weil ich mir sagte, dass ich Großes gewollt habe, aber alles ist zusammengebrochen. Ich habe viel zur heiligen Jungfrau gebetet und als ich sechsundzwanzig war, habe ich an einem 15. August meinen künftigen Ehemann getroffen. Es war wirklich die Barmherzigkeit Gottes und der heiligen Jungfrau, die mir wieder einen «Ehemann» an den Weg stellte. Ich bin mit meinen Schwierigkeiten hierher gekommen. Ich habe eine Depression durchgemacht. Und ich war betroffen von dem, was über die heilige Therese vom Kinde Jesu gesagt worden war. Ich habe ein leeres Herz, meine Liebe zu meinem Mann ist nicht groß genug. Ich leide unter geistiger Müdigkeit, und Therese hat gesagt, es sei schwierig, die erste Stufe hinaufzugehen, aber eines Tages werde der Herr dabei helfen. Ich habe gedacht, ich sollte mich bemühen, mit der heiligen Therese jeden Tag diese erste Stufe zu nehmen.»

Wie viele Ehepaare, die in ihrer Armut oft eine ganze Reihe von Enttäuschungen erlebt haben, verdanken es nicht der Trösterin Maria oder den Heiligen — die uns im Leib Christi so nahe sind —, dass sie beisammen geblieben oder noch am Leben sind. Das «Gegrüßet seist du, Maria» mit dem «bitte für uns Sünder» (im Französischen: «arme Sünder») drückt die gewisse Hoffnung auf den Trost Marias, der Mutter Gottes und der Menschen, sehr schön aus. Das bezeugt auch das Wort Johannes Pauls II.:

> «Sie, die die Schmerzhafte Mutter zu Füßen des Kreuzes war, lindere die Schmerzen aller, die an den Schwierigkeiten ihrer Familien leiden, und trockne ihre Tränen.[27]»

5 — Wahres und falsches Mitleid

Mitleid besteht aus Wahrheit und aus Trost, sonst ist es unecht. Das Mitleid drückt die beiden Eigenschaften Gottes aus: *Treue und Barmherzigkeit* (Ex 34,6). Falsches Mitleid besteht oft darin, dass man angesichts eines verletzten Menschen und zugleich vor dem Bösen weich wird. Also bedauert man den Menschen, der dem Teufel in die Falle gegangen ist (durch Diebstahl, Lüge, Missachtung des eigenen Leibes, Unzucht oder sogar Ehebruch und so weiter), und um besonders sicher zu sein, dass er schnell und hinreichend getröstet ist, wird man vermeiden, ihm zu sagen, er müsse seine Sünde bereuen; man sagt ihm dann, das alles sei nicht so schlimm und er solle nicht mehr daran denken.

Warum? Weil zu befürchten gewesen wäre, dass man dem Betreffenden eine weitere Verletzung zugefügt hätte, wenn die Sünde aufgedeckt worden wäre! Doch es gibt die Barmherzigkeit Gottes und man muss an das Sakrament der Versöhnung glauben, das dazu gemacht ist, zu vergeben, zu befreien und die verletzten Herzen zu heilen, aber selbstverständlich nicht ohne vorherige Reue.

Hiermit ist nun der Geist des falschen Mitleids offengelegt; es ist auf eine Verkürzung der Dinge zurückzuführen, die die Gnade nicht kennt und die Wahrheit bewusst beiseite lässt; es handelt sich um die Täuschung, dass ein großes Herz und gute Worte schon ausreichen, um zu trösten und zu heilen.

Bei der geistlichen Begleitung wieder verheirateter Geschiedener muss man genau darauf achten, dass man sich zu einer solchen Verkürzung nicht hinreißen lässt, denn sie würde das Paar weiterhin über seine Sünde täuschen. Das kann bei den anderen getrennten Ehepaaren nur Anstoß erregen, die Tag für Tag darum ringen, dass sie ihr Herz nicht an eine neue Liebe verlieren und dem Ehesakrament, das sie empfangen haben, treu bleiben. Nie sollte eine Rede, eine Predigt, eine christliche Schrift oder das

---

27 *Familiaris consortio*, Nr. 86.

Wort eines katholischen Theologen es in dieser Hinsicht an Eindeutigkeit fehlen lassen. Auf alle Fälle muss die sachliche Wahrheit des Evangeliums verkündigt werden. Wenn wir dem Subjektivismus verfallen, das heißt, jedem «seine» Moral belassen, entfernen wir uns von der Lehre der Kirche und noch mehr von den Forderungen des Evangeliums.

Falsches Mitleid beruht oft auf einer unredlichen Geisteshaltung, die man als Geisteshaltung der «vollendeten Tatsache» bezeichnen könnte.

Die Geisteshaltung der vollendeten Tatsache setzt voll guten Willens bei einem Punkt an, den man bereits erreicht hat, ohne die bisher zurückgelegte Teilstrecke, die nicht gut war, in Frage zu stellen.

Zum Beispiel: «Dein Fleisch ist schwach; das musst du berücksichtigen. Halte also immer ein Präservativ bereit, dass du nicht AIDS bekommst. Und du tust recht daran, weil du die Krankheit nicht noch verbreitest. Du denkst damit sogar an die anderen.» Ja, aber so hast du deine brüderlichen Beziehungen auf die Unzucht aufgebaut. Weil die Heilige Schrift das wahre Mitleid lehrt, verbietet sie jedoch die Unzucht:

Fliehet die Unzucht! (…) Wer aber Unzucht treibt, versündigt sich an seinem eigenen Leibe (1 Kor 6,18).

Offenkundig sind die Werke des Fleisches, nämlich Unzucht, Unlauterkeit, Ausschweifung (…); die solches tun, werden das Reich Gottes nicht erben (Gal 5,19. 21).

Ein weiteres Beispiel: «Du bist geschieden und lebst in einer zweiten, bürgerlichen Ehe; wenn du von da ausgehend nicht den bisher zurückgelegten Weg in Frage stellst, wie willst du dann dem Evangelium gemäß leben?» Glaubst du, du könntest Gott vor die vollendetet Tatsache stellen und nachher seinen Segen für eine zweite Verbindung erbitten? Gut und Böse, alles geht durcheinander. Mit Hilfe einiger Stellen im Evangelium, die dir gefallen, wirst du versuchen, auf den Trümmern etwas Neues, Schönes zu errichten. Das ist ein *Haus, das auf Sand gebaut ist* (Mt 7,26). Das

Haus wird schnell rissig und stürzt ein, und dann ist es umso enttäuschender, dass du da deinen guten Willen hineingesteckt hast. Dann muss zugegeben werden, dass du dich von falschen Ratgebern hast in die Irre führen lassen:

Nach eigenen Gelüsten (werden sie) sich Lehre über Lehre zusammensuchen (...), ihr Ohr von der Wahrheit abwenden (2 Tim 4,3-4).

Trotzdem ist Jesu Lehre klar: *Er kam nach Galiläa, verkündete die Heilsbotschaft Gottes und sprach: «Die Zeit ist erfüllt, und das Reich Gottes ist nahegekommen. Kehret um und glaubt an die Heilsbotschaft»* (Mk 1,14-15). Falsche Propheten erkennt man daran, dass sie die Frohe Botschaft ohne Reue und Umkehr verkünden.

Die christliche Religion ist die Religion der Umkehr. Das Eheleben ist ein Weg der Umkehr und der Heiligung. Die Karmelitin in ihrem Kloster fragt sich in der Nacht des Glaubens manchmal, ob sie bis zum Ende durchhalten werde. So kann auch ein Ehepaar Nächte durchmachen, die sie zu Gott rufen lassen: Wo ist unsere Liebe geblieben? Wenn sie so zu Gott rufen, wird Er ihren Glauben bewahren. Und mit Hilfe des Glaubens können sie die Prüfung durchstehen; denn solche geistlichen Prüfungen treffen nicht nur Ordensfrauen, sondern alle Getauften. Das lehrt die Kirche durch alle Jahrhunderte.

Die Geisteshaltung der «vollendeten Tatsache» kann keine Früchte bringen, weil sie unredlich ist. Sie ist trügerisch, weil sie vom gesunden Menschenverstand ausgeht, Gott den Herrn aber vergisst. Da sie das Wort der Wahrheit nicht bedenkt, bringt sie besonders jenen Geist des falschen Mitleids hervor, der sich angesichts eines sogenannten unvermeidlichen und unheilbaren Übels weich stimmen lässt. Zu schnell gibt man sich dann mit dem kleineren Übel zufrieden: Wenn das Eheleben zur Hölle geworden ist oder zu einer Gefahr für die Kinder, trennt man sich besser, denkt man unter dem Zwang, das kleinste Übel wählen zu müssen. Schließlich trennt man sich mit tödlich getroffener Seele;

nach einem Liebesvertrag unterzeichnet man jetzt eine Niederlage. Es sieht so aus, als seien die Eheleute in der Liebe heute mehr und mehr verunsichert. Während der Mensch in Technik und Wissenschaft durch vieles Arbeiten und Forschen große Fortschritte sieht, scheint er nun zugeben zu müssen, dass er heute unfähiger denn je ist, auf dem Gebiet der Liebe «erfolgreich» zu sein. Einer der Gründe dafür ist diese falsche Geisteshaltung.

Die Geisteshaltung der «vollendeten Tatsache» befreit nicht. Sie befreit nicht nur nicht, es ist, als ließe man unten im Korb einen Apfel verfaulen, der dann die anderen, darüber liegenden, anzustecken droht: Wenn man ihn wegnimmt — das heißt die von der Sünde verursachten Schäden ins Auge fasst —, wird man auf einer gesunden Grundlage weitermachen können.

«Die Wahrheit macht euch frei», sagt uns Jesus (Joh 8,32). Wohl ist die Wahrheit schwer zu erkennen und fordert viel zu ihrer Befolgung; doch dem, der seine Verfehlung hat zugeben können, vermittelt sie schon eine große Freude, auch wenn ihm noch nicht vergeben worden ist. Das ist so, weil er seine Last abgelegt hat: Dann wird die Vergebung seine Last aufnehmen und für immer wegräumen: *So wollen wir allen Ballast und die uns leicht umgarnende Sünde ablegen* (Hebr 12,1).

Als ich eines Tages auf einer Einkehr für Ehepaare predigte und das Wort Jesu *«Die beiden werden ein Fleisch sein. (…) Was nun Gott verbunden hat, soll der Mensch nicht trennen»* (Mt 19,6) hervorhob, zog ich daraus sofort den einleuchtenden Schluss: «Wenn ihr nach einer Scheidung wieder verheiratet seid, habt ihr kein Recht, von eurer "Ex-Frau" zu sprechen, weil sie immer noch eure Frau ist, wenn sie lebt, und darum kann eure zweite Ehe keine richtige Ehe sein.» Und mitten in der Unterweisung setzte ich noch hinzu: «Du, dem zu deiner Beruhigung das Gegenteil gesagt wurde, nämlich dass die zweite Ehe die richtige sei, während du dich jetzt gut daran erinnerst, wie schon nach zwei Wochen Ehe jene Vergebung fällig war, die du nicht hattest gewähren wollen, und später alle die anderen, ebenfalls verweigerten, und du erinnerst dich, dass deine Frau dir gegenüber ebenso gehandelt hat; sieh doch jetzt, wie diese eheliche Liebe trotzdem am Anfang groß und schön und eines Sakraments würdig war. Komm jetzt zur Wahrheit zurück und erkenne, wie groß die Last ist, die dir abgenommen wird.»

Nach dieser Unterweisung kommt vor den anderen ein etwa sechzigjähriger Mann zu mir: «Nur fünf Minuten, Herr Pater. Der Mann, von dem Sie gesprochen haben, bin ich; tatsächlich gab es schon nach zwei Wochen Streit, wir haben einander nicht um Vergebung gebeten und dann ist alles kaputt gegangen, und daher kam die Trennung. Ich bin mit meiner Gefährtin hier, die ich lange für meine zweite Frau gehalten habe. Seit unserer beider Bekehrung vor zehn Jahren leben wir wie Bruder und Schwester zusammen. Es stimmt, ich liebe meine erste Frau immer noch, es ist stärker als ich. Seit zehn Jahren nehme ich jedes Jahr an einer Einkehr teil. Nie hat mir jemand den tiefsten Grund für meine Scheidung genannt, die fehlende Vergebung, und um mir einen Gefallen zu tun, hat man mir zu verstehen gegeben, dass diese zweite Frau, mit der ich jetzt bei der Einkehr bin, die richtige sei. Das war falsch. Sie, Sie haben mir die Wahrheit gesagt. Sagen Sie um Gottes willen auf all Ihren Einkehrveranstaltungen die Wahrheit. Ich fahre ab mit einer Last weniger, die ich seit dreißig Jahren getragen habe; denn ich bin immer gläubig gewesen. Und das ändert nichts an der treuen Gefährtin, die Gott mir als eine sehr liebe Schwester gegeben hat, mit der ich unsere Kinder großgezogen habe.»

Da sieht man, wohin der falsche Geist des Mitleids führen kann, bis zur Lüge. Und das bringt nie den wahren Trost. Diese Mann hatte trotz allem dreißig Jahre lang Gewissensnöte, als er darum kämpfte, diese erste, mit dem Sakrament besiegelte Liebe zu unterdrücken. Gottes Prägung kann auch von den schönsten Reden nicht ausgelöscht werden, und noch weniger durch Selbstbeeinflussung.

Was die Frau anging, die ich bald darauf empfing, sie sagte herausfordernd: «Wir haben im Büro eines Priesters nur einen kleinen Segen erhalten; er hat uns gesagt, wir sollten uns für "verheiratet" halten, da wir nicht mehr im Ehebruch lebten, seit wir wie Bruder und Schwester zusammen wären, und so befänden wir uns im Herzen Gottes.» Aber dann sagte sie zu mir: «Meine zweite Verbindung war keine richtige Ehe, sondern ein geschwisterlicher Bund.» Auch sie hat zur Wahrheit gefunden.

Das falsche Mitleid hatte zum Trost für eine zerbrochene erste Ehe behauptet, sie sollten sich in der Enthaltsamkeit als verheiratet ansehen, damit war aber nichts wieder in Ordnung gekommen. Es hatte diese Frau sogar mit einem verbittertem Herzen und einem gewissen Anspruchsdenken ausweglos allein gelassen. Als ich ihr noch einmal sagte, das Evangelium habe nie einen Bruder und eine Schwester verheiratet und einer der Zwecke der Ehe sei die leibliche Vereinigung, war klar, dass es sich hier um eine geschwisterliche, zutiefst geistliche Gefährtenschaft in der gemeinsamen Verantwortung für ihre gemeinsamen Kinder handelte. Jetzt stand die ganze Gnade Gottes bereit, um sie zu begleiten, aber nicht mehr in der unredlichen Täuschung, etwas eine Ehe zu nennen, das keine war. Sie erkannte nun ihrerseits die «erste» Ehe als die einzige und wahre an, und dadurch empfing auch sie im Licht Gottes die Gnade der Wahrheit, die ihr Leben einfach werden ließ und sie von dem unangenehmen Eindruck befreite, dass ihr immer etwas fehlte; denn sie war ja als verheiratet bezeichnet worden und war es doch nicht, weil die Vereinigung mit ihrem Mann fehlte. *«Die Wahrheit macht euch frei»*, sagt uns Jesus.

> Ein anderes Mal bat mich eine etwa fünfzigjährige Frau um Rat, ob sie als wieder verheiratete Geschiedene bei der Einkehr, die ich durchführte, die Kommunion empfangen könne. Währenddessen zog sie zwei schriftliche Erlaubnisse aus der Tasche. Ich las die Bescheinigungen durch und gab sie ihr zurück. Ich schaute sie an und fragte: «Hier sind also zwei Bescheinigungen, um die du schriftlich gebeten hast. Du aber, was sagt dir der Herr in diesem Augenblick?» (Wir hatten gerade zusammen gebetet.) Die Antwort kam umgehend: «Solange ich in dieser ungesetzlichen Verbindung lebe, soll ich nicht kommunizieren.»
>
> Ich erwiderte: «Nicht ich bin es, der dich das sagen lässt. Aber warum bist du zu mir gekommen; um mich um diese Erlaubnis zu bitten?» — «Weil ich erwartet habe, dass Sie nein sagen. Ich hatte es nötig, dass Sie nein zu mir sagen würden; denn immer wenn ich die Kommunion empfing, war ich unruhig.» — «Jetzt wirst du, glaube

ich, ruhig sein, wenn du nicht kommunizierst!» — «Ja», erwiderte sie, «ich fühle mich ganz befreit.»

Was war geschehen? Aus falschem Mitleid werden zwei Ausnahmegenehmigungen erteilt: Damit glaubt man eine Bitte zu erfüllen, gewährt sie aber nur halb. Es bleibt ein Rest von ungutem Zweifel in der Schwebe, verursacht von einer Halbwahrheit, die bei der auf diese Weise Beratenen letztendlich Unbehagen hervorruft. In Wirklichkeit hatte diese Frau bei dem Priester oder dem Bischof gar keinen Freifahrschein gesucht, sondern die Wahrheit. Wenn man die Wahrheit lehrt, werden die Herzen niemals beunruhigt.

In seinem Kapitel über die Würde der Ehe und der Familie bringt das II. Vatikanische Konzil die Forderungen des Ehesakraments klar zum Ausdruck:

> «Diese Liebe wird durch gegenseitige Treue bestätigt und in besonderer Weise durch Christi Sakrament geheiligt; sie besagt in Glück und Leid eine unauflösliche Treue dem Tun und der Haltung nach. Sie stellt sich somit jedem Ehebruch und jeder Scheidung entgegen. (…) Um die Pflichten dieser christlichen Berufung ständig zu erfüllen, ist große Tugend erforderlich. Von daher werden die Eheleute, durch die Gnade zu heiligem Leben bestärkt, Festigkeit in der Liebe, Hochherzigkeit und Opfergeist pflegen und im Gebet erlangen.[28]»

In einem Punkt wie diesem trifft es durchaus zu, dass wir über fünfundzwanzig Jahre später noch sehr viel Mühe haben, das anzuwenden, was das II. Vatikanum von der ganzen Kirche — Priestern wie Gläubigen — fordert.

Das Wort der Wahrheit erspart uns die Falle des falschen Mitleids. Nie werden Zugeständnisse, Übereinkünfte, Zweideutigkeit oder personenbezogene Anpassungen mit dem Evangelium vereinbar sein; denn es ist «Wort der Wahrheit». Der Teufel ist der

---

28 *Gaudium et spes*, Nr. 49, Absatz. 2.

«Fürst des Doppelsinns», wie unser Superior im Großen Seminar gern zu uns sagte, wenn er in unserem Leben etwas aufdecken wollte, das nicht wahr und richtig war.

Eine solche Unterweisung ist nicht veraltet. Und Gott weiß, dass dieser Superior des Großen Seminars ein guter Mensch war, dem mehrere Generationen von Priestern diese eindeutige und mit geistlicher Tiefe verbundene Unterweisung verdanken. Doch wenn der Schatten einer Lüge aufgespürt worden war, fiel das Wort der Wahrheit, kurz und gerecht, laut und vernehmlich und mit einem Blick auf die einen und die anderen, wie um festzustellen, ob wir gut zugehört und behalten hätten, was er uns gerade erklärt hatte! Und immer folgte ein Wort der Barmherzigkeit und der Ermutigung, denn wir hätten an uns verzweifeln können, so anspruchsvoll zeigte er sich…, nein, nicht er, sondern das Wort Gottes: *Voll Leben ist Gottes Wort und voll Kraft und schärfer als ein zweischneidiges Schwert. (…) Ein Richter ist es über Gesinnungen und Gedanken des Herzens* (Hebr 4,12). Das war das wahre Mitleid, das dem Menschen nicht einfach «Honig um den Bart streicht», sondern ihm Stärke verleiht:

Wachet, steht fest im Glauben, seid Männer, seid stark. All euer Tun soll sich in Liebe vollziehen (1 Kor 16,13-14).

Wahres Mitleid richtet den Verletzten wieder auf, wo er hingefallen ist. Es stellt ihn wieder ins Licht und gibt ihm die Kraft, auf dem richtigen Weg weiterzugehen. Auf diese Weise vollzieht sich alles in Liebe, in wahrer Liebe, die die gefährdete Seele in der Prüfung rettet, von der sie umgeworfen wurde. Denn das oberste Ziel des wahren Mitleids ist, die Seele unseres Nächsten zu erreichen, auch wenn es dessen körperlichen oder sittlichen Nöten zu Hilfe kommt. Wir sind schnell zur Stelle, wenn wir einem Bruder begegnen, der in großer Gefahr ist, sie zu verlieren, seine Seele. In ihrem gegenseitigen Mitleid und Trost arbeiten die Eheleute an ihrer gegenseitigen Heilung. In diesem Mitleid wird der, der gefallen ist, aus seiner Verfehlung von dem oder der wieder aufgehoben, den Gott ganz in seine Nähe gestellt hat, damit er ihm auf diese Weise hilft, das Heil zu erringen. So leben die Eheleute nicht in einer Utopie, wenn sie gemeinsam «in diesem Tal der Tränen» den Tag vorbereiten, an dem sie «Ewigkeitsgefährten» sein werden.

Der heilige Paulus spricht zu uns von *jenen, die an Christus glauben sollen zum ewigen Leben* (1 Tim 1,16). Muss nicht auch jede Liebesumarmung der Ehepartner im Hinblick auf das ewige Leben geschehen? Ja, aber ohne ein bis zur Verletzlichkeit offenes Herz ist es kaum möglich, schon auf dieser Erde zu jener ewigkeitlichen Seite der Liebesgemeinschaft vorzudringen.

Wenn verletzliche Herzen einander begegnen, bildet sich zwischen ihnen Gemeinschaft. Die Gnade der Ehe ist eine Gnade der Gemeinschaft, sie führt zur Familie und nährt sie. Die eheliche Liebe bildet sich in der innigen Verbundenheit einer Gemeinschaft, die zu ständigem Wachstum bestimmt ist.

Das ist einfach begeisternd!

In der Liebe ist es jene tagtäglich und in jedem Augenblick bestehende Gemeinschaft, die die Einheit schafft, zu der die Eheleute berufen sind. Denn die Ehe ist wirklich eine besondere Berufung zur Einheit mit Gott und nach dem Herzen Gottes. Hat doch Jesus in dem großen Gebet an seinen Vater für seine Jünger zu bitten gewagt:

«Sie sollen eins sein, wie wir, du und ich, eins sind. Ich in ihnen und du in mir, so mögen sie zur vollendeten Einheit gelangen» (vgl. Joh 17,22-23).

Kapitel V

Berufen zur Einheit in der Liebe

Wenn es nun eine Ermahnung in Christus gibt, einen Zuspruch der Liebe, eine Gemeinschaft des Geistes, inniges Mitgefühl und Erbarmen, dann macht meine Freude dadurch voll, daß ihr eines Sinnes seid und die gleiche Liebe hegt und einmütig auf dasselbe bedacht seid (Phil 2,1-2)

1 — Ein Herz, eine Seele, ein Leib
2 — Die Ehe, der Weg der Heiligkeit in Gemeinschaft
3 — Die geistliche Tiefe der Familie
4 — Gemeinschaft in der Kirche

1 — EIN HERZ, EINE SEELE, EIN LEIB

Die Einheit des Ehepaares in dreifacher Gemeinschaft

Die Einheit in der Ehe ist vielschichtig. Wir wollen trotzdem versuchen, sie zu beschreiben.

Schon bei ihrer ersten Begegnung sind die Verlobten *ein* Herz geworden, auch wenn der ganze Weg noch vor ihnen liegt, der zurückgelegt werden muss. Es wird ein Weg der Barmherzigkeit sein, denn am Tag nach der ersten Begegnung werden sie ihre Unterschiede, ihre Unzulänglichkeiten und bald auch ihre Versäumnisse und Zurückweisungen erleben.

Wirklich lieben heißt alles «geben», aber es heißt auch alles «empfangen».

Die meisten Ehepaare entdecken erst im Lauf der Jahre, was das bedeutet. Das ist die Ursache so vieler Verletzungen!

Am Anfang kennt kein Paar den Preis für diese wunderbare Gemeinschaft, zu der es berufen ist. Es ist nur natürlich, dass Täuschungen dabei sind, genau wie bei einem Novizen, der ins Kloster eintritt.

Solche Täuschungen führen oft zu Verletzungen. Doch die Verlobten oder Ehepartner werden feststellen können, dass ihre

Herzen sich in dieser Abfolge von Prüfungen näher gekommen sind und eine tiefere, beständigere Einheit gefunden haben. Daraus werden die Verlobten die nötige Gewissheit erlangen, dass sie sich auf eine Verpflichtung in wahrer Treue einlassen können.

Am Anfang erlebt man die Einheit der Herzen. Aber schon braucht es Barmherzigkeit, um weiterzukommen.

Zuweilen besteht bei der Einheit der Herzen ein anderes Hindernis: eine große geistliche Kluft zwischen den Ehepartnern. Das kann zu Eifersucht führen, zum Beispiel wenn einer der beiden eines Tages gesteht, er sei böse auf Gott gewesen, weil er ihm seinen Partner oder seine Partnerin «weggenommen» habe. Es braucht nicht gesagt zu werden, dass der geistliche Fortschritt des Paares dadurch stark gestört wird und besonders die Einheit des Paares furchtbar darunter leidet. Das ist eins der verhängnisvollsten Hemmnisse bezüglich der Herzenseinheit.

Das bezeugt ein Ehepaar, das in der Anbetung der Eucharistie befreit wurde, dort, wo «die Verbindung zu Gott wiederhergestellt wird», wie sie selbst sagen:

> Yves: «Wir waren gekommen, um eine geistliche Kluft zu schließen. Odile war mit der Gemeinschaft "Löwe von Juda"[29] nach Lourdes gefahren; ich habe es abgelehnt, mitzugehen. Nach ihrer Rückkehr war sie wie verklärt. Zwischen uns hatte sich eine Kluft gebildet. Es gab schon kurz vorher eine, und ich habe ihr so etwas wie eine Szene gemacht: Ich war eifersüchtig auf Gott. Und als ich hörte, dass Gott der Dritte in der Ehe ist, habe ich mich empört: Drei, das ist doch kein Paar mehr! Tatsächlich stimmt es aber, man muss es so machen, dass man seine Ehe mit Gott lebt. Gestern ist es mir zum ersten Mal in meinem Leben gelungen, Gott irgendwie anders im Heiligen Sakrament anzubeten. Denn wenn ich vorher angebetet habe, ist keine Verbindung zustande gekommen. Vor ihm habe ich nochmals alle Schwierigkeiten in unserer Ehe betrachtet, und als wir wieder in unserem Zimmer waren, sind wir einander in die Arme gefallen. Ich habe sie gebeten, mir zu verzeihen, was sie vorher nicht hatte tun können.»

---

29 (Heute *Gemeinschaft der Seligpreisungen*; d. Übers.)

Eine solche Herzenseinheit entsteht jenseits aller Worte in liebeerfüllter Nähe, die sich bei einer zeitweiligen Entfernung in Gedanken fortsetzt. Die Ehepartner können den tiefen Wert dieser Herzenseinheit erkennen, sobald die sichtbare und spürbare Nähe vom Denken abgelöst wird.

Zusätzlich zu dieser bereits sehr schönen Herzenseinheit wird man dann auch die Einheit der Seelen entdecken, zu der die Ehepaare berufen sind, um miteinander zu beten und sich gegenseitig zu heiligen. Sie zu pflegen erfordert viel Liebe und Feingefühl und den Austausch der tiefsten Gedanken ihres Wesens, das heißt ihrer Seele. Das wird möglich durch die Nähe von Gott selbst, dessen *Geist alles erforscht, sogar die Tiefen Gottes* (1 Kor 2,10). Wenn die Eheleute sich von Gott heimsuchen lassen, machen sie Fortschritte in ihrer Liebe.

Eine solche Einmütigkeit in der Liebe wird also in einer innigen geistlichen Verbundenheit erlebt, die nicht von heute auf morgen entsteht. Aber wenn sie fehlt, wird das Ehepaar besonders anfällig für Störungen. Das bezeugt ein Ehepaar, das sich von Gott losgesagt hatte und von außen ergänzte, was ihnen in der in Gott wiedergefundenen Verbundenheit noch abging:

> Marc: «Ich möchte dem Herrn dafür danken, dass er meiner Frau die Kraft verliehen hat, mich sechzehn Jahre zu ertragen und mich hierher gebracht zu haben. Am Donnerstag habe ich meinen Koffer gepackt, dann habe ich ihn wieder ausgepackt und bin hiergeblieben. Ich fange erst an zu begreifen.»
>
> Lucie: «Ich glaube, in einer Ehe gibt es niemals nur einen Schuldigen und einen Unschuldigen. Diese Einkehr hat uns erlaubt, die Vergangenheit wieder aufzurollen. Wir dachten, es sei eine Krise, doch in Wirklichkeit waren wir in der Klemme, weil wir seit fünfzehn Jahren keine enge geistliche Gemeinschaft mehr hatten. Ich hatte bemerkt, dass es schwierig für mich war, ganz allein zu beten, eben weil wir es nicht zu zweit taten. Angesichts der Tatsache, dass wir verheiratet waren, fehlte etwas, und das hatte ich mir nie klar gemacht. Und jetzt, wo sich alles gelöst hat, finde ich die Liebe zu Gott wieder. Außerdem haben wir viel zu viel unternommen. Wir haben uns voll hineingegeben. Wir haben in zehn Jahren sechs

Kinder bekommen. Wir haben viel für andere getan. Das Geistige hat einfach gefehlt, wir kamen nicht weiter.»

Täuschungen, Irrtümer, Unabhängigkeit, Undankbarkeit, selbst Feigheit, alles das kann vergeben werden. Es geschieht im gemeinsamen Gebet. Wenn die Eheleute die seelische Verbundenheit wiederfinden, können sie in Herzenseinheit leben. Wir wissen, wie sehr ein Bruder und eine Schwester sich in einer geistlichen Freundschaft gegenseitig bereichern können! Es liegt auf der Hand, dass auch Ehepaare dazu bestimmt sind, gerade in ihrer Verbundenheit, dort wo diese beiden Wesen aus Gnade und durch das Sakrament dazu berufen sind, ein Fleisch zu sein. Wenn die Eheleute nicht um eine solche geistliche Freundschaft für ihre Ehe bitten, werden sie sie anderswo suchen, mit allen damit verbundenen Gefahren, besonders der, dass das Herz schnell geteilt sein wird.

Zu der innigen Verbundenheit der Herzen und der Seelen muss noch die des Fleisches hinzugefügt werden. Diese Einheit im Fleisch ist ein Bereich tiefer Gemeinschaft; in sehr vielschichtiger Weise verbunden mit der Verbundenheit der Herzen und der Seelen, erfüllt sie den göttlichen Plan für die Eheleute: *Sie sollen ein Fleisch sein* (Gen 2,24).

Das Mitleid rettet die Ehe, aber es muss wirklich «ehelich» sein, das heißt es muss auf allen drei Ebenen — des Herzens, der Seelen und des Fleisches — zum Ausdruck kommen. Dann wird das Ehepaar in der Einheit wachsen und sich in der Treue festigen. Aber dabei wollen wir nicht vergessen, dass diese dreifache Gemeinschaft eine ganz besondere Gabe Gottes ist.

Papst Johannes Paul II. erinnert uns daran:

> «Das Geschenk des Geistes ist für die christlichen Ehegatten ein Lebensangebot und zugleich ein Antrieb, täglich zu einer immer reicheren Verbindung miteinander auf allen Ebenen fortzuschreiten — einer Verbindung der Körper, der Charaktere, der Herzen, der Gedanken, der Wünsche, der Seelen — und so der Kirche und der Welt die neue

Gemeinschaft der Liebe zu offenbaren, die durch die Gnade Christi geschenkt wird.[30]»

Innige Verbundenheit statt Verschmelzung

Jenseits geschwisterlicher Gemeinschaft gelangt das Ehepaar zusammen zu einer innigen Verbundenheit, in der im gegenseitigen Geben und Nehmen der Personen die Gnade der Ehe erlebt wird. Diese Verbundenheit hat nichts Starres an sich, nichts, das die Eheleute in eine Abfolge von kleinen, vorübergehenden Glücksmomenten einschlösse. Sie kann also sehr weit gehen, darf aber nie zu einer «Verschmelzung» werden.

Zwischen der leiblichen und der geistlichen Verbundenheit muss ein Gleichgewicht hergestellt werden. Die eine darf nicht im Widerstreit zur anderen stehen. Manchmal sind viel Geduld und Beharrlichkeit nötig, um sie zu entdecken und zu erleben. Aber alle Ehepaare sollen daran glauben. Das trifft für ein Paar zu, das sich von Gott mehr gesegnet sah, *als alles, was wir erbitten oder erdenken* (Eph 3,20):

> Agnès: «Wir haben vor dreiunddreißig Jahren geheiratet. Wir waren ein glückliches Paar, aber plötzlich sind zwei Ereignisse dazwischen gekommen. Zuerst die Erneuerung meines Glaubens, dann für mich eine recht schwierige Zeit, die mein Wesen vollkommen durcheinander gebracht hat. Ich war zwischen zwei Dingen gänzlich hin- und hergerissen: zwischen der Liebe zu Gott und der Liebe zu meinem Mann.
>
> Ich wusste nicht, wie ich mit beidem zurechtkommen sollte und Jacques verstand mich nicht besonders gut. Also habe ich zum Herrn gesagt: "Ich weiß nicht mehr, was ich tun soll; jetzt bist du an der Reihe, es mir zu sagen." Als ich zur Beichte ging, sagte mir ein Priester: "Glaube mir, wenn du nach Hause kommst, sollt ihr als Ehepaar zusammen beten. Dabei könnt ihr einander alle Zärtlichkeit zeigen, die in eurem Herzen ist. So werdet ihr Frieden haben." Ich habe einen Augenblick gelacht und gedacht, das sei doch gar nicht möglich. Als ich es meinem Mann erzählte, war seine

---

30 *Familiaris consortio*, Nr.19.

Erwiderung schlimmer als meine, er sagte, das sei ein Scherz. Wir konnten den Priester nicht wiedersehen und sind von der Einkehr nach Hause gefahren. Zu Hause begann ich dem Wort des Priesters zu glauben, denn Gott selbst wollte es von mir. Ich habe zu meinem Mann gesagt: "Wir wollen als Ehepaar beten." Wir haben uns in unserer Gebetsecke hingekniet und gesprochen: "Herr, dein Wille geschehe, möge unsere Liebe in Heiligkeit wachsen." Das war vor zehn Monaten, und der Herr hat uns vollkommen erhört, wir danken ihm.»

Jacques: «Das Opfer war ich in alledem! Sie ist "mystisch" und ich bin "physisch". Zu Hause ging es eher schlecht. Die Priester, die wir bis dahin getroffen hatten, haben für unsere Schwierigkeit keine Lösung gefunden. Es war unlösbar. Es gab viele Punkte, in denen ich mit dem Glauben übereinstimmte, aber was die menschliche Liebe betrifft, war ich auf Abstand. Als ich hier ankam, war ich zu. Als meine Frau von der Beichte wiederkam und mir das Vorgehen erklärte, bin ich weggegangen. Am Abend haben wir es angewendet, das heißt das Gebet als Ehepaar. Wir haben gebetet und ich habe gesagt: "Herr, du hast bisher immer für allen meinen Ärger eine Lösung gehabt, beruflich, gesundheitlich und so weiter. Vielleicht bringst du mir eine Lösung, mach was du willst." Ich hatte nämlich Vertrauen.

Jetzt haben wir mit einem außergewöhnlichen Leben begonnen, weil ich eine Liebe wiedergefunden habe, die ich dreiunddreißig Jahre nicht erfahren habe; ich liebe meine Frau, ich kann sie in die Arme nehmen, sie liebkosen. Wir sind mit dem Herrn in Frieden und miteinander in Frieden. Und nun verstehe ich, dass der Herr, wenn er seinem Kind etwas schenken möchte, ihm auch die Mittel dazu gibt. Schlussendlich habe nicht ich Erfolg gehabt, sondern Gott. Ich bin glücklich und im Frieden, dafür möchte ich dem Herrn danken. Ich möchte allen sagen, wartet nicht, bis ihr etwas bemerkt, sondern habt Vertrauen. Was für Schwierigkeiten ihr auch habt, bittet ihn immer als Ehepaar. Ich empfehle euch dieses Morgengebet: Ich wache als erster auf, nehme meine Frau in die Arme und sage: "Danke, Herr, für die Frau, die du mir gegeben hast."»

Agnès: «Die ersten Male, wenn er am Morgen sagte: "Danke, Herr" und mich in die Arme nahm, habe ich bloß gestottert, weil ich so schwer aufwache; aber wenn ich jetzt noch im Halbschlaf bin, kommt es im Schlaf aus mir heraus und ich sage: "Danke, Herr, für den Mann, den du mir gegeben hast."»

Wenn es auf den drei Gebieten der Verbundenheit zu einer Niederlage kommt, wird man oft versuchen, einer Berührung mit dem anderen auszuweichen, die sehr leicht verletzend sein kann. Dann besteht das Heilmittel in der Vergebung, um wieder zueinander zu finden. Aber wenn die Vergebung ausgeschlossen ist, was dann? Dann wird die entgegengesetzte Lösung gesucht, die Verschmelzung, und zwar mit allen Mitteln.

Das ist jedoch ein schwerer Fehler, weil eine Verirrung der Liebe: Gemeinschaft bringt die Person zur Entfaltung, während die Verschmelzung sie nicht achtet. Jeder Versuch in dieser Richtung führt zu einer unerträglichen Infragestellung der Wesenseinheit der Person; lässt man sie zu, führt sie zur Auflösung dieser Einheit, wird sie abgelehnt, führt sie zu heftigem Aufbegehren. Sie bringt ganz gewiss keine Früchte der Liebe hervor.

Oft ist eine Verschmelzung das Ergebnis einer «Flucht nach vorn», aus Furcht, der eine könnte den anderen verlieren. Das ist eine unbewusste Flucht vor den Forderungen der Liebe. Diese verlangt ein gegenseitiges Geben und Nehmen im Hören auf das geliebte Wesen und in der Achtung vor ihm, das furchtlos «ja» zu der ihm frei angebotenen Liebe sagt.

Im Fall einer Verschmelzung gibt es kein Vertrauen mehr, das eine gegenseitige Annäherung in der Liebesgemeinschaft ermöglicht, hier herrscht der verzehrende Wunsch, den anderen zu besitzen. So wird das Paar nicht glücklich, weil es nicht gewusst oder vergessen hat, dass allein die Gemeinschaft es ihm erlaubt hätte, die Liebe wahrhaft und in Fülle zu erleben.

Wir sehen also, wie durchaus verhängnisvoll diese Verirrung — die von der tiefen, innigen Verbundenheit zur verschmelzenden Liebe führt — in sich selbst ist; denn sie ist eine Form von Verblendung.

Die verschmelzende, auf eine falsche Vollkommenheit gerichtete Liebe versucht, jede «Reibung» zu vermeiden, um der Vergebung ausweichen. Dies ist eine «heidnische» Lösung, die schließlich zu den so zahlreichen Ehescheidungen führt.

Denn da eine vollkommene Verschmelzung nicht möglich ist, dringt doch immer wieder Uneinigkeit ein. Statt zu einer Entfaltung, kommt es zu einer immer größeren Enttäuschung, die zur Verletzung führt und zu gegenseitigen Vorwürfen herausfordert. In solchen Fällen, wo die Persönlichkeit getroffen wird, wird dann zum Beispiel die Emanzipation der Frau verlangt.

Die menschliche Liebe, wie sie uns die Bibel lehrt, hat mit einer solchen Verirrung nichts gemein. Jeder Ehepartner wahrt seine eigene Verantwortung. Adam empfängt von Gott eine andere Person, die sein Gegenüber wird. Jeder hat seinen eigenen Willen und sein besonderes Empfindungsvermögen, das eine ist männlich, das andere weiblich. Sie ergänzen einander, und das heißt nicht, verschmelzen. Es kommt zu einem Bündnis, nicht zu einer «Mischung» wie bei zwei Metallen, die in der Verschmelzung zu einem einzigen werden.

Darum sündigen Adam und Eva durch ihren Ungehorsam gegenüber Gott nacheinander, und nicht zusammen. Zwar ist ihre Verantwortung in dieser Verfehlung ein und dieselbe, bleibt aber unterscheidbar.

Nach dem Sündenfall ruft Gott dann zunächst Adam, und nicht Eva. Sicher aus dem Grund, weil er sie als *das schwächere Wesen* nicht zu beschützen gewusst hat (1 Petr 3,7), während er doch zum *Haupt seiner Frau* eingesetzt worden ist, war wie Christus das Haupt der Kirche ist (vgl. Eph 5,22).

Da lastet Adam die Sünde seiner Frau an, die sich nun ihrerseits von Gott befragt sieht, weil sie ihre eigene Verantwortung besitzt: *«Was hast du da getan?» Die Frau antwortete: «Die Schlange hat mich verführt»* (Gen 3,13). Der Bericht endet damit, dass Gott sie noch einmal gesondert anspricht, zuerst die Frau, dann den Mann.

Die gesamte Bibel zeigt uns die je eigene Verantwortung des Mannes und der Frau, bis hin zu Joseph und Maria, die immer ein Vorbild für die vollkommene Ehe bleiben werden: Gott schickt seinen Engel nacheinander zum einen und zum anderen, je nach ihrer eigenen Verantwortung als Mutter des Heilands und als Beschützer der Heiligen Familie.

Es kann kein Zweifel über die tiefe Gemeinschaft zwischen Joseph und Maria bestehen: In der vollkommenen Achtung, die Joseph seiner Frau, der Mutter des Allerhöchsten, stets entgegengebracht hat, und in Marias Treue in ihrer völligen Hingabe an Gott wurden sie nicht nur vor jeder Abirrung hin zu einer Verschmelzung bewahrt, sondern sie haben in einer Liebe gelebt, die größer war, als sie erwarten konnten. Wie sollte man darin nicht das Werk des Heiligen Geistes erblicken! Das hat Papst Johannes Paul II. kürzlich in seinem apostolischen Schreiben über die Gestalt und die Sendung des heiligen Joseph unterstrichen:

> «*Joseph (…) nahm seine Frau zu sich, erkannte sie aber nicht, bis sie einen Sohn geboren hatte* (Mt 1,24-25). *Diese Worte weisen auf eine andere eheliche Nähe hin. Die Tiefe dieser innigen Verbundenheit, das geistliche Ausmaß der Verbundenheit und der zwischenmenschlichen Beziehung zwischen Mann und Frau rühren letztlich vom Heiligen Geist her, der lebendig macht* (vgl. Joh 6,63). *Dadurch dass Joseph dem Geist gehorcht hat, fand er gerade in ihm die Quelle der Liebe, seiner ehelichen Liebe eines Mannes, und diese Liebe war größer als dieser "Gerechte" es nach dem Maß seines Menschenherzens erwarten konnte.*[31]»

Die wahre und gute Verbundenheit eines Ehepaares liegt also in einer Gemeinschaft, in der jeder seinen bevorzugten Platz inne hat, der nicht der Patz des anderen ist:

> *Der Mann ist das Haupt der Frau, wie Christus das Haupt der Kirche ist, er, der Retter des Leibes. Doch wie die Kirche sich Christus unterordnet, so auch die Frauen den Männern in allem. Ihr Männer, liebt eure Frauen, wie auch Christus die Kirche geliebt und sich für sie hingegeben hat* (Eph 5,23-25).

---

[31] *Redemptoris Custos* (Der Hüter des Erlösers), Nr. 19, 1989.

Die Reichtümer des Herrn wetteifern nicht miteinander, sondern verbinden sich. Der heilige Paulus macht uns deutlich, dass *der Leib nur einer ist, jedoch viele Glieder hat, alle Glieder des Leibes aber bilden trotz ihrer Vielheit einen einzigen Leib,* und fügt hinzu: *So ist es auch mit Christus* (1 Kor 12,12). Wir sind Glieder des Leibes Christi, das heißt des «mystischen Leibes», dessen Schönheit in seiner Vielfalt und Einheit zugleich liegt: *Denn in* einem *Geiste sind wir alle auch zu* einem *Leibe getauft worden, ob wir Juden sind oder Griechen, Sklaven oder Freie; und wir sind alle mit* einem *Geiste getränkt worden* (1 Kor 12,13).

Eheliche Liebe, nicht mehr Freundesliebe

Möglicherweise können viele der jungen Leute, die unverheiratet zusammenleben, sich gar nicht vorstellen, was wahre eheliche Liebe ist.

Die eheliche Liebe ist eine Berufung; sie hat mit der Freundesliebe, die gegenwärtig so wichtig geworden ist, nichts zu tun.

Es hat immer echte, beständige Freundschaften gegeben; aber sie bildeten eine Ausnahme und hatten in den Kreisen der Jugendlichen nicht die Bedeutung wie heute. Es gibt übrigens breite «jugendliche» Kreise, die vor vierzig Jahren in dieser Weise nicht bestanden. Ganz einfach weil viele junge Leute nach oder sogar schon vor dem Wehrdienst eine Familie gründeten. Man hatte denselben Beruf wie der Vater — mit vierzehn ins Bergwerk, auf den Bauernhof oder mit achtzehn ins Handwerk. Die Jugend dauerte also bis zum zwanzigsten Jahr: So waren es Jugendfreundschaften.

Mit der verlängerten Schulausbildung und dem heutigen Mangel an fester Arbeit sahen wir späte, sehr ausgedehnte Erwachsenenfreundschaften entstehen. Um zu «überleben» (da man ohne Liebe nicht leben kann), bildeten Langzeitstudenten und Arbeitslose ein kleines Netz von Freundschaften, in denen man einen «Freund» hat — eine besondere Freundschaft, oft im Zusammenleben. Und die ältere Generation muss sich sehr hüten, hier die Bezeichnung «Ehe» zu verwenden. Ein Beispiel: Die kurze, in einer herkömmlichen christlichen Familie vernommene Unterhaltung; der Papa wendet sich an seine zwanzigjährige Tochter Jocelyne:

> «Oh, ich habe gehört, dass deine gleichaltrige Freundin nicht zu spät daran ist: Sie will heiraten, erzählt mir deine Mutter.» — «Du bist doch nicht närrisch, Papa! Pass auf, was du sagst, du machst dich ja lustig, wenn du so etwas sagst! Sie hat einen netten Freund, mit dem sie sich gut versteht, Punkt und Schluss. Sie ist doch nicht doof! Wofür hältst du sie bloß?»

Trotzdem ist dieses Mädchen das sechste Kind einer Familie, in der der Vater und die Mutter, in der Verantwortung für ihre Einheit und glücklich über ihre große Familie, jedem ihrer Kinder ein gutes Beispiel geben konnten.

Im Fahrwasser der geschwisterlichen Liebe hat die früher wenig verbreitete freundschaftliche Liebe einen solchen Aufschwung genommen, mitbedingt auch durch die Vermischung der Geschlechter, dass sie überall ausbricht; und die eheliche Liebe, die ihr üblicherweise folgen sollte, wird immer seltener, sei es aus Unkenntnis, sei es weil zum Beispiel eine lange Hochschulausbildung dazu keine Möglichkeit lässt.

Außerdem entwickelt sich die Gewohnheit, sein Herz mit mehreren Freunden oder Freundinnen zu teilen, unter denen man sich den Besten nimmt. Dann kann sich die Urzelle, das Ehepaar, nur schwer bilden und in einer tiefen ehelichen Beziehung fest zusammenwachsen. In einer solchen Verschwommenheit der Dinge können zwei junge Leute, die sich verheiraten, wohl treu beieinander bleiben, aber das wird nicht ohne Leid möglich sein; das bezeugt ein Ehepaar, das sich in einer entsprechenden Lage befand und sich an Gott gewandt und ihn angerufen hat. Da hat der Herr ihnen Einsicht geschenkt. Sie hatten eine Verbindung mit einer Ehe verwechselt:

> Claire: «Wir haben wirklich begriffen, dass wir großes Leid trugen und dass dieses Leid mich daran hinderte zu leben. Ich hatte den Eindruck, die Sache sei verloren. Und in diesem Leiden habe ich

mich an Gott gewandt, ich habe geschrien und geweint, ich habe gebetet. Da haben wir begriffen, was in unserer Ehe nicht richtig war, obwohl es uns nicht an gutem Willen gefehlt hat.»

Gérard: «Wirklich, es stimmt, wir waren eine gute "Verbindung", aber kein richtiges Ehepaar. Ich habe gemerkt, dass es ganz bequem ist, wenn jeder sein Leben für sich führt, aber an dem Tag, an dem man heiratet, ist das nicht mehr gefragt. Es fiel mir sehr schwer, das klar zu erkennen. Oder vielmehr, ich sah es, wollte es aber nicht wahrhaben.»

Die Ehe ist tatsächlich eine Entscheidung, ein Entschluss und eine Antwort auf einen Ruf. Es ist wirklich eine Berufung, entsprechend dem Ehesakrament zu leben.

Wenn die Elterngeneration das vergisst oder nicht weiß, die Generation der Kinder spürt es grausam an der Art und Weise, in der sie empfangen werden: Zwei berufstätige Eltern, die Krippe, eine Erziehung durch andere Jugendliche und die Schule, nicht mehr durch die Familie, und so weiter. Der Einflussbereich der Familie wird sehr schnell auf den einfachsten Ausdruck beschränkt.

In diesem Fall ist es nicht erstaunlich, dass die junge Generation sich nach dem Warum einer Ehe fragt, die unverzüglich zur Geburt von einem oder zwei Kindern führen würde. Wie kann man in Betracht ziehen, das zu wiederholen, was die vorhergehende Generation gemacht hat, wenn man die Freuden des Familienlebens gar nicht zu genießen gelernt hat?

Die freundschaftliche Liebe, die sich über einen großen Zeitraum erstreckt, erlaubt, die Zeit der elterlichen Liebe zu vermeiden oder hinauszuzögern, entweder weil man die Schönheit dieses Zustands nicht kennt, oder weil es einem unmöglich ist, in voller Größe zu leben, so wie Gott es wollte: *Der Mann wird Vater und Mutter verlassen...* (Mt 19,5).

Manchmal kann die freundschaftliche Liebe so groß sein, dass sie den Übergang zu jener einzigartigen ehelichen Liebe verhindert.

Das haben kürzlich ein Ingenieur und eine Ingenieurin, beide dreißig Jahre alt und seit vier Jahren kirchlich verheiratet, bezeugt:

> «Dank der Unterweisungen, die wir bekommen haben, wurde uns bewusst, dass wir mit unserer Liebe noch gar nicht bei der Ehe angekommen sind. Während unserer Studienzeit waren wir tatsächlich die besten Freunde, die man sich denken kann, und eines Abends haben wir uns die Frage gestellt und sehr schnell bejaht, ob wir nicht im Hinblick auf eine Ehe zusammenziehen sollten. Wir sind also zur Kirche gegangen… Am nächsten Tag ging es wie gewohnt weiter; Kinder haben wir auf später verschoben, weil wir uns alles selbst kaufen und eine beständigere Lage abwarten mussten.
>
> Indessen haben wir selbst im Hinblick auf die Treue die Wahl getroffen.» (Der Mann spricht.) «Da gestand meine Frau mir vor vier Monaten, sie habe mit einem alten Freund geschlafen, ein Mal… Und ich war erstaunt, dass mich das nicht mehr verletzt hat. Um aufrichtig zu sein, es gab keinerlei Bitte um Vergebung: Ein Irrtum, und ein Blick auf früher sei immer möglich, dachte ich. Aber von Tag zu Tag entstand eine tiefere Traurigkeit zwischen uns, und da entschlossen wir uns, zu dieser Einkehr für Ehepaare zu kommen, um klarer zu sehen.
>
> Ja», setzt der Mann, der für beide spricht, hinzu, «"unsere Ehe" hat gestern angefangen, als der Schleier mit einem Mal gefallen war. Wir konnten eine innige Liebe erleben, in der wir füreinander wirklich "einzigartig" waren. Bis dahin waren wir die besten Freunde der Welt, und genau darin hat unsere Verblendung bestanden.
>
> Heute glaube ich, es würde jeden von uns krank machen, wenn einer dem anderen untreu würde. Und dann hatten wir uns sofort versprochen, dass wir ein Kind haben möchten, ein Kind unserer Liebe, nicht einer wiedergefundenen, sondern der endlich gefundenen Liebe.
>
> Wir brauchten dieses fünftägige Gebet der Einkehr, um Gottes Ruf zu hören, die Berufung zur Ehe; vorher hatten wir nie auf Ihn gehört, aber man hielt uns für gute Christen. Auch wir haben uns für anständige Christen gehalten, weil wir das Ehesakrament im Vergleich zu vielen unserer Freunde, die es ablehnten, gern empfangen wollten.»

Wir haben dieses Ehepaar nicht danach gefragt, wie ihre Verlobungszeit ausgesehen hat. Denn diese sollte ja eigentlich eine geeignete Zeit sein, in der die Freunde Schritt für Schritt zur ehelichen Liebe gelangen, indem sie sich alle Ungeschicklichkeiten vergeben konnten! Als Grundlage für eine lebenslange, treue Liebe ist die Verbundenheit der Herzen und der Seelen so wichtig, und durch sie gelangen die Verlobten gleichsam in einer Verklärung zur Gnade der Ehe und zur innigen Verbundenheit des Fleisches. Das ist die Schönheit eines Sakraments, das der Herr gewollt hat, um selbst zu weihen, was er einst geschaffen hat.

Es gibt auch Eheleute, die gestehen, die Übereinstimmung in dieser Verbundenheit des Fleisches nicht erreicht zu haben. Und gerade hier liegt der Unterschied zwischen einer freundschaftlichen und einer ehelichen Verbundenheit. Angesichts einer «Niederlage» entschließen sich dann manche Paare, darauf zu verzichten. Aber das ist oft die Hölle. Andere, schon in die Jahre gekommene Ehepaare begehen den Irrtum zu meinen, sie würden «christlich» darauf verzichten.

Ein Ehepaar bezeugt die Einsicht und die Heilung, die sie in dieser Hinsicht empfangen haben, wobei sie wiederholen, dass die innige Vertrautheit des Fleisches so wichtig ist wie die des Herzens und der Seele.

> Georges: «Wir sind Eltern von vier Kindern. Ich bin vor fünf Jahren vom Herrn "umgekehrt" worden. Er kam mitten in unsere Ehe. Aber ich glaube, durch meine Frau Marie hat er am stärksten wirken können, und das wird sich sicher auf unsere Kinder und unsre Umgebung auswirken. Vor unseren Kindern und uns selbst öffnet sich ein neuer Tag.»
>
> Marie: «Als wir im Auto hier ankamen, habe ich mich gefragt, was ich auf dieser Einkehr tun würde. Bei der Ankunft erhielten wir ein Zimmer: Wir hatten getrennte Betten. Dann kam die Messe und die Mahlzeit. Ich verstand gar nichts. Ich sah nicht ein, was ich hier sollte. Am nächsten Tag hatte ich dann alle die Lieder im Kopf, den ganzen Tag, und schließlich sang ich bei den Stundengebeten mit. Ich habe um viele Heilungen gebeten, besonders um die Heilung meiner Erinnerung und die meines Mannes. Wir sind seit sechzehn

Jahren verheiratet. Zwölf Jahre lang haben wir die Hölle gehabt, seit dem Tag unserer Hochzeit. Dann wurde mein Mann bekehrt, er war wunderbar, aber ich, ich war es nicht mehr. Ich konnte nicht mehr mit ihm leben, ich liebte ihn nicht mehr. Seit seiner Bekehrung haben wir zwei Kinder "gemacht", zusammen sind es vier. Aber ich schaffte es nicht, ihn zu lieben. Ich liebte ihn als Bruder, aber nicht als Ehemann. Diese Erinnerung musste geheilt werden. Heute morgen hat man mir die Augen geöffnet und auch das Herz, Jesus hat mich geheilt. Jetzt kann ich meinen Mann ansehen, ich sehe ihn als Ehemann. Ich sehe, dass er da ist. Ich konnte ihm keine Zärtlichkeit geben, ich gab alles meinen Kindern, und meinem Mann nichts. Wenn er nach Hause kam, strickte ich. Ich unterhielt mich mit ihm, aber es gab kein Zwiegespräch, alles, aber keine Zuneigung. Ich schaffte es nicht, mich zu geben. Und heute morgen habe ich ein gutes Gespräch gehabt. Der Weg ist noch weit, aber ich glaube fest daran. Ich hoffe, dass ich meinem Mann alles geben kann, denn in diesen vier Jahren hat er sicher furchtbar gelitten. Seit seiner Bekehrung hat er mir seine ganze Liebe gegeben und ich habe ihm nichts gegeben. Wir können unseren Kindern Frieden geben; denn vier Kinder am Tisch, das ist ein höllischer Zirkus, und dazu noch mein Mann, den ich als großen Jungen betrachtete. Ich habe sie alle abgerichtet, wie eine richtige Polizistin!»

Alle diese Zeugnisse machen deutlich, dass die Eheleute stets sehr viel miteinander reden müssen. Davon muss man aber auch überzeugt sein und man muss den Weg dorthin kennen. Alle Ehepaare sind dazu bestimmt, in der Liebe zu wachsen, und zwar in eindringlichem Gedankenaustausch. Ein solcher umfassender Gedankenaustausch ist eine Gabe Gottes; doch die Eheleute müssen auch etwas tun: Sie müssen ihren Glauben, ihre Hoffnung und ihre Nächstenliebe tätig beweisen. Das heißt: die Liebe aufbauen.

2 — Die Ehe, der Weg der Heiligkeit in Gemeinschaft

Die Ehe, eine Glaubenstat

Die große Glaubenstat der Christen ist die Anerkennung der wirklichen Gegenwart des Herrn im Altarssakrament, und von dieser Glaubenstat aus erkennen wir Jesus, der sich in seiner Liebe zu uns offenbart.

Man kann sagen, dass auch die Ehe zuerst ein Glaubenssakrament ist. In diesem Sakrament sind alle Gnaden für die Eheleute vorhanden. Und auch darin offenbart sich Jesus.

Ohne den Glauben wird die Liebe furchtbar anfällig. Die spürbare Wirklichkeit des Bundes zwischen Gott und den Menschen, wie er in der Ehe erlebt wird, wird nur allzu oft mit Spott bedacht. Das Zeugnis wahrer, aus Treue und Einsatz bestehender Liebe wird zu erschüttern versucht. Auf welchen sicheren Wert kann sich angesichts dieser Tatsachen der Arme oder Kleine noch stützen, um durch die Beziehungen zwischen Eltern und Kindern oder Brüdern zu wachsen oder sich zu festigen? In der Familie müssen alle aufeinander zählen können. Ausgangspunkt dieses gegenseitigen Vertrauens ist der Glaube an Gott.

Niemand kann die Verwirrung so vieler junger Leute leugnen, die sich in einem hohlen Schweigen in Banden zusammentun, um sich von den noch hohleren Reden der Erwachsenen auszuruhen. Was bleibt ihnen noch an Glauben?, wird man einwenden. Sie erwarten mit Recht, man möge sie den Weg der Liebe lehren, durch Taten, die sich auf den Glauben stützen und sie mitziehen. Man erwartet Zeugnisse:

> Ein junges, unverheiratetes Paar war von einer sehr vom Glauben geprägten Hochzeitsfeier ergriffen und sagte nach der Feier zu den Jungvermählten: «Ihr habt uns wieder Lust auf eine Hochzeit gemacht.» Diese Hochzeitsfeier war wirklich ein Zeugnis für die Gnade Gottes, die auf die jungen Eheleute herabkam. Und diese Gnade strahlte so auf ihren Gesichtern, dass selbst der Fotograf, der

bei Eheleuten noch nie solche vor Liebe strahlende Gesichter gesehen hatte, sie um Erlaubnis bat, eine Vergrößerung in seinem Schaufenster ausstellen zu dürfen. Neben dem Zeugnis ihrer Liebe hatten sie auch ein Glaubenszeugnis für Gott gegeben.

Das Ehesakrament war nicht mehr verstanden worden. Es wurde zur selben Zeit vergessen oder abgelehnt, als der Glaube zurückging oder verschwand.

«Die gegenwärtige Krise der Ehe und der Religion haben dieselbe Wurzel. Es ist eine Krise der Treue. Man heiratet nicht mehr, man lässt sich scheiden, weil man weder in den anderen noch in sich selbst Vertrauen setzt. Man glaubt nicht genug an den anderen und an sich selbst, um sich für immer hinzugeben. Es ist zugleich eine Krise des Bundes, der Ehe und des Glaubens. Beides hängt eng zusammen; wenn man nicht mehr an Gott glaubt, ist es schwierig, beständig an den anderen zu glauben, und sogar an sich, an den Menschen.[32]»

Es trifft zu, dass dort Glaube nötig ist, wo den Menschen in ihrem Leben etwas unmöglich ist. Und es trifft zu, dass alle, die wieder zum Glauben finden, selbst in vorgerücktem Alter, ihre eheliche Liebe nun im Herzen Gottes erleben möchten.

Solche Glaubenstaten müssen auch im Hinblick auf die Kinder geschehen, was ihre körperliche Gesundheit und ihre geistige Zukunft angeht. Das folgende Zeugnis eines Ehepaares zeigt, dass man eine Prüfung zu einer Opfergabe an Gott machen kann:

> Rémi: «Wir haben drei Kinder, ich bin Arzt. Ich bin noch ein ganz junger Christ. Bald nach meiner Bekehrung hat unser ältester Sohn, Denis, eine virale Meningitis bekommen. Er war nur kurz im Krankenhaus und kam mit heftigen Kopfschmerzen nach Hause. Er erholte sich ein paar Tage, dann fing alles von vorn an. Er musste sogar erbrechen. Ich war sehr beunruhigt. Ein Kollege riet mir, ein Computertomogramm bei ihm durchführen zu lassen. Am Abend habe ich viel für ihn gebetet, ich habe ihn dem Herrn anvertraut

---

[32] *La Croix*, 1. Juni 1985.

und zu ihm gesagt: "Mache ihn mir gesund, dann gebe ich ihn dir, und du machst mit ihm, was du willst." Ich habe gespürt, dass Er mir antwortete: "Einverstanden." In diesem Augenblick wusste ich, dass er geheilt war. Er hat nie wieder Kopfschmerzen gehabt und benötigte den Computertomographen nicht mehr. Das Weitere ist vor einigen Tagen geschehen.»

Cécile: «Während eines Gebets in der Kapelle haben wir das folgende Wort gehört: "Einige Ehepaare hier bekommen den Ruf, für die Berufung ihrer Kinder zu beten." Wir haben es beide als für uns bestimmt aufgefasst. In diesem Augenblick hat der Herr mich mein ganzes Leben mit den Kindern noch einmal erleben lassen. Bei der Taufe von Denis war Rémi noch nicht bekehrt und ich noch ziemlich lau, aber ich spürte, dass ich dieses Kind zur Taufe tragen sollte, dass es nicht mir gehörte. Ich wollte es Joseph und Maria gleichtun: mein Baby schon bei der Geburt dem Herrn anzuvertrauen. Mit den anderen habe ich es dann auch so gemacht. Als für Denis die Zeit der Firmung kam, wollte er nicht. Er warf uns sogar vor, ihn ohne seine Erlaubnis getauft zu haben. Ich war völlig fassungslos, ich versprach ihm, für ihn zu beten. Einige Tage später sagte er zu mir: "Du kannst es Papa sagen, ich will mich firmen lassen; denn das wird meine wahre Taufe." Alles ist von daher gekommen. Wir gehen den Weg des Glaubens.»

Die Ehe, eine ununterbrochene Liebestat

Die Schönheit der Ehe erneuert sich jeden Tag. Aber das Wunder geschieht nicht ganz von allein; jeder muss dazu beitragen. So ist es mit der Verpflichtung in der Ehe und demnach in der wahren Liebe, sie fordert, dass jeder mit der eigenen Person zahlt. In der Sprache des Evangeliums heißt das «Selbstverleugnung», Verzicht auf sich selbst, um den anderen zu lieben, und nicht sich selbst durch den anderen.

Diese Selbstverleugnung wird uns häufig dann offenbar, wenn unsere Liebe zu dem anderen nicht so angenommen wird, wie erwartet. Sofort ist eine Verletzung da. Denn wir hatten so sehr erwartet, die Liebe werde gleichmäßig hin- und hergehen, dass die Überraschung, nicht angenommen worden zu sein, verletzend wirkt. Zugleich wird dadurch die Begrenztheit einer Liebestat offenbar, die wir für uneigennützig gehalten hatten. Wenn sich solche Niederlagen wiederholen, kann auch Verzweiflung aufkommen. Aber eines Tages wird nach vielen Missverständnissen durch Gottes Gnade doch die Liebe den Sieg davontragen.

Allerdings muss die Liebe sich spürbar ausdrücken können. Der Herr kam zu einem Ehepaar in einem Tiefpunkt, als es an seiner Liebe zweifelte, weil sie nicht zum Ausdruck kam:

> Patrick: «Wir sind seit dreizehn Jahren verheiratet und haben drei Kinder. Vor drei Jahren habe ich eine Depression mit einem Selbstmordversuch durchgemacht. Ich habe meine Stelle verloren, ich bin arbeitslos. Alles ist gescheitert. Nach unseren Gesprächen mit einigen Brüdern habe ich zu Chantal gesagt: "Seit wir verheiratet sind, denke ich, dass uns nichts als unsere Liebe bleibt." Als wir gestern Morgen zusammen spazieren gingen, habe ich zu ihr gesagt: "Ich erinnere mich nicht, dass du jemals meine Hand genommen hast, dass du deine Hand auf meine Schulter gelegt hast oder je vor einem anderen eine zärtliche Geste für mich gehabt hast." Chantal hat erwidert: "Wenn man sich vor den anderen an der Hand hält, ist das äußerlich, das ist nicht das Wichtigste." Es war wirklich dieser Ausdruck der Liebe, der mir gefehlt hat. Wegen meiner Arbeit konnte ich mittags nicht zu Hause essen und ich sah die Kinder weniger. Ich hole sie von der Schule ab und die Zärtlichkeit, die Chantal mir nicht gab, die schenkten meine Kinder mir in reichem Maß. Ich suchte außerdem einen Ausgleich im Sport.»

> Chantal: «Während des Stundengebets kam ein Wort der Erkenntnis: "In der Versammlung ist ein Ehepaar, dem es unmöglich war, jetzt aber möglich ist, einander die Hand zu geben." Ich sah viele Paare, die es taten, aber ich konnte es nicht. Ich bat den Herrn im Herzen, mir die Gnade dazu zu geben. Als ich gestern Abend dieses Wort hörte, wusste ich, dass der Herr mir zu Hilfe kommen würde. Wir haben einen Priester getroffen, der mich begreifen ließ, wie wichtig für die eheliche Liebe das Fühlen und Anschauen ist.»

> Patrick: «Der Mann braucht die Liebe und Zärtlichkeit seiner Frau, und umgekehrt. Bei meinem Selbstmordversuch war ich aus Mangel an Liebe, wegen des fehlenden Ausdrucks der Liebe und Zärtlichkeit auf dem Weg in den Tod. Ich fühlte mich allein.»

Die Eheleute müssen jegliche Furcht und allen Stolz aufgeben, um wirklich von der Liebe leben zu können, und müssen sich der Liebe des anderen in aller Einfachheit überlassen. Denn es gibt zwischen Eheleuten keine tiefe Liebe ohne Hingabe, Hingabe an das Herz des anderen. Aber dabei muss jegliche Furcht fallen gelassen werden: *Furcht ist nicht in der Liebe, sondern die vollendete Liebe treibt die Furcht aus* (1 Joh 4,17-18). Liebe bis zur Hingabe ist immer eine Gottesgabe.

Die Ehe, eine Tat der Hoffnung

Daran dass die Ehe eine Liebestat ist, würde niemand zweifeln. Dass sie eine Glaubenstat ist, um treu, beständig und wahr zu sein, ist die Überzeugung dieses Buches. Aber genau so wichtig ist, dass sie eine Tat der Hoffnung ist. Um in der Erwartung der fest geglaubten Erhörung von Tag zu Tag durchzuhalten, ist die Hoffnung unbedingt nötig. Was den Ehemann zu seiner Frau zurückkehren lässt, ist die Gewissheit, dass sie noch an seine Rückkehr glaubt. Ohne diese Hoffnung würde die Wunde zwischen ihnen noch tiefer werden und die Rückkehr würde um vieles schwieriger, wenn nicht unmöglich sein.

Manchmal scheinen Eheleute einander nahe zu sein und leiden doch unter großer Einsamkeit. Eine solche schlimme Einsamkeit in der Ehe kann zur Verzweiflung führen. Dennoch ist die am Tag der Hochzeit empfangene Gabe Gottes in dem Ehepartner ganz nahe, wird aber nicht gesucht. Das trifft auf folgendes, unabhängiges Ehepaar zu, das seine Schwierigkeiten für sich behielt:

> Alain: «Ich habe hier entdeckt, dass ich fähig bin, meine Schwierigkeiten für mich zu behalten und allein zu lösen, ohne mit Anni darüber zu sprechen. Jetzt möchte ich sehr gern von allem, was ich an Selbstsucht in mir trage, frei werden. Ich hielt mich für einen Chef und beriet mich nie mit meiner Frau, wenn eine Entscheidung gefällt werden musste. Es ist hart anzuerkennen, dass ich allein nicht stark genug bin. Das ist ein neuer Weg, der sich da vor mir auftut.»

> Annie: «Ich kann es bestätigen, denn ich wollte mich gern ändern. Ich habe sehr unter dem Mangel an Gespräch und Verständigung in unserer Ehe gelitten. Ich fahre vertrauensvoll nach Hause, weil ich weiß, dass Gott da ist, um uns zu helfen, und dass Alain mir sein Herz geöffnet hat.»

Auch Angst kann zu einer Verkapselung in sich selbst führen und so blind machen, dass man die Liebe gar nicht mehr sehen kann, die der andere geben möchte. Dann verlegt man das Paradies gern in die Vergangenheit und erwartet für die Zukunft das Schlimmste: Man erkennt nicht mehr, wohin das Leben sich bewegt. In diesem Fall schenkt das Gebet wieder Hoffnung, die Eheleute können erneut zueinander finden und neues Gefallen an der Liebe bekommen.

So wie die Ehefrau, die ein ängstliches Gemüt hat, ein neues Leben auf sich zukommen sieht und deren Mann gleichfalls wieder Mut fasst:

> Suzanne: «Ich bin sehr ängstlich und sah nicht, in welche Richtung mein Leben ging. Ich hatte den Eindruck, die besten Jahre hinter mir zu haben, und nun wartete ich auf den Tod. Aber heute ist ein großer Tag für mich, weil ich wirklich den Eindruck habe, dass sich vor mir ein neues Leben öffnet. Ich bin vierzig und ich glaube, das ist das schönste Geschenk, das ich bekommen konnte, das heißt all diese Liebe, die ich empfangen habe, und dass ich Maurice, meinen Mann, wiedergefunden habe.»
>
> Maurice: «Wir wollten es zwar besser machen, aber es war unmöglich, damit zu beginnen. Es reicht nicht, die Dinge mit menschlichen Mitteln zu erstreben, wir schafften es nicht, das aufzubauen, was wir wollten. Und hier haben wir als Gnade die Mittel und Wege empfangen, um zu unserem Ziel zu kommen.»

Hoffnung ist wirklich eine eheliche Tugend. Ohne sie können die ehelichen Pflichten nicht erfüllt werden. Mit ihr kann ein Paar eine Familie aufbauen.

Die Hoffnung muss also während des ganzen Ehe- und Familienlebens dabei sein. Am Anfang, als die Herzen sich gerade erst begegnet waren, war schon die Hoffnung auf die Ehe und ein langes Leben in Liebe dabei. Dann ist es die Hoffnung auf die

Geburt eines Kindes, in liebevoller Erwartung, in der die Einbildungskraft sich nur noch in Träumen ergeht, denn dieses Baby wird beiden Herzen gleichen, die sich geliebt haben.

Dann ist da die Hoffnung auf die Bekehrung des anderen, eine von Güte, Zärtlichkeit und Ausdauer erfüllte Hoffnung; und auch die Hoffnung auf die eigene Bekehrung, die den Verletzungen ein Ende macht, welche man dem geliebten Wesen zugefügt hat. Und später ist es dann die Freude, die Kinder und Enkel nach dem Herzen Gottes heranwachsen zu sehen. Wenn das nicht der Fall ist, kann man immer noch auf eine Erhörung hoffen.

Man kann sich unmöglich vorstellen, was ein Vater- oder Mutterherz in der Hoffnung für ihre Kinder tragen kann, oder wie oft sie an einem Tag an sie denken. Ebenso die Großeltern! Man erlebt, wie alte Eltern mit Herz und Sinn nur noch auf die Familie gerichtet sind, während ihre Gesundheit schwindet. Die Tätigkeiten nehmen ab, desgleichen die Pflichten, aber das Herz, das ist immer in Bewegung und wird mit den nachfolgenden Generationen immer größer.

> Ich werde immer an jene gute, alte, fünfundachtzigjährige Großmutter denken, die mehr als ein Jahr zuvor das Gedächtnis verloren hatte. Sie hatte Mühe, ihre Kinder zu erkennen und erinnerte sich nicht an die Namen ihrer Enkel. Als man sie einmal fragte: «Und ist dein Enkel dich besuchen gekommen?» — «Welcher?» — «Der Älteste, der größte, der Erste...!», da nahm sie all ihren Geist zusammen und erwiderte: «Ach ja, Maurice! Aber seine Kinder sind nicht getauft!» Dann fiel sie in den geistesabwesenden Zustand zurück, in dem sie sich seit über einem Jahr befand. Das war ihre letzte Unterhaltung. Es ist gewiss, dass sie Hoffnung hatte, und weit jenseits ihres versagenden Gedächtnisses war auch ihr Herz immer da, denn sie hörte nicht auf zu beten, während sie auf die Erhörung wartete. Auch betete sie ihren Rosenkranz weiter, während ihr Blick ins Unbestimmte abglitt.
>
> In der Hoffnung blieb sie ständig im Herzen Gottes und auch in der Liebe, trotz des unendlichen Schmerzes, ihre Urenkel nicht getauft zu wissen. Sie hatte ihrer Familie noch ein Glaubensbeispiel gegeben (die Taufe ist wichtig!) und hatte gezeigt, dass die Hoffnung uns im Gebet nie loslässt. Was die Liebe angeht, so war sie

umso sichtbarer, als ihre Gedanken sie nicht mehr widerspiegelten. Verheiratet mit zwanzig Jahren, war sie seit fünfzig Jahren Witwe, aber mit ihrem unsichtbaren Mann und in den Kindern bis in die dritte Generation war ihre eheliche Liebe trotzdem da, ohne dass sie ihren Gesichtern noch einen Namen zuordnen konnte. Und eines Tages, wie Abraham, der «gegen jede Hoffnung» hoffte, war Gottes Stunde dann gekommen: Sie ging fort…, «in ein Land, das Gott ihr zeigen würde». Und wer wagte es, nicht zu glauben und zu hoffen, dass sie schnell hineingekommen sei, weil in diesem gelobten Land nur die Liebe bleibt, die Liebe zu Gott? Gerade diese Liebe hatte sie ihr Leben lang für ihre Familie erbeten. Was tut sie nun anderes, als weiter darum zu bitten…, aber anders, und viel besser!

Doch diese Ewigkeitsliebe wird auf dieser Erde nur denen geschenkt, die «die Gnade Gottes in dieser Welt» und das «ewige Glück in jener anderen» zu erwarten wissen. Daher ist die Hoffnung die unfehlbare Gewissheit hinsichtlich des Glücks in der Familie und für die Familie. Die Hoffnung ist jene wunderbare Tugend, durch die die Liebe uns nie entgehen kann, eine liebevolle Erwartung, die im Voraus zu lieben erlaubt.

Eine Gebetsgruppe trat fürbittend für eine untröstliche Ehefrau nach dem Tod ihres Mannes ein und die Brüder begannen den Herrn für sie zu bitten, er möge die ganze Liebe in ihrem Herzen wiederherstellen. Doch ihr Schmerz wurde nur umso größer. Die Versammlung war überrascht und schloss daraus auf die Tiefe der Verletzung. Von daher schien es nötig, sie zu trösten. Aber leider geschah gar nichts…

Es war nicht das richtige Gebet. Es war eine Abkürzung: Zunächst musste man für sie um Hoffnung bitten. Tatsächlich, je mehr die Versammlung darum betete, der Herr möge die Liebe in ihr wachsen lassen, um so stärker, hatte sie den Eindruck, wurde sie in ihr. Denn sie bewahrte in sich die Liebe zu ihrem Mann, konnte sie ihm aber nicht geben. Er fehlte ihr nur und vor allem fehlte die Hoffnung, ihn wiederkommen zu sehen.

Wenn alle Liebe scheinbar verschwunden ist, bleibt mitten in der Prüfung noch die Hoffnung. Selig, die das erfahren konnten! Sie erkennen sich schon als die Geliebten Gottes und sind es wirklich: Das ist schon *die Hochzeit des Lammes*.

Die in Tränen säen, sie werden ernten in Freude (Ps 126,5).

Manche Eltern, die viel über ihre Kinder geweint haben, können schon vor der Ewigkeit «ernten», was auf einen Boden von Bitterkeit und Aufruhr gesät wurde. Möge die heilige Monika, diese beispielhafte christliche Mutter, die vom Herrn die Bekehrung ihres Sohnes Augustinus erlangt hatte, die Gebete aller schmerzerfüllten Mütter erhören! Doch dazu muss man die Hoffnung bewahren, bis zuletzt.

3 — Die geistliche Tiefe der Familie

Das Gebet des Ehepaares

Im gemeinsamen Gebet hören die Eheleute aufeinander und tauschen ihre innersten Gedanken aus, und ihre feinfühlige Vergebung bringt Früchte der Liebe hervor.

Es ist sicher, wenn alle christlichen Eheleute täglich miteinander als Ehepaar beten, wäre die Gnade ihrer Ehe, die vor allem aus Treue besteht, fast vollkommen geschützt. Warum? Weil Er treu ist, unser Gott, und gar nicht anders kann, als ein solches Gebet zu erhören. Alle Ehepaare müssen sich nach dem Gebet fragen und die Gnade des Heiligen Geistes dafür erbitten. So wurde ein Ehepaar dazu geführt, vor Gott den Stand der Dinge neu zu überprüfen:

> Serge: «Wir sind nun seit fünfunddreißig Jahren verheiratet. Wir haben nie eine Einkehr für Ehepaare mitgemacht. Wir meinten, keine Zeit dazu haben. Gleich am Anfang waren die ersten Worte des Predigers: "Kommt zusammen, richtet euch im Herrn ein und bleibt in ihm; geht an der Quelle trinken." Christine und mich traf dieses Wort mitten ins Herz. Acht Tage zuvor hatte eine unserer Töchter uns vorgeschlagen, hierher zu kommen, um uns ein wenig Zeit für uns zu nehmen. Wir haben miteinander etwas gestritten und ihr erwidert: "Wir haben draußen so viel zu tun, wie kannst du uns auffordern, dorthin zu gehen und zu zweit nichts zu tun?" Zu Hause beten wir ein wenig am Morgen, bei Tisch und am Abend,

oft ohne eine halbe Stunde lang etwas zu sagen! Bevor wir hierher kamen, hatten wir nicht begriffen, wie wichtig das Gebet als Ehepaar ist.»

Christine: «Wenn wir bei diesem halbstündigen Gebet beisammen waren, ärgerte Serge mich. Der Herr hat mir soeben die Gnade geschenkt, Serge um Vergebung zu bitten, denn ich bin etwas reizbar und stolz.»

Es ist eine Binsenwahrheit, dass das größte Heilmittel bei Untreue die täglich geübte Treue ist. Ganz offensichtlich ist ein Paar, das feinfühlig und beharrlich in den kleinsten Augenblicken des Tages die Treue übt, bestens gegen die Angriffe des Bösen geschützt. Dieses Feingefühl kann jedoch nur in einem echten Gesprächsaustausch wachsen, in der Gegenwart des Herrn und einer gegenseitigen Offenheit, in der sich alle Einzelheiten zeigen, die man einander zu vergeben hat. Da wird sich die Liebe dann vertiefen, sie wird sich von Tag zu Tag festigen und zu einer unaussprechlichen Verbundenheit führen. Welches Heim, welche Familie würde sich nicht eine solche Tiefe wünschen? Wie wenige aber machen sich auf den Weg. Es ist der Weg des Gebets, des Zuhörens und des Austauschs im Gespräch, auf dem Gott in seinem Licht den Geist und das Gemüt der Ehepartner aufsucht und sie zu neuer Zärtlichkeit einlädt.

Lieben heißt zunächst zuhören. Gott zuhören heißt beten. Ein Ehepaar, das Gott gemeinsam im Gebet zuhört, gelangt dadurch auch zu dem unerlässlichen gegenseitigen Zuhören. Von da aus wird wieder ein Gespräch möglich und wächst in der Wahrheit.

Sehen wir uns den Reichtum und den Anspruch des Gebets des Ehepaares an:

Wir wollen gleich sagen, dass es sich schwerlich jeden Tag durchführen lässt. Aus drei Gründen: wegen der Unbeständigkeit der Eheleute, ihres Mangel an Überzeugung und wegen der Unterdrückung durch den Bösen, der alles dagegen unternehmen wird, weil er diesen Kanal der Gnaden kennt, der zu seiner Vernichtung führen kann.

Eheleute, die ein solches Gebet beginnen, lassen sich auf eine handfeste Arbeit zu ihrer gegenseitigen endlichen Heiligung ein.

Dabei werden sie die geistliche innige Verbundenheit entdecken, die zu der Verbundenheit der Herzen, des Geistes und der Leiber hinzukommt und sie umfängt. So werden sie zu uneinnehmbaren Felsen.

Sie werden im Bauwerk der Gemeinschaft, zu der sie gehören, ein fester Stein sein, obgleich diese auch dazu da ist, um sie zu stützen, nie aber, um sich an die Stelle ihrer innigen Verbundenheit zu setzen.

Dann sind sie Diener des Reiches und der Herr kann sie endlich gebrauchen, denn nun werden sie nicht mehr dauernd klagen oder in ihrer Ehe nach dem schauen, was nicht gut geht. Sie können dann einen brauchbaren Dienst in der Kirche verrichten. Um diese Gnade müssen alle Ehepaare bitten, unter ihnen aber besonders die verheirateten ständigen Diakone, die in ihrem eigenen Dienst viel mehr Früchte sehen können, wenn ihre Familie alle diese Gnaden des Ehesakraments in rechter Weise empfangen hat.

Schließlich wollen wir nicht vergessen, dass der Versucher da ist, um diese auf der Grundlage des täglichen Gebets beruhende innige geistliche Verbundenheit zu zerstören; Jesus behält zwar für immer den Sieg über ihn, aber er gibt sich niemals geschlagen. Darum wird das Ehepaar den geistlichen Kampf führen müssen, was das je eigene Schicksal eines Christen ist. Einen solchen Kampf hat auch Tobias gegen den bösen Geist Asmodäus geführt; er wurde durch das Gebet der Neuvermählten am ersten Abend ihrer Hochzeit besiegt:

> *Tobias erhob sich und sagte zu Sara: «Beten wir beide gemeinsam und flehen wir zu unserem Herrn, um seine Gnade und Hilfe zu erlangen.» Und (…) sie begannen zu beten, dass sie behütet würden, und er fing also an: «Gepriesen seist du, Gott unserer Väter, und gepriesen sei dein Name in Ewigkeit!»*
> (Tob 8,4-5)

Und Gott erhörte sie. Genauso sollen die Eheleute dasselbe unbedingte Vertrauen zu Gott haben, wenn sie in ihrer Verbindung große Schwierigkeiten durchzumachen haben.

Gnaden der Stärke werden sich in diesem Ehepaar im Hinblick auf den Sieg vereinigen. Welche Freude für die Ehepartner, einander auf diese Weise gefühlsmäßig und zugleich geistlich stützen zu können! Dann wird der Ehestand zum Ort der glänzendsten Siege Jesu gegen die Mächte des Bösen. Der Heilige Geist weiß das genau, der so viele neue Gemeinschaften aus Ehepaaren und Familien erschafft! Sie sind für die Kirche des II. Vatikanums ein großer Reichtum. Und diese Gnaden des Laienstandes für die Kirche sind kaum erst erforscht… Mitten aus der Talsohle heraus, in der sich heute so viele Ehen befinden: welch eine Hoffnung für die Zukunft der Kirche!

Man wird oft im Gebet um die Befreiung von bestimmten, mehr oder weniger bedeutsamen Hemmnissen bitten müssen, die die Liebesbeziehung zwischen den Eheleuten und Gott sowie untereinander beeinträchtigen.

So erging es einem nach außen sehr angesehenen Ehepaar, das innen eine große Prüfung durchmachte: Ihre eheliche Liebe war gestört. Der Herr hat sie befreit:

> Isabelle: «Wir sind elf Jahre verheiratet und haben drei Kinder. Seit zwölf Jahren nehmen wir beide an einer Gebetsgruppe der geistlichen Gemeinde-Erneuerung teil. Ich betone das, weil die Leute oft meinen, dass wir dank der Gruppe keine Schwierigkeiten hätten.»
>
> Jean: «Wir sind zu dieser Einkehr für Ehepaare gekommen, weil es in unserem gemeinsamen Beten und im Austausch von Zärtlichkeiten erhebliche Störungen gab. Der Herr hat uns gesegnet. Er hat in der Tiefe etwas geheilt, was uns seit langem verletzte, ohne dass es uns bewusst gewesen wäre. Mit sehr großer Freude im Herzen und neuen Kräften fahren wir wieder ab. Auch unsere Kinder werden gut davon haben.»
>
> Isabelle: «Wir wussten nicht mehr, wie wir uns aus dieser Klemme befreien konnten. Vielleicht wollten wir es zu sehr allein schaffen. Das einzige Mittel war das gemeinsame Beten, aber das gelang uns nicht. Ich hatte keine Lust dazu und habe mich bewusst dem

> Fernsehen zugewandt. Es ist sehr demütigend, eine solche Störung mit seinem Mann zu erleben, während ich mit meiner Umgebung keine hatte. Der Herr ist gekommen, uns die Gnade zu schenken, dass wir einander und auch ihn um Vergebung bitten können. In der Anbetung haben wir den folgenden Text bekommen: "Kehre um, Israel, zum Herrn, deinem Gott." Wir sind uns bewusst, zur Ehre Gottes geheilt zu sein.»

Die Eheleute dürfen immer wissen, dass die Quelle ihrer Liebe in Gott ist und dass alle Gnaden auf dieser ihrer Überzeugung beruhen; wenn man das bedenkt — möchte man es überall laut herausausrufen!

Auch unsere Bischöfe erinnern häufig daran, wie zum Beispiel Kardinal Lustiger in schlichten, klaren Worten:

> «Wenn es fast unmöglich ist, Gott vom Menschen aus zu verstehen, so ist es andererseits notwendig, vom Geheimnis Gottes auszugehen, um den Menschen zu verstehen... Denn die unwiderrufliche Verbindung zwischen einem Mann und einer Frau, die Treue des einen zum anderen, lässt sich nur von Gott her verstehen... Liebende wissen nicht wirklich, was Liebe ist, würde Gott ihnen ihre Bedeutung nicht offenbaren.[33]»

Besonders spricht Gott zu den Herzen im Gebet der Eheleute, die gemeinsam auf ihn hören und an der einzigartigen Quelle der Liebe trinken kommen.

Der Schlüssel zur Liebe ist die geistliche Tiefe, und der Schlüssel zur geistlichen Tiefe in der Familie ist das Gebet.

Sich vom Evangelium unterweisen lassen

* Das Leben des Jüngers

Das Evangelium ist für alle dasselbe, gleich welche Berufung sie haben: Ordensleute, Priester, Laien, Eheleute... Alle sind Jünger:

---

[33] *La Croix*, 18. Apr. 1986.

«Wenn einer mir nachfolgen will, so nehme er sein Kreuz auf sich und folge mir nach» (Mk 8,34), spricht Jesus.

Die Eheleute sollen ihr Leben auf Christus aufbauen, nachdem sie alles «verlassen» haben, um ein Heim aufzubauen, in dem sie dann *Mitarbeiter Gottes* sind.

> *Wir sind ja Mitarbeiter Gottes. (..) Einen anderen Grund vermag niemand zu legen, als den, der gelegt ist, und das ist Jesus Christus. Ob aber einer auf diesen Grund aufbaut Gold, Silber, kostbare Quadern, Holz, Heu, Stroh, das wird sich bei eines jeden Werk herausstellen* (1 Kor 3,9. 11-12).

Ein rasch verglühendes, wertloses Strohfeuer, so kann das «kleine», flüchtige Glück eines Paares aussehen; letzten Endes fühlt es sich dabei nicht wohl. Die Früchte sind es, die das Herz des Menschen erfreuen, doch auch und zuerst das Herz Gottes. Das wahre Glück liegt daher in der treuen, beständigen Selbsthingabe: *Dein Weib im Gemach deines Hauses, sie gleicht der fruchtbaren Rebe, und wie die jungen Zweige am Ölbaum, so sind rings um den Tisch deine Söhne* (Ps 128,3). *Du erfüllst mein Herz mit Freude, mehr als hätten wir Wein und Weizen im Überfluß* (Ps 4,8).

Wir sind hier fern jener falschen Liebe, die auf der Suche nach oberflächlichen Vergnügen nichts als Selbstsucht zu zweit wäre, fern auch der Abtreibung als Lösung für ein Glück, das nicht gefunden werden kann, weil es auf Wegen der Zerstörung, der Freizügigkeit oder der Lüge gesucht wurde.

Der Jünger wird erkennen müssen, welche Art von Selbstverleugnung er üben muss, um für das Leben in Ehe, Familie und Beruf ein Gleichgewicht zu finden. Welchen Teil soll die Arbeit des einen und des anderen einnehmen im Hinblick auf die eheliche Liebe und die Bedürfnisse der Kinder? Hier sehen wir als Beispiel einen Offizier, der erkannt hat, dass er den eigenen Ehrgeiz zum Schaden des Glücks seiner Familie bevorzugt hatte:

> Bruno: «Wir sind seit elf Jahren verheiratet und haben sechs Kinder. Wir sind zu dieser Einkehr gekommen, um unser Leben neu auszurichten. Ich habe bereits vor zwei Jahren eine bestimmte Wahl

getroffen und seither sind die Flügel schon wieder ein wenig gewachsen. Ich war zu einer größeren Aufgabe im militärischen Bereich berufen worden. Ich habe freiwillig und ohne Gewissensbisse abgelehnt. Wir sind einverstanden, unseren Ehrgeiz zu beschränken, um in der Familie und in der Kirche mehr dienen zu können. Ich glaube, das ist die richtige Entscheidung.»

Delphine: «Es waren uns auch alle Schwierigkeiten in unserer Ehe bewusst geworden. Wir haben neue Kraft, um weiterzumachen, und sehen unsere Kinder mit neuem Herzen.»

* Vom Wort Gottes überzeugt sein

Ein Paar, das Gottes Wort in die Mitte seines Lebens stellt, ist im höchsten Grad beschützt: Es wird sich vom menschlichen Ehrgeiz nicht benebeln lassen. Paulus warnt seinen Jünger in dieser Hinsicht ganz klar: *Du aber bleibe bei dem, was du gelernt hast und halte fest an den Gewißheiten, die du gewonnen hast. (...) Jede Schrift ist von Gott eingegeben und nützlich zur Belehrung, zur Widerlegung, zur Besserung, zur Erziehung in der Gerechtigkeit, damit der Mann vollkommen sei, ausgestattet zu jedem guten Werk* (vgl. 2 Tim 3,14,16).

Die Eheleute müssen sich von der Welt und ihrer Knechtschaft fern zu halten wissen, doch wenn sie das Wort Gottes nicht haben, das auf ihre Fragen antwortet, wozu soll es dann nützen?

Wir müssen zu den *Gewissheiten, die wir gewonnen haben*, zurückkehren, von denen Paulus spricht, und zu der *gesunden Lehre* (2 Tim 4,3), um mit unserer Suche fortzufahren. Was für ein Unglück wäre es sonst, wenn ein Volk nur von Menschen, und nicht mehr von Gott unterwiesen würde! Und was für ein Irrtum zu meinen, mit der Entwicklung der christlichen Gemeinschaft könnten sich die Gesetze der Ehe verändern wie in einer Demokratie.

Der Glaube der Christen beruht auf offenbarten Gegebenheiten, und nicht auf einer Entwicklung des Denkens. Das gelehrte, gehörte und in die Tat umgesetzte Evangelium führt zur Heiligkeit. Für das Ehepaar ist es zudem ein Werk gegenseitiger Heiligung.

Die Verkündigung des Wortes ist zunächst für Verlobte wichtig. Zeugen dafür sind zwei junge Menschen, die entdecken, dass ein geistlicher Weg zurückzulegen ist, und ihn mit viel gutem Willen beginnen:

> Philippe: «Diese Einkehr hat uns erlaubt, die Masken abzulegen und innerlich Ordnung zu machen. Wir sind noch nicht verlobt.»
>
> Sophie: «Ich habe eine Depression durchgemacht, die mich sehr mitgenommen hat. Ich habe mir viele Fragen gestellt: Was heißt lieben, was bedeutet das Wort Liebe? Philippe hatte in seiner Familie viel Ärger und ich lebte in einem Familien-Cocon. Er brauchte Liebe und ich hatte Mühe, sie ihm zu geben.»
>
> Philippe: «Ja, ich muss aus meinem Leben unbedingt etwas Gutes machen und ein junges Mädchen heiraten, mit dem ich in der Wahrheit leben kann. Ich war gläubig, ging aber nicht mehr zur Kirche.»
>
> Sophie: «Ich ging ohne große Überzeugung in die Messe. Ich habe meine Schwierigkeiten als Heranwachsende noch nicht ganz hinter mir. Ich sagte oft zu Gott: "Warum hilfst du mir denn nicht, wenn du mich liebst?" Ich fühle mich in Frieden, seit ich das Sakrament der Versöhnung empfangen habe. Ich bin glücklich und danke auch der Jungfrau Maria.»

Weil das Wort Gottes das Wort der Wahrheit ist, bringt es uns in der Liebe immer voran.

Die eheliche Liebe, ein Kampf mit der Aussicht auf Sieg

Sicher ein Kampf, aber nicht ohne Gott und nicht aus eigener Kraft, wie ein Ehepaar bezeugt, das sich anfänglich getäuscht hatte und eingeladen wurde, sich der Liebe des Herrn zu überlassen:

> Pierre: «Ich danke dem Herrn, weil ich gespürt habe, dass unsere Liebe in diesen wenigen Tagen erneuert worden ist.»
>
> Liliane: «Ich bin gekommen, um für Pierre zu beten, um seine Heilung. Wir standen wie vor einer Mauer und ich sagte: "Wir

müssen da hinüber, etwas anderes machen, etwas Schönes." Pierre entgegnete nichts darauf und ich wollte aus eigener Kraft über die Mauer. Gestern hat ein Bruder gesagt, er sehe eine Tür und dahinter Licht. In dem Augenblick habe ich es nicht ganz verstanden, aber vorhin bei der Eucharistie klärte sich alles auf. Ich war vor dieser Mauer und dieser Tür und nahm dahinter etwas wahr. Ich erinnerte mich an das, was Pierre mir oft gesagt hatte, man müsse ein wenig Abstand gewinnen und sich ausruhen. Es war nötig, dass wir uns der Wunder des Herrn in unserem Leben bewusst wurden. Ich habe heute Morgen eine große Befreiung empfunden und ich denke, dadurch wird es zu einer gründlichen Heilung unserer Ehe kommen.»

Das Eheleben wird für das Paar ein geistlicher Kampf sein, wie auch für jeden ledigen Getauften, aber ein Kampf Hand in Hand. Damit sie am Ende ihres Lebens wie Paulus sagen können:

> *Ich habe den guten Kampf gekämpft, ich habe den Lauf vollendet, ich habe den Glauben bewahrt. Nun liegt für mich der Siegeskranz der Gerechtigkeit bereit, den mir der Herr an jenem Tag überreichen wird, (...) doch nicht mir allein, sondern allen, die seinem Erscheinen mit Liebe entgegengehen* (2 Tim 4,7-8).

Das ist die Wirklichkeit der Ehe und der Weg der Wahrheit, um in ihr sein Glück aufzubauen. Diese Gnade ist nicht nur einigen Mystikern oder außergewöhnlich gläubigen Ehepaaren vorbehalten, die man vielleicht bewundert, um eine Entschuldigung dafür zu haben, dass man sie nicht nachahmen kann. Die Ehe von heute und morgen muss mystisch sein — oder wird nicht sein! Wie weit sind wir entfernt von jeglichen Versuchen, wieder zusammenzuflicken, was der Mensch hat zerstören können! Wir stehen vor einer Wahl: Entweder das Evangelium, der geistliche Kampf und der Sieg, oder ein Gewährenlassen und der Untergang des Ehepaares. Aber wir sind keine Schwarzseher, denn der auferstandene Christus behält immer den Sieg.

Der Sieg in der Gnade des Sakraments

Dieser Kampf ist ohne Gott wirklich nicht möglich. Der siegreiche Ausgang kommt auf dem Weg über das Ehesakrament. Dort muss gezeigt werden, was an den Heilmitteln unwirksam ist, die außerhalb jedes Bezuges zu Gottes Gnade vorgeschlagen werden. Daran hat Papst Pius XI. allerdings schon 1930 in dem päpstlichen Rundschreiben *Casti connubii* erinnert, indem er uns die in dem Sakrament enthaltene Gnade und zugleich die Mitarbeit der Eheleute an dieser Gnade vor Augen stellte:

> «In denen, die diesem Sakrament kein Hindernis entgegenstellen, vergrößert es nicht nur die heiligmachende Gnade, diesen bleibenden Urgrund des übernatürlichen Lebens, sondern es schenkt außerdem noch besondere Gaben, gute Regungen und keimhafte Gnaden; so erhebt und vervollkommnet es die natürlichen Kräfte, damit die Ehegatten nicht nur durch die Vernunft verstehen, was mit dem Ehestand, seinen Zielen und Pflichten zusammenhängt, sondern diese auch innig auskosten und in ihnen festbleiben, sie wirksam wollen und tätig erfüllen; schließlich räumt ihnen dieses Sakrament das Recht auf die laufende Hilfe der Gnade ein, so oft sie sie brauchen, um ihre Standespflichten zu erfüllen.[34]»

Und Papst Pius XI. scheut sich nicht, die Ehe mit der Eucharistie zu vergleichen:

> «Sie mögen sich unaufhörlich daran erinnern, dass sie im Hinblick auf die Pflichten und die Würde ihres Standes geheiligt und gefestigt werden durch ein besonderes Sakrament, dessen Wirkkraft, ohne spürbar zu sein, dennoch beständig vorhanden ist. In diesem Sinn mögen sie über die so tröstlichen Worte des heiligen Kardinals Bellarmin nachsinnen, der gläubig die Gefühle zum Ausdruck bringt,

---

[34] *Casti connubii*, Absatz 3.

welche von anderen bedeutenden Theologen geteilt werden: "Das Ehesakrament kann unter zwei Gesichtspunkten aufgefasst werden: erstens, wie es vollzogen wird, zweitens, wie es nach dem Vollzug weiterwirkt. Das Sakrament gleicht nämlich der Eucharistie, die nicht nur in dem Augenblick ein Sakrament ist, in dem es vollzogen wird, sondern auch während der Zeit, in dem es anhält; denn so lange die Eheleute leben, ist ihre Gemeinschaft stets das Sakrament Christi und der Kirche.[35]"»

Christliche Eheleute sollen also jeden Tag auf Gottes Gnade zählen und einander daran erinnern. Sie sollen sich nur nicht wegen ihrer Begabungen beunruhigen, die sie einbringen müssen! Diese Begabungen sind schon eine Gnade Gottes. Doch sie können sie auch vergessen lassen, dass Gott da ist und unter allen Umständen bereit ist zu handeln, zu erhören, zu helfen und das Ehepaar mit seiner liebenden Nähe zu erfüllen. Warum wird diese Wahrheit nicht mehr gelehrt, wo wir doch aus Erfahrung wissen, dass wir *ohne Ihn nichts tun können*?

«Ich bin der Weinstock, ihr die Rebzweige. Wer in mir bleibt, und ich in ihm, der bringt viele Frucht. Denn ohne mich könnt ihr nichts tun» (Joh 15,5).

* Das Befreiungsgebet

Die Gnade ist unter allen Umständen vorhanden, das ist gewiss. Warum dann aber so viele Sündenfälle im Eheleben? Diese Fälle sind der menschlichen Schwäche zuzuschreiben. Doch Gott ist da, um zu vergeben, und der Ehepartner, als Jünger Jesu und in seinen Fußstapfen, wird seinerseits vergeben; so kommt das Ehepaar wieder in Gang.

Jede mit Reue eingestandene Sünde ist vergeben. Aber nötig ist auch der Entschluss, nicht wieder damit anzufangen. An dieser

---

35 *Casti connubii*, Teil I, Nr. 3, Absatz 2, *Die Gnaden des Sakraments*.

Stelle müssen wir einer bestimmten Auslegung des Evangeliums auf die Spur kommen: Weil Jesus die Sünderin Maria Magdalena nicht verurteilt, verurteilt Jesus auch mich nicht! Die dabei stehen bleiben, lesen das Evangelium nicht zu Ende. Sicher, Jesus vergibt der Ehebrecherin, aber er fügt etwas anderes hinzu, das genauso wichtig ist: «*Auch ich verurteile dich nicht. Gehe hin und sündige von jetzt an nicht mehr*» (Joh 8,11).

Wenn es einem Sünder nicht gelingt, irgendeine Sünde zu bereuen, muss er Gott um die Gnade der Reue bitten. Diese Gnade ist in jeder Lage machtvoll wirksam, selbst da, wo sie hoffnungslos erscheinen könnte, einschließlich des Ehebruchs, der genauso zu beichten ist wie alle anderen Sünden. In diesem bestimmten Fall kommt es übrigens nicht selten vor, dass der lügnerische Teufel in dem untreuen Ehepartner die Täuschung hervorruft, in Herz und Leib mehr Glück zu empfinden als mit seiner eigenen Frau — mit dem Ziel, ihn von der Reue abzuhalten. Dann muss eine gute Beichte abgelegt werden und durch das Gebet muss jede böse Bindung durchgetrennt werden, damit dieser gefallene Mann sich wieder erheben und die Liebe wiederfinden kann, die er fälschlicherweise verloren geglaubt hatte.

Um die Gnade der Ehe zu erleuchten, ist ein Glaube nötig, der auf Gottes Wort beruht. Diese Gnade lehrt uns Gottes Treue und seinen Liebesplan für uns. In ihrer geistlichen Tiefe begleitet sie das Ehepaar und die Familie und erleuchtet sie gleichsam mit einem starken, unabdingbar nötigen Scheinwerfer. Der heilige Paulus drückt das mit folgenden Worten aus:

> *Zuverlässig ist dieses Wort und aller Zustimmung wert. Denn dafür mühen wir uns ab und kämpfen wir; wir haben auf den lebendigen Gott unsere Hoffnung gesetzt, der Retter aller Menschen ist, zumal der Gläubigen. Das musst du einschärfen und lehren* (1 Tim 4,9-11).

Gestützt auf das Wort Jesu an Petrus «*Was du auf Erden lösest, wird auch im Himmel gelöst sein*» (Mt 16,19), wird das gläubige Gebet jede böse Bindung durchtrennen und dem Ehemann die

Freiheit wiedergeben, zu seiner Frau zurückzukehren. Wir benötigen nicht nur die Vergebung unserer Sünden, sondern auch die Befreiung von ihnen. *Jeder, der Sünde tut, ist ein Sklave. (...) Wenn also der Sohn euch frei macht, werdet ihr wirklich frei sein* (Joh 8, 34. 36). In diesem Fall ist das Gebet des Glaubens das Erbteil jedes Getauften, und es ist kein besonderer Dienst nötig, um Gott um die Durchtrennung jeder bösen Bindung zu bitten. Die eheliche Liebe muss frei sein. Mit Jesus gibt es keine Niederlagen. Jesus befreit und schenkt erneut das Glück der treuen Liebe.

Oft ist ein Befreiungsgebet notwendig, damit der ungetreue Ehepartner den Weg seiner wahren Liebe wiederfinden kann.

Vom «Sinnenhaften» zum «Geistigen»

Nicht das Geistige kommt zuerst, sondern das Sinnenhafte, dann das Geistige. Der erste Mensch ist aus Erde, ist Staub; der zweite Mensch stammt aus dem Himmel (1 Kor 15,46-47). *Gesät wird ein sinnenhafter Leib, auferweckt ein geistiger Leib* (Vers 44).

Uns steht also ein ganzes Leben zur Verfügung, um unseren Leib daran zu «gewöhnen», ein geistiger Leib zu werden. Denn die Heilsgnade betrifft unser ganzes Wesen. Hier kann jeder erkennen, dass die Lehre von der Wiedergeburt völlig falsch ist und der Lehre des Gotteswortes vollkommen entgegensteht. Christen, die möglicherweise dieser heidnischen Lehre anhängen, wären Opfer einer offenkundigen Verblendung oder noch einfacher, einer großen Unwissenheit.

Der Apostel fügt hinzu: *Es muss nämlich dieses Verwesliche Unverweslichkeit anziehen und dieses Sterbliche Unsterblichkeit anziehen* (1 Kor 15,53). Daher lieben die Ehepartner einander mit einem verweslichen Leib, aber einem Leib, der für die Unverweslichkeit bestimmt und schon jetzt *ein Tempel des Heiligen Geistes* ist (1 Kor 6,19). Von daher ist in der ehelichen Vereinigung Keuschheit nötig, die jedoch nicht Enthaltsamkeit bedeutet.

Eheleute haben bis in den innigsten Ausdruck ihrer Liebe hinein die Fähigkeit, von der Sehnsucht nach dem Himmel zu leben. Diese Sehnsucht nach der ewigen Liebe ist also nicht den Mönchen und Nonnen vorbehalten, sondern auch für alle bestimmt, die in der Gnade der Ehe geweiht sind; auch sie möchten in keinem einzigen Augenblick ihres Lebens auf eine einzige Seite des Evangeliums verzichten.

Gehen nicht gerade deshalb so viele Ehen unter, weil ihnen eine solche geistliche Tiefe fehlte und sie nur eine oberflächliche Liebe erlebt haben? Wegen dieser deutlichen Schwäche werden sie sehr schnell zu einer leichten Beute des Feindes der Liebe, der den Menschen in Unkenntnis lässt bezüglich der Schönheit, Kraft und Beständigkeit der Gabe Gottes: «*Wenn du die Gabe Gottes kennen würdest!*» (Joh 4,10) Ja, aber muss man sich nicht für sie entscheiden, um entsprechend dieser geistlichen Tiefe zu leben, die eine Gabe ist, mit einem Wort, muss man sich dazu nicht erst bekehren? Es gilt einen Entschluss zu fassen: «*Wer nicht aus Wasser und Geist geboren ist, kann nicht ins Reich Gottes eingehen. Was aus dem Fleisch geboren ist, ist Fleisch; was aus dem Geist geboren ist, ist Geist*», sagt Jesus zu Nikodemus (Joh 3,5-6). Das sagt er ebenso den Ehepaaren.

Ein Paar könnte sich in einer gewissen «Genügsamkeit» einrichten, zum Beispiel dadurch, dass es sich über die jahrelang geübte Treue eine gute Note erteilt. Aber dann würde es an der geistlichen Tiefe, zu der es berufen ist, vorbei leben und könnte sie sich nicht einmal vorstellen. Hierzu ein Geständnis:

> Emmanuel: «Seit zwanzig Jahren geben wir uns viel Liebe, aber oft streift sie uns nur. Sie geht über den Leib hin, erreicht aber nicht das Herz. Jetzt haben wir erkannt, dass wir unsere Herzen öffnen müssen, wie Christus es am Kreuz getan hat. Die ganze Liebe, die daraus hervorfließt, kann ins Herz des anderen gelangen. Danach wollen wir jetzt handeln.»
>
> Chantal: «Wir sind uns der Gnade bewusst geworden, die wir am Tag unserer Hochzeit empfangen haben: die Treue. Wir waren sehr stolz, dass wir einander treu waren, aber wir haben uns dieses

Gottesgeschenks nicht recht bedient. Wenn wir dieselbe Sprache sprechen wollen, um uns zu verstehen, dürfen wir diesen Stolz nicht beibehalten. Die Sprache der Liebe, die kann man nur finden, wenn man gemeinsam zum durchbohrten Herzen Jesu geht.»

Die Hoffnung, die sich aus der Offenbarung des geistlichen Leibes ergibt, ist unbedingt nötig. Sie ist der Schlussstein einer tiefen, beständigen Liebe. Denn schon bei den ersten Blicken und Gesten, in ihrem innigsten Ausdruck liegt etwas Ewiges in der Liebe.

Ohne eine solche Tiefe ist das Ehepaar schwach und von daher leichter angreifbar, zum Beispiel auf dem Weg über den Leib, der mit dem Alter verfällt und krank wird. Darum wird man verdrossen ohne die Sicht des Glaubens, die bezüglich des geistigen Leibes Gewissheit schenkt; Verdrossenheit aber trauert der Jugend nach und verwehrt uns, an eine Liebe zu glauben, die auf dieser Erde weiterwachsen sollte, selbst wenn der sinnenhafte Leib dahinschwindet.

Ein Ehepaar ist auch schwach, wenn einer der Partner nicht mehr da ist und zwischen ihnen eine nur auf die leibliche Begegnung ausgerichtete Liebe bestanden hat. Man steht vor der Sinnlosigkeit eines zerstörten Lebens und einer Liebe, die unmöglich geworden ist — eine harte Folgerung, deren Grundvoraussetzung jedoch falsch ist: nämlich die Ansicht, ein Leben könne rein sinnenhaft sein und alles Geistliche entbehren, sei es in Bezug auf den Geist oder auf den Leib.

Es war der Geist der Welt, der das Ehepaar daran hinderte, wahrhaft zur Liebe vorzudringen: *Wir aber haben nicht den Geist der Welt empfangen, sondern den Geist, der aus Gott stammt, damit wir erkennen, was uns von Gott in Gnaden verliehen ward* (1 Kor 2,12). *Ein naturhafter Mensch aber nimmt nicht auf, was vom Geiste Gottes stammt; denn es ist ihm eine Torheit und er vermag es nicht zu begreifen* (1 Kor 2,14).

Alle Ehepaare sind eingeladen, den *Geist, der von Gott kommt,* zu empfangen. Er ist die unüberwindliche Kraft, die sie in die Tiefe der Liebe vordringen lässt und weiterbringt in stetiger

Erneuerung ihres ganzen Wesens einschließlich ihres Leibes in seiner gegenwärtigen und künftigen Beschaffenheit:

> *Deshalb sind wir nicht verzagt; im Gegenteil: Wenn auch unser äußerer Mensch aufgerieben wird, so erneuert sich doch unser innerer von Tag zu Tag. Denn unsere augenblickliche geringfügige Trübsal erwirkt uns eine von Fülle zu Fülle anwachsende, alles überwiegende ewige Herrlichkeit, da wir den Blick nicht auf das Sichtbare, sondern auf das Unsichtbare richten; denn das Sichtbare ist vergänglich, das Unsichtbare dagegen ewig* (2 Kor 4,16-18).

In dieser evangeliumsgemäßen Sichtweise der ehelichen Liebe schreiten viele Ehepaare allmählich voran; sie werden wahrhaft geistlich und bleiben der leiblichen Liebe dennoch treu.

Es ist wirklich ein geistiger Zustand, der der einander erwiesenen Zärtlichkeit nicht das Geringste nimmt, sondern er verwandelt und befreit sie. Es ist die *Selbstbeherrschung, eine Frucht des Geistes* (vgl. Gal 5,23).

Das folgende Zeugnis beschreibt ein solches vom Herrn geschenktes Vorankommen in tiefer Gemeinschaft und in Offenheit für die Lehre der Kirche:

> Christine: «Wir haben vier Kinder, sind zehn Jahre verheiratet und gehören zur "Equipe Notre Dame"[36]. Außerdem machen wir eine Ausbildung bei C.L.E.R.[37] mit. Wir richten unsere Sexualität nach einem natürlichen Verfahren zur Geburtenregelung, was für unsere Ehe sehr gut ist, jedoch auch nicht ganz einfach ist, weil man sich manchmal enttäuscht fühlt. Hier haben wir beschlossen, unsere Sexualität noch mehr nach dem Glauben und der Liebe auszurichten. Das erscheint uns wesentlich für unser Leben. Wir hatten dieses Jahr Schwierigkeiten, einander zuzuhören und miteinander zu sprechen. Wir haben drei Jahre lang eine Wüstenzeit durchgemacht.

---

36 Etwa: «Gemeinschaft Unserer lieben Frau», Internationale Bewegung der katholischen Kirche zur Pflege der ehelichen Spiritualität auf der Grundlage von Erfahrungsaustausch, Gespräch und Gebet des Ehepaares und in Gemeinschaft, um die Gnade der Ehe im Leben besser umzusetzen. (Vereinzelte Gruppen auch in Deutschland anzutreffen; d. Ü.)
37 CLER: Verbindungszentrum von Forschergruppen.

Wir mussten zu einer ehelichen Denkweise zurückfinden, zu einem tiefen Gespräch im Glauben. Wir würden gern mehr miteinander beten.»

Gérard: «Die besondere Gnade, die wir hier empfangen haben, das ist die Festigung alles dessen, was sich in diesen letzten Monaten angebahnt hat: die Zusammenführung unseres Ehelebens mit unserem Glaubensleben. So weit waren wir früher nie gekommen.»

Eine solche auf die Ewigkeit gerichtete Sicht verleiht den Eheleuten Tiefe und Beständigkeit in der Liebe. Schon am ersten Tag können sie sich hineingeben mit all ihrer Liebesfähigkeit einschließlich der leiblichen Vereinigung. Diese ist weder zu beklagen noch freigestellt, sondern von Gott gewollt und gehört zur geistlichen Entfaltung des Ehepaares unbedingt dazu.

Papst Johannes Paul II. war es ein Anliegen, dies in seinem apostolischen Schreiben über die Familie im Jahre 1981 deutlich zu machen:

> «Als Geist im Fleisch, das heißt als Seele, die sich im Leib ausdrückt, und als Leib, der von einem unsterblichen Geist durchlebt wird, ist der Mensch in dieser geeinten Ganzheit zur Liebe berufen. Die Liebe schließt auch den menschlichen Leib ein, und der Leib nimmt an der geistigen Liebe teil.[38]»

Anteilnahme, eine Tugend der Familie

Der Übergang vom «Sinnenhaften» zum «Geistigen», zu dem jeder der Ehepartner berufen ist, geschieht nicht immer zur selben Zeit. Es kann sich ein schmerzhafter Abstand auftun und man muss den Herrn bitten, ihn zu überbrücken, um sich in derselben Umkehrbewegung wieder zusammenzufinden.

Der heilige Paulus unterscheidet im Menschen drei Teile: Leib, Seele und Geist. Der «psychische», sinnenhafte, Mensch bleibt auf die Mittel des Stofflichen angewiesen und unterscheidet sich

---

38 *Familiaris Consortio*, Nr. 11.

von dem geistlichen Menschen, denn dieser hat den Heiligen Geist empfangen. Der heilige Johannes drückt dieselbe Wahrheit mit anderen Worten aus: Er spricht von der empfangenen Salbung:

Und das ist die Verheißung, die er selbst euch gegeben hat, das ewige Leben. Soviel habe ich euch geschrieben über die, welche euch in die Irre führen wollen. Was aber euch anbelangt, so bleibt ja das «Salböl», das ihr von ihm empfangen habt, in euch und ihr habt es nicht nötig, dass euch jemand belehre. (…) Und wie er euch gelehrt hat, so bleibet in ihm.
(1 Joh 2,25-28)

Es ist wirklich wahr, dass diese geistige Liebe vor der Verirrung bewahrt, aber vor allem schenkt sie den Eheleuten die Gnade, in Gott zu bleiben. Dann sind auch die Kinder dazu eingeladen. Und auf der ganzen Familie liegt eine Salbung:

«Eine meiner frühsten Kindheitserinnerungen ist der Sonntag, ein Tag, der nicht wie jeder andere war. Er begann mit einigen besonderen Handlungen, während derer meine Mutter mich zunächst mit großem Eifer zur Hälfte in ein sauberes Hemd schlüpfen ließ, dann meine Hand nahm, um mir beim Kreuzzeichen zu helfen, und mich schließlich vollends in das Hemd steckte, wobei sie mich mit meiner Gesundheit und Reinheit von ganzem Herzen der Jungfrau Maria und allen Heiligen anvertraute, wohl wissend, dass ein übermütiges Kind, wie ich es damals war, allein durch Gottes Gnade vor jeder Gefahr beschützt werden konnte.

Er hat mich mit den Gewändern des Heils bekleidet, in den Mantel der Gerechtigkeit mich gehüllt (Jes 61,10).

Hatten meine Vorfahren dieses Wort des Propheten Jesaja gelesen? Ich weiß es nicht. Wie aber meine Großeltern und Urgroßeltern berichteten, war dieses unvergessliche Geschehen stets von der Mutter auf die Tochter übertragen worden. Sauberes Kleid, weißes Kleid: Wie schön ist es für eine Mutter, dies als erste ihrem Kind anzuziehen! Und wenn die Kirche es ihrerseits tut: das weiße Taufkleid, die Albe bei der Erstkommunion, die Kutte der Nonne, Stola und Kasel des Priesters…, bekommt eine solche Handlung für das

Kind nicht den Sinn einer heiligen Handlung im Hinblick auf die Treue? Ja, die Familie ist geheiligt und soll dem Herrn geweiht sein.

So angetan mit dem Kreuzzeichen und sauberen Kleidern, fühlte ich, dass der Sonntag ein besonderer Tag sei, ohne recht zu begreifen warum. In der Unschuld der frühen Kindheit war dies für mich die erste Wahrnehmung der Taufgnade: *Denn ihr alle, die ihr auf Christus getauft seid, habt Christus angezogen* (Gal 3,27).

Die nächste Stunde war dann sehr anspruchsvoll und die längste der ganzen Woche. Man durfte sich vor der heiligen Messe nicht schmutzig machen oder durch Kuhfladen gehen, was ich nur schwer begriff; denn in der ganzen übrigen Woche durfte ich das, die Ställe waren mein Bereich. In diesen Minuten hing ich oft nur noch an einem Faden, dank der Augen meiner Mutter, die von Anspruch und Milde glänzten und mich im Gehorsam unterstützten.

Endlich läutete es zur Messe: Nun würde man den Hof verlassen. Aber gehen macht müde. Oft bat ich die Mama, rennen zu dürfen, und mich fest an der Hand haltend, rannte sie mit mir.

Und schließlich kamen dann noch die Stufen zur Kirche hinauf, die mir übermäßig hoch erschienen. Der Knieschemel meiner Mutter diente mir als Stuhl. (Die verschiedenfarbig geflochtenen Muster aus Stroh kannte ich auswendig.) Der Messe wohnte ich rückwärts bei (aber es stimmt auch, dass der Priester uns den Rücken zukehrte und auch er sie rückwärts betete!) Wenn die Glocke des Chorknaben ertönte, ergriff meine Mutter mich, drehte mich in die richtige Richtung, wobei sie mich an sich drückte, und hob meinen Kopf, als der Priester die heilige Hostie erhob; wenn die Hostie verschwand, drückte sie leicht auf meinen Kopf, um anzubeten. Noch einmal ertönte die Glocke und ich konnte mein Plätzchen wieder einnehmen: Ich fühlte mich wohl, alles war so friedlich.

Später im Glaubensunterricht erfuhr ich mehr, aber ich muss gestehen, dass ich bis heute nie einen Zweifel an der wirklichen Gegenwart Christi in der heiligen Eucharistie gehegt habe. Ich lernte, dass man Zweifel haben konnte, als man mir die Geschichte vom heiligen Thomas erzählte. Ehrlich gesagt gab es nichts in meinem Kopf, was mit dem Wort Zweifel irgend etwas zu tun gehabt hätte, besonders im Hinblick auf Jesus, und ich sah, dass Thomas Jesus genau so liebte wie die anderen auch. Für mich war er vor allem ärgerlich, dass er bei der Erscheinung Jesu nicht dabei gewesen war, und sagte beharrlich, er glaube nicht daran; aber im Tiefsten, war ich mir sicher, glaubte er daran wie die anderen. Seine Sünde war, dass er einen schlechten Charakter hatte, dessen war ich sicher.

Und dieses wohlgeordnete Ritual endete am Vormittag mit einem kleinen Abstecher, bevor wir nach Hause gingen. Ich riss mich von den kleinen Freunden los, die ich nach der Messe getroffen hatte, und musste mich unverzüglich auf den Weg machen.

Unterwegs traten wir in ein niedriges Häuschen am Rand eines Hohlwegs ein, um Tante «Zelie» zu besuchen.

Sie war schon jahrelang gelähmt und lag im dunkelsten Winkel des Raumes in ihrem großen Holzbett.

Ihr Kopf, der von zwei dicken Kopfkissen unterstützt wurde, ragte trotzdem nur gerade so hoch wie das Federbett. Dann hob meine Mutter mich hoch und beugte mich über sie, damit ich sie küssen konnte. Ich entdeckte ihr leuchtendes Gesicht, das vor Güte und Empfangsbereitschaft strahlte; ihre Falten erschienen mir immer tiefer; mit ihren bläulichen Lippen, die mich kleinen, an die weichen Lippen seiner Mama gewöhnten Burschen überraschten, gab sie mir einen Kuss. Mein «Aufzug» setzte mich wieder auf den Boden.

Die alte Tante erzählte der Mama alle Neuigkeiten aus dem Dorf, die sie wegen ihrer sehr anstrengenden Arbeit als Bäuerin nicht hatte erfahren können.

Ich rannte zum Hof zurück. Dort wurde ich «eingefangen», damit die saubere Hose zur Seite gelegt werden konnte, die dann alsbald für den nächsten Sonntag zurecht gemacht wurde. Dann bekam ich meine Freiheit wieder.

Es war noch nicht Mittag, und die ganze Zeit war ich Jesus begegnet: Es war wirklich der Tag des Herrn. Er war überall da: beim Aufstehen im Kreuzzeichen. In den sauberen Kleidern für Jesus. Jesus in den Augen meiner Mutter, die mich voller Mitgefühl anflehten, mich nicht schmutzig zu machen. Jesus in der heiligen Hostie. Und dann Jesus in unseren leidenden Brüdern: *«Ich war krank, und ihr habt mich besucht.»*

Darüber kam nun mein Vater von den Ställen zurück (denn das Vieh frisst alle Tage), glücklich, dass er seiner Frau diese Zeit voll Frieden, Freiheit und Sammlung einräumen konnte. Für ihn war die Eucharistie nur etwas für die großen Feste. Und wenn man ihn fragte, wie er es anstellen werde, allen seinen Söhnen Land zu geben, erwiderte er ein wenig listig, er werde zwei oder drei Pfarrer werden lassen. Das war eine Weissagung; mit fünfunddreißig Jahren verstorben, konnte er von oben aus dem Himmel verfolgen, wie diese Gnade Wirklichkeit wurde, denn von drei Jungen sind zwei Pfarrer geworden.»

Andere Zeiten, andere Sitten! Vorausgesetzt aber, dass sie noch christlich sind. Und das unauslöschliche Zeichen dafür ist immer die Anteilnahme in der Familie, auf allen Ebenen — Gebet und Nächstenliebe — und in jedem Alter. Eine christlich Familie erkennt man an der Anteilnahme, die die Einzelnen einander entgegenbringen. Und jeder ist gerufen, im Hinblick auf diese Anteilnahme das Seine zu tun. Das Ehepaar steht mitten darin wie an einem Umschlagplatz, um das zu gewährleisten und es jeden erfahren zu lassen.

Wer ist also der treue und kluge Knecht, den der Hausherr über sein Gesinde gesetzt hat, um ihnen zur rechten Zeit Nahrung zu geben? Selig jener Knecht, den der Herr bei seinem Kommen so tun findet. Wahrlich, ich sage euch, er wird ihn über seine ganze Habe setzen (Mt 24,45-47).

Diese Tugend des Anteilnehmens ist notwendig, damit die Liebe in der Ehe verwirklicht werden kann. Um aber ein Heim zu gründen, ist es ebenso notwendig, und der Herr sorgt dafür, dass es sich mitteilt.

Es geschieht oft, dass in der Familie ein gutes Einvernehmen angestrebt wird. Besser wäre es, um Anteilnahme zu bitten, dann würde das gute Einvernehmen nie mehr schwierig sein. Man muss dem Herrn im Gebet vertrauen, aber man muss auch beten, so wie es recht ist. *Legt also an herzliches Erbarmen* (Kol 3,12), sagt uns der heilige Paulus. Vorzuziehen wäre eine wörtlichere und erhellendere Übersetzung: Kleidet euch in ein *Inneres voll Anteilnahme, voll Barmherzigkeit*.

Wichtig ist, was der Mensch im Herzen hat: Wenn das Herz gut ist, kommt das gute Einvernehmen von selbst. Und war die

Prüfung lang und schwer in einer anstrengenden Familie, wir kennen das Ende des Weges und die liebevolle Art, mit der Gott sich um die Ärmsten kümmert: *«Kommt, ihr Gesegneten meines Vaters»* (Mt 25,34).

«Kommt, ihr Gesegneten meines Vaters», wird der Herr zu allen sagen, die in ihrer eigenen Familie einander zu Hilfe gekommen sind und auf diese Weise Jesus in den Bedürftigsten «gedient» haben. Darin liegt die wahre Selbsthingabe, die nicht ohne Verzicht möglich ist, die aber, wie Papst Johannes Paul II. sagt, die Liebe aufbaut:

> «Die Familiengemeinschaft kann nur mit großem Opfergeist bewahrt und vervollkommnet werden. Sie verlangt nämlich eine hochherzige Bereitschaft aller und jedes Einzelnen zum Verstehen, zur Toleranz, zum Verzeihen und zur Versöhnung.[39]»

Am Tag der Hochzeit hatte der Priester das Ehepaar im Sakrament gesegnet, damit sie gläubig ins Leben hineingingen. Nach mancherlei Prüfungen, aber immer noch in gegenseitiger Treue, in Leid und Anteilnahme bauen sie ihre Liebe auf und wirken auf diese Weise an der Erlösung mit: *Was an den Drangsalen Christi noch fehlt, will ich an meinem Fleisch (stellvertretend) ausfüllen zugunsten seines Leibes, das ist die Kirche* (Kol 1,24).

Die Prüfung hat den Segen nicht beeinträchtigt: Gott ist treu und begleitet sie weiter, bis zu dem Tag, da sie ihre Hoffnung erfüllt sehen und Er ihnen denselben Segen noch einmal zuspricht, dieses Mal aber für ein ewiges Glück: *«Kommt, ihr Gesegneten meines Vaters!»*

---

[39] *Familiaris consortio*, Nr. 21, Abs. 6.

4 — Gemeinschaft in der Kirche

Das Gebet der Kirche in der Liturgie

Die Familien suchen immer mehr nach schönen Formen der Liturgie. Gesänge, Blumen, Lichter, Tänze, Anrufungen und Anbetung: Das alles ist für Gott eine Freude, aber auch für das Volk, das seinen Glauben mit Herz und Würde feiert. Ehepaare, die sich in Klöstern oder geistlichen Zentren aufgehalten haben, bezeugen, was für einen wichtigen Beitrag die Liturgie zu ihrer inneren Erneuerung geleistet hat. Sie erleben sie bereits in ihrer Gemeinde, mehr aber noch während einer Einkehr in einer Gemeinschaft des Gebets, die Gäste empfängt:

> Daniel: «Das liturgische Gebet hat mir viel gegeben. Ich kam hier von der Arbeit erschöpft an. Die Stundengebete haben mich an Leib, Geist und Seele zur Ruhe kommen lassen. Jetzt würde ich das Morgenlob gern auch zu Hause singen. Ich hatte begonnen, die Worte und die Musik in der Kapelle abzuschreiben. Da kam der Vorsänger und gab mir die Partituren. Wir fahren mit einem kleinen Mittel zur Verbesserung unseres Lebens nach Hause.»
>
> Marie-Louise: «Der Herr hat uns ein schönes Geschenk gemacht. Bald feiern wir unseren zehnten Hochzeitstag. Wir hatten Pläne gemacht, aus denen nichts geworden ist. Aber wir haben uns hier eingefunden und große Gnaden empfangen, um unsere Zärtlichkeit in der Ehe zu erneuern und wachsen zu lassen.»

In der Feier der Liturgie verwandelt sich das Leben des Einzelnen durch den Lobpreis, das Hören auf Gottes Wort und die Anbetung, und die Familie wird zu einer «Kirche im Kleinen». Sie schart sich enger um Jesus und lebt von daher in tiefer, auf der Hingabe beruhender Gemeinschaft. In sehr schlichten Worten beschreibt der folgende Auszug aus einem zum Zeugnis geschriebenen Brief das unermessliche Geschenk, das eine ganze Familie durch Unterweisung, Gebet und geistliche Begleitung empfangen hat:

> Lieber Pater,
> Ich komme ganz bescheiden, um Ihnen für die große Verwandlung zu danken, die Jesus durch Ihr Gebet in meinem Heim bewirkt hat.

Seit Ihrem Aufenthalt in N…, wo mein Mann und ich ein Stück mit Ihnen gegangen sind, ist unser Leben verwandelt worden. Alles ist anders! Lob und Ehre sei dir, Herr! Ich schaue alles um mich herum mit anderen Augen an: meinen Mann, die Kinder, Nachbarn, Brüder und Schwestern. Es ist einfacher, sich von vielen Dingen zu befreien und sich an Jesus zu klammern. Dank der neuen Art, wie wir beten: mit Lobpsalmen, Danksagung und täglicher Bibellesung gehorchen meine Kinder mit achtzehn, sechzehn und elf Jahren leichter. Jedes von ihnen hat eine Bibel und sie haben Hunger nach dem Wort. Mein Mann, der eine geistliche Unterredung mit Ihnen hatte, ist völlig verändert. Das alles macht mir das Leben viel angenehmer. Jeden Tag ernte ich die Früchte dessen, was Sie uns gelehrt haben. Ich überlasse mich Gott nun leichter und weiß, dass jeder Mensch, wer er auch sei, sich nur auf seinen Schöpfer verlassen kann. Ich bete anders, ich gehe häufiger zum Tabernakel und entdecke jeden Tag die lebendige, wirksame Nähe Jesu in meinem Leben. Diesen Brief dürfen Sie in Ihren Versammlungen vorlesen, damit er denen dient, die Zweifel haben, die schwanken oder die große Mühe haben, dem auferstandenen Christus zu begegnen. Ich sende Ihnen einen geschwisterlichen Gruß von der Ile de la Réunion.
Cécile

Unser Papst Johannes Paul II. macht diese Fortdauer der Liturgie in der Kirche im häuslichen Gebet sehr anschaulich:

«Zur häuslichen Vorbereitung und Fortsetzung der in der Kirche gefeierten Gottesdienste greift die christliche Familie zum Privatgebet mit seiner reichen Vielfalt von Formen. Diese bezeugt den außerordentlichen Reichtum, in dem der Heilige Geist das christliche Beten beseelt, und kommt zugleich den verschiedenen Bedürfnissen und Lebenssituationen des Menschen entgegen, der sich an den Herrn wenden will. Außer dem Morgen- und Abendgebet sind auch nach den Hinweisen der Synodenväter ausdrücklich zu empfehlen: das Lesen und Betrachten des Wortes Gottes in der Heiligen Schrift, die Vorbereitung auf den Sakramentenempfang, die Herz-Jesu-Verehrung mit der entsprechenden Weihe, die verschiedenen Formen der Muttergottesverehrung, das Tischgebet, die Pflege des religiösen Brauchtums.[40]»

Und im Rückgriff auf Paul VI. fügt er hinzu:

«Es besteht kein Zweifel, daß der Rosenkranz der Jungfrau Maria als die vorzüglichste und wirksamste Weise "gemeinschaftlicher Gebete" anzusehen ist, den zu beten die christliche Familie eingeladen ist.[41]»

Die Ausstrahlung einer einträchtigen Ehe und Familie

Was ist zu tun, wenn ein christliches Ehepaar sein Herz wahrhaft für die Liebe und das Leben öffnet und sich dann sehr schnell von allen Seiten in Anspruch genommen sieht? Dann muss um Erkenntnis gebetet werden. Das ist nicht immer leicht. Man muss auf allgemeine Ausgewogenheit achten, im Vertrauen darauf, dass Gott vorsorgt. Wie das Ehepaar zeigt, das in diesem Punkt Schwierigkeiten hatte und gründlich überfordert war:

Fernand: «Vor sechs Monaten hatten wir in unserer Gemeinde Schwierigkeiten: Was wir auch anfingen, es ging schief. Wir konnten nicht alles übernehmen. Zu Hause wollten die Kinder nicht mit uns beten, sie gingen dann augenblicklich weg. Es war schwierig, damit umzugehen. Wir sagten uns: "Wir müssen bis zum Jahresende durchhalten, selbst aus eigener Kraft, weil wir diese Verpflichtung eingegangen sind." Überall lief alles schlecht, nur nicht in der Gebetsgruppe, in der wir uns versammelten, um den Herrn zu preisen. Wir wollten dann eine Bestandsaufnahme machen und haben den Herrn gefragt, wo Einschränkungen zu machen wären. Wir haben unsere Gruppe um eine Erkenntnis gebeten, und sie schlug uns vor, an einer Einkehr teilzunehmen. Schon bei unserer Ankunft erwartete uns der Herr; am ersten Abend hat er uns in unserer innigsten Beziehung geheilt. Bei jeder Predigt kam ein weiterer Bestandteil zum Neuaufbau unseres Lebens hinzu. Ich danke dem Herrn für dieses Licht, mit dem er unsere Ehe erfüllt hat.»

---

40 *Familiaris consortio*, Nr. 61, Abs. 2.
41 Apostolisches Schreiben *Marialis cultus* von Papst Paul VI., 1974, Nr. 52-54.

Jedes Paar muss sich sagen können: «Zuerst musst du deiner Frau oder deinem Mann und der Familie deine Zeit widmen und darum den Umfang deiner überfließenden Hochherzigkeit klar abstecken.» Auf der Grundlage der geistlichen Tiefe der Eheleute kann jemand, der in der Gnade der Ehe lebt, überall, wo er sich in der Kirche und der Welt christlich einsetzt, wahre Liebe ausstrahlen.

Die Eintracht der Eheleute muss wachsen, zuallererst mit den Kindern, dann in der Kirche im Bereich der Gemeinde und der Gemeinschaft. So wird das Paar gerüstet sein, um einer Welt ein gutes Zeugnis zu geben, die ungeordnet und streitsüchtig ist, aber ebenso nach einer solchen Eintracht strebt. Dies ist ein Weg zu jener Gemeinschaft, zu der alle Menschen berufen sind. Der heilige Paulus gibt uns eine gute Beschreibung dieser Bestrebungen:

> *Wir wissen ja, dass die ganze Schöpfung bis zur Stunde seufzt und in Wehen liegt. (...) Auch wir seufzen in uns selbst. (...) Der Geist selbst tritt für uns ein mit unaussprechlichem Seufzen* (Röm 8,22-26).

In seinem Apostolischen Schreiben über «die Aufgaben der christlichen Familie» hat Papst Johannes Paul II. die Familie deutlich auf ihre Sendung hingewiesen, in ihrer Umgebung ein Werkzeug der Verbundenheit zu sein:

> «Die Familie (ist) der ursprünglichste Ort und das wirksamste Mittel zur Humanisierung und Personalisierung der Gesellschaft; sie wirkt auf ihre eigene und tiefreichende Weise mit bei der Gestaltung der Welt, indem sie ein wahrhaft menschliches Leben ermöglicht. (...) Angesichts einer Gesellschaft, die in Gefahr ist, den Menschen immer mehr seiner personalen Einmaligkeit zu berauben und zur "Masse" zu machen und so selbst unmenschlich und menschenfeindlich zu werden, (...) besitzt und entfaltet die Familie auch heute noch beträchtliche Energien, die imstande sind, den Menschen seiner Anonymität zu entreißen, (und) in ihm das Bewußtsein seiner Personwürde wachzuhalten.[42]»

Wenn es stimmt, dass Spaltung Spaltung hervorruft, ist es glücklicherweise genauso wahr, dass Verbundenheit neue Verbundenheit schafft. Hierin findet die Familie eine begeisternde Aufgabe: Verbundenheit in Gott, die sie nicht für sich selbst behalten kann, sondern in die Kirche «hineinstrahlt». Sie tut das nach Art der heiligen Therese in ihrem Karmel von Lisieux: «Im Herzen der Kirche, meiner Mutter, will ich Liebe sein.» Doch die Familie strahlt noch darüber hinaus in eine Welt, die von ihr ein Zeugnis von Liebe und Einheit erwartet.

Evangelisierung

Aus der Verbundenheit der Heiligen Dreifaltigkeit entspringt das Leben. So entspringt aus der Verbundenheit der Eheleute die Frucht der Liebe: das Kind, das heißt das Leben. Dieses Leben wird die Kirche, den mystischen Leib Christi, bereichern. Denn die Familie nach dem Herzen Gottes lebt in der Kirche, aber auch für die Kirche. Das Baby, das dann die Taufe empfängt, wird ein Kind Gottes, aber auch ein Kind der Kirche. Die Familie soll in einer Gemeinde oder einer Gemeinschaft leben und empfängt die Aufgabe, die frohe Botschaft zu verkünden.

Man beachte, dass sich die Verantwortung eines Paares, das eine Ehe eingeht, bis zu diesem Punkt erstreckt. Es wird das Glück der Ehepartner sein, dieselbe Aufgabe bekommen zu haben und ihr Herz über den Bereich der Familie hinaus zu öffnen. Papst Johannes Paul II. versäumt nicht, daran zu erinnern, bis zu welchem Ausmaß die Kinder für ihre Eltern jenes kostbare Geschenk bedeuten, das sie die Früchte ermessen lässt, die sie gemeinsam tragen:

> «Während sich die Eheleute einander schenken, schenken sie über sich selbst hinaus die Wirklichkeit des Kindes: lebender Widerschein ihrer Liebe, bleibendes Zeichen ihrer

---

42 *Familiaris consortio*, Nr. 43.

ehelichen Gemeinschaft, lebendige und unauflösliche Einheit ihres Vater- und Mutterseins.[43]»

Doch der Papst vergisst auch nicht, von der Fruchtbarkeit zu sprechen, die für Ehepaare gilt, welche keine Kinder bekommen können. Die Dienstbereitschaft, die sie gemeinsam gerade durch ihre eheliche Liebe aufbringen, ist eine vielfältige Kraftquelle für die ihnen anvertrauten Werke:

> «Man darf jedoch nicht vergessen, dass das eheliche Leben auch dann nicht seinen Wert verliert, wenn die Zeugung neuen Lebens nicht möglich ist. Die leibliche Unfruchtbarkeit kann den Gatten Anlaß zu anderen wichtigen Diensten am menschlichen Leben sein, wie Adoption, verschiedene Formen erzieherischer Tätigkeit, Hilfe für andere Familien, für arme oder behinderte Kinder.[44]»

In diesem Zusammenhang ist es bemerkenswert festzustellen, wie viele kinderlose Ehepaare erlebt haben, dass ihre Herzen sich dem Anruf Gottes nicht nur da öffneten, wo es um die Annahme eines Kindes ging, sondern auch um eine Aufgabe in der Kirche im Dienst der Verkündigung. So hat sich zum Beispiel eine neue, aus der charismatischen Erneuerung hervorgegangene Gemeinschaft in den Dienst der Kirche gestellt, die anfangs aus zwei kinderlosen Ehepaaren bestand, die alles, einschließlich ihrer beruflichen Stellungen, verlassen hatten. Später schloss sich ihnen ein junges Mädchen an, das sich dem Herrn in der Ehelosigkeit weihte.

Am Tag der Hochzeit versprach Gott Fruchtbarkeit, und dasselbe versprach er auch am Tag der Weihe: Gott ist immer treu. Geistliche Vaterschaft ist kein leeres Wort! Jeden Tag erfüllt sie die Herzen derer, die sich ihr widmen, über alle Vorstellungen hinaus.

Wahre Liebesgemeinschaft ist demnach tätig: Ein Ehepaar wird nie ein warmes, bergendes Gewächshaus sein, sondern eine Stätte

---
43 *Familiaris consortio*, Nr. 14.
44 *Familiaris consortio*, Nr. 14.

von Fruchtbarkeit jeglicher Art. Die wahre Verbundenheit wird sich aber auch im Rahmen der Kirche, im Licht des Evangeliums bewegen. Dann, und erst dann ist das Ehepaar zu dem Zeugnis fähig, das die Welt erwartet.

Kapitel VI
Gemeinsam im Licht gehen

Wenn wir aber im Lichte wandeln, wie er selber im Lichte ist, dann haben wir Gemeinschaft miteinander (1 Joh 1,7)

1 — Gott ist Licht, und keine Finsternis ist in ihm
2 — Eheseelsorge im Licht
3 — «Vorbeugen ist besser als heilen»

Es genügt für ein Ehepaar nicht, klar zu sehen, es muss auch handeln. Einen solchen Glaubensweg muss das Paar Hand in Hand miteinander gehen.

Die Frau hat kein Verfügungsrecht über ihren Leib, sondern der Mann; ebenso hat der Mann kein Verfügungsrecht über seinen Leib, sondern die Frau. Entziehet einander nicht, es sei denn mit gegenseitigem Einverständnis auf einige Zeit, um euch den Gebeten zu widmen und um dann wieder zusammenzukommen (1 Kor 7,4-5).

Das Eheleben erfordert viel gesunden Menschenverstand, gewiss, doch auf Grund seiner Anspruchlichkeit auch viel geistlichen Verstand. Die notwendige Erhellung für ihr Ehe- und Familienleben finden die Ehepartner in der Betrachtung Gottes, der Licht ist. Außerdem führt sie die Kirche durch ihr Lehramt, indem es sie das Wort Gottes lehrt. Schließlich sollen sie beide *nüchtern und wachsam* sein (1 Petr 5,8) und so die Lebensweisheit anwenden: «Vorbeugen ist besser als heilen.»

1 — Gott ist Licht, und keine Finsternis ist in ihm

Die eheliche Liebe im Licht

Die ersten Worte des Apostels Johannes an uns lauten: *Gott ist Licht* (1 Joh 1,5). In demselben Brief sagt er dann zweimal: *Gott ist Liebe* (1 Joh 4,8 und 16).

Jesus selbst hatte erklärt: «*Wer aber die Wahrheit tut, der kommt zum Licht!*» (Joh 3,21)

Wahrheit, Licht und Liebe sind nötig; doch vor der Liebe kommt das Licht und die Wahrheit kommt vor dem Licht.

Gott ist Liebe; aber sein Schöpfungswerk beginnt mit: *Es werde Licht und es ward Licht* (Gen 1). Erst dann schuf Gott den Menschen, der für die Liebe geschaffen ist. Vor dem Licht selbst war schon die Wahrheit da, denn *der Geist schwebte über den Wassern* (Gen 1). Der Heilige Geist ist der Geist der Wahrheit (vgl. Joh 14,17; 16,13).

Die Weltbeherrscher dieser Welt der Finsternis (Eph 6,12) gehen so vor, dass sie die Wahrheit verschleiern und den Menschen daran hindern, die Wahrheit zu tun, um zum Licht zu gelangen. Denn ohne Licht würde wahre Liebe nicht mehr möglich sein.

Der Herr, der die Getauften *aus der Finsternis in sein wunderbares Licht* (1 Petr 2,9) «berufen» hat, beschützt sie seither vor dem Feind, der sie in die Finsternis zurückkehren lassen will. Das kann er nicht, denn *die Finsternis hat das Licht nicht ergriffen* (Joh 1,5). Aber er versucht die Gläubigen dadurch zu verblenden, dass er sie Finsternis für Licht halten lässt.

Die Verblendung besteht demnach darin, dass das Licht zurückgewiesen wird und man zugleich glaubt, man besitze es. Eheleute, die einander nicht mehr ertragen können und sogar eine Trennung erwägen, können nur dann wieder zueinander finden, wenn sie Klarheit schaffen, *indem sie die Wahrheit tun*, wie das Evangelium sagt. Doch zuerst müssen sie zu Gott zurückkehren, weil in ihm keine Finsternis ist. Verbunden mit Gott, gehen die Eheleute im Licht. Und alles, was in ihrem Leben nicht Licht ist, wird an den hellen Tag kommen ohne die geringste Furcht, denn *das Blut Jesu, seines Sohnes, reinigt uns von aller Sünde* (1 Joh 1,7).

Auf diese Weise werden die Eheleute die Gnade erleben, die alle diejenigen machtvoll begleitet, die sich entschlossen haben, Klarheit zu schaffen. Schritt für Schritt führt sie der Herr und bereitet ihre Herzen füreinander, so dass ihnen schmerzhafte Überraschungen erspart bleiben:

> André: «Ich möchte Ihnen von der großartigen Verkettung der Dinge erzählen, wenn der Herr sich entschlossen hat, einem zu helfen. Was mich angeht, so gab es einiges, was unsere eheliche Beziehung störte. Heute bin ich zum Bußsakrament gegangen und habe mit dem Priester gesprochen. Er sagte mir, meine Frau könne mir helfen. Ich fragte mich, wie ich mit meiner Frau über bestimmte schwierige Dinge reden könnte. Beim Stundengebet am Nachmittag kam ein Wort der Erkenntnis: "Hier ist ein Mann, der seiner Frau etwas zu sagen hat. Er belügt sie nicht, aber er muss es ihr sagen." Ich habe mich sofort angesprochen gefühlt. Bald darauf bei einem Spaziergang hatte ich den Wunsch, mit meiner Frau zu sprechen, aber noch bevor ich etwas gesagt habe, eröffnete sie mir, dass sie mir schon vergeben habe.»

> Julie: «Seit wir dem Herrn durch die Gemeinschaft "Der Löwe von Juda"[45] 1985 in Ars begegnet sind, sind wir sehr viel weiter gekommen, aber ich fand, dass der Herr es ein wenig übertrieb, da mein Mann alle Gnaden empfing. Ich war sehr eifersüchtig deswegen und sagte mir: "Herr, ich bin es, die sie am meisten braucht, und du gibst mir gar nichts." Diese Eifersucht verfolgte mich sehr. Ich hatte auch entdeckt, dass André mir ein wenig untreu war, und der Herr hat mir die Gnade geschenkt, dass ich leichter verzeihen konnte.»

> André: «Bevor wir zu dieser Einkehr kamen, habe ich den Herrn gebeten, mir bei dieser Störung in meinem Eheleben zu helfen, und das ist geschehen.»

---

45 Heute «Gemeinschaft der Seligpreisungen»; sie lädt jedes Jahr zum Gebet in geistlichen Hochburgen wie Ars, Lourdes und so weiter ein.

Klarheit, Gespräch, Verbundenheit

Diese Verbundenheit mit Gott bewahrt das Ehepaar vor Verblendung. Im Licht wird es seine Sünde sehen, doch es wird sehen, dass sie schon vergeben ist. *Wenn wir unsere Sünden bekennen, dann ist er treu und gerecht, so daß er uns die Sünden erläßt und uns von jeglicher Ungerechtigkeit reinigt* (1 Joh 1,9).

Sich von Gott fernhalten bedeutet hingegen, dem Feind Einfluss zu gewähren. So landet man in der Sackgasse, wenn man die Lösung für Eheschwierigkeiten bei Analysen oder bei Verfahren sucht, die einzig und allein auf das Selbstvertrauen gegründet sind (und heute viel Geld einbringen). Von dem Augenblick an, in dem jeder der Ehepartner auf Grund der Gnade des Ehesakraments beschließt, auf Gott zu hören und sich ihm anzuvertrauen, ist der Weg zur Wiedervereinigung schon halb geschafft.

Die Eheleute sind aufgefordert, immer wieder im Licht zum Wesentlichen zurückzukommen. Das müssen sie ihr ganzes Leben lang so halten.

Der Schlüssel zur ehelichen Liebe ist daher, dass man immer wieder zu Gott und zueinander zurückkehrt. Das ist nicht schwierig. Doch dazu muss das Herz einfach sein. Die Klarheit des Wesens erlaubt, im Licht zu bleiben.

So sind die Christen gehalten, wachsam zu sein, um nicht in die Finsternis zurückzufallen: *Einst waret ihr Finsternis, jetzt aber seid ihr Licht im Herrn; wandelt als Kinder des Lichtes. Die Frucht des Lichtes besteht nämlich in lauter Güte und Gerechtigkeit und Wahrheit* (Eph, 5,8-9).

Die Eheleute sind gehalten, zu jener innigen Verbundenheit mit dem Herrn zurückzukommen, die eine Hoffnung für die Kirche von morgen ist, *weil die Finsternis schwindet und das wahre Licht bereits leuchtet* (1 Joh 2,8).

Alle christlichen Ehepaare haben die Gnade in sich, nicht zurückzufallen in die Finsternisse unseres Jahrhunderts mit seinen hochmütigen Ideologien und todbringenden Werken (besonders den Mitteln zur Abtreibung). Doch sie müssen *wachen und beten*.

Dann können sie gemeinsam im Licht am Leben der Kirche teilnehmen.

Das Licht ist für die Eheleute der Schlüssel zur Klarheit, der Schlüssel zur Verbundenheit ist das Gebet und der Schlüssel zum Gespräch ist das Evangelium, weil hier Jesus zu uns spricht.

Wenn wir ihm also gut zuhören wollen, kann das Gespräch anfangen und es wird so reich an Liebe sein, wie es das Wort Gottes nur sein kann. Dann geht das Evangelium in der Familie vom einen zum nächsten, es schafft Klarheit, enthüllt die Wahrheit, bringt das Gespräch neu voran und führt ringsum zu Verbundenheit. Paul VI. macht daraus ein Programm für die Familie:

> «Wie die Kirche ist die Familie es sich schuldig, ein Ort zu sein, an dem das Evangelium weitergegeben wird und von dem das Evangelium ausstrahlt. (…) Eine solche Familie wird zur Verkündigerin der Heilsbotschaft bei vielen anderen Familien und ihrer Umgebung.[46]»

2 — Eheseelsorge im Licht

Es handelt sich um ein Werk der Kirche, das nicht von dem Vorstellungsvermögen Einzelner abhängen kann. Sie setzt Offensein für den Heiligen Geist und kindliche Unterwerfung unter die von Gott für seine Kirche gewollten Verantwortlichen voraus (Papst und Bischöfe als Nachfolger der Apostel).

In dieser Weise ausgeübt, bringt sie jedem Ehepaar Herzensfrieden in der Liebe zur Kirche, die seine Familie und die Mutter der Gläubigen ist.

Keine Eheseelsorge ohne Bezug zur Gemeinschaft

Dieser Bezug ist unbedingt nötig und muss dringend entwickelt werden.

---
46 *Evangelii nuntiandi*, Nr. 71, 1975.

In all den derzeitigen Prüfungen vieler Ehepaare kommt Gottes Gnade durch das Ehesakrament, gewiss; aber ebenso über die christliche Gemeinschaft, die das Paar mit ihrem Gebet und ihrer Nächstenliebe umgibt: *Einer trage des anderen Last und erfülle so das Gesetz Christi* (Gal 6,2).

Wenn bei bestimmten Paaren manchmal Verzweiflung herrscht, liegt das daran, dass keine Gemeinschaft da ist. In manchen Fällen hat die Hoffnung zum Beispiel nicht nur den verlassenen Ehepartner verlassen, sondern die Gemeinschaft selbst, die die Rückkehr des «treulosen» Ehemannes oder der Ehefrau nicht mehr erwartet. Aber ist eine Gemeinschaft, die nicht für die getrennten Ehepaare betet oder ihnen nicht zu Hilfe eilt, nicht gleichermaßen «treulos»?

Wie viele Zeugnisse könnten in Fällen von Untreue gegeben werden, in denen der Verlassene geduldig auf die Rückkehr des anderen gewartet hat und dabei zuverlässig von einer Bruderschaft im Glauben unterstützt wurde.

> So wurde eine junge Ehefrau mit ihrem achtjährigen Sohn mehrere Jahre von einer Gebetsgruppe unterstützt, nachdem sie von ihrem Mann verlassen worden war, der die Scheidung durchgesetzt hatte. Sie bat oft um das Gebet, damit Gott ihr wieder Kraft geben und wieder Hoffnung schenken möge. Schließlich ist ihr Mann zu ihr zurückgekehrt. Sie heirateten noch einmal auf dem Standesamt. Die Heirat vor Gott blieb unangetastet: Sie galt noch. Der Herr hat nur eines erwartet: dass sie beide erneut entsprechend dem Sakrament ihrer Ehe lebten.

> Ein anderes Mal sahen wir einen Mann allein zu einer Einkehr kommen, der vollkommen hilflos war und Gott um Hoffnung bitten wollte, bis die Liebe zwischen ihm und seiner Frau erneut möglich würde. Wie groß war seine Überraschung, als er seine Frau im Auto von Freunden ankommen sah, die ihr Mut machten, das Eheleben wiederaufzunehmen. Erst am dritten Tag stimmten sie einer Begegnung zu. Jeder erkannte die Notwendigkeit, sich zu bekehren, sie baten einander und auch Gott um Vergebung. Eine Stunde vor der Abfahrt gaben sie folgendes Zeugnis: «Wir waren mehrere Monate getrennt, im selben Wagen fahren wir wieder ab.» Die Gemeinschaft der Gläubigen hatte sich von beiden Seiten um

ihre Verwirrung gekümmert, sie die Wahrheit gelehrt und für sie gebetet.

In einer Ehe kann es einen Riss geben, aber wenn die Gemeinschaft keinen aufweist, kann Gott handeln. Die Treue der Ehepartner zueinander kommt zum Teil durch die Gemeinschaft. Was für eine Verantwortung! Aber auch welche Gnade, eine wahrhaft brüderliche Gemeinschaft um sich zu haben! Es wäre dagegen wirklich ein Unglück, wenn diese Glaubensgemeinschaft sich vom Geist der Welt und seinen Lügen erfassen ließe und so weit ginge, Ratschläge zu erteilen, die dem Evangelium nicht entsprechen.

Nur innerhalb der Kirche gibt es wahre, beständige Ehen, die von ihr durch die Priester und die Gemeinschaft der Gläubigen von A bis Z unterstützt werden. Andernfalls, ohne Glauben und Hoffnung, würden ein von der Trennung betroffenes Ehepaar und die sie umgebenden Freunde nichts weiter tun, als die «Pleite zu steuern». Man weiß, was das im Geschäftsleben bedeutet; in der Ehe ist es noch schlimmer!

Eheseelsorge ist für alle ein Werk der Umkehr

Sollte es Eheseelsorge für wieder verheiratete Geschiedene geben?

An sich gibt es das nicht, kann es das nicht geben. Denn es gibt nicht zweierlei Evangelien, nicht zweierlei Wahrheiten. So gibt es auch nur eine einzige gültige Seelsorge, die Seelsorge nach dem Wort Gottes, und innerhalb dieser Seelsorge entfaltet sich die Fürsorge unserer Mutter Kirche für alle denkbaren Fälle, darunter auch die «wieder verheirateten Geschiedenen». Auch sie sollen das «ganze» Evangelium anwenden, ohne es abzuschwächen oder an das gegenwärtige Jahrhundert anzupassen. Nicht Gott muss sich uns anpassen, wir müssen uns zu Ihm bekehren. Wie alle anderen müssen auch Eheleute den Herrn täglich fragen, welche Umkehr Er von ihnen erwartet.

Es gibt nicht die Guten auf der einen und die Schlechten auf der anderen Seite. Eine besondere Seelsorge für wieder verheiratete Geschiedene ist ein von vornherein mit Sprengstoff geladenes Unterfangen: Es hieße die Kirche nötigen, dadurch dass man sie vor eine vollendete Tatsache stellte und von ihr eine besondere Antwort verlangen würde, die nicht aus der Wahrheit des Evangeliums, sondern aus der Sünde des Menschen kommt. Die Kirche ist aber wie Gott: Sie hat nicht zwei Arten von Kindern. Sie liebt sie alle gleich; sie will, dass alle ihr Heil erwirken. Also kann sie ihnen nur das Wort ihres Gottes wiederholen, ein Wort der Wahrheit.

Wenn man von «Unbehagen» spricht und die ganze Suche sich um dieses Unbehagen dreht, führt das zu gar nichts. Man muss weiter hinauf bis zum Ursprung des Übels gehen. Jedes Unbehagen lässt sich behandeln, aber mehr als dieses Unbehagen muss das Übel behandelt werden, von dem es herrührt. Man sagt einem Kranken nicht, er sei bei guter Gesundheit und der Arzt täusche sich in seiner Diagnose, nicht einmal, um ihn zu beruhigen. Das gilt auch für die Kirche, die die Paare in Schwierigkeiten nicht über des Wesen ihres Unbehagens belügen kann, sondern ihnen vielmehr dabei helfen muss, ihre Krankheit zu erkennen, um sie zu behandeln und zu heilen. Eine Liebeskrankheit! Gerade die beschäftigt uns hier. Und dadurch dass wir der Wirklichkeit ins Gesicht sehen, erlauben wir Gott, in den kranken Herzen zu handeln.

Es wäre ein Urteil, würde man in seinem Bruder einen «beklagenswerten» Menschen sehen. So beklagt auch die Kirche die wieder verheirateten Geschiedenen nicht voller Mitgefühl, sondern sie bringt ihnen tiefes Mitleid entgegen. Mitleid «leidet mit», es blickt nicht von oben herab. Es bringt Frucht, weil seine Quelle das Leiden Jesu ist. Einige haben Verteidigungsschriften zugunsten wieder verheirateter Geschiedener verfasst. Aber wer hat sie denn angegriffen? Sicher nicht die Kirche, und besonders nicht die katholische Kirche, wie einige durchblicken ließen.

Der Teufel versucht das Gegenteil glauben zu machen, das heißt, die Kirche gebe die Sünder auf. In Wirklichkeit leidet sie und erwartet die Rückkehr des Sünders zur Gnade. Und gestützt auf das Wort Gottes, lehrt sie den Weg der Umkehr. Hören wir, wie Papst Johannes Paul II. den zerbrochenen Ehen den Weg aufzeigt, auf dem die eucharistische Gemeinschaft wiedererlangt werden kann:

> «Die Kirche bekräftigt jedoch ihre auf die Heilige Schrift gestützte Praxis, wieder verheiratete Geschiedene nicht zum eucharistischen Mahl zuzulassen. Sie können nicht zugelassen werden; denn ihr Lebensstand und ihre Lebensverhältnisse stehen in objektivem Widerspruch zu jenem Bund der Liebe zwischen Christus und der Kirche, den die Eucharistie sichtbar und gegenwärtig macht. Darüber hinaus gibt es noch einen besonderen Grund pastoraler Natur: Ließe man solche Menschen zur Eucharistie zu, bewirkte dies bei den Gläubigen hinsichtlich der Lehre der Kirche über die Unauflöslichkeit der Ehe Irrtum und Verwirrung.
>
> Die Wiederversöhnung im Sakrament der Buße, das den Weg zum Sakrament der Eucharistie öffnet, kann nur denen gewährt werden, welche die Verletzung des Bundes mit Christus und der Treue zu ihm bereut und die aufrichtige Bereitschaft zu einem Leben haben, das nicht mehr im Widerspruch zur Unauflöslichkeit der Ehe steht. Das heißt konkret, daß, wenn die beiden Partner aus ernsthaften Gründen — zum Beispiel wegen der Erziehung der Kinder — der Verpflichtung zur Trennung nicht nachkommen können, sie sich verpflichten, völlig enthaltsam zu leben, das heißt, sich der Akte zu enthalten, welche Eheleuten vorbehalten sind.[47]»

---

[47] *Familiaris consortio*, Nr. 84, Absatz 4, 5.

Hindernisse wieder verheirateter Geschiedener bezüglich des Evangeliums

– Das erste Hindernis besteht darin, die offizielle Ordnung der katholischen Kirche wie eine Vogelscheuche zu schwenken und sie in Gegensatz zum gesunden Menschenverstand zu bringen. Dadurch soll in dem sogenannten «monolithischen» Block der kirchlichen Lehre heimtückisch eine Spaltung erreicht werden. Es wird dabei vergessen, dass der monolithische — aus einem Stück bestehende — Fels, auf den die Kirche gebaut ist, der auferstandene Jesus selbst ist, *der Stein, den die Bauleute verworfen haben; aber gerade der ist zum Eckstein geworden und ein Stein des Anstoßes und ein Fels des Ärgernisses* (1 Petr 2,7-8). Der erste Irrtum ist also, dass der Überlieferung widersprochen wird und man die Kirche angreift.

Dann wird man versuchen, eine Seelsorge außerhalb der Grundlage der Überlieferung aufzubauen, von der Papst Johannes Paul II. in seinem Apostolischen Schreiben «Familiaris consortio» noch einmal zu uns spricht. In diesem Text schlägt er eine Seelsorge für unsere geschiedenen und wieder verheirateten Brüder und Schwestern vor:

> «Die tägliche Erfahrung zeigt leider, daß derjenige, der sich scheiden lässt, meist an eine neue Verbindung denkt, natürlich ohne katholische Trauung. Da es sich auch hier um eine weit verbreitete Fehlentwicklung handelt, die mehr und mehr auch katholische Bereiche erfaßt, muss dieses Problem unverzüglich aufgegriffen werden. Die Väter der Synode haben es ausführlich behandelt. Die Kirche, die dazu gesandt ist, um alle Menschen und insbesondere die Getauften zum Heil zu führen, kann diejenigen nicht sich selbst überlassen, die eine neue Verbindung gesucht haben, obwohl sie durch das sakramentale Eheband schon mit einem Partner verbunden sind. Darum wird sie unablässig bemüht sein, solchen Menschen ihre Heilsmittel anzubieten.[48]»

– Das zweite Hindernis besteht ganz einfach darin, nach einer Lösung zu suchen, bei der das Wort Gottes verdeckt wird. Oft schiebt man dann die Lehre der Kirche von der christlichen Ehe vor, ohne sich auf das Wort Gottes zu beziehen, oder noch geschickter, man wählt die eine oder andere Seite des Evangeliums aus, außer der, wo Matthäus das genaue Wort Jesu über die Unauflöslichkeit der Ehe wiedergibt (vgl. Mat 19,1-6).

– Das dritte Hindernis besteht darin, vorzugeben, die Kirche könne über die Ehe verfügen und sie entsprechend den Bedürfnissen der jeweiligen Gesellschaften und Zeiten anpassen, während ihr dieser Schatz in Wirklichkeit gar nicht gehört. Die Ehe ist keine Angelegenheit des Kirchenrechts (was die Unauflöslichkeit betrifft), sondern des göttlichen Rechts:

Darum wird der Mann seinen Vater und seine Mutter verlassen und seinem Weibe anhangen, und sie werden zu einem Fleisch (Gen 2,24). Wozu Jesus folgendes bemerkt: *Was nun Gott verbunden hat, das soll der Mensch nicht trennen* (Mat 19,6).

Ausgehend von dieser Verwechslung von göttlichem und kirchlichem Recht, ergeben sich für den Glauben eine Reihe von unheilvollen Folgen und nehmen ungehindert ihren Lauf:

Die Kirche wird nicht länger als Mutter wahrgenommen: Sie züchtigt. Dieses Zerrbild lässt vergessen, dass die Kirche in ihrem mütterlichen Schutz von Natur aus und von Rechts wegen die Hüterin der Liebe ist, der brüderlichen ebenso wie der ehelichen.

Die katholische Kirche wird für hart und wenig verständnisvoll gehalten, während die orthodoxen oder die protestantischen Kirchen für wieder verheiratete Geschiedene Fälle einer Anerkennung von rechtmäßigen religiösen Verbindungen vorsehen (ohne dass ein früherer Partner verstorben wäre).

Man klagt die katholische Kirche auch an, sie verlange Treue, übe aber keine Barmherzigkeit. Doch die Barmherzigkeit für den

---

48 *Familiaris consortio*, Nr. 84, Absatz 1.

Sünder kann nicht von der Wahrheit über die Sünde absehen; sonst wäre Lüge dabei und es wäre keinerlei Reue möglich.

Bei solchen Vorurteilen ist jede religiöse Überlegung von vornherein verbaut und jede Seelsorge zum Scheitern verurteilt. Das trifft auf alle Gebiete zu, nicht nur auf die Ehe, sondern zum Beispiel auch auf den christlichen Einsatz in Gesellschaft, Politik oder Wirtschaft, wo ebenfalls auf der Wahrheit aufgebaut werden muss.

Das folgsame Hinhören im Heiligen Geist auf Gottes Wort ist fast vergessen. Es steht jedenfalls nicht mehr im Vordergrund und die Zehn Gebote werden nicht mehr gelehrt. Unsere Mutter Kirche gibt uns das Wort unverfälscht weiter, und zwar an jede Kultur und Gesellschaft. *Dem Wort, das ich euch gebiete, dürft ihr nichts hinzufügen, auch nichts davon wegnehmen; vielmehr habt ihr die Gebote des Herrn, eures Gottes, die ich euch gebe, zu beobachten* (Dt 4,2). Es sind ja Liebesgebote, aus Liebe gegeben. Der heilige Paulus selbst lässt nicht mit sich handeln über die Verkündigung *des Wortes der Wahrheit, der Heilsbotschaft* (vgl. Kol 1,5): *Wir treiben nämlich nicht, wie so viele, mit dem Worte Gottes Schacher* (2 Kor 2,17).

Letzten Endes ist das größte Hindernis, das hier überwunden werden muss, der menschliche Hochmut. Einer Mutter, die sich auf ihr Kindchen stürzt, das ins Feuer fällt, wird man keinen Vorwurf machen; man wird ihr nicht böse sein, dass sie ihrem Kind «befiehlt», nicht mehr ans Feuer zu gehen. Die Menschen aber, sie würden Gott die Schuld zuschieben und Ihn gern los sein wie ein Jugendlicher, der sich von seinen Eltern unabhängig zu machen versucht! So weist man die Väterlichkeit und ihre erzieherische und beschützende Rolle zurück, indem man von ihr das Zerrbild einer unerträglichen, gnadenlosen Macht entwirft. Es wird dann zum Beispiel derart von dem «Standpunkt der Hierarchie» gesprochen, dass wieder verheiratete Geschiedene sich unverstanden und verletzt fühlen. Vertrauen wäre dagegen Balsam für die Wunde gewesen. Lasst uns um die Gnade bitten, in unseren Bischöfen nicht zuerst eine Hierarchie zu sehen, sondern

Hirten mit dem Auftrag, die Herde zu beschützen, und fassen wir wieder Vertrauen zu unseren Hirten, denn sie stehen im Dienst der Kirche. Und die Kirche selbst steht im Dienste Jesu, der gesagt hat: «*Was nun Gott verbunden hat, das soll der Mensch nicht trennen*» (Mt 19,6), und: «*Die Worte, die ich euch gesagt habe, sind Geist und sind Leben*» (Joh 6,63).

Inwieweit Buße und Eucharistie für wieder verheiratete Geschiedene?

Die Väter der Synode über die Familie im Jahre 1980 stimmten mit 190 zu 10 Stimmen bei 6 Enthaltungen den Vorschlägen zu, die die Ordnung der lateinischen Kirche bestätigen; diese verweigert den unrechtmäßig geschiedenen wieder Verheirateten den Zugang zur eucharistischen Gemeinschaft[49]. Lasst uns darin eine vom Heiligen Geist angeregte Entscheidung sehen.

Diejenigen, die die heilige Eucharistie nicht mehr empfangen können, sollen zu brüderlicher Liebe, zum Gebet und zur Anbetung des Allerheiligsten empfangen werden. Durch ihre Brüderlichkeit und ihr Gebet wird die christliche Gemeinschaft eine Anspruchshaltung umwandeln in Annahme, ja sogar Unterwerfung unter die Kirche, und das wird für alle zu einer Quelle des Friedens. In diesem Empfang durch die Gemeinschaft können und sollen die wieder verheirateten Geschiedenen in vollkommener Enthaltsamkeit, das heißt, als Bruder und Schwester, leben, um miteinander und mit allen anderen in Wahrheit zur Gemeinschaft miteinander zurückzukehren. Ein Beispiel sind zwei Eheleute mit einem ungeordneten Leben, die eingewilligt haben, sich der Kirche demütig zu unterstellen: Sie beschlossen, in der Zwischenzeit wie Bruder und Schwester zu leben:

> Véronique: «Das ist eine lange Geschichte. Wir sind uns vor dreizehn Jahren begegnet. Wir haben uns drei Jahre lang getroffen, im Herzen waren wir verlobt, aber nicht öffentlich, weil meine Eltern dieser Heirat niemals zustimmen wollten. Dann haben wir uns

---

[49] *Documentation catholique*, 7. Juni 1981, S. 541.

getrennt und beide einen anderen geheiratet. Acht Jahre lang waren wir unglücklich. Ich habe immer an François gedacht. Ich habe ihn bei seiner Hochzeit gesehen, er hat ein Jahr nach mir geheiratet. Wir haben uns gegenseitig beobachtet. Acht Jahre später haben wir uns wiedergesehen. Beim ersten Blick sah ich, dass ich mich nicht mehr von ihm trennen konnte; für ihn war es dasselbe. Wir hatten beide keine Kinder bekommen, weil ich wusste, dass ich François nie wiederfinden könnte, wenn ich mit meinem Mann ein Kind hätte. François selbst konnte keine Kinder bekommen. Also sind wir wieder zusammengekommen und haben im Mai 1986 unsere Ehepartner verlassen. Die Monate vergingen, und in diesem Jahr haben wir einen Priester getroffen. Da sind wir in eine Gebetsgruppe eingetreten und von da an hat unser Leben sich verändert. Wir werden einen Prozess anstrengen, um nachzuweisen, dass unsere Ehen nichtig sind. Für uns ist es sehr wichtig, das Ehesakrament ernstlich zu empfangen. Wir haben bei dieser Einkehr begriffen, wie wichtig die Ehe ist. Als wir beide vor acht Jahren geheiratet haben, hatten wir nicht verstanden, wie wichtig das Ehesakrament ist, und hatten beide eine große Sünde begangen, als wir heirateten, während wir in unserm Herzen wussten, dass der Partner nicht für uns bestimmt war. Unterdessen müssen wir uns entscheiden, entweder wie Bruder und Schwester zu leben oder uns zu trennen. Wir sind im Gebet berührt worden, wir haben eine Gnade empfangen, denn wir brachten es nicht fertig, zusammen zu beten, und der Herr bat uns, einfach zusammen ein Vaterunser zu beten. Wir wollen eine kleine Gebetsecke einrichten und hoffen, dass wir es schaffen.»

Dadurch dass dieses Paar sich nach der Wahrheit des Evangeliums richtete, wurde es fähig, dem Liebesplan Gottes für die beiden bis zum Ende zu folgen. Es hat sicherlich noch eine ganze Wegstrecke vor sich, aber es ist auf dem rechten Weg und kann auf Gottes Gnade zählen.

Manche meinen, man könne das Geheimnis des Bundes mit Gott in der Eucharistie erleben, während dieses selbe Bundesgeheimnis im Ehesakrament nicht gewürdigt wird. Das ist jedoch nicht möglich. Gott ist Einer. Er hat nicht zwei Worte. Er ist in allen Sakramenten derselbe.

Es ist im Gegenteil gut, wieder verheirateten Geschiedenen zu raten, sich nicht von den beiden Sakramenten der Versöhnung und der Eucharistie zu entfernen, selbst wenn sie sie nicht bis zu Ende ausschöpfen können. Was das Sakrament der Versöhnung betrifft, so wird ihnen empfohlen, regelmäßig einen Priester aufzusuchen, um alle ihre anderen Sünden zu beichten. Kein Zweifel, dass sie in einer solchen demütigen Beichte, selbst ohne Lossprechung, Gnaden für ein heiligeres Leben erhalten. Darüber hinaus werden die Ratschläge des Priesters eine Ermutigung für sie bedeuten, das zu üben, was die Kirche von ihnen verlangt, nämlich wie Bruder und Schwester zu leben.

Im Fall eines Ehebruchs kann der Priester keine Lossprechung erteilen. Aber nicht alles ist nur schwarz oder nur weiß. Er ist zugegen, ist für den Beichtwilligen verfügbar, um ihm auf dem Weg der Bekehrung weiterzuhelfen, so wie den anderen auch, die hinsichtlich der Ehemoral «in Ordnung» sind. Der Priester bleibt für den Betreffenden ein Bruder und geistlicher Vater, der darunter leidet, ihm die Lossprechung nicht geben zu können; im geistlichen Umgang mit ihm wird der Christ erkennen, dass er nicht aus der Kirche ausgeschlossen ist.

Manche sagen, wenn die Kirche durch den Dienst des Priesters eine Abtreibung oder einen Mord vergebe, sollte sie auch einen fortdauernden Ehebruch vergeben können. Es ist leicht, einen solchen Irrtum zu widerlegen, der auch bei Christen verbreitet ist, die eigentlich über die rechte Moraltheologie Bescheid wissen. Denn von einer schweren Sünde, derer sich ein Beichtwilliger ohne Reue — das heißt bei bewusster Entscheidung, sie erneut zu begehen — bezichtigte, kann ein Beichtiger nicht lossprechen. Jemand, der sich eines Mordes bezichtigte und zugäbe, einen weiteren begehen zu müssen, um seinen Rachedurst zu befriedigen, kann keine Lossprechung erhalten. Desgleichen können Eheleute keine Lossprechung empfangen, die in einer unrechtmäßigen, ehebrecherischen Verbindung leben, diese nicht bereuen und sich auch nicht entschließen, diese Sünde nicht mehr zusammen zu begehen. Bei der Abtreibung liegt eine Handlung in der Vergangenheit vor. Beim Ehebruch handelt es sich um einen in der Gegenwart andauernden Zustand mit der Absicht, ihn auch in Zukunft beizubehalten. Reue ist nicht vorhanden. Es kann keine Lossprechung erteilt werden, nicht einmal durch einen ergebenen, verständnisvollen Priester.

Was die Eucharistie angeht, so wäre es eine Verkennung dieses großen Sakraments zu meinen, es würde auf die wenigen Minuten der wirklichen Anwesenheit des Herrn in uns beschränkt sein, nachdem wir am Leib und Blut Christi teilgehabt haben. Da ist noch die ganze übrige Messe einschließlich des Friedenskusses. Wenn ein Christ nicht täglich an der Eucharistie teilnehmen kann, ist es gut für ihn, geistige Kommunion, geistige Gemeinschaft, mit Christus zu halten und sich eine bestimmte Zeit dafür vorzunehmen. Eine solche Gemeinschaft des Herzens und Denkens können alle Christen pflegen, wenn sie nicht an der Messe teilnehmen können. Das lehrt die Kirche schon lange. Nichts hindert wieder verheiratete Geschiedene, dies am Sonntag während der Kommunionausteilung zu tun. Dann werden sie sehen, wie Groll und Eifersucht fortfallen. Welche Gnade ist es auch für sie, für Stunden zur Anbetung des Allerheiligsten im Tabernakel oder besser noch in der Monstranz zu kommen! Der Streit in ihnen wird der Liebe weichen. In dieser häufigen, treuen Anbetung werden sie viele Gnaden empfangen, durch die sie ins Herz Gottes geführt werden, und auch ins Herz der Kirche, die sie ihrerseits nie verlassen hat.

3 — «Vorbeugen ist besser als Heilen»

Es gibt Heilmittel, die besser vorher eingenommen werden als nachher. Sie sind zahlreich, und es ist hier gar nicht daran zu denken, eine vollständige Liste davon aufzustellen. Einige Ratschläge können jedoch hilfreich sein.

Eheleute müssen einander alles vergeben

Der Schlüssel zu treuer Liebe ist, einander auch in kleinen Dingen zu vergeben. Es bleibt stets wahr, dass tägliche Vergebung keine Krise aufkommen lässt. Am einfachsten geschieht das beim Beten. Viele, um nicht zu sagen alle Ehepaare haben einander nicht vergeben, dass sie so anders sind, als sie anfangs meinten. In Gegenwart des Herrn können sie es tun. Die zuvorkommenden Gnaden verhindern große Verletzungen.

Dieser Bereich des Ehelebens erfordert große Offenheit, um vom Geständnis zur Vergebung zu gelangen und zum Sakrament der Versöhnung zu gehen. Es ist für Eheleute immer eine große Freude zu sehen, wie ihre Ehe sich nach dem Willen Gottes entfaltet. An die Stelle von Unverfrorenheit und Unordnung treten dann Einfachheit und Feingefühl:

> Simon: «Wir sind seit zweieinhalb Jahren verheiratet und fahren von diese Einkehr wieder nach Hause wie am ersten Tag unseres Ehesakraments, ganz neu füreinander. Wir hatten es vor und sogar in unserer Ehe sexuell zeitweise sehr schwer. Als wir gebetet haben, hat die Jungfrau Maria uns einander in die Arme geworfen und wir haben uns alles gestanden, was wir allein oder sogar gemeinsam getan hatten. Als es mir gelang, das alles auszusprechen, hat Micheline gesagt: "Auch ich bitte dich um Vergebung." Wir beschlossen, das Sakrament der Versöhnung zu empfangen, obwohl das für Micheline sehr hart war. Wir fahren in völlig wiederhergestellter Reinheit ab und werden unser sexuelles Leben jetzt ganz so einrichten, wie es unser Vater im Himmel und die Kirche von uns verlangen.»
>
> Micheline: «Am Tag, als wir einander vergeben haben und von unserer Sünde befreit worden sind, hat das Baby, das ich erwarte, gestrampelt wie noch nie!»

Die Nacht des Glaubens auch in der Ehe

Ehelose Geweihte machen Wüstenzeiten und Glaubensprüfungen durch, die Gott zulässt, damit wir in seiner Liebe wachsen. Ebenso kann Gott im Ehestand Zeiten der Wüste für die Partner erlauben, entweder in ihrer Beziehung zu Gott oder sogar zueinander. Um sich nicht beunruhigt und zutiefst verwirrt zu fühlen, muss man wissen, dass es einen solchen geistlichen Weg gibt. Gott ist stets getreulich da, aber man nimmt seine spürbare oder sogar wirkende Nähe nicht wahr.

Oft sind Zeit und Geduld nötig, bis man erhört wird und aus einer Prüfung herauskommt, in der alles einerlei schien und wo nicht einmal mehr eine Erinnerung an die Wirklichkeit der einstmals empfangenen Liebe bestand. Dennoch lebt die Liebe jenseits aller erloschenen Gefühle weiter.

Zu oft sucht man dann weit entlegene Gründe für einen solchen wirklich mühevollen Zustand. Dabei handelt es sich um bloße Vermutungen, die imstande sind, Verwirrung in den beiden Herzen zu stiften, die nur eines tun sollten: sich täglich treu im Gebet zu gedulden, bis die Prüfung vergangen ist, wie sie gekommen war, das heißt, ohne erkennbare Erklärung. Es wird nur darauf zu achten sein, dass keiner die Schuld sich selbst zuweist und Schuldgefühle entwickelt, weil er bei dem anderen nichts Böses entdeckt. Selbstverständlich muss jede Nacht des Glaubens in einer guten geistlichen Begleitung erkannt werden.

Die Gemeinschaft im Gebet für die Eheleute

Die Gemeinschaft soll in der Fürbitte für jedes Ehepaar die Gnade erflehen, allen Prüfungen zu widerstehen und dadurch in der Liebe zu wachsen. Es ist sicher, dass hier in unseren Pfarrgemeinden eine große Lücke besteht; sie wissen nicht, wie sie ihren Ehepaaren helfen können, oder versäumen es einfach.

Im Augenblick scheinen geistliche Zentren besser gerüstet zu sein, um das fürbittende Gebet zu übernehmen. Darum setzen viele ihr Vertrauen auf ein solches gläubiges Gebet einer im Lobpreis versammelten Gemeinschaft.

Ein Ehepaar bezeugt, wie es dank des Eifers der Gemeinschaft wieder «aufgetaucht» ist:

> Anne: «Wir sind seit siebzehn Jahren verheiratet und haben drei Kinder von vierzehn, elf und acht Jahren, aber trotzdem bildeten wir kein Ehepaar. Wir waren in ein sehr tiefes Loch geraten. Als Bernard den Herrn wiederentdeckt hat, sind wir in eine Gebets-

gruppe eingetreten. Wir sind weitergekommen und bei dieser Einkehr haben wir die Liebe Gottes erlebt: Wir sind wieder ein Paar geworden.»

Bernard: «Vor sechs Monaten saßen wir in fest. Wir wussten nicht, wie unsere Zukunft aussehen würde. Ich erinnere mich sogar, dass ich zu Anne gesagt habe, ich hätte ihr nichts mehr zu geben. Ich war wenigstens ehrlich, als ich ihr das sagte. Den Glauben an die Ehe habe ich beim Wehrdienst verloren.»

Anne: «Wir haben unsere Ehe ohne Glauben geführt, das war sehr schlimm. Man empfängt sehr viel durch das Gebet. Außerdem hat unsere Gruppe uns viel geholfen. Jetzt sind wir wieder ein Ehepaar geworden, wir wollen uns wieder in den Dienst unserer Brüder stellen.»

Der geistliche Weg dieses Paares ist sehr schön: Anerkennung seiner Armut in der Selbsthingabe, Wiederentdeckung der Gebetsgemeinschaft, wieder zu einem Ehepaar werden in der Entdeckung der Liebe Gottes und sich in demselben Antrieb in den Dienst der anderen stellen.

Aber nicht nur die Nöte und Verletzungen sollen Gott vorgestellt werden: Das Gebet der Gemeinschaft soll auch ein Dankgebet für die Ehepaare sein.

In der Tat, warum soll man dem Herrn nicht zuerst für alle die Gnaden danken, die diejenigen empfangen haben, welche entsprechend ihrem Ehesakrament leben?

Das Gebet ist eine Quelle des Schutzes, besonders das an die Jungfrau Maria. Durch sie erhalten wir von Gott «zuvorkommende» Gnaden, die es erlauben, der Gefahr auszuweichen. Das II. Vatikanische Konzil sagt uns:

> «Maria wird in der Kirche unter dem Titel der Fürsprecherin, der Helferin, des Beistands und der Mittlerin angerufen.[50]»

So auch das Zeugnis eines Ehepaares, das nach seiner Aussage alles Maria verdankt:

---

50 Dogmatische Konstitution über die Kirche, Lumen gentium, Nr. 62.

Olivier: «Wir sind seit siebzehn Jahren verheiratet.»

Martine: «Ich hatte in meiner Selbstsucht die Schwierigkeit, dass ich meinen Mann anders haben wollte, als er ist. Das konnte nicht gutgehen. Wir hatten die Gnade, dass unsere Eltern uns haben taufen lassen und besonders, dass sie uns Maria anvertraut haben. Wenn man Maria hat, tut sie alles. Ohne sie wären wir heute nicht hier. Ich wollte meinen Mann vollkommen machen, das gelang mir nicht; ich hatte sogar Schritte im Hinblick auf eine Trennung unternommen. Aber vermittels des Gebets der Gemeinschaft der Brüder hat Maria über uns gewacht.»

Dieses Gebet ist sowohl ein Gebet der Eheleute selbst als auch das der Gemeinschaft von Brüdern um sie herum. Wie wir sehen, kann es eine Lage völlig umkehren, aber auch einen Verfall beenden, von dem man im Voraus gar nicht weiß, wo er enden würde. Aber ist dieses Gebet nicht vor allem ein machtvoller Schutz gegen jeden Angriff des Bösen?

Ihm widersteht standhaft im Glauben, da ihr wißt, daß dieselben Leiden euren in der Welt verstreuten Brüdern auferlegt sind (1 Petr 5,9).

Sich vor Lauheit hüten

Lauheit ist ein Feind der Liebe. Sie führt zu Bequemlichkeit und diese hemmt den Aufschwung des Herzens. Alles wird ungut: «Warum soll ich ihr sagen, was sie schon weiß? Ihr Blumen schenken?… Ja, aber ich habe keine Zeit, welche zu kaufen oder zu pflücken! Ich versuche so viel, aber wie viel misslingt! Jetzt habe ich Angst vor einem Misslingen und ein wenig auch vor ihr. Ich will bessere Tage abwarten, um ihr meine Liebe zu zeigen.» «Die Zeit heilt alles», oder: «Man muss der Zeit Zeit lassen» — völlig falsche Lebensweisheiten, die die Eheleute zu einer abwartenden Haltung und einer Verdrossenheit führen, die ansteckt und die sie einander dann vorwerfen.

Dann stockt das Gespräch und man vergisst einander zu sagen: «Ich liebe dich.» Und man meint, der andere wolle gar nichts hören. So ist es nicht; aber vor allem möchte er hören, dass man ihm sagt: «Ich liebe dich.» Daraus entstehen Trägheit, Betäubung, Mangel an Tatkraft und Lähmung. Nun lebt die Liebe aber nur, wenn sie von Lebenden gelebt wird. Also muss man sich aus solchen Zuständen lösen und Gott darum bitten. Aber wie? Der heilige Lukas gibt uns den Ausruf der beiden Jünger von Emmaus wieder, denen Jesus sich auf ihrer Flucht angeschlossen hatte: *«Brannte nicht unser Herz in uns, als er auf dem Wege mit uns redete und uns die Schriften aufschloss?»* (Lk 24,32)

Auf dem Tiefpunkt ihrer Ermattung sollen Eheleute regelmäßig dieses Wegstück mit Jesus gehen, ihm zuhören, ihr Herz am Feuerherd der Liebe wieder aufwärmen lassen, diesem «glühenden Schmelzofen der Nächstenliebe» (wie die Herz-Jesu-Liturgie es nennt), und aufhören, gemeinsam alles schwarz zu sehen. Darauf müssen sie zueinander zurückkehren, um den Weg in der richtigen Richtung fortzusetzen, und wenn sie einmal durch Jesus in dem Sieg seiner Auferstehung gestärkt worden sind, müssen sie zu den Brüdern zurückkehren und der Gemeinschaft ihren Teil an Liebe zukommen lassen.

Oft sind es die Zweifel, die zur Lauheit führen. Gäbe es nicht die Gewissheit der gegenseitigen Liebe, würde der kleinste Verdacht der Liebe jeden Schwung nehmen. Dann versucht man dadurch Vernunft anzunehmen, dass man allen diesen Zweifeln auf den Grund geht, aber schon gesellt sich ein Schatten von Traurigkeit zu der Unbekümmertheit der Liebe.

«Zweifeln», das war die Schwäche der Jünger von Emmaus. Das Wort Jesu hat sie gewiss ins Licht zurückversetzt, doch zuerst haben sie Klarheit geschaffen, als sie Jesus vertrauensvoll von ihrer Prüfung berichteten und ihre Enttäuschung offen bekannten. So werden auch Eheleute sich dadurch aus einem solchen Zustand befreien, dass sie die notwendige Klarheit schaffen, und wie für die Jünger von Emmaus wird Jesus das Übrige tun.

Ein christliches Ehepaar sah sich einmal durch eine ihm übertragene Verantwortung dermaßen herausgefordert, dass es aufwachte, um Fürbitte für sich bat und die Kirche, das Herzensgebet und Maria wiederentdeckte. Die beiden hatten «ja» zu einer Aufgabe bei anderen Ehepaaren gesagt. Damit sie diese Verantwortung übernehmen konnten, hat der Herr sie aus der Lauheit geweckt und sie gestärkt:

> Nathalie: «Wir stammen beide aus sehr christlichen Familien und haben eine Zeit lang eine sehr reine Freundschaft gepflegt, die uns erkennen ließ, dass wir einander liebten und dass der Herr uns füreinander geschaffen hatte, um uns durch die heiligen Bande der Ehe zu vereinen. Trotz unserer Lauheit im Glauben verspürten wir deutlich das Bedürfnis, uns neu mit Gott auf den Weg zu machen. Dank den "Ehegruppen" konnten wir unseren Glauben vertiefen und die Mitglieder der Gruppe haben uns zu Leitern gewählt. Als solche haben wir an eine Versammlung von "Cana"[51] teilgenommen. Dort haben wir das Gebet als Ehepaar wiederentdeckt, was in unserem Leben viel verändert hat.»
>
> Daniel: «Unsere Bekehrung ist nicht plötzlich über uns gekommen, sondern in kleinen Schritten. "Cana" war für uns ein Wendepunkt. Dort haben wir die große Bedeutung des Gebets der Brüder und der Gemeinschaft der Heiligen entdeckt. Das ist das erste Mal, dass diese Worte uns etwas gesagt haben. Sie haben uns die Bedeutung der Kirche offenbart und wir sind in eine Gruppe der Gemeinde-Erneuerung eingetreten.»
>
> Nathalie: «Nach "Cana" haben wir in unserem Gebetsleben einen Schritt nach vorn getan und spürten in uns den Wunsch nach dem Herzensgebet wachsen. Während dieser Einkehr haben wir das Herzensgebet und die Liebe zu Maria empfangen.»

Gegen die Ichbezogenheit kämpfen

Das ist durchaus nötig, denn im Herzen jedes der beiden Eheleute schlummert der «alte Mensch» der Ichbezogenheit: der alte «Junggeselle» und die alte «Junggesellin» mit ihren eingefahrenen Angewohnheiten.

Das trifft auf ein Ehepaar zu, das von einem Wort des Herrn überrascht wurde und sich klar machte, dass es gezögert hatte,

---

51 Die Fraternität «Cana» ist ein Bund von Ehepaaren zur Evangelisierung in Ehe und Familie.

sein Herz für die Geburt eines Kindes offenzuhalten. Angst? Eine Verkapselung in sich selbst? Gewöhnung? Erschöpfung? Wer hätte das sagen können. Sicher ist jedoch, dass es vom Herrn geweckt wurde, der ihm die Kraft verlieh, nicht in sein altes «Junggesellenleben» zurückzukehren:

> Michel: «Ich preise den Herrn, denn nach einigen Ehejahren sah ich nicht mehr ganz klar und fühlte mich ein wenig allein. Während eines Stundengebets bekam ein Bruder ein Wort der Erkenntnis: "Ein drittes Kind wird kommen und du bist nicht bereit, es mit Freude anzunehmen. Du sollst tun, was nötig ist." Diese Lehre kam zur rechten Zeit. Du hast mich von dem Gefühl der Einsamkeit geheilt, Herr. Sei gepriesen, Herr, weil du mich von diesem irgendwie auf mich selbst bezogenen Leben befreit hast. Ich danke dir, dass du unsere Ehe erneuert hast und uns in unserer Liebesbeziehung vereinen willst. Ich glaube, du schenkst uns Heilung, ich glaube auch, dass du jedes unserer Kinder segnest.»

Dieser Ehemann befand sich in schlimmer Einsamkeit. Er war sogar deren Gefangener und sah sich außerstande, weiterhin neues Leben zu empfangen. Das Ehepaar selbst wusste seiner Liebe immer schlechter einen spürbaren Ausdruck zu geben. Aus dieser Betäubung hat der Herr selbst es durch ein unmittelbares Wort der Erkenntnis herausgeholt. Das war eine Gnade der Befreiung. Aber genauso eine Gnade der Bekehrung, um diese Ichbezogenheit zu beenden, die mit ihren Pflichten in Ehe und Familie keineswegs vereinbar war.

Die heilige Therese hat gesagt: «Lieben heißt alles geben, auch sich selbst.»

Was auf eine Karmelitin zutrifft, trifft genauso auf jeden Ehepartner zu, nur in anderer Weise. Zunächst muss jeder eingestehen, dass er es nicht versteht, sich dem anderen zu geben, sonst könnte er gar nicht auf eine Bekehrung hoffen, und gerade um die geht es dabei: um eine tiefe Bekehrung, die sich in bestimmten Augenblicken in allen Äußerungen der innigsten Beziehungen des Paares zeigt. In unendlich vielen Gesten, Blicken, Gedanken oder Worten, in Schweigen und Haltungen, durch die

der andere unmittelbar spüren kann, ob er wirklich geliebt wird, oder ob die Liebe unter trügerischen Formen besitzergreifend bleibt. Sehen wir uns die verschiedenen Abstufungen der Selbsthingabe an, die die Schönheit der ehelichen Liebe ausmacht:
- Ich gebe, wenn ich spüre, dass du mir etwas zurückgeben wirst.
- Ich gebe, wenn ich gefühlsmäßig dazu aufgelegt bin.
- Wenn ich nicht bereit bin, mich hinzugeben, tue ich es trotzdem und lasse die Liebe über mich ergehen.
- Ich gebe innerlich unbeteiligt, aus Gewohnheit, wobei ich an etwas anderes denke und dem anderen nicht zuhöre.
- Ich versuche, von Herzen gern zu geben, aber nicht alles.
- Ich gebe von Herzen gern, was von mir verlangt wird.
- Ich gebe mich selbst.
- Ich liefere mich aus, bewahre nichts für mich, und wenn ich vom anderen nichts zurückbekomme, bleibt mein Herz trotzdem gleichmütig.

In diesem Augenblick können die Ehepartner ins Land der Liebe gelangen. Wie viele bleiben jedoch an der Schwelle des Glücks stehen, weil ihr Herz zwischen der Eigenliebe und ihrer Liebe zum Partner geteilt blieb! Das Geheimnis der Treue ist die wirklich hingebungsvolle, ja bis zum Opfer ausgelieferte Liebe. Dies ist die Kraft für das Ehepaar, in dieser Welt Zeugnis zu geben, die nur über die Liebe redet, deren Schönheit und Tiefe oftmals aber nicht kennt.

Wie Christus die Kirche geliebt hat: Er hat sich für sie hingegeben (Eph 5,25). Das ist die Wirklichkeit der Ehe. Sie ist uns nicht freigestellt. Viele sind untergegangen, weil sie das nicht gewusst oder nicht geglaubt und dementsprechend nicht ausgeübt hatten; oder sie haben sich ihr ganzes Leben lang abgemüht. Sehr oft haben sie sich über den Mangel an Einklang in ihrer Ehe beklagt oder sie haben nichts weiter als die Entfaltung der eigenen Person in der ehelichen Liebe verlangt.

Manchmal sind sie auf ihrem Weg auch der entgegengesetzten Lehre des Evangeliums begegnet: nämlich in sich das Vertrauen zu pflegen, um auch zu den anderen Vertrauen zu entwickeln und zum Gottvertrauen zu gelangen.

Die Wahrheit der Entfaltung jedes Partners in der Ehe liegt in der Hingabe seiner selbst an den Herrn und an das geliebte Wesen. Das Übrige besorgt die Gnade der Ehe! Ja und nein; denn die Gnade der Ehe muss schon am Anfang vorhanden sein, damit man in den Armen eines Ehepartners, der einen liebt, wie er kann, geradewegs zu dieser Hingabe gelangt. Und dann ist sich lieben zu lassen anspruchsvoller, als den anderen zu lieben. Wahrlich, die eheliche Liebe ist ein wirklicher Zeuge für die Art, in der wir jeder für sich die Liebe Gottes empfangen sollen! Es ist die Tat der Hingabe an die barmherzige Liebe Jesu. Doch für die Eheleute ist das nicht nur ein Sinnbild, es ist die Wirklichkeit selbst. Wie schön, aber auch wie anspruchsvoll ist also dieses Wunder der zweifachen Hingabe an Gott und an den Ehepartner! Hingabe an jedem neuen Tag, in jedem Augenblick… wie Gottes Liebe zu uns und unsere Liebe zu ihm!

Darum ist für die Eheleute die gegenseitige Hingabe nur möglich, wenn sie im Herzen des anderen den Herrn erkennen. Das ist sogar notwendig, denn sonst würde man aus dem anderen einen Götzen machen, wenn man sich ihm so weit hingäbe. In dieser geistlichen Tiefe kann ein Ehemann von seiner Frau sagen, dass sie «einzigartig» ist, ohne sie hochmütig zu machen und ohne deswegen den Rest der Menschheit beiseite zu schieben.

Die Selbstsucht zu zweit vermeiden

Sicher, in der Selbsthingabe wird die Selbstsucht überwunden. Das wissen Eheleute ganz genau, sie machen häufig diese Erfahrung. Man muss im Kampf gegen die Selbstsucht jedoch bis zum Ende gehen und darum die Selbstsucht zu zweit bloßlegen und in der Ehe darauf verzichten. Das ist durchaus keine Einbildung: Bei bestimmten Gelegenheiten lassen sich die Ehepaare davon fangen. Besteht eine solche Gefahr nicht ganz besonders dort, wo Eheleute «Vereinigung und Fortpflanzung» voneinander trennen, wenn sie letztere durch hoch wirksame empfängnisverhütende Mittel zu verhindern trachten? In der Tat besteht in den reichen Ländern unserer westlichen Welt bereits ein Geburtenrückgang, und das lässt für morgen einige Schwierigkeiten erwarten. An dieser Stelle ist es gut, an die Enzyklika Papst Pauls VI. zu erinnern, wie Johannes Paul II. es noch 1981 in seinem Apostolisches Schreiben über die Familie tat:

> «Paul VI. (hat) betont, dass die Lehre der Kirche "beruht auf der untrennbaren Verbindung der zweifachen Bedeutung des ehelichen Aktes, die von Gott gewollt ist und die der Mensch nicht eigenmächtig aufheben kann, nämlich die liebende Vereinigung und die Fortpflanzung", und er stellt schlußfolgernd fest, daß jede Handlung an sich als unerlaubt auszuschließen ist, "die sich entweder in Voraussicht oder während des Vollzugs des ehelichen Aktes oder beim Ablauf seiner natürlichen Auswirkungen die Verhinderung der Fortpflanzung zum Ziel oder Mittel zum Ziel setzt.[52]"»

Wer hierin eine bloße Sittenlehre sehen wollte, würde schnell verloren sein. Doch ein Ehepaar, das sich noch einmal die wahre Frage nach seiner «Selbstsucht zu zweit» stellt, wird den nötigen Sinn und den guten Willen aufbringen, bestimmte Verfahren aufzugeben, die es dank der Lehre der Kirche als gegen das Leben gerichtet erkannt hat. Des Weiteren versäumt Papst Paul VI. nicht, den ganzen erfreulichen Reichtum darzulegen, den Eheleute erfahren, die hinsichtlich ihrer in der Wahrheit gelebten leiblichen Vereinigung «periodische Enthaltsamkeit» üben und «geistige Werte» betonen, die der ehelichen Liebe ein wesentlich tieferes und zuverlässigeres Gleichgewicht verleihen[53].

Denn die drei Ebenen der innigen Verbundenheit der Herzens, der Seele und der Leiber, von denen wir im vorigen Kapitel gesprochen haben, setzen ein Gleichgewicht untereinander voraus.

---

52 *Familiaris consortio*, Nr. 32 und *Humanae vitae*, Nr. 14.
53 *Humanae vitae*, Nr. 21.

So wird zum Beispiel mangelnde sexuelle Selbstbeherrschung vorübergehend der Herzensverbundenheit und auch der Verbundenheit der Seelen schaden, wobei auch die Verbundenheit der Leiber stark verletzt wird, da ein solcher Austausch die Früchte der Liebe begrenzen will. Es ist sicherlich möglich, von allen Abirrungen in der Liebe geheilt zu werden. Aber auch hier ist vorbeugen besser als heilen. Die Eheleute müssen schon am Anfang ihrer Liebe über die Anfälligkeit der sexuellen Beziehungen aufgeklärt werden. Es ist eine Erfahrungstatsache, dass die Vorrangstellung des Sexuellen täuscht und nur eine Zeit lang dauert. Uneinigkeit in Bezug auf das Leibliche ist ein häufiger Grund zur Trennung für Ehepaare, die ihre gegenseitige Liebe vor allem von der Seite der sexuellen Beziehungen angesehen hatten. Das ist offenkundig ein Fall von Selbstsucht zu zweit. Eheleute dürfen sich nicht dadurch einengen, dass sie nur eine Seite ihres Liebeslebens ausleben. Es gibt ja nicht nur die leibliche Vereinigung: Auch Zärtlichkeit ist nötig. Die Ehepartner können und sollen sie einander immer in irgendeiner Weise und unter allen Umständen schenken.

Wie schützt man sich vor der Gefahr einer Trennung oder Scheidung?

– Durch das Gebet: das Gebet der Kirche und ebenso das Gebet des Ehepaares. «*Wachet und betet!*» Im Gebet bewahren wir die uns von Gott geschenkten Gnaden und empfangen weitere, besonders die, nicht in Versuchung zu fallen.

– Durch Wachsamkeit, was nicht «Misstrauen» bedeuten soll. Denn misstrauen heißt, ängstlich wachen. Die Ehepartner brauchen aber keinerlei Angst zu haben, was die Einhaltung der vollkommenen gegenseitigen Treue angeht, da Gott ihnen dazu die Gnade schenkt.

– Durch das Hören auf Gottes Wort: *Es ist Licht auf unseren Pfaden* (Ps 119,105).

– Durch den Gebrauch der Sakramente und ganz besonders des Sakraments der Versöhnung, das nach der Forderung der Kirche häufig zu empfangen ist.

Dieses Sakrament ist die Lebensversicherung des Paares, der Blitzableiter, der die eheliche Liebe bei Gewitter schützt. Denn wenn die Eheleute dieses Sakrament gläubig und mit Zerknirschung empfangen, erlangen sie von Gott die Vergebung ihrer kleinen Vergehen in der ehelichen Liebe und die Kraft, nicht wieder damit anzufangen. Währenddessen wird das Böse, das sich in ihnen breit machen wollte, sich nicht weiterentwickeln können und sogar zurückweichen. Sie sind dann gegen schwere Verfehlungen gegen die Liebe geschützt, und wenn es ausnahmsweise doch so weit kommt, werden sie nicht lange brauchen, bis sie Gott deswegen um Verzeihung bitten, und mit der überfließenden Barmherzigkeit Gottes, auch ihren Partner.

An dieser Stelle verstehen wir, wie durch die Aufgabe des Bußsakraments die Geringschätzung der Ehe vorbereitet worden ist. Das ist sehr einleuchtend. Dadurch aber, dass die Eheleute zu diesem Sakrament der Versöhnung zurückkehren, werden sie sehen, wie ihr Bund nicht nur erhalten, sondern zusätzlich gestärkt wird.

– Durch das Vertrauen auf die Unterstützung durch eine lebendige Gemeinschaft: Ihre Hilfe soll aus Gebet, Ratschlägen, Ermahnungen und gutem Beispiel bestehen, und zwar alle Tage, doch ganz besonders bei Prüfungen wie auch in den Freuden. Ein Ehepaar, das in der Prüfung umgeben ist von einem oder zwei Häusern einer Gemeinschaft mit Ledigen, geweihten Schwestern und dem Priester, wird sich davon beruhigt und gestützt fühlen. Es wird die Hoffnung leichter bewahren.

Im umgekehrten Fall wird ein der Einsamkeit überlassenes Ehepaar nicht mehr wissen, was es denken oder wie es sich entscheiden soll. So haben Eheleute, die sich trennen, sehr oft keine echte Bruderschaft gehabt oder hatten es abgelehnt, auf den guten Rat einer solchen Gemeinschaft zu hören.

Die Gemeinschaft muss auch da sein, um mit dem Ehepaar die Freuden zu teilen: die Hochzeit, die Taufe der Kinder, deren Firmung und auch die Jahrestage. Die Kirche hat in ihrer Liturgie Gebete für einfache Jahrestage und Messen für Silber- und Goldhochzeiten vorgesehen. Es ist also ein alter Brauch, dass die Gemeinschaft an einer solchen Danksagung einer ganzen Familie beteiligt ist. Es ist ganz im Sinne der Kirche, den Rahmen der Familie an solchen großen Festen zu überschreiten. Aber muss nicht noch mehr getan werden? Warum in einer lebendigen Gemeinde (oder der Gemeinschaft) nicht öfter die Jahrestage des Ehesakraments feiern: vielleicht jedes Jahr? Warum führt man nicht ein, am Anfang oder im Lauf der Sonntagsmesse alle Ehepaare willkommen zu heißen, die in der Woche ihren Hochzeitstag feiern? Wir wollen wetten, dass darin von Jahr zu Jahr eine ganz große, schützende Gnade liegen würde.

Man könnte für sie in sehr verschiedener Weise beten: mit einem ausdrücklichen Anliegen oder dem Zeugnis über eine erbetene und empfangene Gnade. Wäre es nicht für die ganze, in ihrem Glauben erhörte Gemeinschaft ein Anlass zur Freude, dem Herrn gemeinsam zu danken? Denn die größten Erhörungen erleben wir in der Danksagung: *Lasst in jeder Lage eure Anliegen durch Bitten und Flehen mit Danksagung vor Gott kund werden* (Phil 4,6).

– Ein Ehepaar muss außerdem Zweifel und Befürchtungen fallen lassen. Diese Gnade wird ihm wiederum im Gebet gewährt.

Befürchtungen und Zweifel schwächen eine Ehe. Daher muss um entsprechende Heilung gebetet werden, denn der Herr will in einem Ehebündnis keinen solchen Mangel an Gewissheit. Dieser begünstigt oftmals Verfehlungen gegen die eheliche Liebe, besonders einen Mangel an Hingabe an die gegenseitige Liebe als Zeichen von gegenseitigem Vertrauen.

Das Paar in dem folgenden Zeugnis ist in seinem Schwanken zwischen zwei verschiedenen Berufungen ein einprägsames Beispiel für das, worum gebetet werden muss. Es handelt sich um Verlobte. Aber wir erkennen, wie wichtig eine solche Befreiung von der Vergangenheit ist, um zur ehelichen Gnade gelangen zu können, die mit dem Sakrament gewährt wird, jedoch nicht ohne vorherige Heilung:

> Luc: «Ich hatte sehr große Furcht, hierher zu kommen, weil ich nicht sicher war, ob der Herr mir Lydia zum Heiraten gegeben hat. Ich war nicht sicher und wollte wirklich eine Bestätigung vom Herrn. Während der Einkehr habe ich Wutausbrüche bekommen und war wie zugeschnürt. Als ich Lydia traf, dachte sie viel über das geweihte Leben nach und mir schien, dass sie nicht für mich geschaffen sei. Schließlich hat der Herr bestätigt, dass wir füreinander geschaffen sind. Darüber hinaus habe ich mich während dieser Einkehr gegen den Herrn aufgelehnt. Ich ging vor das Allerheiligste und habe mich gezwungen, niederzuknien und anzubeten. Der Herr hat mir zu verstehen gegeben, dass ich ein starkes Schuldgefühl in mir hatte. Ich bin mir im klaren, dass ich mich bisher vor Gott gefürchtet habe und vor allem aus Furcht betete. Ich habe dann aber die unendliche Liebe gespürt, die Jesus uns entgegenbringt. Ich bin dabei, gesund zu werden, es müssen noch viele Dinge in mir befreit werden. Ich danke dem Herrn.»

> Lydia: «Ich habe immer zwischen dem geweihten Leben und der Ehe geschwankt. Dank dem Gebet der Brüder habe ich hier meine Berufung erkannt.»

Dieses Paar musste ganz offensichtlich dringend aus seiner «geistigen Verschwommenheit» heraus, um die Heirat frei ins Auge fassen zu können. Damit diese Verschwommenheit aufhört, die die Herzen schwächt und nur allzu oft in einer für die Liebe verhängnisvollen Weise unentschlossen macht, muss man den Herrn um die nötige Erkenntnis bitten. Und das ist eine bedeutende Gnade zum Schutz der Treue in der ehelichen Liebe. Eheleute sollen sich nie wundern, wenn fragwürdige Zweideutigkeiten in ihr Leben kommen. Nicht das ist schlimm, sondern schlimm wäre es, sie nicht zu erkennen und nicht mit dem Ehepartner darüber zu sprechen, sie nicht zurückzuweisen und zu vergessen, sie dem Herrn anzuvertrauen. So schützt Gott die Ehepaare in ihrem Treueversprechen. Aber es ist auch gut, die Wege seiner Gnade zu kennen, um sie sinnvoll anzuwenden.

Eine Rangordnung der Werte aufstellen

Ein Ehepaar, das von Zeit zu Zeit eine Bestandsaufnahme macht, um Ordnung in seinem Leben zu schaffen, ist vor viel Verdruss und vielen Verletzungen geschützt. Beruf, Geld, Freizeit, alles muss eingeordnet werden, aber an zweiter Stelle stehen und abhängig sein von der Liebe zu Gott und der Liebe der Eheleute zueinander. Wenn der Beruf unsicher ist, kein Geld da ist und das Paar einander nicht mehr wahrhaft lieben kann, lässt sich daraus leicht eine Folgerung ziehen. Aber in einem solchen Fall bedient der Herr sich auch der Prüfung, um die Eheleute in ihrer Liebe aufzuwecken. So erging es dem folgenden Ehepaar:

> Philippe: «In zwei Worten, wir sind immer auf sicherem Grund gegangen. Wir haben in christlichen Familien gelebt und sind im Glauben erzogen worden.»
>
> Catherine: «Alles ging gut, bis in meinem Beruf alles zu versinken begann. Je länger das dauerte, umso mehr kam der Boden unter uns in Bewegung. Wir trafen jemanden, der an einer Einkehr wie dieser teilgenommen hatte und ganz verwandelt wieder abreiste. Uns fehlte eine Gnade, und die haben wir hier empfangen: die Gnade der Hingabe. Wir müssen uns zwar um unseren Beruf kümmern, aber die Liebe kommt zuerst.»

Offensichtlich hat die materielle Prüfung dieses Ehepaar in der Hingabe wachsen lassen. Sie hat an die heilsame Ordnung in der Rangfolge der Werte erinnert. Hier ein weitere Zeugnis, diesmal nicht ausgehend von einer Prüfung, sondern von dem Ende einer Verblendung. Die beiden Ehepartner drohten in der Selbstgefälligkeit geschichtsloser christlicher Familien einzuschlafen. Sie waren tatsächlich in Gefahr:

> Philippe: «Wir wollen Zeugnis geben von den Gnaden, die wir hier vor drei Monaten empfangen haben. Wir haben nicht als Ehepaar zusammen gebetet und ich habe unmäßig viel ferngesehen. Ich höre mich noch an einem Samstag, als wir nach Hause zurückkehrten, sagen: "Wir gehen hinein und schaffen den Fernseher weg."»
>
> Sophie: «Das habe ich ihn mindestens noch zweimal wiederholen lassen.»

Philippe: «Als wir im Auto heimfuhren, haben wir uns noch vorgenommen, zu Hause eine Gebetsecke einzurichten. Wir haben Ikonen dort aufgestellt und jeden Abend beten wir dort als Ehepaar, was wir vorher nicht getan hatten.»

Sophie: «Das ist eine Gnade, um die ich lange gebetet hatte.»

Schließen wir nur nicht zu schnell daraus, dass wir den Fernseher in unseren Häusern abschaffen müssen!

Die Freiheit der Kinder Gottes ist die Freiheit zu beten:

Suchet zuerst das Reich Gottes, (…) und das Übrige wird euch hinzugegeben werden (vgl. Mt 6,33).

Das Reich, das ist zuerst das Gebet. Und das bringt Ordnung ins Haus, indem der Gottesliebe der Vorrang gegeben wird und auch — und wie sehr — der Liebe des Ehepaares, nach einem langen Tag, an dem man sich der Familie und dem Beruf gewidmet hat. Wie schön ist die Gnade der Ehe! Sie ist dem Ehepaar von Gott selbst in die Hände gelegt worden. Nun liegt es bei den Menschen selbst, diese Gnade vor allem Verfall zu bewahren. «Vorbeugen ist besser als heilen.»

Entsprechend der Weihe des Ehesakraments leben

Papst Johannes Paul II. hat mit Tertullian gesagt:

«Wie vermag ich das Glück jener Ehe zu schildern, die von der Kirche geeint, vom Opfer gestärkt und vom Segen besiegelt ist?[54]»

Der Begriff, der das alles am besten zusammenfasst, ist wohl das Wort «Weihe», das die Tiefe des Ehesakraments mit allem, was dieses für ein Leben bedeutet, zum Ausdruck bringt. Wenn es für Ordensleute eine Weihe durch drei Gelübde gibt, so auch für die Ehe, die dazu noch ein eigenes Sakrament hat.

---

54 *Familiaris consortio*, Nr. 13.

Beide Berufungen, die zur geweihten Ehelosigkeit und die zur Ehe, sind zwei durchaus verschiedene, aber jeweils gleich wirkliche Formen von Weihe.

Die Eheleute werden in ihrem Treueversprechen bei der gegenseitigen Spendung des Sakraments machtvoll geschützt sein, wenn sie daraus wahrhaft eine Weihe an Gott gemacht haben. *Denn aus ihm und durch ihn und für ihn ist alles. Ehre sei ihm in Ewigkeit!* (Röm 11,36)

Die Ehe kommt von Gott durch seine Schöpfung, es gibt sie nur durch Gott, den Quell der Liebe. Sie ist in ihm und für ihn, denn vor aller Ewigkeit sind die beiden Ehegatten füreinander auserwählt, *zum Lob seiner Herrlichkeit* (vgl. Eph 1,4-6).

Zweifellos macht diese Weihe an den Herrn in der Einmütigkeit der beiden Personen, die das Ehepaar bilden, aus ihnen eine unbezwingliche Festung. Denn dieser von Gott gesegnete Schritt bestimmt die Gegenwart wie eine lebendige Erinnerung an das, was am Tag der Hochzeit stattgefunden hat.

Wenn das Sakrament in dieser Weise als Weihe aufgefasst wird, bei der Gott selbst kommt und die Liebe der Eheleute besiegelt, erfährt das Paar dadurch ganz bestimmt eine Stärkung angesichts all der Schwierigkeiten und Angriffe auf die Liebe, die sich unfehlbar einstellen werden.

Das ist etwas anderes als ein Heiratsvertrag vor dem Notar oder auch vor den Menschen bei der standesamtlichen Eheschließung. Im Ehesakrament liegt etwas Heiliges, weil der Empfänger Gott ist. «Geweiht» bedeutet «an Gott gegeben», «Gott aufgeopfert». Und diese Opfergabe wird durch Gottes Gnade geheiligt. Wer würde noch daran zu rühren wagen? Das wäre dann wirklich eine Entheiligung.

Wir wollen uns aber sofort beruhigen: Das nimmt der Verantwortung der Eheleute nichts weg. Welche Gnade aber, in schwierigen Augenblicken der Ehe zu Gott sagen zu können: «Das ist auch deine Angelegenheit!», oder noch besser: «Dein Bund mit uns steht auf dem Spiel, Herr!» Und es wird das wirksamste aller Gebete sein zu sprechen: «Wir wollen dir heute noch einmal sagen, dass du in unserer ehelichen Liebe der Erste bist. Du kommst zuerst.» Wenn jeder so betet, kann kein Zweifel über das glückliche Ergebnis bestehen, das dann folgt: natürlich die Versöhnung. Und was ist mit der Krise? Sie hatte gar keine Zeit, sich zu entwickeln… Ist die «Weihe» nicht die beste Vorbeugung? Man darf sich nicht damit begnügen, das Sprichwort «Vorbeugen ist besser als heilen» zu wiederholen; es muss in die Tat umgesetzt werden: sich auf Gott einlassen, mit anderen Worten, seine Liebe dem Herrn weihen.

Die Menschen haben die «Lebensversicherung» erfunden. Aber wäre eine «Liebesversicherung» nicht noch wichtiger? Gewiss, denn die Liebe ist unschätzbar wertvoll. Man kann sie nicht kaufen. Außerdem könnte die beste Versicherung keine Gewissheit für eine ewige Liebe geben. Die unfehlbare Versicherung in der Liebe ist Gott. Und diese Versicherung fußt auf dem dreifach gegebenen Ja: dem gegenseitigen Ja der Eheleute und zugleich dem Ja Gottes. Denn Gott musste «hinzugerufen» werden, das ist die Weihe.

Es ist immer Zeit dazu, sie vorzunehmen, diese Weihe, immer Zeit, ihr entsprechend zu leben und immer Zeit, zu ihr zurückzukehren. Gott hat das erste Wort in der Liebe gehabt, er hat stets auch das letzte.

Die Weihe schenkt Frieden und Freude. Frieden und Freude aber, die immer aus der Hoffnung entspringen. Daran müssen die Eheleute sich häufig erinnern, um sie bei Dem zu suchen, der der Gegenstand ihrer Hoffnung ist:

Der Gott der Hoffnung aber erfülle euch mit aller Freude und mit allem Frieden im Glauben, auf daß ihr überreich seid an Hoffnung in der Kraft des Heiligen Geistes (Röm 15,13).

In Verlängerung der bereits empfangenen Taufgnade und der Firmung können Eheleute, die durch ihre Weihe fest in Christus verankert sind, den Auftrag bekommen, in ganz besonderer Weise zu evangelisieren:

«Das Sakrament der Ehe (…) macht die christlichen Gatten und Eltern zu Zeugen Christi "bis an die Grenzen der Erde", zu wahren "Missionaren" der Liebe und des Lebens.» [55]

In der Ehe wie bei jeder Berufung gilt die Salbung dem Auftrag, und die Weihe der Verkündigung. Diese Verkündigung soll durch Zeugen der Treue und der Barmherzigkeit geschehen.

---

55 *Familiaris consortio*, Nr. 54.

Kapitel VII

Zeugen der Treue und der Barmherzigkeit

*«Recht so, du **guter** und **getreuer** Knecht. Geh ein in die **Freude** deines **Herrn**!»* (Mt 25,21)

*1 — Die Heilsbotschaft in Barmherzigkeit
  verkünden*

2 — Das Zeugnis der Treue

3 — Berufungen für den Dienst der Versöhnung

Wenn die Verbundenheit der Eheleute jeden Tag von der Barmherzigkeit erneuert wird, strahlt diese Verbundenheit in die Umgebung hinein und das Ehepaar empfängt die Berufung, die doppelte Gnade zu bezeugen, die es vom Herrn bekommen hat: die Gnade der Barmherzigkeit, die das Paar von Tag zu Tag aufbaut, und die Gnade der Treue, die ihm am Tag seines Rufes zur Heirat geschenkt wurde.

Durch diese doppelte Gabe Gottes werden die Eheleute zu Zeugen, auf die die Welt wartet und die die Kirche nötig hat.

1 — DIE HEILSBOTSCHAFT IN BARMHERZIGKEIT VERKÜNDEN

Das Evangelium der Barmherzigkeit predigen

Ich weiß, Brüder, ihr habt aus Unwissenheit gehandelt, wie auch eure Führer. Gott aber hat so erfüllt, was er durch den Mund der Propheten vorausverkündet (Apg 3,17-18).

So nimmt Petrus das Wort auf, das Jesus selbst am Kreuz gesprochen hat: «*Vater, vergib ihnen, denn sie wissen nicht, was sie tun.*»

Jede Predigt muss neu von Gottes Barmherzigkeit reden, aber ohne je anzugreifen und vor allem ohne zu verurteilen. Wohl die Wahrheit sagen, aber mit Barmherzigkeit. Und das, damit der «*Ankläger unserer Brüder*» (Apg 12,10) keine Zeit hat, sich in den Spalt der Schuldgefühle einzuschleichen.

Das Evangelium und die Soziallehre der Kirche sind von vielen Ideologien grundsätzlich verschieden: Der Geist der Welt verletzt die Freiheit, er versucht den Aufbau mit Streitbarkeit und Übermacht. Das Evangelium hingegen baut die Zivilisation der Liebe durch das «*Band, das Frieden ist*» (Eph 4,1-3), auf. Jeder Getaufte ist dazu berufen, eine befriedete Welt aufzubauen.

Selig, die Frieden stiften, sie werden Söhne Gottes genannt werden (Mt 5,9).

Daher muss zuerst der Irrtum aufgedeckt werden, der auf der Annahme beruht, die Streitbarkeit könne in und für die Welt etwas Gültiges erbauen. Allein die Liebe vermag aufzubauen. Das kann sie dank der Barmherzigkeit sogar angesichts von Gegnerschaft oder Unverständnis tun.

Der Mensch wird in seinem Streben oft starrsinnig. Er verteidigt die eigene Meinung oder die seiner Partei, und alles muss vor ihm zurückweichen. Zunächst versucht man, den anderen zu verstehen, doch sehr rasch kommt es zu Ungeduld und Unfreundlichkeiten.

Man wird einander also seine unterschiedlichen Meinungen vergeben müssen, vergeben sogar noch bevor das Gespräch beginnt. Der Teufelskreis der Streitbarkeit muss durchbrochen werden, in dem die Auffassung des Stärkeren stets die bessere ist, und man muss darauf verzichten, die verschiedenen Meinungen in endgültige Feindschaft zu verwandeln. Denn unsere Welt krankt an dem Mangel an Vergebung. Es ist unsere erste Pflicht, uns unsere Verschiedenheit ausdrücklich zu vergeben, vor allem gegenüber unserem nächsten Nachbarn. Und in der Ehe fängt man bei seinem Partner an.

Zu der Vergebung unserer Verschiedenheit muss auch die Vergebung unserer Unfähigkeit hinzukommen, mit der empfangenen Liebe richtig umzugehen. Denn in der Ehe kann der eine die Hochherzigkeit des anderen verschwenden. Es wird die Torheit des «Reichen» sein, die Armut des «Armen» zu vergeben und ihm zu geben und zu geben wie in ein Fass ohne Boden. Denn lieben heißt geben ohne zu zählen, und vergeben ohne zu zählen. Das ist der Fall bei einem Ehemann oder einer Ehefrau, die untreu war und zurückkommt, fortgeht und nochmals zurückkommt und der der Partner sich wieder und wieder zuwendet. In den Augen der Menschen ist das wirklich Torheit. *Aber hat Gott nicht die Weisheit der Welt als Torheit erwiesen?* (1 Kor 1,20) Die «Weisheit Gottes», die, mit der er uns liebt, *sie lässt die Gnade dort, wo sich die Sünde gehäuft hatte, noch überschwänglicher werden* (vgl. Röm 5,20). «Die Gnade überschwänglich» werden zu sehen ist ein höchst überraschendes Zeugnis. So wurde ein junger, fünfundzwanzigjähriger Mann zutiefst berührt, als ihm mehrere Ehepaare, denen er begegnet war, gerade das Schöne und Große bezeugten, das der Herr durch ihre Armut in ihnen zustande gebracht hatte, und er wurde von seiner wenig begeisternden Vorstellung geheilt, die er von der Liebe in der Ehe hatte.

> Gilbert: «Ich bin sehr glücklich und danke dem Herrn für alle die Wunder, die er in euch vollbracht hat und die er mir durch euch zeigt. Was er getan hat, konnte er tun, weil ihr es zugelassen habt. Ich, der ich früher nur ein ungünstiges Bild von der Verlobung und der Ehe hatte, ich bin sehr, sehr froh, diese Wunder Gottes in euch und für euch zu sehen.»

Die zweite Evangelisierung ist Sache der Barmherzigen

Wenn ich zu meinem Bruder mit demselben erbarmungsvollen Herzen komme, das Gott am Tag meiner Bekehrung für mich hatte, kann ich Gehör finden. Dann vermeide ich den Stolz, der ihn vielleicht durcheinander gebracht hätte.

Was geschieht aber oft in der Ehe? «Ich will nicht wissen, was bei meiner Frau nicht geht. Ich werde ihre Begabungen herausstellen, ich werde ihr Freude machen. Ja, aber liebe ich sie wirklich, wenn ich sie in der Täuschung belasse über das, was ihr fehlt?» Tatsächlich, ein solcher Mangel an Wahrheit wird die Liebe beflecken und daran hindern zu wachsen. Die Lösung besteht dann darin, voller Anteilnahme die Wahrheit zu sagen.

Die Barmherzigkeit, die man einander in der Ehe entgegenbringt, wird die Liebe heilen, bekehren und schließlich aufbauen. Zunächst ist es nötig, dass das Ehepaar zum Evangelium bekehrt wird. Das Bestreben, wahre Liebe aufzubauen, kann nicht in die Tat umgesetzt werden, wenn die Eheleute den Weg dorthin nicht kennen, den Weg der Barmherzigkeit. Das Ehepaar kann ihn dann seinerseits lehren.

Die gottlose oder entchristlichte Welt von heute hat als gemeinsamen Nenner, dass sie die Barmherzigkeit nicht ausreichend kennt, die nur durch Gottes Gnade geübt werden kann. Der Christ aber verrät das Evangelium Jesu, wenn sein eigenes Leben nicht mehr auf der göttlichen Barmherzigkeit fußt, oder wenn er deren Forderungen auf später verschiebt.

Ein Ehepaar führte ein Reformhaus, wo es Kunden empfing, die gesünder leben wollten. Das Hinhören auf ihre Schwierigkeiten machte den beiden ihre eigentliche Berufung deutlich, als sie bemerkten, wie viele geheilt werden müssten. Und wer konnte das tun, außer Gott in seiner Barmherzigkeit? Also ein Laden, in dem der Leib und zugleich die Seele behandelt würde…, warum nicht?

> Marysa: «Wir sind ein Ehepaar, das der Herr vor vier Jahren fast vollständig erneuert hat. Wir haben beide gearbeitet und hatten ein gutes Einkommen. Wir führten ein bequemes Leben und der Herr war weit. Eines Tages wurde ich durch jemanden, der mir nahe steht, sehr verletzt, ich habe großes Leid durchgemacht und der Herr hat sich dessen bedient, um zu uns zu kommen und seinen Blick auf uns zu legen. Ich wurde durch ein Wort der Erkenntnis geheilt und seitdem geben wir Gott in unserem Leben wieder die

Ehre. Wir haben Gebetszeiten für uns als Ehepaar und in der Familie festgelegt. Dann hat der Herr uns gebeten, ihm in unserer Arbeit zu dienen. Wir haben ein Reformhaus, das der Ehre Gottes dienen soll. Wir haben darin einen Gebetsraum eingerichtet. Wissen Sie, ein Geschäft dieser Art ist immer ein Ort, wo die Leute hinkommen und eine Lösung für eine Schwierigkeit suchen. Welche? Oft machen sie Joga, haben Sorgen wegen ihres Körpers oder haben ihre Hoffnung auf einen anderen falschen Gott gesetzt. Ich glaube, der Herr bittet uns, sein Wort zu verkünden, zu sagen, dass er wirklich auferstanden ist, dass Er der Weg, die Wahrheit und das Leben ist. Wir bitten Gott, uns zu stärken, damit alle Kunden ihm begegnen können.»

Die Verkündigung des Evangeliums durch ein Ehepaar, das ist nicht nichts. Dadurch gleichen die Ehepartner sehr den Jüngern, die Jesus zu zweit aussandte (vgl. Lk 10,1).

Man sieht, ein Christ, der nicht vor allem jemand ist, der sich erbarmt, geht in der Verkündigung einen falschen Weg. Das ist der Schlüssel zur zweiten Evangelisierung. Ausgehend von der Barmherzigkeit, wird Gemeinschaft möglich, ausgehend von der Gemeinschaft, eine echte Sendung, die imstande ist zu verkündigen. Mehr noch, ist brüderliche Gemeinschaft nicht an sich schon «Evangelisierung»? Das bestätigt Papst Johannes Paul II., wenn er sich an die «gläubigen Laien» wendet:

«So wird das Leben in der communio (Gemeinschaft) der Kirche der Welt zum *Zeichen*, zur anziehenden *Kraft*, die zum Glauben an Christus führt: "Wie du, Vater, in mir bist und ich in dir bin, sollen auch sie in uns sein, damit die Welt glaubt, daß du mich gesandt hast" (Joh 17,21). Die communio weitet sich zur Sendung aus, ja, sie wird selbst zur Sendung.[56]»

Ein Ehepaar ist wirklich eine solche Liebesgemeinschaft in Barmherzigkeit, in der eine «Anziehungskraft, die zum Glauben an Christus führt,» liegt. Hat dies nicht die erste Generation der

---

[56] Nachsynodales Apostolisches Schreiben Christfideles laïci von Papst Johannes Paul II., 1988, Nr. 31.

Christen bei der Evangelisierung erlebt: *Der Herr aber tat täglich solche, die gerettet wurden, (zur Gemeinde) hinzu* (Apg 2,47)?

2 — Das Zeugnis der Treue

Verloren ist die Treue, ausgerottet aus ihrem Mund (Jer 7,28). Der Prophet Jeremia betont hier die ganze Schwierigkeit, wahrhaft von der Treue Zeugnis zu geben. Es ist nicht leicht, ihr im täglichen Leben zu folgen. Wie dann Zeugnis geben von ihr? Das ist heutzutage ein Gegenstand, der in Unterhaltungen kaum vorkommt: Lieber spricht man nicht davon. Dennoch braucht die Welt ein solches Zeugnis, um leben zu können.

In der wiederholt gewährten gegenseitigen Vergebung sind die Eheleute gute Zeugen für die Welt und sie sind es auch in der Treue. Denn die immer neue Vergebung erzeugt Treue in jeglicher Prüfung. Das soll das Zeugnis aller Ehepaare sein, derer, die schon zu einer gewissen Übereinstimmung gelangt sind, wie auch derer, die in ihrer Verbindung leiden, aber entschlossen sind, einander mit Gottes Gnade treu zu bleiben. Man muss auch das Zeugnis der verlassenen, also getrennten Ehepartner hinzunehmen, die in leidvollem Alleinsein, das ihrer wahren Berufung widerspricht, gläubig weiterhin treu an dem ehelichen Band festhalten und so eine Wiederverheiratung vermeiden, die gegen das Evangelium wäre.

Johannes Paul II. ermutigt väterlich ein solches unverzichtbares Zeugnis treuer Ehepaare, ohne dabei die verlassenen Ehepartner zu vergessen:

> «Den unschätzbaren Wert der Unauflöslichkeit und der ehelichen Treue zu bezeugen, ist eine der wichtigsten und dringendsten Pflichten der christlichen Ehepaare. Deshalb lobe und ermutige ich, zusammen mit den Mitbrüdern, die an der Bischofssynode teilnahmen, jene zahllosen Ehepaare, die auch unter erheblichen Schwierigkeiten das Gut der

Unauflöslichkeit bewahren und entfalten. (...) Aber auch der Wert des Zeugnisses jener Ehegatten muss Anerkennung finden, die, obwohl sie vom Partner verlassen wurden, in der Kraft des Glaubens und der christlichen Hoffnung keine neue Verbindung eingegangen sind. Auch diese Ehegatten geben ein authentisches Zeugnis der Treue, dessen die Welt von heute sehr bedarf. Die Hirten und Gläubigen der Kirche schulden ihnen Ermutigung und Hilfe.[57]»

Wer lässt uns denn an die Liebe glauben?

Das sind die, die Zeugnis von der Barmherzigkeit geben. In einer auf das Einzelwesen bedachten Welt, die sich vor Verpflichtungen fürchtet, kommt ihnen, besonders in der Berufung zur Ehe, ein bevorzugter Platz in der Kirche zu.

Wer lässt uns schließlich an die Liebe glauben? Die, die an die Treue der Liebe glauben und sie in die Tat umsetzen. In ihrer Abhängigkeit von Gott offenbaren sie ihn ungeachtet ihrer Schwächen als wirklich lebend und handelnd in ihrem Leben; sie fordern uns zu demselben Glauben und demselben Vertrauen zu Ihm heraus.

Gute Zeugen sind jene, die von ihrer gegenseitigen Treue Zeugnis geben, obgleich sie gerade wegen ihrer Schwäche immer noch Barmherzigkeit gegeneinander benötigen. Ein solches Zeugnis erfüllt einen Menschen, der noch nicht auf die Möglichkeit der Gnade zu hoffen gewagt hat, mit Verlangen. Dieses Zeugnis eines reuigen Sünders gibt dem Schwachen neuen Mut.

Gott verlangt von den Eheleuten Treue, doch auch ihre Kinder, die Angehörigen und die Gemeinschaft verlangen sie von ihnen. Auch die Ehelosen, Priester und Ordensleute, die in einer anderen Berufung Geweihten, bedürfen ihrer.

Die Welt wartet auf sie. Dies ist ihr vornehmstes Zeugnis von der Kirche und ihre vornehmste Verpflichtung im Dienst an der

---

57 *Familiaris consortio*, Nr. 20.

Welt. Es ist ein überaus kostbarer Schatz, den das Ehepaar nicht für sich behalten kann. Wenn es reich beschenkt und beschützt worden ist, muss es genauso Zeugnis geben wie ein Ehepaar, das von der Barmherzigkeit Gottes gerettet und von der Sünde geheilt wurde.

So können Unentschlossene oder Entmutigte neue Kraft und Hoffnung schöpfen, dank dem Zeugnis von Ehepaaren, die der Herr erwählt und als fügsame Werkzeuge seiner Gnade zu ihren Brüdern schickt:

> Michel: «Wir sind seit achtundzwanzig Jahren verheiratet und haben vier Kinder. Alle diese Jahre waren Jahre voller Freude. Morgen treffen wir in einer Einrichtung zur Ehevorbereitung, die wir leiten, junge Leute. Wir haben viele Gnaden nötig, um Zeugnis zu geben. Ich fühle mich ein wenig wie der reiche Jüngling im Evangelium, ich habe viel empfangen und verstehe es nicht zu geben. Ich bitte den Herrn, dass ich wieder wie ein kleines Kind werde, um einzuwilligen, dass der Heilige Geist durch mich spricht, damit ich ein gutes Werkzeug werde.»
>
> Anne: «Ich habe entdeckt, wie groß das Gebet ist. Ich kann nicht beten, ich kann nicht anbeten. Ich fühle mich zusammen mit Michel berufen, über Gottes Liebe zu sprechen, über die Ehe, damit die jungen Leute sich in Wahrheit darauf einlassen können.»

Und wenn das Ehepaar schwankt und verzweifelt, wie kann man dann Nicht-Gläubige die Treue Gottes in seinem Bund mit den Menschen lehren, diesen unzerstörbaren Liebesbund, der allein imstande ist, die Welt aufzubauen?

Es ist das Ehepaar, und ganz besonders das christliche Ehepaar, das, in seiner Treue fest auf Christus, seinen Felsen, gestützt und dessen Zärtlichkeit ausbreitend, uns von Tag zu Tag die Möglichkeit geben kann und muss, weiter an die Liebe zu glauben.

Die Eheleute sollen sich nicht scheuen, die Schönheit ihrer treuen Liebe zu verkünden. Wir dürfen nicht meinen, das sei Anmaßung oder Selbstdarstellung! Ganz und gar nicht: Jesus selbst strahlt auf den Gesichtern der Eheleute, die *Gott mit lauter Stimme vor den Menschen preisen* (vgl. Lk 17,15), dass sie von ihrem

Aussatz geheilt worden sind: von Selbstbezogenheit, Begierde, Gelüsten und erniedrigenden Leidenschaften.

Leider fehlt es nicht an Gegen-Zeugnissen gegen die Liebe und sie sind gewagt genug, um Herzen auf der Suche nach dem Glück zu verführen. Wie könnten dann Ehepaare, die in wahrer Liebe leben, über die von Gott empfangenen Wohltaten schweigen? Davon ist nirgendwo die Rede, vor allem, wenn wir dem II. Vatikanum gehorchen wollen, das uns sagt:

> «Die christliche Familie verkündet mit lauter Stimme die gegenwärtige Wirkkraft des Gottesreiches, besonders aber auch die Hoffnung auf das selige Leben.[58]»

Der schwere Weg der Treue

Manche werfen der Lehre der Kirche über die Ehe vor, sie sei festgelegt und ermangele einer Entwicklung ihrer Seelsorge auf diesem Gebiet.

Das heißt die Wirklichkeit der Ehe in ihrem Anspruch verkennen, so wie sie die Kirche von jeher gelehrt hat. Es ist durchaus keine bequeme Seelsorge und für die getreuen Eheleute keineswegs ein «leichtes» Leben. Manche glauben, nur bei getrennt Lebenden gebe es Leid, und die mühsame Suche nach Lösungen nur bei wieder verheirateten Geschiedenen. Durchaus nicht.

Eheleute können nicht ohne gegenseitige Verletzungen in Treue leben und viele Ehepaare halten zu gewissen Zeiten nur im Glauben durch. Deshalb bemüht sich jede gute Eheseelsorge zunächst darum, sie zu unterstützen.

So werden bei Einkehrtagen oder Versammlungen für Ehepaare viele durch die Unterweisungen, die Brüderlichkeit, das Hören auf das Evangelium und die Sakramente der Eucharistie und der Versöhnung gerettet. Man erlebt auch, wie Verlobte in einem solchen Rahmen Gnaden empfangen, offen miteinander zu

---

58 *Lumen gentium*, Nr. 35.

reden, um einander zunächst die Verfehlungen ihrer Vergangenheit zu vergeben, bevor sie etwas aufbauen können.

Es ist sehr wichtig, die Verlobten zu wahrer Liebe auszubilden. Und von der Wirklichkeit der Ehe gibt es vor ihnen nichts zu verschweigen. Sind sie dann überrascht, liegt es an der Täuschung, in der sie lebten.

Es ist die Gnade der Verlobungszeit, dass sie mit den Täuschungen aufräumt, um zu einer wahreren und beständigeren Liebe zu gelangen:

> «Wir haben sehr viel gelernt, als wir hierher kamen, besonders über die verschiedenen Schwierigkeiten zwischen Eheleuten. Anfangs fanden wir die Unterweisungen miesmacherisch. Dann haben wir gesehen, dass sie uns halfen, wahrhaftig miteinander zu reden. Wir konnten unsere Gedanken sehr freimütig austauschen, aber nun konnten wir in unseren gegenseitigen Geständnissen eine größere Tiefe erreichen. Das ist eine der großen Verbindung stiftenden Gnaden. Lachend haben wir uns gesagt, dass wir kaum Lust zu heiraten hätten angesichts all der Schwierigkeiten im Leben einer Ehe, die wir im Lauf der Unterweisungen entdeckt hatten… Aber, keine Sorge!»

Auf diesem schweren Weg der Treue werden viele in Schwierigkeiten steckende Ehepaare gegen ihre eigenen Schwächen ankämpfen müssen, aber auch gegen ihre Familien, die herbeikommen werden, um ihnen den Mut zum Zusammenbleiben zu nehmen. Es ist recht verbreitet, dass Eltern, Großeltern oder Kinder den Fall der Ehepartner verschlimmern, statt ihn zu beheben. So erging es Eheleuten, die ein Wort von Gott bekamen, durch das sie auf dem von Gott zugelassenen, schweren Weg der Einheit bestätigt wurden, der jedoch mit seiner Gnade gegangen werden konnte:

> Gaston: «Ich danke dem Herrn, weil wir ihm die große Liebe, die in uns war, zurückgegeben haben und wir nun nach Hause fahren, um sie mit ihm zusammen zu erleben.»
>
> Micheline: «Während der Unterweisungen habe ich unsere ganze Verlobung und Hochzeit wiedererlebt, die wir im Herrn gefeiert hatten. Es hat in unserem Eheleben schmerzliche Ereignisse gegeben

und wir sind von einer Einkehr zur nächsten gefahren. Eine Freundin hatte uns auf diese aufmerksam gemacht. Am ersten Tag bekamen wir ein Wort des Wissens, das lautete: "Eine erwachsene Tochter hat ihrer Mutter gesagt, sie solle sich scheiden lassen." Das war für mich. Gaston hatte einen sehr schweren Unfall gehabt und einige Verhaltensweisen angenommen, die uns weh taten, ohne dass er es bemerkte. Es wurde mit den Kindern darüber gesprochen und ich sagte ihnen, sie sollten die Erinnerung an ihren Vater vor dem Unfall bewahren. Eines Tages riet meine Tochter mir, mich scheiden zu lassen. Ich habe ihr erwidert, das könne ich nicht, wir liebten uns noch immer, wir liebten uns wie verrückt.»

Wenn Untreue, Krankheit, Körperbehinderung oder einige Verirrungen auftreten, die zu den Mängeln der menschlichen Schwachheit gehören (Trunksucht, Sex, Spielsucht und so weiter), kann der Weg der Treue die Kräfte eines Menschen zuweilen übersteigen. Aber die Gnade ist da, damit man durchhält. In bestimmten, wirklich nicht zu verkraftenden Fällen hat die Kirche jedoch immer eine Trennung in Betracht gezogen, aber nicht, damit jeder «seine Freiheit» wiedererlange, sondern damit er dem anderen trotz der Trennung von Herzen treu bleibe.

Eng ist die Pforte und schmal der Weg, der zum Leben führt, und wenige sind es, die ihn finden (Mt 7,14). Durch Verzicht werden viele Ehepaare in Treue durchhalten, man vermeidet bestimmte Begegnungen, schaut bestimmte Filme nicht an, zieht in eine andere Wohnung…

> Während einer Gebetsversammlung wurde das folgende Wort der Erkenntnis gegeben: «Der Herr besucht das Herz einer fünfzigjährigen Frau in großen Schwierigkeiten und legt ihr nahe, das tun zu wollen, was ihre Gebetsgruppe ihr geraten hat. Sie weiß genau, dass sie gerettet wäre, wenn sie gehorchte.» Am nächsten Tag stand bei der Danksagung jene etwa fünfzigjährige Frau auf, die jedoch niemand mit diesem Wort in Verbindung gebracht hatte und die auch nicht zu einem Zeugnis aufgefordert worden war. Sie sagte: «Die fünfzigjährige Frau bin ich. Und ich bin in großen Schwierigkeiten, das ist sicher. Seit zehn Jahren, die ich nun Witwe bin, hat mich ein verheirateter Mann regelmäßig besucht, und Sie können sich das Weitere vorstellen… Da haben mir Brüder aus der Gebetsgruppe

geraten, zum Notar zu gehen (der zur Gruppe gehört) und ihn zu bitten, eine andere Wohnung für mich zu suchen, am anderen Ende der Stadt, um mich von diesem Mann zu entfernen. Das habe ich getan. Und er hat eine zum gleichen Preis gefunden. Vorgestern sollte ich zum Unterschreiben zu ihm gehen, aber ich bin nicht hingegangen. Im letzten Augenblick konnte ich nicht auf all die Angewohnheiten verzichten, die ich in diesem Stadtteil angenommen habe… und vielleicht auch nicht auf diesen Mann (obwohl ich gebeichtet habe). Das Wort der Erkenntnis hat mich angerührt: Der Herr hat wirklich selbst zu mir gesprochen. Ich fühle mich zu diesem Verzicht gedrängt und morgen gehe ich und kündige meine Wohnung als Eigentumswohnung, um in der anderen zu wohnen, wo ich geschützt bin.»

«Wenn dich dein rechtes Auge zur Sünde reizt, so reiß es aus und wirf es von dir. Es ist besser für dich, dass eines deiner Glieder verlorengeht, als daß dein ganzer Leib in die Hölle geworfen wird» (Mt 5,29).

Jesus folgend, lehrt die Kirche von jeher, dass ein gewisser Verzicht des Leibes notwendig ist, um die Seele zu retten.

«Fürchtet euch nicht vor denen, die den Leib töten, die Seele aber nicht töten können. Fürchtet vielmehr den, der Seele und Leib in der Hölle verderben kann» (Mt 10,28).

Treue bei getrennten, nicht wieder verheirateten Ehepartnern

* Solche Treue ist möglich

Bevor man zu der Entscheidung kommt, die Trennung eines Ehepaares sei das kleinere Übel — und daher wünschenswert wegen des unmöglich oder unheilvoll gewordenen Zusammenlebens, für die Kinder zum Beispiel —, muss sorgfältig überlegt werden, ob hinsichtlich der Bekehrung nichts versäumt worden ist. Auch müssen die Eheleute gebeten werden, sich in ihrer Verwirrung geistlich, ärztlich und brüderlich in Demut helfen zu lassen.

Die Eheleute können sich also nur trennen, wenn sie aus dem Glauben heraus das Notwendige getan haben und die Hoffnung behalten, wieder zusammenzukommen. Ebenso ist die Gemeinschaft zu denselben Taten in Glauben und Hoffnung aufgefordert, dort wo man glaubt, dass *bei Gott möglich ist, was für die Menschen unmöglich ist* (vgl. Lk 1,37).

Hinterher gibt die Trennung kein Recht zu einer Wiederverheiratung, selbst dem nicht, der menschlich gesprochen für unschuldig erklärt wurde.

Viele getrennte christliche Ehepaare, desgleichen auch rechtlich geschiedene (aus finanziellen Gründen oder wegen trennungsbedingt aufzulösender Verträge), beschließen mit Gottes Gnade, keine zweite Verbindung anzustreben, als Zeichen des Glaubens an die durch das Ehesakrament entstandene unauflösliche Gemeinschaft. Denn diese kann tatsächlich erst mit dem Tod eines der Partner zu Ende sein. Das ist die Tat des unbeirrten Glaubens an das Ehesakrament, so wie es am ersten Tag versprochen worden war. Also nichts Befremdliches. Auch nichts Unmögliches, da die Gnade der Ehe immer noch vorhanden ist und nicht am Tag der leiblichen Trennung verschwand. Dieses von Gott und durch seinen Ruf zu einer gemeinsamen Weihe geschenkte Band kann sich unmöglich mit der Schwäche der Eheleute in Nichts auflösen.

Wenn Eheleute einander sehr weh zu tun beginnen, aber trotzdem zusammenzubleiben entschlossen sind, muss man genauer hinschauen, bevor man zu dem Schluss kommt, sie bewiesen hier ein falsches Heldentum oder handelten aus Hochmut, um der Versuchung zu einer Trennung zu widerstehen.

Das ist jedenfalls ein böses Urteil über sie und eine wenig evangeliumsgemäße Unterstellung. Diejenigen, die ihnen zu einer Trennung raten würden, hätten vergessen, dass es die eheliche Gnade gibt, an die notwendigerweise geglaubt werden muss. Viele Ratgeber, die nicht an Gottes Macht glauben, richten Verheerungen damit an, dass sie allein auf die menschlichen Möglichkeiten schauen. In dem Geheimnis seiner Liebe kann Gott im letzten

Augenblick beschließen, die Versöhnung der Eheleute zu bewirken und sie zu heilen, zu bekehren und ihnen ein neues, gangbares und erträgliches Eheleben zu schenken.

So habe ich Eheleute gesehen, die im Begriff waren, sich vollständig zu trennen und für den folgenden Tag einen Termin beim Rechtsanwalt hatten, diesen Schritt jedoch wieder rückgängig machten, um erneut ihr gemeinsames Leben aufzunehmen. Ein Jahr darauf stand es mit ihrer Treue zum Besten.

Aber welch ein Unglück, wenn der Mensch nicht Gottes Geduld besessen hat! Denn es ist leichter, zwei noch nicht getrennten Ehepartnern eine Versöhnung zu ermöglichen, als sie hinterher nacheinander aufzusuchen, um ihnen zu einer erneuten Annäherung zu verhelfen. Zunächst muss man ihnen wirklich zur Bekehrung raten, statt zur Trennung.

Hier spielt nun der Priester eine ganz andere Rolle als der beste Eheberater. Der Priester besitzt die priesterliche Weihe und bringt durch sein Amt machtvolle Gnaden der Versöhnung, die auf anderem Wege nicht zu erhalten sind. Durch ihn spricht Gott zu dem verwirrten Ehepaar.

Das Konzil sagt über die Priester:

«Sie empfangen eine geistliche Macht, die ihnen zum Aufbau der Kirche verliehen wird.[59]»

Wenn schwer wiegende Gründe vorliegen, können christliche Ehepaare voneinander getrennt leben, mit der Hilfe von Gottes Gnade und der brüderlichen Umgebung der Gemeinschaft. Sie bleiben jedoch zur Treue verpflichtet.

Tatsächlich besitzt jeder Ehepartner, der die Gnade des Ehesakraments empfangen hat, die Kraft, einem Ehebruch zu widerstehen. Das II. Vatikanum ist in diesem stets wesentlichen Punkt sehr bestimmt:

«Diese Liebe wird durch gegenseitige Treue bestätigt und in besonderer Weise durch Christi Sakrament geheiligt; sie

---

59 Dekret über Dienst und Leben der Priester.

besagt in Glück und Leid eine unauflösliche Treue dem Tun und der Haltung nach. Sie stellt sich somit jedem Ehebruch und jeder Scheidung entgegen. (…) Von daher werden die Eheleute, durch die Gnade zu heiligem Leben bestärkt, Festigkeit in der Liebe, Hochherzigkeit und Opfergeist pflegen und im Gebet erlangen.[60]»

Die Heiligkeit der Eheleute lässt an die Liebe glauben

Im Fall einer neuen Heirat des Ehemannes wird von der Frau, die «allein» im Leben zurückbleibt, Heiligkeit gefordert. Ihr aufgeopfertes Leid trägt zur Rettung vor allem ihres untreuen Mannes bei.

Es ist ganz klar, dass verlassene Ehepartner sich für den Segen Gottes entscheiden, wenn sie sich für die lebenslange Treue zu ihrem abwesenden Partner entscheiden. Oder man müsste an den Verheißungen des Evangeliums an den «guten und getreuen Diener» verzweifeln, den der Herr bei seiner Rückkehr wachend vorfindet.

Sehr oft, um nicht zu sagen immer, wird jemand, der bis zum Ende treu bleibt, allmählich, während er oder sie die häuslichen Aufgaben wie Arbeit und Kindererziehung allein verrichtet, zu einer Seele, die für die Welt betet. Manchmal schließen sich die Betreffenden in Gemeinschaften[61] zu Gebet und gegenseitiger Hilfe zusammen — eine Hoffnung für die Kirche von heute und von morgen. Diese Menschen lassen an die Liebe glauben, dadurch dass sie bis zum Ende die Treue halten und ein Vorbild für die junge Generation darstellen, die nach beständiger, wahrer und treuer Liebe sucht.

---

60 *Gaudium et spes*, Nr. 49.
61 «Notre-Dame de l'Alliance» in Cesson-Sévigé, Frankreich, eine geistliche Gruppe getrennt lebender oder geschnieder Christen, und «Solitude Myriam» in Kanada.

Für die Diener ist wichtig, für treu befunden zu werden

So soll man uns betrachten als Diener Christi und Verwalter der Geheimnisse Gottes. Da dem so ist, verlangt man von jedem Verwalter nur, daß er treu befunden werde (1 Kor 4,1-2).

Eheleute sind Verwalter der Geheimnisse Gottes, denen die Liebe anvertraut wurde. Eine unermessliche, wunderbare Verantwortung!

«Recht so, du guter und getreuer Knecht, du bist über weniges treu gewesen, ich will dich über vieles setzen. Geh ein in die Freude deines Herrn!» (Mt 25,21)

Das Ehepaar ist Diener dessen, der der Herr in der Liebe ist. Das Ehesakrament, das dem Menschen anvertraute Werk Gottes, umfasst den Bund und die Weitergabe des Lebens.

– *«Guter Knecht!»*, sagt uns das Evangelium: Das eheliche Leben ist dazu da, um Gottes Güte über unsrer Erde auszudrücken, selbst wenn *nur Gott gut ist* (Mk 10,18).

– *«Und getreuer Knecht»*: Das ist das Kennzeichen des Dieners, aber es ist seine Freude und besonders die Freude seines Herrn. *«Geh ein in die Freude deines Herrn»*: Ganz gleich in welchem Alter der Herr den einen oder den anderen der Ehepartner zurückruft, jeder ist in der Lage, dieses Wort zu sich sagen zu hören. Man muss im Voraus daran glauben. Ein Paar und eine Familie, die in Güte und Treue leben, sind jeden Tag Gottes Freude und erfahren in wahrer Liebe selbst Freude. Denn «lieben heißt dienen». Der Mensch ist geschaffen, um Gott zu lieben und zu dienen. So stehen die Eheleute im Dienst der Liebe. Welche Freude und welche Kraft bedeutet es für sie, einem solchen Herrn zu dienen! Und wie sollte man ihm da nicht bis zuletzt treu sein? Eine Ehefrau, die ihrem Mann treu ist, gleicht der Kirche, die Christus treu ist (vgl. Eph 5,25). Man muss so weit gehen, um diese unzerstörbare Treue zwischen den Ehepartnern zu begreifen und dementsprechend zu leben. Es ist Treue gegenüber Gott, gegenüber seiner Gabe, in jedem Augenblick und bis hinein ins innerste Herz.

Diese Treue ist uns nicht freigestellt

Manche Christen meinen, der verlassene Ehepartner hätte allgemein das Recht, sich wieder zu verheiraten. Zugleich räumen sie ein, dass einige sich prophetisch aufopfern, um die Welt an die Unauflöslichkeit der Ehe zu erinnern. In Wahrheit ist der «Verzicht auf eine neue Heirat» eine «evangeliumsgemäße» und keine «prophetische» Haltung. Das Evangelium selbst verlangt ihn von allen: Er ist uns nicht freigestellt. Diese Auslegung der Unauflöslichkeit ist also vollkommen falsch; die Möglichkeit, sich für die eine oder die andere Haltung zu entscheiden, entspricht nicht dem Evangelium. Die Wahrheit findet sich in dem, was Jesus lehrt:

> «Also sind sie nicht mehr zwei, sondern ein Fleisch. Was nun Gott verbunden hat, das soll der Mensch nicht trennen» (Mt 19,6).

Jesus spricht hier für alle und sein Aufruf zur Treue meint alle Ehepaare, während eine prophetische Berufung infolge eines besonderen göttlichen Rufs nur einigen wenigen vorbehalten ist. Wir sehen, bis zu welchem Punkt die christliche Lehre missverstanden werden kann. Die oben genannte Annahme läuft auf die Behauptung hinaus, nur einige Menschen seien auf Grund einer außergewöhnlichen Berufung zum Gehorsam gegenüber dem Evangelium angehalten. In Wahrheit ist das Zeugnis der ehelichen Treue unumgänglich und Papst Johannes Paul II. hat diese überkommene Lehre der Kirche bezüglich getrennter Ehepartner und nicht wieder verheirateter Geschiedener noch einmal sehr genau für uns wiederholt:

> «Verschiedene Gründe wie gegenseitiges Unverständnis oder die Unfähigkeit, sich für personale Beziehungen zu öffnen, können zu der schmerzlichen Folge führen, daß in

einer gültigen Ehe ein oft unheilbarer Bruch eintritt. Natürlich muss die Trennung als ein äußeres Mittel angesehen werden, nachdem jeder andere vernünftige Versuch sich als vergeblich erwiesen hat. Einsamkeit und andere Schwierigkeiten sind oft die Folge für den getrennten Gatten, zumal wenn er unschuldig ist. Solchen Menschen muss die kirchliche Gemeinschaft ganz besondere Fürsorge zuwenden und ihnen Wertschätzung, Solidarität, Verständnis und konkrete Hilfe entgegenbringen, damit es ihnen möglich ist, auch in ihrer schwierigen Situation die Treue zu bewahren. Man wird ihnen helfen, zu einer Haltung des Verzeihens zu finden, wie sie von der christlichen Liebe geboten ist, und zur Bereitschaft, die frühere eheliche Lebensgemeinschaft gegebenenfalls wieder aufzunehmen. Ähnlich liegt der Fall eines Ehegatten, der geschieden wurde, aber sehr wohl um die Unauflöslichkeit des gültigen Ehebandes weiß und darum keine neue Verbindung eingeht, sondern sich einzig um die Erfüllung seiner Pflichten für die Familie und ein christliches Leben bemüht. Ein solches Beispiel der Treue und christlicher Konsequenz ist ein wertvolles Zeugnis vor der Welt und der Kirche. Umso notwendiger ist es, daß die Kirche solchen Menschen in Liebe und mit praktischer Hilfe unablässig beisteht, wobei es keinerlei Hindernisse gibt, sie zu den Sakramenten zuzulassen.[62]»

Das Zeugnis wiedergefundener Treue

Aber auch ein Zeugnis von unterlassener und wiedergefundener Treue lässt an die Liebe glauben. In diesem Fall trägt schließlich die Liebe den Sieg über Undankbarkeit, Zurückweisung, Bruch, Feigheit und Verzweiflung davon. So konnte ein seit sieben Jahren getrenntes, vom Gebet der Gemeinschaft und seiner Tochter umgebenes Ehepaar bezeugen, dass Gott zu einer

---

[62] *Familiaris consortio*, Nr. 83.

Wiederherstellung imstande ist. Doch zuvor mussten alle im Gebet an das Wunder glauben.

Jean-Pierre: «Als ich hier ankam, hatte ich sehr große Schwierigkeiten. Vor langer Zeit haben wir dem Herrn als Ehepaar von ganzem Herzen gedient. Und seit sieben Jahren bin ich untergegangen. Wir haben uns getrennt, ich bin gegangen. Dany hat sich mit vollkommenem Vertrauen zum Herrn gerettet und ich, ich bin in die Hölle hinabgestiegen. Diese Jahre waren schreckliche Jahre des Bösen. Ich habe die Menschen um mich herum zerstört, ich habe Nacht und Sünde ausgesät. Ganz unten auf dem Grund der Grube habe ich noch an den Herrn gedacht, ich habe immer versucht, herauszukommen, aber ich rutschte an den Seiten wieder ab, ich konnte nicht hochkommen. Mir schien, dass ich noch tiefer fiel. Als ich hierher kam, wollte ich mich davon befreien, aber die letzten Kilometer waren schrecklich. Ein innerer Kampf ging los. Ich war wie eingemauert, ich konnte mit niemandem in Beziehung treten, ich war wieder im Gefängnis. Der Böse ist wirklich böse. Er benutzte seit langem die Bibel, das Wort Gottes, um mich in die ewige Verdammnis einzuschließen. Nach einigen Tagen sagte ich mir, diesmal sei ich verworfen, für mich sei alles aus. Es gab Gott nicht mehr, ich sah eine Ewigkeit ohne Gott vor mir und es war ganz schrecklich. Gestern beim Abendessen fühlte ich mich plötzlich frei. Das tiefe Loch des Elends war verschwunden. Ich war sehr erstaunt. Ich konnte die einen und die anderen in Liebe und mit Entgegenkommen anschauen. Das war wunderbar. Alles das ist durch das Gebet beendet worden. Ich glaube, der wahre Kampf fängt erst noch an, aber die Ketten sind abgefallen. Ehre sei dir, o Herr.»

Dany: «Als die Ehepaare zum Gebet nach vorn gingen, ging ich allein hin, nahm Jean-Pierre aber fest und von ganzem Herzen im Geiste mit. Als die Brüder für mich beteten, empfing ich einen unglaublichen Frieden. Ich verstand, dass der Herr im Herzen meines Mannes wirkte.»

Jean-Pierre: «Etwas, um das ich, um das wir beide bitten, ist, dass diese sieben Jahre des Elends und der Nacht zur Ehre Gottes dienen mögen. Ich möchte denen, die Gefangene der Hölle sind und in ihren Ketten verzweifeln, ein Wort des Lichts bringen.»

In der Liebe ist wichtig, dass wir für treu befunden werden. Wenn nicht, ist es wichtig, dass wir Gott darum bitten, wiederherzustellen, was zerbrochen war. Gott kann uns wieder treu machen. Nur das erwartet er. Dafür haben wir so eindrucksvolle Zeugnisse wie dieses, und noch sehr viele andere…, um die zu ermutigen, die gefallen sind und noch auf ihre Heilung und Versöhnung warten.

Der Herr lässt uns immer wieder staunen!

Demnach ist es die Hoffnung, die rettet, und Gott, der sie schenkt: Der Herr lässt uns immer wieder staunen!

Wenn die Herzen scheinbar endgültig zerbrochen sind,
wenn die Nacht von Jahr zu Jahr tiefer wird
und alle Freude und alles Leben scheinbar verschlungen hat,
erscheint endlich am Horizont ein Hoffnungsstrahl —
eben stark genug, um ein Ehepaar zur Treue
zurückfinden zu lassen.

Weg voller Schmerzen, wahrhaft ein Kreuzweg,
und doch schon Tröstung,
vom Morgenrot kommende Gewissheit vom Sieg
der Auferstehung.

Und schon fließt die Hoffnung über für andere.
Unbezwinglicher Strahl, der neu entflammt, er
steckt an, inmitten der Nacht endloser, schwärzester
und so oft entmutigter Einsamkeiten
der Allereinsamsten in Erwartung
des «unmöglichen Wunders»,
des sehnlich erhofften!

3 — Berufungen für den Dienst der Versöhnung

Woher kommen Berufungen?

Der heilige Paulus sagt uns, dass jeder Getaufte ein *Versöhnter* ist, der berufen ist, an der Versöhnung mitzuarbeiten.

> *Das alles aber kommt von Gott her, der uns mit sich versöhnte durch Christus und uns den Dienst der Versöhnung übertrug* (2 Kor 5,18).

Eheleute müssen sich stets versöhnen und durch dieses Zeugnis alle, die den Herrn nicht kennen, belehren, dass Er sie zur Versöhnung erwartet.

Jesus sieht seine Herde «*als Schafe, die keinen Hirten haben*», er lädt uns ein zu demselben Blick und zur Betrachtung seines «durch so viel Undankbarkeit der Menschen» durchbohrtes Herzens, wie er selbst zu der heiligen Margareta Maria gesagt hat.

Dann kehrt unser Herz um, und das ist Bekehrung. Wenn wir endlich von der richtigen Seite her sehen, erkennen wir das Werk, das getan werden muss; es ist das Werk Gottes. Der Ruf ist da und die Verkündigung der Heilsbotschaft kann beginnen. So wurde ein Ehepaar von dem Zeugnis eines anderen berührt und wurde seinerseits zum Zeugen der Barmherzigkeit Gottes.

> Pascal: «Ich möchte etwas dazu sagen, wie wichtig das Zeugnis ist. Ein Ehepaar hat uns eines Tages ein Zeugnis von Gottes Güte in seinem Leben gegeben und wenn wir ihnen nicht zugehört hätten und nicht vollkommen davon erschüttert worden wären, würden wir heute nicht in der Gemeinschaft sein. Unsere Ehe wäre nicht in diesem Maß gewachsen. Jedes Mal, wenn wir Einkehrtage veranstalten, machen wir uns die Gnaden, die der Herr uns schenkt, besser deutlich. Er bewirkt unsere Verbundenheit. Und die empfangenen Gnaden sind nicht nur für uns da, sie sind auch für die Kirche da.»

Am Anfang ist Jesus da, der uns sein Herz voller Anteilnahme für die Welt schenkt. Ein Ruf ist also niemals die Folgerung aus einer soziologischen Untersuchung oder einer Umfrage über die Bedürfnisse der Menschen. Jede Berufung ist die Frucht eines Rufes. Diese erwächst aus der Betrachtung und zugleich aus den Bedürfnissen der Welt. Hier haben wir den Schlüssel der Berufungen. Werden wir imstande sein, unsere überholten Ordnungen hinter uns zu lassen und vom Heiligen Geist demütig den guten Weg anzunehmen, dem es zu folgen gilt? Dann wird der Herr selbst, der die Bedürfnisse seiner Kirche kennt, Berufungen nach seinem Belieben ergehen lassen.

Wer weiß, wie wichtig Priester, Ordensleute und zum Dienst in der Kirche bereite Gemeinschaften sind, könnte der sich noch weigern, diesen guten Weg einzuschlagen: den Weg unserer Bekehrung, die zur Versöhnung führt, dann zum Ruf, diese selbe Versöhnung der Welt nahe zu bringen, aber nicht einer durch die Masse bestimmten, unpersönlichen Welt? Der Einsatz von Eheleuten in der Welt wird zunächst darin bestehen, entsprechend dieser inneren Versöhnung in Gott zu leben und sie dann überallhin auszustrahlen: in die Familien, die Kirche und die Gesellschaft.

Sehr oft entstehen Berufungen auch durch die Eucharistie. In dieser Liebe zu Jesus in der Heiligsten Eucharistie — Messe und Anbetung — wird der Ruf hörbar. Dazu gibt es zahlreiche Zeugnisse von Priestern und Ordensleuten. Dank einer treuen, beständigen inneren Erneuerung werden Ehepaare und Familien in der Eucharistie auch die Kraft finden, vor eine Welt hinzutreten, die nur allzu oft die wahre Liebe vergessen hat und auf die Versöhnung mit Gott wartet.

Johannes Paul II. erinnert daran, dass die christliche Lebenskraft der Familien diesem Sakrament entspringt:

> «Die Teilnahme am "hingegebenen" Leib und am "vergossenen" Blut wird unerschöpfliche Quelle der missionarischen und apostolischen Dynamik der christlichen Familie.[63]»

---

[63] *Familiaris consortio*, Nr. 57.

Eheleute als «Botschafter» für die Barmherzigkeit

> Die Liebe, die in ihnen lebt, ist die Liebe Christi. Und *die Liebe Christi drängt uns* (2 Kor 5,14). *Er ist für alle gestorben, damit die Lebenden nicht mehr für sich selbst leben, sondern für den, der für sie gestorben und auferweckt worden ist* (2 Kor 5,15).

Die grundlegende Frage lautet: Sind die Christen wirklich «gedrängt» und getrieben von der Liebe Christi? Wenn das der Fall wäre, könnten sie dann noch für sich selbst leben und diese innere Zweideutigkeit beibehalten, die sie verwirrt oder lähmt? Die Ehepaare dürfen nicht das geteilte Herz dessen haben, der die Hand an den Pflug gelegt hat und zurückschaut und damit für Gottes Reich untauglich ist (Lk 9,62).

Denn wo dein Schatz ist, da wird auch dein Herz sein (Mt 5,21), sagt Jesus zu seinem Jünger und lädt ihn ein, sich stets zu vergewissern, wo er sein Herz hat.

Habe ich mir aber das Mitleid des Vaters gut verdeutlicht, der mir seinen Sohn Christus schenkt, den für mich, für uns gestorbenen und auferstandenen? Wir kommen somit auf den Ausgangspunkt jedes Rufes zurück. Nun ist aber schon die Taufgnade ein Ruf. Und in dem Maß, in dem mein Herz von diesem Mitleid des Vaters und der Liebe Christi berührt worden ist, werde ich mich meinerseits, von Mitleid bewegt, gedrängt fühlen, den Versöhnungsdienst aufzunehmen:

> *So sind wir also Botschafter an Christi Statt, da ja Gott durch uns Mahnungen ergehen lässt* (2 Kor 5,20).

Am Ausgangspunkt jeder Berufung steht eine solche Erfahrung von der Barmherzigkeit des Vaters, die sich uns offenbart hat, und der sich unmittelbar daraus ergebende Hunger, diesen Lebensschatz den anderen mitzuteilen. Und gerade durch das Teilen wird dieser Schatz größer: «*Gebt, und euch wird gegeben werden*», sagt uns Jesus (Lk 6,38).

Diese Liebe Christi, die Frucht der Barmherzigkeit des Vaters, wird unser ganzes Leben verändern und uns treiben, für das Reich alles hinzugeben: «*Dein Reich komme!*» Darum dürsten Eheleute, die diese Barmherzigkeit untereinander wirklich ausüben, dann danach, «Evangelisten» zu werden, das heißt Träger dieser Frohen Botschaft zu den anderen.

Hier sehen wir das Zeugnis von Eheleuten, die durch die Wunder berührt wurden, die Gott für ein befreundetes Ehepaar getan hat, welches sie für «verloren» gehalten hatten. Dadurch verstanden sie, dass auch sie große Schritte tun mussten, um wieder in Liebe zusammenzufinden, selbst wenn sie in keiner schlimmen Lage waren:

> Cécile: «Ich habe gute Freunde, die große Schwierigkeiten in ihrer Ehe hatten. Ich war bereit, zu dem Pfarrer zu gehen, der sie getraut hatte, denn ich dachte, er hätte sie nie verheiraten dürfen. Sie sind hierher zu einer Einkehr gekommen und strahlend davon zurückgekehrt. Da haben Xavier und ich Lust bekommen, es genauso zu machen. Wegen unserer Arbeit waren wir sehr müde, als wir hier ankamen. Ich hatte Xavier zum Ausruhen eine Woche auf den Balearen vorgeschlagen, aber er hat mir erwidert, die beste Ruhe sei in Gott. Nach zwei Tagen hier hat es immer noch geregnet und ich war in großer Versuchung, weit weg und in die Sonne zu fahren. Bis heute hatte ich mich über all die Charismatiker lustig gemacht, die in Sprachen singen. Und dann habe ich alle die Wunder Gottes gesehen, die durch ihre Gebete geschahen. Ich, die ich sie für Hysteriker hielt, ich, die glaubte, nur die Psychologie könne Befreiungen erreichen…; alles wurde tatsächlich immer undurchsichtiger und ich begann mir zu sagen, es wäre doch gut, wenn sie für mich beten und mich von all den früheren Verletzungen heilen könnten. Ich ging also zur Beichte, ich habe alle meine Ängste gestanden, ich habe gemerkt, dass der Herr mich heilte. Ich habe den Priester gefragt, ob er sicher sei, dass nicht alles wiederkäme, so wenig Vertrauen besaß ich noch. Er hat für unsere Ehe gebetet, und ich, die ich geglaubt hatte, mit Xavier keine besonderen Schwierigkeiten zu haben, weil wir ineinander wirklich sehr verliebt sind, wir haben in dem Augenblick all das entdeckt, was noch besser gemacht werden konnte und was noch einige Augenblicke zuvor nicht einmal zu ahnen war.»

Xavier: «Ich glaube, wenn Gott heilt, schenkt er eine Gnade, die diesen Vorgang vorankommen lässt, selbst wenn wieder Schwierigkeiten auftauchen. Ich fahre nach Hause und bin sicher, dass Gott uns im richtigen Augenblick alles Nötige schenken wird, damit wir unsere Schwierigkeit mit ihm zusammen durchstehen. Wir bitten Gott, uns im Glauben zu stärken und ihn lebendig zu halten.»

Das Eheleben ist ein auf Jesus Christus ausgerichtetes und in ihm geeintes Leben. Es drängt Gott zu handeln: Er ist der erste, den es drängt, und dann drängt er uns. Es ist höchste Zeit.

Die Kirche von heute und morgen ist die des «*Suchet zuerst das Reich und seine Gerechtigkeit, und alles andere wird euch dreingegeben werden*» (vgl. Mt 5,33), so wie sie es in den vergangenen Jahrhunderten gewesen ist, im Vertrauen auf Den, der weder sich selbst noch uns täuschen kann.

Der Apostel Paulus gibt uns das Geheimnis seines Gott aufgeopferten, apostolischen Lebens preis: *Um seinetwillen leide ich auch solches; aber ich schäme mich nicht, denn ich weiß, wem ich geglaubt habe, und ich bin überzeugt: er ist mächtig, mein anvertrautes Gut bis auf jenen Tag zu bewahren* (2 Tim 1,12).

Zu dieser Überzeugung von Gottes Treue zu ihm gesellt sich jene andere, dass dieser Schatz auch den anderen gehört. Von daher erklärt sich sein sichtbares apostolisches Feuer; denn dieser Schatz, das ist die Versöhnung.

Wir suchen Menschen zu gewinnen (2 Kor 5,11), anders gesagt, ihnen diese Überzeugung zu vermitteln, die das Leben eines jeden Menschen verwandelt: *An Christi Statt bitten wir: «Lasst euch versöhnen mit Gott»* (2 Kor 5,20).

Mit Liebe und Begeisterung sollen eifrige Christen sich vor den anderen auf die Knie werfen, um sie zu bitten, sich mit Gott und miteinander zu versöhnen. Haben die Eheleute, die es schließlich zu einer Trennung gebracht haben, eines Tages Brüder und Schwestern im Glauben zu ihren Füßen gesehen, die sie weinend baten, sich versöhnen zu lassen?

Die zweite Evangelisierung wird in dieser Ermahnung bestehen, sich mit Gott und den Brüdern und Schwestern zu versöhnen.

Wachen wir also darüber, dass diese Botschaft von der unerlässlichen Versöhnung in einfacher, geradliniger Sprache klar und deutlich weitergegeben wird; sonst wäre es ein anderes Evangelium (vgl. 2 Kor 11,4). An diese notwendige Einfachheit gemahnt uns der Apostel:

> *Ich bin in Schwachheit und Furcht und Zittern unter euch aufgetreten. Mein Wort und meine Verkündigung geschah nicht in gewinnenden Weisheitsworten, sondern im Erweis von Geist und Kraft* (1 Kor 2,3-4).

Die Zukunft der Kirche am Ende des zwanzigsten Jahrhunderts hängt mit an dem Zeugnis solcher Ehepaare, die sämtlich durch die Barmherzigkeit von der Treue leben, gleich ob sie zusammen sind oder die Prüfung einer Trennung durchmachen. Alle sind berufen, Gottes Treue und Barmherzigkeit zu bezeugen. Das ist ein einziges, einzigartiges Zeugnis. Es besteht keine Grenze zwischen diesen beiden Daseinsformen einer Ehe; der Form nach verschieden, sind sie in der Tiefe des Sakraments der Liebe jedoch ein und dasselbe.

Den Ruf beantworten

* Verzicht ist unerlässlich

Jeder Getaufte muss Antwort geben, aber auch als Ehepaar. Wir müssen Gott um ein teilnahmsvolles Herz bitten, um uns dieser dringlichen Aufgabe widmen zu können, und diesen Weg mit Entschiedenheit wählen; je nach der Berufung, die der Herr uns schenkt, müssen wir entweder alles verlassen oder aus unserem Leben ernsthaft das Überflüssige streichen (Gebrauch der Zeit, des Geldes, Wohnort und so weiter). Denn die Zeiten drängen und «die Liebe Christi drängt uns».

> *So sehet denn genau zu, wie ihr wandelt, nicht wie Toren, sondern wie Weise. Kauft die Zeit aus, denn die Tage sind böse.*

Seid darum nicht unverständig, sondern lernet verstehen, was der Wille des Herrn ist (Eph 5,15-17). Nun ist aber Christus unser Fels. *Du bist unser Fels* (Ps 18,28. 31 usw.). «*Wer von euch, der einen Turm bauen will, setzt sich nicht zuerst hin...*» (Lk 14, 28). Wir müssen das Unwirkliche und das Künstliche beiseite lassen zu Gunsten des Greifbaren der ehelichen Liebe und von da aus evangelisieren.

Die Verschwommenheit, in der allzu viele Christen leben, würde weder Früchte bringen noch die Kirche dauerhaft so aufbauen können, wie der Herr sie für die zweite Evangelisierung benötigt. Denn die großen Entschlüsse werden im Licht gefasst, und im Licht schenkt Gott jedem die ihm zupassende Berufung. Die Propheten sprechen im Hören auf den Heiligen Geist.

So verlassen Junge und weniger Junge, Ehelose oder Verheiratete alles um Jesu und des Evangeliums willen. Ehepaare leben jetzt in Armut, Keuschheit und Gehorsam. Einige geben «um des Himmelreiches willen» sogar ihren Beruf auf. Andere verzichten auf Ehrgeiz und das Sparen:

> Ein Eisenbahnangestellter hatte vor fünfzehn Jahren seine berufliche Laufbahn sehr gut begonnen. Er hatte den Gedanken, sein Haus selbst zu bauen und seine Kinder von zehn, elf und zwölf Jahren dabei einzusetzen. Vier oder fünf Jahre darauf wurde er befördert, hätte deswegen aber umziehen müssen. Er hatte auch wichtige Aufgaben in der Gewerkschaft. Da trat die ganze Familie zusammen und beschloss, das Wichtigste sei die Familie, der Dienst an den Brüdern, die Arbeit und zuletzt das Geld. Dieser Mann ist jetzt im Ruhestand: Keines seiner Kinder geht am Bettelstab. Alle kommen so gern wie am ersten Tag in dieses Haus, das sie mit ihrem Papa zusammen gebaut haben.

Die Liebe in der Familie hat sich von der «Konjunktur» (einem vor zehn Jahren in Mode gekommenen Wort) nicht mitreißen lassen. Das Leben ist keine Straßenwalze, die einen überrollt..., jedoch unter einer Voraussetzung: dass die Verhaltensregeln vom Evangelium bestimmt werden. Die Freiheit der Kinder Gottes ist unschätzbar wertvoll, aber sie stellt sich durch den Verzicht ein.

Wahre Zeugen des Evangeliums verzichten auch auf ihr Ansehen und lassen das Feuer des Wortes aus ihrem Herzen auflodern wie der Prophet Jeremia:

> *«Denn so oft ich reden will, muss ich aufschreien: "Gewalt und Untergang!" (…) Ich konnte es nicht ertragen»* (Jer 20,8-9).

> *«Wer sein Leben retten will, der wird es verlieren, Wer aber sein Leben verliert um meinetwillen und um der Heilsbotschaft willen, der wird es retten»* (Mk 8,35).

Gottes Ruf zu diesem Liebesdienst des Evangeliums wird von der Gemeinschaft der Brüder aus ergehen, wo «*Gott vorsorgt*». Wenn ein Ehepaar die Notwendigkeit eines solchen Verzichts erkennt, geschieht das, um «noch weiter zu gehen».

In dem folgenden Zeugnis erkannte der Ehemann, dass der Herr ihn bat, seinen Teil zu geben, anders gesagt, nicht in der «Flachheit» zu verharren, die das Verlangen nach einem Familienleben unterbindet.

> Julie: «Bei der ersten Eucharistiefeier habe ich wirklich die Nähe Jesu erlebt. Es ist lange her, dass wir uns auf diese Weise begegnet sind. Für Damien und mich hat sich ein Zugang zum Gebet eröffnet und eine sehr friedliche Seite unserer Vergangenheit ist wiedergekommen.»

> Damien: «Ich habe Umgang mit Leuten gehabt, die im Herrn sind, und ich war auf ihre Lebensfreude sehr eifersüchtig. Weil sie mir fehlte, wollte ich sie durch materielle Dinge ersetzen. Ich hatte mich nicht zwischen einem rein diesseitigen und einem geistlichen Leben entschieden. Ich schwankte, aber ich hatte großes Verlangen, so zu leben wie meine Freunde. Ich habe wieder Gefallen am Leben mit Jesus bekommen. Dieses Glück wird auch für Julie und die Kinder gut sein, es wird unser Familienleben stärken.»

Hier erkennen wir schon etwas von dem Liebesplan des Herrn für seine Kirche: Es geht nicht ohne eine gewisse Rücksichtslosigkeit; reife Menschen machen bereits diese Erfahrung und junge Leute ahnen es. Darum werden gern die Lebensbeschreibungen der Heiligen der Welt und der heiligen Ordensgründer gelesen. Aber Laien sind ebenfalls zu dieser Rücksichtslosigkeit des Evangeliums berufen. Auch das ist eine Gnade des II. Vatikanums.

Die geistliche Tiefe des «Ja»

Viele kämpferische Christen haben den Mut verloren, nicht wegen der Gegnerschaft der Welt gegen das Evangelium Jesu, sondern hauptsächlich wegen ihres Mangels an geistlicher Tiefe: «Es gefällt mir, in der Kirche einen Dienst anzunehmen, also mache ich das!» Das kann ein gültiger Ruf sein. Aber Vorsicht, man muss viel Öl in die Lampe füllen, denn die Nacht könnte länger werden als erwartet.

Das Herz kann zunächst berührt worden sein. Nun muss es «durchbohrt» werden, um nicht am Äußeren des Rufs stehenzubleiben; daher die Novizenzeit, das Seminar oder die Verlobung. Bis zum zweiten «Ja» ist eine gewisse Zeit nötig. Mit diesem Ja beginnt man einen Weg ohne Umkehr. Das sind die drei «Liebst du mich?», die Jesus den Petrus fragte, um ihn von seiner Begeisterung zu der geistlichen Tiefe zu führen, die er benötigte, um Führer der Kirche zu werden. Jeder von uns ist aus Gnade berufen und es ist dieselbe Gnade Gottes für Priester, Ordensleute oder Laien. Aber zu prüfen ist die Tiefe des Ja; darum muss man den Herrn bitten, um wirklich und beständig im Dienst seiner Kirche stehen zu können.

Zuweilen ist Gottes Gnade stark und sichtbar: wie bei jener Ehefrau, die in einem Marien-Zentrum wunderbar von einer Krankheit geheilt wurde. Doch der Herr erwartete sie schon, sie und ihren Mann, zu dieser zweiten Bekehrungszeit, die soviel wichtiger war! Denn Heilung ist nicht ohne weiteres gleich Bekehrung. Der Herr wollte ihnen die Gnade geistlicher Tiefe schenken, die für Ehepaare unbedingt nötig ist. Die wunderbare Heilung hätte die Folge der Gottesgabe vergessen lassen können. Aber der Herr hat es auf sich genommen, sie zur Erkenntnis kommen zu lassen:

Virginie: «Seit einigen Monaten habe ich eine sehr, sehr große Leere gespürt, eine furchtbare Traurigkeit, die mich hinderte, die anderen anzuschauen und sie anzulächeln. Ich hatte den Eindruck, als sei da ein Abgrund, und der Herr werde eine schmale Brücke darüber legen, damit ich hinüberkäme. Ich bin vor zwei Jahren vor fünfzehntausend Menschen von einer sehr schweren Krankheit geheilt worden. Und ich wollte in der Liebe des Herrn sehr schnell vorankommen. Darüber vergaß ich die zu lieben, die in meiner Umgebung waren, und sie um ihrer selbst willen zu lieben. Je deutlicher ich mir das klarmachte, desto weiter trieb mich das Schuldgefühl in diese Leere, die mich am Leben hinderte. Ich gestand mir kein Recht zu, traurig zu sein, weil ich große Gnaden erhalten hatte. Es war ein harter Kampf, hierher zu kommen. Ich danke dem Herrn für den Frieden und bitte ihn um eine Gnade der Demut, da der Stolz uns davon abhält, alle die Gnaden zu sehen, die er uns durch die einen oder die anderen schenken möchte.»

Gérald: «Ich habe wieder Freude am Sakrament der Versöhnung gefunden. Zwei Jahre lang bin ich nicht zu einem Priester gegangen und schämte mich. Ich bekam wieder großen Frieden und große Freude. Erst seit gestern Abend mache ich mir klar, wie sehr der Herr uns mit Virginies Heilung in seine Liebe eingetaucht hat.»

Da wurde Petrus traurig, weil er zum dritten Mal zu ihm sagte: «Liebst du mich?» (Joh 21,17)

O ja, das ist eine Prüfung, Jesus prüft unsere Liebe: Ist unser Herz wirklich von seiner Liebe durchbohrt? Es scheint, dass Jesus uns sagt: «Ich will dich nicht entmutigen, aber Ich bitte dich, einmal näher hinzuschauen. Du wirst mir dann mit "ja" antworten…» *«Ja, du weißt alles, du weißt, dass ich dich liebe.»*

Jedes Ehepaar, das durch das Sakrament zu einer Gnade der Versöhnung miteinander und mit Gott gelangt, trägt bereits seinen Stein zum Aufbau einer Menschheit bei, die insgesamt versöhnt sein wird.

Jede geweihte Seele und jeder Getaufte, der durch Gebet und apostolisches Leben auf Gottes Ruf antwortet, wirkt mit an der Versöhnung zwischen Gott und den Menschen und folglich an ihrem Heil. Jede junge Frau, die ihre drei Gelübde in einem

Kloster ablegt, wo sie sich mit Leib und Seele als Opfergabe an die barmherzige Liebe ihres Geliebten verzehrt, kommt dem Ehepaar zu Hilfe, das sich fragt, wie es in Treue ausharren kann, oder das als Gefangener seiner Sinnlichkeit auf seine Befreiung wartet.

Jeder junge Mann, der Gottes Ruf zum Priestertum hört und mit «ja» beantwortet, wird einer jener unbedingt notwendigen Arbeiter in der Ernte, die nicht ohne die Eucharistie und nicht ohne das Sakrament der Versöhnung eingebracht werden kann.

Es ist unmöglich, ohne die Unterstützung der gesamten Kirche in der Ehe zu leben. Daher ist kein Ruf ohne die nötigen Heilungen denkbar, um auf die empfangene Sendung wirksam mit «ja» antworten zu können. Gott stärkt das Ehepaar, um sich seiner dann zu «bedienen». Das Streben, in der Ferne zu evangelisieren, ist großherzig, aber zunächst will der Herr die Ehe wiederherstellen, wenn sie es nötig hat.

> Pierre: «Ich möchte dem Herrn für seine Geduld danken, die er angesichts meines stürmischen und leidenschaftlichen Wesens aufgebracht hat, um mich und dann auch meine Ehe wiederherzustellen. Ich habe Gott erst vor eineinhalb Jahren entdeckt und wollte dann überall, wo ich war, evangelisieren. Der Herr hat mich in die Wirklichkeit zurückgeholt: Erst musste meine Frau evangelisiert werden. Aimée hat sich mir im Glauben angeschlossen. Gestern Abend haben wir uns in unserer Ehe neu verpflichtet. Die vergangenen zwanzig Jahre erschienen uns unwirklich, so weit entfernt vom Evangelium hatten wir gelebt und hatten uns in unmögliche Lagen gebracht. Jetzt werden wir anders evangelisieren können, weil wir beide fest vereint sein werden, um es mit dem Herrn zu tun.»

> Aimée: «Ich fühle mich vollständig von bestimmten Dingen befreit wie vom Joga und allem, was damit zusammenhängt. Heute habe ich auch einen Ruf verspürt, mich um junge Leute zu kümmern. Als Lehrerin bin ich regelmäßig mit ihnen in Berührung und merke, dass ich nicht nur Wissen zu vermitteln habe, sondern aus ihnen auch Menschen für die Gesellschaft von morgen machen muss.»

Jeder Ruf gilt der «Sendung». Aber welcher?

Père Coffy, der Erzbischof von Marseille, schrieb nach seiner Rückkehr von der Synode für die Laien folgendes:

«Die Sendung ist ein Teil des geistlichen Lebens und die Sendung der Kirche besteht in der Heiligung der Welt; ihr weltlicher Charakter muss daher im Hinblick auf die Heiligung der Welt verstanden werden, und nicht zunächst im Hinblick auf deren Verwandlung, die ein Ergebnis der Heiligung ist.[64]»

Die Gnade der Ehe ist ein Ruf zur Heiligkeit. Das Ehepaar und die Familie arbeiten an der Heiligung der Welt. Und diese Heiligung führt zu ihrer Verwandlung.

Daher zögern die Eheleute nicht, von dem Zeugnis zu geben, was Gott sie mitten in ihrer innigsten ehelichen Gemeinschaft verstehen und erleben lässt, nachdem sie in der Ehe eine Liebe entdeckt haben, die zu dem empfangenen Ruf «in anderer Weise» ja sagt.

Und wer wollte es ihnen vorwerfen, wenn man zum Beispiel weiß, dass die Benutzer der Werbung sich nicht scheuen, die Jugend durch die Lüge der Sinnlichkeit zu verderben, beispielsweise dadurch, dass sie mittels einer abscheulichen Werbung die Unzucht anpreisen?

> Lydia: «Gestern Abend haben wir darum gebetet, dass wir, Marc und ich, die Gnade der Reinheit in unseren Beziehungen erhielten. Ich habe Frieden verspürt und bin sicher, dass der Herr uns erhören wird; er hat schon angefangen.»

Es ist bemerkenswert, dass dieses Ehepaar, ohne enthaltsam zu leben, sich zu mehr Keuschheit gerufen fühlte: dieser Tugend, bei der die Eheleute sich, ohne in den ehelichen Beziehungen ihre Freiheit zu verlieren, einander, befreit von jeder Inbesitznahme, frei und feinfühlig hingeben.

Hier folgt das Beispiel eines Ehepaares «ohne Geschichten», das die Unbedingtheit Gottes und dementsprechend die Unbedingtheit der Liebe entdeckt hat. Darauf erwachte in ihnen der Wunsch, ein «leichtes Leben» aufzugeben und sich dem Wesentlichen zu widmen, weil es erkannt hatte, dass dieses leichte Leben

---

64 *Versammlung der französischen Bischöfe in Lourdes*, 1987.

für die Liebe eine Falle darstellte. Von daher fand das Paar zu einer neuen Gnade geistlicher Tiefe und konnte «ja» zu Gott, «ja» zum Ehepartner, zu den Kindern und allen Menschen sagen:

> Sébastien: «Das Leben ist leicht für uns, wir haben viel Geld und viele Freizeitvergnügen. Hier haben wir begriffen, dass das nicht das Wesentliche ist, wir haben eine große Sehnsucht nach Gott wiedergefunden. Das ist das erste Mal, dass ich dieses Bedürfnis nach dem Unbedingten so stark empfinde. Ich bin schon lange Christ und habe nie große Sorgen gehabt. Ich führe schlussendlich ein sehr mittelmäßiges Leben. Ich glaube, das Wichtigste ist jetzt, bei all den Menschen in unserer Umgebung Zeugnis zu geben. Ich habe auch gerade erst den tiefen Sinn des Betens wiederentdeckt. Dieses Bedürfnis nach dem Gebet, dem Unbedingten und dem Wesentlichen müssen wir unseren Kindern weitergeben, die uns ja nur anvertraut sind. Sonst werden sie es nie bekommen. Mein ganzes Leben soll auf Gott ausgerichtet sein. Ich habe große Hoffnung im Herzen.»
>
> Angélique: «Diese Einkehr war für mich ein richtiges Schlachtfeld. Anfangs habe ich ständig genörgelt und gesagt: "Er nervt mich, dieser Priester, ewig rüttelt er an uns, sagt, wir sollen beichten gehen und Zeugnis geben." Ich hatte keine Lust, nachzugeben. Ich habe soeben entdeckt, dass Gott uns nie in Ruhe lassen darf. Das sorglose Leben, das wir bisher geführt haben, ist nicht normal. Der Böse macht sich alles zu Nutze. Jetzt habe ich wieder Hoffnung in mir. Mir ist Gottes Vergebung gewährt worden. Jetzt möchte ich gern Zeugnis geben.»
>
> Sébastien: «Ich muss sagen, die Gemeinschaft hat wirklich die Gnade, die Menschen zu empfangen. Das ist für alle Christen unbedingt nötig.»

Dieses Ehepaar war ein wenig in sich selbst verschlossen. Es hatte viel empfangen. Aber es musste noch durch diese Gemeinschaft gehen, um die Gnade der Zeugenschaft zu erhalten. Denn ein Zeugnis ruft das nächste hervor: *«Ihr sollt meine Zeugen sein»* (Apg 1,8), hatte Jesus seinen Jüngern aufgetragen. Kann man sich die Heilung eines Ehepaares vorstellen, ohne es sogleich zur Verkündigung gedrängt zu sehen? Natürlich nicht. Das vollständige «Ja» des Ehepaares umfasst auch das «Ja» zur Evangelisierung, gerade so wie bei der Karmelitin Therese vom Kinde Jesu; ist sie nicht die Schutzpatronin der Missionen?

Marthe Robin[65] hatte «viele heilige Gemeinschaften» vorausgesagt, lebendiges Fleisch der Kirche Christi, eine Speerspitze der Evangelisierung für das dritte Jahrtausend. Sind sie nicht schon vorhanden?

Und Ehepaare, die von ihrem Ruf zur Heiligkeit überzeugt sind..., sind nicht auch sie schon da? Ist nicht für das Ende des zweiten Jahrtausends und das Jahr 2000 die Zeit der «heiligen Ehepaare» gekommen? Sie müssen jetzt in großer Zahl aufstehen. Man muss kein großer Prophet sein, um diese Gabe, die Gott seiner Kirche machen will, anzukündigen, *denn so sehr hat Er die Welt geliebt,* dass er noch einmal alles tun wird, um die Liebe zu retten. Aber er wird es nicht ohne die tun, die er sich als Zeugen seines Bundes erwählt hat. Weil die Gnade der Ehe der Weite des Herzens unseres Gottes entspricht, ist sie, und nur sie, imstande, die härtesten Herzen einer Welt zu erschüttern, die geglaubt hatte, ohne Gott auskommen zu können. Und das wird das II. Vatikanum zur Vollendung bringen:

> «Schließlich sollen die Eheleute selbst, nach dem Bild des lebendigen Gottes geschaffen, in eine wahre personale Ordnung gestellt, eines Strebens, gleichen Sinnes und in gegenseitiger Heiligung vereint sein, damit sie Christus, dem Ursprung des Lebens folgend, in den Freuden und Opfern ihrer Berufung und durch ihre treue Liebe Zeugen des Geheimnisses der Liebe werden, die der Herr durch seinen Tod und seine Auferstehung der Welt geoffenbart hat.[66]»

Um das Glück der Liebe und seine Ausstrahlung auszudrücken, sagte der heilige Pfarrer von Ars gern schlicht:

> «Die den lieben Gott lieben, sind glücklich, und die Menschen um sie herum auch.»

---

65 Bruder Ephraim: *Martha, das eine oder andere, das ich von ihr weiß...*, Vier-Türme-Verlag Münsterschwarzach, 1992.
66 *Gaudium et spes*, Nr. 52.

Es stimmt wirklich, ein Ehepaar, das die Liebe des Herrn durchscheinen lässt, kann nicht anders, als sie überall um sich herum weiterzugeben. Und diese Gnade wird solchen Eheleuten geschenkt, die entschieden haben, ihrer Liebe niemals eine Grenze zu setzen. So wird schließlich die ganze Welt an die Liebe glauben! Schwarzseher meinen, das sei Zukunftsmusik. Aber die der Liebe hingegebenen Eheleute werden erwidern: «Für uns gilt das schon heute!»

Wollen wir heute das Glück? Wollen wir es für heute oder für morgen? Es ist einfacher, als wir denken! Denn es ist so einfach zu lieben…

Kapitel VIII

Lieben ist so einfach

*Jesus jubelte im Heiligen Geist und sprach:
«Ich preise dich, Vater, Herr des Himmels und der Erde,
dass du dies vor Weisen und Klugen verborgen,
Einfältigen aber geoffenbart hast!»* (Lk 10,21)

1 — Ein kindliches Herz für die Eheleute
2 — Der Weg der Kindschaft
3 — Die Familie im Mittelpunkt des Reiches

EIN KINDLICHES HERZ, UM ZU LIEBEN UND DIE WELT AUFZUBAUEN

Die ersten Jünger werden von Jesus jeweils zu zweit in die Welt gesandt, um die Umkehr zu predigen. Die Sendung gelang, weil sie mit kindlichem Herzen hinauszogen. Jesus macht darauf aufmerksam und dankt dem Vater dafür. Die Getauften haben den Auftrag, beim Aufbau der Welt mitzuwirken. Dieser wird aber niemals ohne Evangelisierung zustande kommen und die Evangelisierung nie ohne ein kindliches Herz. Ehepaare stehen an der Wegkreuzung, um die *Weisen und Klugen* unserer Zeit zu erinnern, dass das Wichtigste ein kindliches Herz ist, um zu lieben.

1 — EIN KINDLICHES HERZ FÜR DIE EHELEUTE

Eheleute brauchen ein kindliches Herz, damit die Liebe jenseits der Gedanken ihre Unmittelbarkeit behält.

Alles wird geschenkt

Zu einem guten Gespräch ist nötig, dass jeder Ehepartner ein einfaches Herz hat, um auf den anderen zuzugehen und ihm seine

Liebe zu zeigen. Aus einer solchen Einstellung des Herzens ergibt sich dann ein fruchtbares Zwiegespräch. Beim Stelldichein wird Zärtlichkeit dabei sein, zusammen mit Keuschheit; nur diese ist imstande, die leibliche Begegnung feinfühlig zu gestalten, in der die Ehepartner das Werk des Herrn vollbringen, in seiner Gegenwart und durch seine Gnade, durch den Ausdruck einer befreiten Liebe, die ihren Herzen entströmt.

Damit die Eheleute zusammen die ihnen übertragene Verantwortung übernehmen können, dürfen sie sich nicht zu ernst nehmen, sie müssen den Herrn ernst nehmen. Mit viel Liebe und Humor werden sie wie richtige Kinder Tag für Tag alles von ihrem *himmlischen Vater erwarten, der weiß, wessen sie bedürfen* (Mt 6,32). Dann werden sie voller innerem Frieden und befreit von jeglicher Angst die Gnade erhalten, allen ihren Pflichten in Ehe und Familie nachkommen zu können. Ist die Familie nicht das Werk der den Menschen anvertrauten Vaterschaft Gottes? Demütig und eifrig im Gebet werden die Eheleute Tag für Tag die Gnade empfangen, gemäß diesem Gottesgeschenk der Liebe zu leben:

> *Deshalb beuge ich meine Knie vor dem Vater, von dem jede Vaterschaft im Himmel und auf Erden ihren Namen hat. Er möge euch nach dem Reichtum seiner Herrlichkeit verleihen, daß ihr durch seinen Geist machtvoll erstarket im inneren Menschen* (Eph 3,14-15).

Dies ist das Gebet aller Gotteskinder, besonders aber der christlichen Eheleute.

Es erfüllt das Herz eines jeden Getauften zutiefst mit Freude, an die göttlichen Quelle der Vaterschaft trinken zu gehen und täglich mit kindlichem Herzen dorthin zurückzukehren, im Gebet, das der Heilige Geist erneuert, der in uns «Abba! Papa!» ruft.

Und wenn dann noch die Gnade des Ehesakraments dazukommt, welch eine Weite des Geistes und der Menschwerdung erhält diese Hingabe an die Liebe des Vaters bei denen, die durch ihre Berufung zur Weitergabe des Lebens bestimmt sind! Mit einem solchen kindlichen Herzen können die Eheleute gewahr werden, wie sich in ihrem Leben die Verheißung der Schrift verwirklicht: *...auf daß ihr erfüllt werdet zur ganzen Fülle Gottes hin* (Eph 3,19).

Nach einer Begegnung mit einem Priester erlebte ein etwa fünfzigjähriges, schon sehr glückliches Ehepaar, wie es durch das gemeinsame Beten in seiner ehelichen Liebe eine «zusätzliche» Einfachheit erreichte:

> Matthieu: «Vor drei Jahren haben wir Sie getroffen und Sie haben uns gefragt, ob wir täglich und als Ehepaar beteten. Wir haben das verneint, wir hätten sonntags die Eucharistie und jeder hätte seine eigene Weise zu beten. Sie setzten hinzu: "Dann sprecht jeden Abend Hand in Hand ein Vaterunser und ein Gegrüßet seist du, Maria, um euren Tag Gott aufzuopfern und desgleichen die Nacht für eine gute Erholung. Dann wollen wir weiter darüber reden." Da bin ich also, um mit Ihnen weiter darüber zu reden. Meine Frau hatte Ihren Vorschlag sehr gut gefunden, ich eher "kindisch". Ich hatte eine brauchbarere Antwort auf die Frage erwartet, die wir Ihnen gestellt hatten. Aber ich habe Wort gehalten: Wir haben es getan. Und tatsächlich, Herr Pfarrer, ich muss Ihnen sagen, nach einigen Jahren ist unsere Ehe verwandelt! Das ist teilweise auf diese kurze, aber treue gemeinsame Zeit vor Gott und für Gott zurückzuführen. Dieser Hingabe unserer selbst in Gottes Hand verdanken wir die ganze Einfachheit, die wir jetzt in unserem Eheleben haben…, und das nach dreißig Ehejahren. Das wollte ich Ihnen bezeugen und mich dafür entschuldigen, dass ich Ihren Rat für ein wenig zu einfach, um nicht zu sagen einfältig gehalten habe.»

Dieses in sich festgefügte Paar hat vor Gott, von dem alle Vaterschaft kommt, die Knie gebeugt und die Gnade der Einfachheit empfangen, die ihm gefehlt hatte, damit der Herr ihnen «alles» geben konnte.

Im Mittelpunkt der Liebe die Hingabe

Hingabe ist etwas völlig anderes als Analyse. Es geht für die Ehepaare nicht darum, die Ursachen zu untersuchen, die sie daran hindern könnten, einander zu lieben. Man soll sich gegenseitig auch nicht wie ein «Beobachter» anschauen, sondern einander mit offenem und mehr noch: mit hingegebenem Herzen aufnehmen. In dem Maß, wie der eine und der andere Gott hingegeben ist, wird die gegenseitige Liebe immer schöner und größer. Dann leben die Eheleute so wie Kinder mit einfachem Herzen ganz nahe in der göttlichen Gegenwart. Um dahin zu kommen, müssen sie jedoch oft um die Heilung ihrer verwickelten Gedanken bitten, die mit Erinnerungen aus der Vergangenheit und Zukunftssorgen beladen sind. Die eheliche Liebe wird, wie jede Liebe, in der Gegenwart erlebt. Die beiden Hindernisse dabei sind die Vergangenheit und die Zukunft, doch das Heilmittel ist die Hingabe. Diese Hingabe ist eine Gottesgabe.

Die Wirkungsweise der menschlichen Beziehungen, aufgezeigt und ausgewalzt von den modernen Wissenschaften der Psychologie und Soziologie, konnte den Eheleuten zwar teilweise ihre Verletzungen und Lücken offenbaren, aber keine Heilung bringen.

So wird nicht die Analyse den Ehepaaren den Heilsweg bringen, sondern vor allem die Öffnung des Herzens, in dem sich auf unaussprechliche Weise die Heilung der Verletzungen und das Wachstum der Liebe vollziehen.

In dieser Nähe der Herzen zueinander empfangen die Eheleute die Offenbarung, wo ihre Liebe behindert wird, und zugleich die sofortige Heilung; dagegen würde die Analyse zwischen beidem eine «tote Zeit» entstehen lassen, mit der Gefahr, zu einer abwartenden Haltung oder gegenseitigen Vorwürfen zu führen.

In der Gnade der Hingabe vertrauen sich die Eheleute einander und zugleich Gott an. Das kann, mit der Unmittelbarkeit der Liebe, eine Geste oder ein zärtlicher Blick sein, kurz, eine demütige, verständnisvolle oder teilnahmsvolle Haltung.

Wenn aber umgekehrt einer der beiden Partner allein eine Analyse seiner Schwierigkeiten unternimmt, kann das zu einem Ungleichgewicht in der Ehe führen. Dann bleibt nämlich der eine bei der Beobachtung stehen, während der andere von seiner Seite vergeblich auf ein Zeichen der Liebe wartet.

Eine übermäßig betriebene Analyse schadet jedesmal der Unmittelbarkeit der Liebe, denn dann bleibt jeder dabei, sich selbst zu beobachten. Also muss man in der ehelichen Liebe für die «Großen» neu um ein kindliches Herz bitten, das ebenso unerlässlich ist, um «in das Reich zu kommen» wie um sich auf die Liebe einzulassen:

> «*Wer das Reich Gottes nicht annimmt wie ein Kind, wird nicht hineingelangen*» (Lk 18,19).

Auch hier ist die Hochherzigkeit nicht davon betroffen. Wenn ein Ehepaar zunächst den Weg der Überlegungen wählt, fährt es sich, immer starrsinniger, bald fest. Dann gibt es nur eine Lösung: dass jeder loslässt und zu einer liebevollen Geste zurückfindet.

Wenn ein Kind, das von seiner Mama bestraft wurde, seine Tränen nur mühsam trocknen kann, braucht es nur den Kopf zu ihr zu erheben, um zu begreifen, dass ihm schon vergeben ist; dann kann es sich wieder in ihre Arme werfen und von der Freude erfüllen lassen, dass es dort getröstet, also noch mehr geliebt wird.

In den tiefen Schwierigkeiten und Missverständnissen des Lebens müssen die Eheleute einander in die Arme nehmen und erst danach mit ihren Erklärungen beginnen. Der umgekehrte, viel zu oft gewählte Weg schafft Blockierungen, weil man den Weg der Größe nehmen wollte (Ps 131,1), wo jeder vor dem anderen reden will, weil er alles verstanden hat… mit dem Kopf! In Wirklichkeit hat keiner von beiden etwas verstanden. Dadurch, dass man das Wort eingesetzt hat, wollte man der Liebe etwas vorausgehen lassen. Das Einzige aber, was der Liebe vorausgehen kann, ist die Liebe. Hier ist eine Glaubenstat nötig, um zu jener Unmittelbarkeit eines kindlichen Herzens zurückzufinden! Das lehrt das Evangelium. Allein Gottes Wort kann das Geheimwort des Glücks für die Berufung zur Ehe (und jeder anderen Berufung) geben! Uns ist die Freude des Himmelreichs verheißen. Aber sie ist nur für die kleinen Kinder bestimmt: «*Lasst die Kindlein zu mir kommen und wehrt ihnen nicht; denn für solche ist das Reich Gottes*» (Lk 18,16). Und wer noch mehr vom Reich haben möchte, soll es sich nicht ausdenken, sondern von Jesus empfangen!

Wie ein kleines Kind auf dem Schoß der Mutter (Ps 131,2)

Eine solche Neigung des Herzens ist eine Gabe des Heiligen Geistes. Diese Gabe kann man nur erhalten, wenn man die Verblendung des Hochmuts aufgibt, um die *barmherzige Zärtlichkeit des Herzens unseres Gottes* zu erleben (Lk 1,78). Der Mensch, der nicht mehr auf sich selbst beruht, wird dann endlich in Gott ruhen können: «*Wer in mir bleibt und ich in ihm, der bringt viele Frucht*» (Joh 15,5). Ohne diese Gnade des Ruhens in Gott gibt es keine wahre Liebe. Johannes und Andreas wollen «dem Lamm Gottes» in seiner Liebe begegnen und ihre erste Frage an Jesus ist gut gestellt: «*Rabbi, wo wohnst du?*» (Joh 1,38) Auch Eheleute können Jesus diese Frage stellen.

Wie kann man «in Jesus bleiben»? Das ist das Werk des Heiligen Geistes, der in uns ruht wie bei der Schöpfung der Welt: *Der Geist ruhte und schwebte über den Wassern* (Gen 1,2)[67]. Er ist treu und immer bereit, uns Ruhe zu schenken: «In der Arbeit schenkst du Ruh», heißt es in der liturgischen Pfingstsequenz.

Der Heilige Geist wird uns so handeln lassen wie ein kleines Kind, das sich lieben lässt, das gar nicht anders kann, als sich lieben zu lassen, da es nicht die Mittel hat, um *die Wunder zu tun, die ihm zu hoch sind* (Ps 131,1). Sich lieben zu lassen, das ist nun aber der Ausgangspunkt jeder wahren Liebe, und das ist im täglichen Leben am schwierigsten zu verwirklichen. Man muss einfach einwilligen, sich lieben zu lassen *wie ein kleines Kind auf dem Schoß der Mutter*. In diesem Sinn bezeugt ein Ehepaar, dass es dank des vertrauensvollen Gebets noch am Leben ist: Gottes Eingreifen durch Maria hat sie beide gerettet. In ihrer Verbindung war Hingabe vorhanden und so war der Glaube stärker als die Prüfung:

---

67 (Wortlaut im Französischen; d. Ü.)

Hélène: «Ich möchte dem Herrn danken, weil er eine kurze Prüfung zugelassen hat, um uns im Glauben wachsen zu lassen. Ich habe an dieser großen Last sehr schwer getragen. Wäre der Herr nicht dagewesen, würde ich jetzt nicht mehr am Leben sein. Man muss alles Maria, unserer Mutter im Himmel, anvertrauen wie ein Kind. Wenn wir nicht gebetet hätten, wäre unsere kleine siebenjährige Tochter nicht da. Ich habe in der schweren Prüfung inständig den Namen Jesu angerufen, damit er meine Familie zu retten komme. Gott kann seine Kinder nicht verloren gehen lassen. Er hat jedoch eine Prüfung zugelassen. Er hat mich gebeten, meinen Mann Jean zu ihm zu bringen. Das hat zehn Jahre gedauert. Manchmal habe ich mich aufgelehnt, aber hinterher immer um Vergebung gebeten und mich im Gebet wieder erholt. Mir war eine Kraft geschenkt, auch wenn ich mir das nicht immer klargemacht habe. Ich bin hierher gekommen, um Jean dem Herrn anzuvertrauen, und bin vollständig geheilt worden. Ich schlief nicht mehr, aber der Herr hat mir den Schlaf wiedergeschenkt.»

Selbst bei größten kirchlichen Aufgaben, die man den Eheleuten anvertraut hat, müssen sie mit einem solchen kindlich schlichten Herzen nun auch vor die Brüder hintreten. Sie haben diese Einfachheit in ihren innigsten ehelichen Beziehungen gelernt und empfangen und müssen sie nun in der Welt beweisen. Dann werden sie für die Kirche, die sie lieben, Urheber der Ausgeglichenheit sein, lebendige Steine der Gemeinschaft, aus denen sie zusammengesetzt ist.

Tretet heran zu ihm, dem lebendigen Stein, der zwar von Menschenhand verworfen worden, bei Gott aber auserlesen kostbar ist, und laßt euch selbst als lebendige Steine aufbauen als geistiges Haus zu einer heiligen Priesterschaft, um geistige Opfer darzubringen, die Gott wohlgefällig sind (1 Petr 2,4-5).

Fest aufliegend und gestützt auf den lebendigen Stein Jesus Christus, wird das Ehepaar stark und lebendig sein. Ein Haus ist nur dann fest, wenn die Steine richtig aufeinander liegen. In der Ehe müssen die Partner mit vollkommenem Vertrauen aufeinander bauen.

Gemeinsam können sie mit kindlichem Herzen in Gott ruhen. Dann sind sie befreit von aller unnützen Sorge und empfangen die Gnade, das Wort Jesu an sich zu erfahren:

> «*Sorget euch nicht um den morgigen Tag, denn der morgige Tag wird für sich selbst sorgen. Jeder Tag hat genug an seiner eigenen Plage*» (Mt 6,34).

Das Hochzeitsgemach und das Ehebett sind dafür da, dass die Eheleute jede Nacht unbesorgt diese Gnade der Ruhe erleben können: Das ist für sie sogar eine Pflicht.

Christliche Eheleute dürfen diese «evangeliumsgemäße» Ruhe nie vergessen und müssen sich in ihrer innigen Liebe daran erinnern, wenn der eine oder der andere am Abend eines anstrengenden Tages noch voller Sorgen in unguter Spannung einzuschlafen droht. Dann bringt die eheliche Umarmung jenseits von allem, was dabei nach Gottes Plan an Gefühlen erlebt werden kann, den Frieden eines Schlafes, in dem *der Herr die beschenkt, die ihn lieben* (vgl. Ps 127,2)...

Die Liebe eines Vaters

Jesus lädt uns ein, wie kleine Kinder zu werden, und offenbart uns dadurch die Liebe des Vaters. Er tut das mit den Gesten eines irdischen Vaters:

> *Er nahm ein Kind, stellte es mitten unter sie, umarmte es und sprach zu ihnen:* «*Wer eines von solchen Kindern in meinem Namen aufnimmt, der nimmt mich auf; und wer mich aufnimmt, der nimmt nicht mich auf, sondern den, der mich gesandt hat*» (Mk 9,36-37).

Der ihn gesandt hat, ist natürlich der Vater, den zu bitten Jesus uns lehrt: «*Vater unser im Himmel...*» Jesus lädt uns ein, zu ihm zu gehen, und wir tun es. Doch zunächst sind es die väterlichen Gesten, von denen unser Herz berührt wird: «*Niemand kann zu mit kommen, wenn ihn nicht der Vater, der mich gesandt hat, zieht*» (Joh 6,44).

Zwischen Jesus und dem Vater besteht mehr als nur Nähe: Es besteht Einheit. Jesus sagt zu Philippus: «*Wer mich gesehen hat, hat den Vater gesehen.(...) Glaubst du nicht, daß ich im Vater bin und der Vater in mir ist?*» (Joh 14,9-10) Zwischen Eheleuten, die einander mit kindlichem Herzen lieben, ist mehr als die Nähe des Herrn in ihrem Leben: Gott selbst ist dort gegenwärtig, mitten unter ihnen und in ihnen. Denn beide sind zuallererst der Sohn und die Tochter ein und desselben Vaters. In der Begegnung mit dem Vater durch Jesus liegt für die Eheleute die ganze Gnade der Väterlichkeit, sowohl in ihrer innigen ehelichen Liebe als auch in der liebenden Sorge für ihre Kinder.

Viele Eheleute, die ihren leiblichen Vater nicht oder nur sehr unzureichend gekannt haben, müssen darum beten, dass diese Lücke ausgefüllt wird. Sonst werden sie täglich unter dem Mangel an Ausdrucksmöglichkeit in der Liebe leiden, die die ältere Generation ihnen nicht gegeben hat. So lautet das Zeugnis eines elternlosen Ehemannes:

> «Ich bin im Waisenhaus aufgewachsen, verdanke meinen Erziehern sehr viel und danke ihnen dafür; aber ich habe nie einen Vater gehabt, der mich in die Arme genommen hätte... Die Brüder haben gemeinsam mit meiner Frau für mich gebetet und ich habe ein ganz anderes Selbstvertrauen erhalten. Jetzt bin ich mir sicherer, dass ich meine Frau künftig glücklich machen kann. Vorher, muss ich gestehen, besaß ich eine unheilvolle Schüchternheit, mit einem Wort, einen Komplex. Jetzt fühle ich mich mehr als Mann und beginne zu verstehen, was das heißt: meine Frau zu beschützen. Nun möchten wir ein Kind haben.»

Sehr oft heilt der Herr die Verletzungen und schenkt zugleich die Fähigkeit zur Vaterschaft sowie eine neue Einfachheit.

Eheleute müssen in ihrer Zuneigung zueinander wirklich eine solche kindliche Einfachheit üben, und in dieser gegenseitigen Hingabe werden sie imstande sein, die größte Aufgabe zu übernehmen, die Gott ihnen anvertrauen konnte: die Elternschaft. Aus Gnade werden sie «Erzeuger». Viele Eheleute haben diese Einfachheit verloren oder haben sie nie recht kennengelernt, vielleicht weil sie so aufeinander zugegangen sind, wie das häufig im Leben geschieht. Wenn man nämlich in der Welt große Aufgaben übertragen bekommt, bleibt diese Bescheidenheit unberücksichtigt: Man wird eher nach seinen Fähigkeiten, Diplomen und seinem Ehrgeiz beurteilt.

In der Ehe fragt der Herr die Eheleute, ob sie sich von ihm und von dem Partner lieben lassen wollen wie Kinder, die dem Willen des Vaters gern folgen wollen. Der Gipfel der Liebe ist, sich von dem anderen wie ein Kind lieben zu lassen: Dadurch wird die eheliche Liebe gestärkt. Und das ist der Ausgangspunkt jeglicher Übereinstimmung in der Ehe. Viele Ehepaare dürsten nach einer solchen Übereinstimmung, und das ist sehr berechtigt; man muss nur wissen, dass sie in der Einfachheit eines hingegebenen Herzens wurzelt. Und wenn sie sich in der Liebe für erwachsen halten, müssen sie dann nicht trotzdem immer wieder zu dem Geist der Kindschaft zurückkehren, um gemeinsam das Unerwartete zu erwarten? Denn die Liebe könnte Gewohnheiten nicht ertragen; wahre Liebe ist stets auf Suche nach einem «neuen Herzen».

Die Gnade der Menschwerdung

Im Geheimnis der Menschwerdung lehrt Gott uns selbst den Weg der Kindschaft der Kleinen. Für diesen Weg bietet uns die Darstellung Jesu im Tempel eine Lehre: *Simeon kam vom Geist gedrängt in den Tempel, und als die Eltern das Kind Jesus hereinbrachten, (…) nahm er es in seine Arme, lobte Gott und sprach: «Nun entlässest du deinen Diener in Frieden…»* (Lk 2,37-39). Als Simeon das Kind entgegennimmt, empfängt er zugleich eine Gnade der Kindschaft und gibt sich hin: Die innere Spannung seines Wartens auf den Messias löst sich. Er kann gehen…

Das Nachsinnen über die Menschwerdung schenkt den Eheleuten ein solches kindliches Herz, das so nötig ist. Denn in dem Geheimnis von Weihnachten macht Gott sich zum kleinen Kind, damit sie ihn aufnehmen können. Wenn sie ihn als «Große» aufnehmen, lässt Gott in ihnen den Geist der Überlegenheit schmelzen, sobald sie sich klarmachen, dass es der Gott des ganzen Alls ist, der sich ihnen schenkt. Dann kommt Jesus selbst, um ihr Herz neu zu beleben und ihnen die Gnade der Hingabe zu schenken. Er teilt ihnen den Geist der Kindschaft mit. Charles de Foucauld hatte das verstanden und suchte diese Gnade in Nazareth zu erlangen.

Wenn die Eheleute aber ihr eigenes Kind in den Armen halten, empfangen sie eine Gnade, die eigens für sie bestimmt ist: das Geheimnis der Menschwerdung auf greifbare Weise zu erleben. So wie Simeon das Gotteskind in den Armen halten durfte, drücken sie den Säugling, den Gott ihnen geschenkt hat, ans Herz. Und dieses winzige Wesen lehrt sie zu lieben, indem es sie die Schönheit eines kindlichen Herzens lehrt. Die Menschwerdung ist ein Liebesgeheimnis, das für unseren Verstand zu hoch ist. Ebenso sind die Eheleute durch diesen Austausch der Liebe mit dem ihnen von Gott anvertrauten Kind in ihrem Fassungsvermögen überfordert.

Wie Simeon empfangen sie jenen tiefen Frieden, den der Herr dem gibt, der das Jesuskind aufzunehmen weiß. Und ihr Herz kann nicht anders, als voller Dankbarkeit gegenüber Dem zu sein, der allein eine solche Liebesgemeinschaft schenk kann.

Das Geheimnis der Menschwerdung öffnet die Eheleute jedoch auch für weitere Bereiche der Liebe. Der erste ist «Hingabe mit kindlichem Herzen», der zweite ist der großartige Auftrag, den hier auf Erden menschgewordenen Jesus fortzusetzen. Gott in seiner Liebe hat schon vor aller Ewigkeit alles für uns vorbereitet und zugleich überträgt er den Eheleuten die Verantwortung dafür:

Gepriesen sei der Gott und Vater unseres Herrn Jesus Christus. (...) Denn in ihm hat er uns auserwählt vor Grundlegung der Welt (Eph 1,3-4).

Mitten in dem Geheimnis der Menschwerdung stehen die Heilige Familie und die Kindheit Jesu. Es gibt keine Menschwerdung ohne Ehe, und keine Ehe, die nicht zur Feier des Geheimnisses der Menschwerdung da wäre. Die Menschwerdung Jesu, das ist Gott, der Mensch geworden ist; für die Eheleute bedeutet die Menschwerdung: Jesus, der auf Erden in dem Kinde fortgesetzt wird, das Gott ihnen anvertraut hat und das sie zur Taufe getragen haben, um ein Kind des Vaters aus ihm zu machen. Dadurch dass die Eheleute das Kind aufnehmen, finden sie ihr kindliches Herz wieder, das zur Liebe nötig ist. Und sie empfangen es, um jene mystische Hochzeit zu erleben, in der die Gottheit sich mit unserer Menschheit vereint. Dann ist für sie jeden Tag Kana: die menschgewordene Liebe, die mit Jesus und Maria auf Erden fortgesetzt wird. *Und das Wort ist Fleisch geworden* (Joh 1,14).

Wie der Jüngling die Jungfrau freit, wird dein Erbauer dich freien; wie der Bräutigam seine Wonne an der Braut hat, so wird dein Gott an dir seine Wonne haben (Jes 62,5).

Die Eheleute sind die Wonne Gottes, wenn sie den Auftrag übernehmen, in ihrer Familie Himmel und Erde zu vereinen, so wie Jesus es bereits getan hat. Er hat in seinem Fleisch Jesajas Weissagung verwirklicht, als er kam und die «Preisgegebenheit» einer unfruchtbaren Erde beendete, die nicht imstande war, die Liebe ihres Gottes aufzunehmen.

«Man wird dich nicht länger mehr "Verlassene" nennen und dein Land nicht mehr "Preisgegebene"» (Jes 62,4).

So erlebt das Ehepaar in seiner innigen leiblichen und geistigen Verbundenheit das Geheimnis des im Fleisch gekommenen Gottes.

Im sichtbaren Ausdruck ihrer Liebe erleben die Eheleute durch die Gnade Gottes, der die Ehe geheiligt hat, die wirklichste und tiefste Form der Gegenwart Gottes, sofern ihr Herz wirklich jeden Tag zu Gott hingewendet ist. Wenn dieser greifbare Ausdruck ihrer Liebe nicht bereits mit der Ewigkeit verknüpft wäre, würde eine wesentliche Gnade der Menschwerdung fehlen. Jesus ist gekommen, um uns in unserem alltäglichen Leben mit der Liebe des Vaters zu vereinen.

Es ist sehr wichtig, in der Ehe dieser Gnade entsprechend zu leben. Denn jede Zweiteilung wäre schädlich, und man hätte in der Ehe nicht mehr jenes Zeugnis für das Himmelreich, das schon mitten unter uns ist:

«Denn siehe, das Reich Gottes ist mitten unter euch» (Lk 17,21).

So wie Jesus gekommen ist, um uns seine Gottheit zu vermitteln, sollen die Eheleute etwas «Göttliches» tun mit Hilfe von etwas, das lediglich «menschlich» zu sein scheint:

Wenn ihr also mit Christus auferweckt seid, so sucht, was droben ist, wo Christus ist, sitzend zur Rechten Gottes. Trachtet nach dem, was droben ist, nicht nach dem, was auf Erden ist. Ihr seid ja gestorben, und euer Leben ist mit Christus verborgen in Gott. Wenn Christus, unser Leben, erscheint, dann werdet auch ihr mit ihm erscheinen in Herrlichkeit (Kol 3,1-4).

Die Verheißung ist da für alle Ewigkeit. In der Ehe wartet Jesus allerdings nicht bis zur Parusie, seinem Erscheinen in Herrlichkeit, um sich zu offenbaren. Schon in Kana *offenbarte Jesus seine Herrlichkeit* (Joh 2,11).

Sicher, Gottes Liebe zu uns ist unendlich groß und die Betrachtung seiner Liebe zu uns ist unendlich mannigfaltig. Doch für die Eheleute gilt es, noch über eine ganz besondere Gnade nachzusinnen: das Geheimnis der Menschwerdung. Nicht zufällig ist das Weihnachtsfest so beliebt. Ebensowenig überrascht, dass es auch das Fest der Kinder ist. Das Fest der Geburt Jesu ist eine Quelle unaussprechlicher Gnaden, wenn es in der Familie eifrig und gläubig gefeiert wird. Hier neigt sich der Himmel über die Erde: ein besonderer Augenblick, in dem wir an dem äußerst verwunderten Blick unserer Kinder erahnen können, dass *ihre Engel im Himmel jederzeit das Angesicht des Vaters im Himmel schauen* (vgl. Mt 18,10).

Je mehr die Eheleute über Jesus in Bethlehem und Nazareth nachsinnen, umso deutlicher erkennen sie die göttliche Gegenwart in den Herzen ihrer Kinder. Dann sind auch sie äußerst verwundert; ihre Seele wird noch mehr zum Gebet. Darin liegt Gottes Gabe: im Gebet im Leben und mitten im Familienleben. In jedem Atemzug und bei jedem Herzschlag ist Gott anwesend. *Alles, was atmet, lobe den Herrn, halleluja!* (Ps 150,6) Die Weihnachtsfreude ist die Freude über das Heil, sie ist die Freude der Familie, die anerkennt, dass sie alles von Gott empfangen hat:

> *Denn aus ihm und für ihn und in ihm ist alles. Ihm sei Ehre in Ewigkeit. Amen* (Röm 11,36).

2 — DER WEG DER KINDSCHAFT

Diesen sicheren Weg zur Heiligkeit hat uns besonders die heilige Therese vom Kinde Jesu gelehrt.

Man könnte meinen, ein solcher Weg evangeliumsgemäßen Lebens sei allein den Beschaulichen vorbehalten. Das ist ein Irrtum: Nur weil Eheleute große Verantwortung in Familie, Kirche oder Gesellschaft tragen, sind sie von einem Leben nach dem Evangelium nicht befreit! Sogar im Gegenteil: Sie sind berufen, danach zu leben, sonst würden sie kein Zeugnis mehr geben können oder, schlimmer noch, den Glauben verlieren. Das 20. Jahrhundert wird bezüglich der Wahrheit der Liebe unerbittlich gewesen sein: Entweder wir führen ein Leben nach dem Evangelium oder es gibt keine christlichen Ehepaare mehr.

Die heilige Therese schrieb:

> «Ich will keine Verdienste für den Himmel aufhäufen, ich will nur für Ihre Liebe arbeiten… Am Abend dieses Lebens werde ich mit leeren Händen vor Sie hintreten, denn ich bitte Sie nicht darum, meine Werke zu belohnen.»

> «Es gibt eine Wissenschaft, die Gott nicht bekannt ist, das ist die Berechnung… Wenn der größte Sünder der Erde im Augenblick des Todes Reue empfindet und in einer Tat der Liebe stirbt, (…) zählt für Ihn nur dessen letztes Gebet und

Er nimmt ihn unverzüglich in die Arme seiner Barmherzigkeit.[68]»

Ebenso ist die Familie zu einem solchen grenzenlosen Gottvertrauen geschaffen.

Wohlwollen, eine Frucht des Geistes

Geben wir zu, dass es oft nötig ist, von allen Urteilen, von jedem Vorurteil befreit zu sein, das heißt, zunächst selbst von dem Gutes zu denken, den man liebt. Wohlwollen ist nicht immer selbstverständlich.

Ein kindliches Herz ist immer neu und hegt gegenüber dem, dem es begegnet, weder Vorurteile noch Urteile. Die Erinnerung an eine vergangene Prüfung oder Niederlage ist nichts, durch das es sich von seinem Hunger nach Liebe oder nach dem Geliebtwerden abbringen ließe.

Freut euch im Herrn allezeit..., zu der Aufforderung, uns in jedem Augenblick zu freuen, fügt der Apostel Paulus die Empfehlung hinzu: *Euer Wohlwollen sollen alle Menschen erfahren* (vgl. Phil 4,4-5).

Wohlwollen gehört zur «Segnung». Wer wohlwollende Gedanken und Gefühle hat, sagt Gutes von dem anderen und segnet ihn. Das ist das wohlmeinende Vorurteil, das zu einem tiefen und wahren brüderlichen Gesprächsaustausch führt. Hingegen schafft Böswilligkeit sofort eine innere Unruhe, selbst wenn sie nicht als «Verwünschung» ausgedrückt wird. Wohlwollen ist eine Frucht des Geistes. Es setzt Vertrauen zu dem anderen voraus: *Die Frucht des Geistes aber ist Liebe, Freude, Friede, (...) Vertrauen zum anderen* (Gal 55,22).

Wohlwollen gibt dem Bruder Vertrauen und lässt ihn sein kindliches Herz wiederfinden, wenn es ihm verloren gegangen

---

[68] Jean Daujat, *Thérèse de Lisieux, la grande amoureuse* (Therese von Lisieux, die große Liebende), Téqui, S. 80.

war. Dann kann er sein Bestes geben, jenseits aller Überlegung, die immer eine Verzögerung für die Liebe bedeutet.

Darum ist wahres Gebet keine «Überlegung», sondern «Hingabe», und darum wird wahre Brüderlichkeit auch nie das Ergebnis mathematischer Beweise sein, die zur Liebe verpflichteten. Das Wohlwollen lässt den anderen wachsen, gibt ihm neues Vertrauen, ehrt seine Person und lädt ihn ein, sich selbst als erster zu äußern.

Die Gnade der Unmittelbarkeit in der Liebe ist die schönste Art, jemanden zu lieben. Wenn er dem anderen die Arme öffnet, damit dieser die natürliche, unmittelbare Geste tun kann, die ihm wichtig war, fallen alle Urteile, und der andere kann ausdrücken, was er auf dem Herzen hat.

Das Wohlwollen ist eine Tugend, die für die Familie unentbehrlich ist: Die Eltern erstreben das Wohl für einander und ihre Kinder, das Wohl nach Gottes Herzen.

Die Einheit der Person und des Ehepaares in Einfachheit des Herzens

Dies ist die Geste des Vaters, der seinem Kind die Arme entgegenstreckt und ihm erlaubt, sich ihm an die Brust zu werfen. *Wie ein Hirte weidet er seine Herde, auf seinen Arm nimmt er seine Lämmer; er trägt sie an seiner Brust* (Jes 40,11). Väterlichkeit führt immer zusammen und vereinigt.

Im Folgenden bezeugen Eheleute ihre Freude, auf dem rechten Weg zu sein und auch ihre herangewachsenen Kinder darauf zu führen. Welch eine Gnade der Einheit für die Familie! Wohl wird es noch Schwächen geben, und wie viele! Aber Gott ist anwesend wie ein Vater bei seinen Kindern:

> Marie-Madeleine: «Wir haben vor einem Jahr in unserer Ehe eine große Gnade der Versöhnung erhalten. Wir haben im Gebet wieder zueinander gefunden. Jeden Abend knien wir vor den Ikonen der Jungfrau Maria und der kleinen Therese nieder. Dort beten wir Hand in Hand zum Herrn, versöhnen uns wegen alles dessen, was uns auseinanderreißt, und denken an unsere fünf Kinder, deren Schwierigkeiten über unsere Kräfte gehen. Nur Gottes Hilfe kann

uns im Frieden bewahren. Wir erleben auch schöne Auswirkungen. Unsere Tochter hat dank "Mutter der Barmherzigkeit" am Tag nach dem fünfzehnten August eine Abtreibung abgelehnt. Sie war wunderbar, wie sie sich bewusst gemacht und darauf eingestellt hat, dass man noch mit einundvierzig Jahren ein Kind bekommen kann.»

Fernand: «Und der Mann unserer Tochter hat ja dazu gesagt. Sie wollen das Kind "Dieudonné", Gottesgeschenk, nennen. Was uns angeht, so ist in unserer Ehe noch nicht alles vollkommen. Vor zwei Wochen habe ich sehr harte Worte zu meiner Frau gesagt, aber jetzt kann ich um Vergebung bitten, was ich früher nicht vermochte.»

Marie-Madeleine: «Es ist wunderbar, um Vergebung zu bitten, denn nachher ist es viel besser als vorher.»

Was für eine Gnade für die Ehefrau, wenn der Mann, ohne seine Verantwortlichkeit einzubüßen, sein kindliches Herz wiederfindet!

Das Menschenherz in seiner Schwäche ist gefühlsmäßig «zerstreut» und «aufgesplittert». In seiner Liebe zu Gott findet es wieder zur Einheit, wenn es ihn als Vater anerkennt. Nur zu oft wollen die Christen durch bestimmte Verfahren oder Gedanken zur Einheit ihres Lebens zurückfinden.

Ein Kind aber wächst im Vertrauen zu sich selbst, wenn es die Hand des Vaters hält. Der Christ, der sich erinnert, dass *alle, die sich vom Geist Gottes leiten lassen, Söhne Gottes sind* (vgl. Röm 8,14), wird den Heiligen Geist in sich wirken lassen. Er wird freiwillig alle Verfahren zur Selbsbefreiung aufgeben, die zwar zunächst zu einem günstigen Ergebnis führen können, den Menschen an der Schwelle seiner tiefgehenden Befreiung jedoch im Stich lassen, wobei sie gleichzeitig seinen Hunger nach Heilung noch verstärken. Und auf Grund einer lügenhaften Verheißung wird die Enttäuschung, nicht zu der sehnlich gewünschten Hingabe zu gelangen, noch größer sein.

Der Geist selbst bezeugt mit unserem Geist, daß wir Kinder Gottes sind (Röm 8,16). *Ihr habt doch nicht den Geist der Knechtschaft empfangen* (Vers 15). Unsere tiefreichende Befreiung geschieht, wenn wir Kinder Gottes werden, und nicht anders.

So waren zwei seit zehn Jahren verheiratete Eheleute dahin gelangt, dass sie einander nicht mehr in inniger ehelicher Liebe begegnen konnten, und waren darüber umso verstörter, als sie einander sehr liebten. Um ehrlich zu sein, sie hatten nie zu einer Übereinstimmung finden können, und das von Anfang an. Sie bemerkten in ihrem Leib einen Mangel an Gleichgewicht und Freiheit und wandten sich dem Joga zu. Das Drama verschlimmerte sich bis zu dem Punkt, an dem sie, ohne jegliche Untreue, eine Trennung in Betracht zogen, so unerträglich war ihnen die Begegnung in der ehelichen Liebe geworden. Da nahm der Ehemann an einer Einkehr teil, um Gott um Erkenntnis zu bitten, während seine Frau ans andere Ende von Frankreich fuhr, um eine andere Versammlung zu besuchen: sechs Tag Joga. Der Mann wurde von der Gnade Gottes berührt und verzichtete auf diese unheilvolle Übung. Er begriff, dass Selbstkontrolle der liebevollen ehelichen Hingebung vollkommen entgegengesetzt ist. Blieb nur noch seine Frau…; durch Gottes Gnade willigte sie ein, mit ihrem Mann zur nächsten Einkehr in sechs Monaten zu kommen. Und sie erkannte außerdem ihren Missgriff. Sie, die bereit gewesen war, Jogalehrerin zu werden, stimmte zu, dass für sie gebetet wurde: Im selben Augenblick entspannte ihr Leib sich. Sie warf sich ihrem Mann in die Arme: Das Ehepaar war gerettet. Einige Tage darauf bezeugten sie schließlich, dass ihre eheliche Liebe wieder möglich geworden war. Ausgehend von einer kleinen Behinderung, die bei jungen Eheleuten recht häufig vorkommt, hatten sie sich zehn Jahre lang von körperlichen Verfahren einengen lassen. Innerhalb eines Abends wurden sie von dieser Knechtschaft befreit und erhielten in einem hingebungsvollen Gebet zu Gott zugleich die Gnade, sich frei in die Arme des anderen hinzugeben. Da waren nun endlich die Freiheit und das Glück, einander zu lieben. Nur Gott konnte ihnen das geben.

Zu «Erwachsenen» werden wir durch das Leben im Geist. Das ist der Weg gemäß dem Evangelium, den die Welt nicht kennt, ein für das Leben des Paares und seine Treue unbedingt notwendiger Weg. Alle jungen Menschen, die an eine Heirat denken, zögern oft, weil sie die Schönheit der Ehe nicht im Licht des Evangeliums betrachtet haben. Aber schon lichtet sich das Dunkel.

Welche Hoffnung für morgen sind da nicht all jene jungen Leute in den Zwanzigern, die nach einer geistlichen Tiefe suchen, welche großer Heiliger würdig wäre! Diejenigen unter ihnen, die zum Ehesakrament berufen sind, werden die Schönheit der Kirche von morgen — aber auch schon der von heute — ausmachen, mit all den «Kirchen im Kleinen», die von den christlichen Heimstätten gebildet werden und in die man nur mit einer Achtung eintreten kann, die dem Heiligen zuzuschreiben ist. In ihrem Liebesbund kommen sie dem neuen und ewigen Bund unablässig näher, den wir in der Eucharistie feiern und im Tabernakel anbeten. Aber sie leben schon in ihm, diesem endgültigen Bund.

Das ist eine Gattenliebe, die zur Liturgie wird: Es ist dasselbe Bundesgeheimnis wie in der Heiligen Eucharistie. Es ist das schönste christliche Zeugnis, des II. Vatikanischen Konzils würdig und des neuen Pfingsten für die Kirche, das Johannes XXIII. angekündigt hatte: Denn auch der Heilige Geist ist anwesend, um die Eheleute in einem einzigen Leib zu vereinen, gerade so wie die Liebe des Vaters es in jeder Messe für die Kirche, den Leib Christi, vollbringt.

Die Vorsehung

Wohlwollen führt zu nachsichtigem Denken und einer Öffnung des Herzens. Denken ist bereits ein Schritt, bei dem man die Liebe vorausahnt. So wird man in einer Familie «wohlwollend» aneinander denken.

Auch Gott «denkt wohlwollend» an uns. Das ist die Vorsehung. Man kann nur mit einem kindlichen Herzen daran glauben.

Gott ist ein Vater, der weiß, was seine Kinder brauchen, aber Er erwartet trotzdem, dass wir Ihn darum bitten. Das ist dann für uns ein Vertrauensbeweis, das heißt ein Liebesbeweis. Jeder ist dazu berufen, täglich wie jenes Ehepaar sagen zu können: «Wir haben um vieles gebeten und der Herr hat uns erhört.» Es ist aber das Wort Gottes, das uns lehrt, mit kindlichem Herzen zu beten, in der Gewissheit und der Freude, erhört zu werden. Später dann folgt die Erhörung nach dem Herzen Gottes.

Darin besteht die freudige Zuversicht, die wir zu ihm haben, daß er auf uns hört, wenn wir nach seinem Willen um etwas bitten. Und wenn wir wissen, daß er bei all unseren Bitten auf uns hört, dann wissen wir auch, dass wir das von ihm Erbetene bereits besitzen (1 Joh 5,14-15).

Jeannine: «Wir sind seit achtzehn Jahren verheiratet und leben seit sieben Monaten in einer Gemeinschaft. Der Herr hat uns dort gezeigt, dass wir sehr arm und sehr verletzt sind. Ich will nur von zwei Gnaden berichten, die wir während dieser Einkehr empfangen haben, aber es ist verrückt, was wir alles bekommen haben. Wir wollten um zwei kleine Dinge bitten und während des Gebets der Brüder haben wir uns gesagt: "Lasst uns bitten, lasst uns bitten", und der Herr hat uns erhört. Die erste Gnade war das Vertrauen. Die zweite ist auch wunderbar: Ich lebte bei der Anbetung in schrecklichen Trockenheiten. Pater Tardif hat eine Unterweisung über die "Eucharistie, das Sakrament der Heilung" gehalten. Ich fand das sehr schön, ich fand, dass einige Leute großes Glück hatten, wenn sie geheilt wurden, aber ich hatte keines. Und gestern dann, als ich meine Hände ausstreckte, um den Leib Christi zu empfangen, habe ich ihn angeschaut wie noch nie und habe dabei eine große Gnade der Heilung empfangen. Ich habe wirklich bemerkt, dass der Herr tief in mich einging und vieles heilen würde.»

Daniel: «Dies ist wirklich das Zeugnis eines Ehepaares. Das ist nicht etwas, das nur meine Frau beträfe, ich denke, dass alle die Gnaden, die von dem einen oder dem anderen empfangen wurden, in vielfältiger Weise auf uns beide ausstrahlen werden.»

Das Ehepaar konnte sich mit leeren Händen vor Gott stellen. Zaghaft dachte es am Anfang, nur um «zwei kleine Dinge» bitten zu wollen. Dann hat das Gebet der Gemeinschaft der Brüder ihr Herz berührt und sie mit Vertrauen erfüllt, und wie Kinder konnten sie nun um vieles bitten.

Das Wohlwollen war Vertrauen durch das Denken. An die göttliche Vorsehung zu glauben ist tätiges Vertrauen, Vertrauen zu Gott, dem treuen, liebenden Vater.

Von Jahrhundert zu Jahrhundert lernen es christliche Generationen, auf die Vorsehung zu vertrauen. Eine Familie ist nur dann wahrhaft christlich, wenn sie dementsprechend in geistiger, aber ebenso in materieller Hinsicht lebt.

Hier ist ein Erbe weiterzugeben, das Gold wert ist: Es ist eine unvergleichliche Quelle des Friedens in den Familien. Es wird dann zur Gewissheit, wenn das Gleichgewicht innerhalb der Familie nicht mehr auf dem Geld, sondern auf der Liebe beruht. Die Jugend muss darin erzogen werden, genauso wie sie den Sinn für die Arbeit lernen muss. Einmal habe ich in dieser Hinsicht eine meisterhafte Lehre in der Familie erhalten:

> Als ich zwanzig Jahre alt war und das Große Seminar besuchte, hatte ich meine Arme in den Dienst eines Onkels auf einem Bauernhof gestellt, der für die Erntearbeit nur eine Tochter und meinen achtzigjährigen Großvater hatte. Der Sommer war sehr regnerisch gewesen. Wir hatten den 15. September, den Tag der Rückkehr ins Große Seminar, und die erst halb eingefahrene Ernte würde auf den Feldern verfaulen. Beim Abschied wurde ich von großer Traurigkeit erfasst. Ich sagte ein paar Worte darüber: «Wie schade, ich wäre gern hiergeblieben…, aber unmöglich…» Da schaute mein Großvater mir in die Augen und sagte: «Kleiner, erinnere dich, im Jahr 1912 haben wir die Ernte an Allerheiligen beendet (gerade so gut hätte man sagen können, sie war Dung!). Nun, in jenem Jahr hat es uns im Haus keinen einzigen Tag an Brot gefehlt, um die Mama und deine Onkel und Tanten zu ernähren. Und das ohne Kindergeld! Mach dir also keine Sorgen mehr. Fahr schnell ins Seminar!» Von dieser Last befreit, stieg ich aufs Fahrrad und radelte die 120 km, die mich vom Seminar trennten, um zur Philosophie und Theologie zurückzukehren. Aber glücklicherweise habe ich im Vorbeigehen diese Lehre des Evangeliums erhalten, denn nicht die Theologie macht den guten Priester, sondern vor allem das gelebte Evangelium.

Und er kannte sein Evangelium, der Großvater: «*Sorget euch nicht um euer Leben, was ihr essen werdet. (…) Schaut auf die Vögel des*

Himmels, sie säen nicht, sie ernten nicht und sammeln nicht in Scheunen, und euer himmlischer Vater ernährt sie! Seid ihr nicht viel mehr wert als sie?» (Mt 6,25-26)

Welch ein Erbe für seine Kinder, Enkel und Urenkel! Welcher Wagemut und welche Zuversicht in diesem Gottvertrauen!

Unser 20. Jahrhundert mit seinen sozialen Netzen wie Sozialversicherung und Altersversorgung hat die Vorsehung des Evangeliums teilweise verdecken können. Die neuen Gemeinschaften leben weitgehend von dieser Vorsehung, die Jesus gelehrt hat. Selbst wenn die Familien keine solche besondere, unbedingte Berufung haben, müssen sie in derselben Hingabe an Gott leben, die letztlich nur echt ist, wenn sie spürbar und verpflichtend ist. Daraufhin fallen die aus Herrschsucht und Ehrgeiz entstandenen Kämpfe in den Familien von selbst weg. Wie viele Gründe zur Entzweiung bietet nicht das Geld in den Familien! Und das, weil die Familie sich nicht zuerst auf die Vorsehung gründet, sondern auf die Verlockung des Geldes.

Wie sollten Eheleute, die in einer solchen Gnade der Hingabe stehen, einander nicht sofort vergeben, wenn es irgendeinen Anlass zum Missverständnis gegeben hat.

3 — Die Familie im Mittelpunkt des Reiches

Ein verwandeltes Leben

Jesus beschließt seine Unterweisung über die Vorsehung wie folgt:

> *«Sucht zuerst das Reich Gottes und seine Gerechtigkeit. (...) Jeder Tag hat genug an seiner eigenen Plage»* (Mt 6,33-34).

Wenn die Familie beschließt, ihr Leben auf das Reich Gottes auszurichten, führt das zu einem vollkommenen Umsturz: Das ist Bekehrung.

Es scheint so, als ob Jesus den Paaren, die zu einer Einheit werden wollten, die Frage stellte: «Sucht ihr es wirklich, das Reich?» Wenn beide mit «ja» antworten, wird sich daraus eine Einheit von anderer Tiefe ergeben als bei Paaren, die sich zum Beispiel in ihrem Sinn für Musik oder Sport einig sind. Die tiefe Einheit christlicher Ehepaare muss vor allem von ihrer Sehnsucht nach dem Reich gestiftet werden. Von daher ergeben sich dann ihre christlichen Einsätze. Im gegenteiligen Fall wird sich ihr Leben im Dienst an den anderen verzetteln und manchmal wird sogar ihre Ehe in Gefahr sein.

Allzu oft wird nicht mehr das Reich gesucht, sondern der, der es bewohnen soll: der Mensch. Jede Suche nach dem Menschen aber zerstreut, jede Suche nach Gott einigt. Es gibt sogar eine Suche nach dem eigenen Wohl, und die entspricht nicht dem Evangelium: Sie ist dem Reich vollkommen entgegengesetzt, sie zerstört die Ehe und die Evangelisierung. «*Sucht zuerst das Reich Gottes; (...) alles andere wird euch hinzugegeben werden*» (vgl. Mt 6,33).

Und nun ist alles geklärt und das Leben wird einfach. Jeder ist an seinem richtigen Platz und die tiefen Sehnsüchte des Menschen sind in eine Ordnung gebracht. Um diese Freude des gemeinsamen Wirkens zum Aufbau des Reiches herum fühlt die Familie sich wunderbar vereinigt. Und ihr Leben wird von sich aus zur Verkündigung.

Verkündigung kann man nämlich zusammenfassen als ein Angebot an die Menschen, auf den ihnen von Gott ins Herz gelegten Hunger, das heißt den Hunger nach Gott selbst, zu antworten. Ein guter Evangelist verkündigt: «Jesus liebt dich!» Und wirklich heißt «Christ sein», vor allem Gott und auch seinen Nächsten zu lieben. Hören wir, wie Papst Johannes Paul II. uns das erklärt:

> «*Gott liebt den Menschen!* Diese einfache und erschütternde Verkündigung ist die Kirche dem Menschen schuldig. Das Wort und das Leben eines jeden Christen kann und muss

diese Botschaft zum Klingen bringen: Gott liebt dich, Christus ist für dich gekommen, Christus ist für dich "der Weg, die Wahrheit und das Leben!"» (Joh 14,6)[69]

Wenn also ein Ehepaar seine Liebe bezeugt, welch machtvolle Gnade ist das für die Evangelisierung! Das Zeugnis des Ehepaares hat in Beruf und Gesellschaft genau dieselbe Berechtigung wie das eines Einzelnen. Das vergessen viel zu viele Christen.

Es ist sehr richtig und evangeliumsgemäß, dass ein Christ zunächst durch sein Leben Zeugnis gibt. Noch bevor ein Ehepaar das Wort ergreift, evangelisiert es um sich herum bereits durch seine Lebensweise, den Gebrauch der Zeit und seine natürlichen Beziehungen. Das auf das Reich ausgerichtete Leben eines Ehepaares hat «Rückgrat», es weist eine Leitlinie und eine Gelassenheit auf, die in seiner ganzen Umgebung Neid erweckt. Aber da es aus Demut besteht, wird es sich nie vor Ehepaaren auf der Suche nach dem wahren Leben zur Schau stellen. Es ist also das ganz schlichte Familienleben, das Tag für Tag Zeugnis ablegt. Und das ist das, was uns anrührt.

Ich habe beispielsweise ein Ehepaar gesehen, das keine Kinder bekommen konnte, dafür sechs an Kindes Statt angenommen hat, dazu ein behindertes Baby und ein Baby mit Trisomie. Ein anderes Ehepaar hat zu seinen eigenen vier Kindern zwei Babies mit Trisomie und eines aus Asien angenommen. Wenn man in diese Heimstätten kommt, spürt man «das Reich», das Reich der kleinen Kinder. Oh, die Eltern sind dadurch nicht unklug geworden, dass sie sich für das Reich entschieden haben. Sie tun alles Notwendige, um ihren Lebensunterhalt zu verdienen. Sie sind zielstrebig «klug» gewesen:

> «*Sammelt euch nicht Schätze auf Erden, wo Motte und Wurm sie zerstören und wo Diebe einbrechen und stehlen. Sammelt euch vielmehr Schätze im Himmel*» (Mt 6,19-20).

---

[69] *Christifideles laïci*, Nr 34, Absatz 8.

Weil sie «klug» und folglich unfähig zu «schlechten Geschäften» sind, ist ihnen das allerbeste gelungen: der Erwerb des Reiches, des «Himmelreiches». Im Gegenteil zu dem Törichten im Evangelium fahren sie täglich fort, sich mit einem Reichtum zu bereichern, den ihnen niemand entreißen kann. Sie widmen sich ihren Kindern, die es schwer haben, und werden dadurch *reich vor Gott* (Lk 12,21).

Unter der Führung des Heiligen Geistes

Der Baumeister dieses für das Ehepaar erneuerten Lebens ist der Heilige Geist. Ein sehr alter Brauch gebot, dass nie eine Hochzeit zelebriert werden sollte ohne eine Anrufung des Heiligen Geistes. Und das war das Pfingstgebet der Kirche: das *Veni Creator Spiritus* (Komm, Heiliger Geist). Die Eheleute wollen, das ist sicher, ihre Liebe gemäß ihrem gegenseitigen Versprechen lebenslanger Treue gestalten. Aber wie kommt man dahin ohne Den, der die Liebe erschaffen hat? Von daher ihre Anrufung des Heiligen Schöpfergeistes, damit Er in dem Augenblick auf die Eheleute herabkam, in dem sie einander als Diener des Sakraments die Ehe stifteten. Aber besteht dieser Brauch in unseren Gemeinden noch?

Setzen wir also den Heiligen Geist an den Anfang und rufen wir Ihn jeden Tag herab. Er reinigt, Er heiligt, Er schenkt das Gespräch zwischen den Eheleuten. Er gibt ihnen unter allen Wahlmöglichkeiten die rechte Entscheidung. Er flüstert ihnen die Entscheidung für das Reich ins Ohr (und ins Herz), damit ihnen auch *alles Übrige gegeben wird.*

Wer würde bezweifeln, dass diese Entscheidung richtig ist? Die Christen sind wirklich gewitzt, ein bisschen wie *Salomon, der die Weisheit gewählt hatte* und dem Gott alles Übrige als Belohnung dazugegeben hat (vgl. 1 Kö 10,23). Es stimmt, der Heilige Geist gibt stets die richtige Entscheidung. Ein Ehepaar im Rentenalter bezeugt:

> Pierre und Bénédicte: «Wir hatten die Möglichkeit, weit entfernte Brüder und Schwestern aufzusuchen, die dieselbe geistliche Ausrichtung hatten wie wir. Aber wir haben gebetet und die Brüder im Gebet um Rat gebeten. Dabei kam heraus, dass der Herr uns Brüder und Schwestern zum gemeinsamen Beten hier in der verlassenen Gegend versprach, in der wir gerade ansässig geworden waren. Wir können bezeugen: Drei Jahre darauf hat der Herr uns fünfzehn Brüder und Schwestern geschickt und diese Gruppe ist so etwas wie eine neue kleine Fraternität geworden, eine weitere für das Reich Gottes. Infolge der Ausgießung des Heiligen Geistes, die unser Leben schon verwandelt hatte, haben wir erlebt, was es bedeutet: unter der Führung des Heiligen Geistes zu leben.»

Den Familien, die sich der Gaben Gottes zu erfreuen wissen und den Geber des Lebens nicht vergessen, der Er selbst ist, schenkt der Geist auch ein Herz voller Dankbarkeit bis hin zum Jubel.

Ja, wie gut tut es, sich mit der Familie an den Tisch des Reiches, die Eucharistie, zu setzen und diese Gegenwart von Jesus selbst am Familientisch fortzusetzen! Man begreift besser, warum viele christliche Familien niemals eine Mahlzeit einnehmen, ohne zu «preisen» und zu «danken». Das ist auch der rechte Augenblick für ein «Danke» an den Herrn für alle seine Gaben; es bewahrt uns vor jeder Selbstgefälligkeit oder Undankbarkeit, dadurch dass wir uns das Herz eines Armen bewahren gemäß der Seligpreisung:

> *«Selig die Armen im Geiste, denn ihrer ist das Himmelreich»*
> (Mt 5,3).

Der Heilige Geist ist der Vater der Armen; erinnern wir uns, dass ein kindliches Herz auch von der Unschuld lebt. Für ein Ehepaar, das ein solches kindliches Herz haben möchte, gilt eine andere, ganz besonders auf die Ehe zutreffende Seligpreisung:

> *«Selig, die reinen Herzens sind, denn sie werden Gott schauen»*
> (Mt 5,8).

Das Eheleben ist für diese Reinheit des Leibes, der Seele und des Geistes gemacht. Auch wenn sie innerhalb der ehelichen Beziehungen erlebt wird, übersieht sie keiner... Diese Seligpreisung schenkt dem Ehepaar die Gnade, schon hier auf Erden in gewisser Weise «Gott zu schauen». Wir wissen, wie sehr Menschen, die nur ein «Zipfelchen des Himmels» haben erspähen können, davon in ihrem Blick geprägt sind: Das ist beispielsweise bei denen der Fall, die von Erscheinungen begünstigt waren und nun Licht und Reinheit ausstrahlen. Für uns in unserem geistlichen Leben hier auf Erden aber zerreißt der Schleier, der uns von der Ewigkeit trennt, oft nur einen Bruchteil von Sekunden lang, und das auch nur für Menschen mit einfachem Herzen.

Daher sind die Eheleute berufen, dass einer einen Zipfel des Himmels in den Augen des anderen erblickt, um ihn ihren Kindern und der Welt zu vermitteln. Aber zunächst müssen sie ein reines Herz haben. Darum beruht die Schönheit der Ehe auf der Keuschheit. Sie wird den Umsturz der Liebe im Hinblick auf die zweite Evangelisierung herbeiführen.

Notwendigerweise ist der Heilige Geist der Baumeister dieser neuen Evangelisierung, an deren Dringlichkeit Papst Johannes Paul II. und die Bischöfe uns unermüdlich erinnern. Das trifft durch die Gnade der Taufe und der Firmung für alle zu. Aber von dem Tag des Ehesakramentes an müssen sich die beiden Getauften, die sich vor Gott vereint haben, als Ehepaar vom Geist leiten lassen. Welche Gnade der Verständigung und der Einheit! Wie viele Irrtümer, Unstimmigkeiten und Verletzungen können vermieden werden! Aber dazu muss jeder die Fügsamkeit eines kindlichem, dem Heiligen Geist unterworfenen Herzens besitzen.

Lieben ist so einfach!

Ordensleute verpflichten sich durch die drei Gelübde, um besser in ihrer Taufgnade leben zu können. Warum sollten nicht auch Eheleute unter der Führung des Heiligen Geistes in einer Art «Armut, Keuschheit und Gehorsam» leben? Wer könnte es ihnen verwehren? Es ist nämlich die Gnade der Getauften, dazu geboren zu sein, mitten in der Welt Zeugnis von einem gänzlich neuen Leben zu geben. Denn das Herz eines jeden Menschen ist geschaffen, um aus der Finsternis in das *wunderbare Licht* zu gelangen (1 Petr 2,9), das in Gott ist. Gott braucht das Zeugnis eines evangeliumsgemäßen schlichten Herzens.

Die Ehe ist einfach wie das ganze Evangelium. Wollte man die Dinge anders sehen, würde man daraus ein Erbe für die Reichen machen und eine Kirche der «Reinen» herausbilden… Das wäre ein elitäres Denken, das heißt, man würde die Ehe zu einer Angelegenheit von Auserwählten machen! In Wirklichkeit können Eheleute, die dem Evangelium und seinen Forderungen folgen, niemals in einen Fehler wie das Elitedenken verfallen.

Die ihnen das zuweilen vorwerfen, sind auch die, die von daher ein Alibi suchen, um sich mit einer Liebe zu ermäßigten Preisen zufriedenzugeben. In Wirklichkeit ist die Ehe so einfach wie Gott einfach ist, Er, der Einer ist. Aber Er besteht auch aus drei Personen, weil Er Liebe ist. Die Zeugnisse in diesem Buch wiederholen diese Gnade der Einfachheit, durch die die Wahrheit kommt: *Wahrheit und Liebe begegnen sich* (Ps 85.11). Wir stellen jetzt fest, mit welcher Einfachheit Eheleute sich für die Liebe des Herrn öffnen, sie vertrauen auf die Vorsehung und strahlen tiefe Liebe aus; lebendige Zeugnisse inmitten einer Welt, die ebenso traurig wie unüberschaubar geworden ist. Ja, aber…, erst musste damit begonnen werden, alles zu geben.

Wäre das ein zu hohes Ziel? Ja, sicher — für die, die nicht wirklich an das Wort Gottes und die Gnade glauben, welche es stets begleitet. Doch für ein Ehepaar, das im schlichten Geben die innere Flamme gespürt hat, welch eine Hoffnung! Und sogar welch eine Gewissheit! Die Gewissheit des Glaubens. Und beide, Glaube und Hoffnung, sind für die Liebe gemacht.

Die Gnade der Ehe ist für die einfachen Herzen gemacht, die kindlichen Herzen, denen das Reich gehört. Diese einfachen Herzen werden die Urheber der zweiten Evangelisierung. Und die, die auf ihren Ruf eingehen, werden Menschen sein, die zunächst in die Umkehr eines einfach gewordenen Herzen eingewilligt haben.

Solche Urheber werden auch ganze Familien sein, die die Einfachheit des Evangeliums atmen und das neue Gottesvolk bilden, wie sie das II. Vatikanische Konzil voraussah:

> «Daher macht die christliche Familie — entsteht sie doch aus der Ehe —, die das Bild und die Teilhabe an dem Lebensbund Christi und der Kirche ist, die lebendige Gegenwart des Erlösers und die wahre Natur der Kirche allen kund, sowohl in der Liebe der Ehegatten, in hochherziger Fruchtbarkeit, in Einheit und Treue, als auch in der Zusammenarbeit aller ihrer Glieder.[70]»

In ihrer Dichte und Klarheit — was für eine wundervolle Zusammenfassung der Berufung der Eheleute und der Familie in der Kirche und für die Welt! Man braucht ein einfaches Herz, um zu lieben. Und auch, um an die Liebe zu glauben und sie zu bezeugen. Aber alles fängt mit dieser Entdeckung an, die ein ganzes Leben verwandelt: «Lieben ist so einfach.»

---

70 *Gaudium et spes.* Heiligkeit von Ehe und Familie, Nr. 48.

Schluss:
Wer wird uns denn an die Liebe glauben lassen?

DIE GNADE DER EHE AN DER SCHWELLE DER ZWEITEN EVANGELISIERUNG

Die Kirche sucht an der Schwelle der zweiten Evangelisierung **Zeugen der Liebe**, die sich dafür vollkommen zur Verfügung stellen. Diese ganz besondere Sendung haben die «gläubigen Laien» durch die Gnade des Ehesakraments erhalten. Ihr Zeugnis in Leben und Gebet als Widerschein der Wahrheit des Gotteswortes und ihrer Verbindung mit Gott und in Gott wird eine Welt berühren und bekehren, die auf der Suche nach der Liebe und dem Sinn des Lebens ist. Es ist gewiss, dass die Liebe das ganze Leben einnehmen muss, sonst ist es schon keine Liebe mehr. Aber dafür muss noch mehr getan werden: Man muss daran glauben.

Immer noch möchte man sich gern lieben auf dieser Erde, aber geben wir es nur zu, man «glaubt» nicht mehr wirklich an die Liebe.

«Einander lieben» und «an die Liebe glauben», das sind zwei vollkommen verschiedene Dinge. In den Tatsachen kommt der Unterschied schnell zum Vorschein. «Einander zu lieben» bleibt verhältnismäßig einfach: Es handelt sich um eine Gefühlsregung des Herzens. Und dieser Antrieb des Herzens ist stets nötig, damit wahre Liebe entsteht.

Die Entscheidung, obendrein noch Glauben an die Liebe zu beweisen, bringt die Forderung nach Treue und Unbedingtheit mit sich, die das Leben von Grund auf verwandelt. Der Apostel Paulus hat zum Beispiel gesagt:

Für mich ist das Leben Christus (Phil 1,21).

Das hat sich aus seiner Bekehrung ergeben: Die Liebe Christi ist in sein Leben gekommen und Jesus ist sein Leben geworden. Alles Übrige ist bedeutungslos. *Ich achte alles als Verlust (…), für Mist, um Christus zu gewinnen* (Phil 3,8).

Andererseits kann man sein Leben aber auch weiterführen wie bisher und außerhalb von Christus bleiben. Man liebt Gott, gewiss, man sucht die Begegnung mit ihm, auch von Herzen, zumindest an manchen Tagen…, denn es gibt im Leben noch anderes zu tun!

Im Fall des Paulus ist der Glaube sozusagen «alldurchdringend» geworden. Das ist Glaube an die Liebe, und zwar an Gottes Liebe zu uns:

Er hat mich geliebt und sich selbst für mich ausgeliefert (Gal 2,20).

Wir sind jedoch nicht imstande, treu in einer solchen Unbedingtheit zu leben, ohne uns an die göttliche Barmherzigkeit zu wenden. Sie allein macht uns dazu fähig. Solange man sich noch nicht rückhaltlos verpflichtet hat, bleibt die Liebe tatsächlich schwach wie ein menschliches Gefühl in seiner Vergänglichkeit und Unbeständigkeit und mit der Enttäuschung, die nur zu oft daraus erwächst. Gott erwartet von allen eine beständige, treue Verpflichtung und wird nicht müde, sein Volk anzusprechen, da es um dessen Glück geht:

Was soll ich dir tun, Ephraim, was soll ich dir tun, Juda? Deine Liebe gleicht ja dem morgendlichen Gewölk, sie gleicht dem Tau, der schnell vergeht (Hos 6,4).

Wir sind also mehr dazu geschaffen, «**an die Liebe zu glauben**», als einander zu lieben. Darin liegt der Schlüssel zur unzerbrechlichen, dauerhaften Liebe.

Zwischen den beiden klafft ein Abgrund. Er kann nur durch die Umkehr des Herzens überwunden werden. Sich Gottes Ruf freiwillig in der «Weihe» seiner selbst zu öffnen: Das ist der Riesenschritt über den Abgrund hinweg. Wer mit «ja» antworten konnte, beendet eine Liebe, die sich noch nicht «hingegeben» hatte, und verliert dadurch seine Furcht. Er taucht in einen Abgrund voller Leben ein, den Abgrund der unendlichen Liebe, der barmherzigen Liebe Gottes.

So ehrt der Christ die Gnade seiner Taufe, die ja eine Weihe ist. Ebenso gilt das für jemanden, der sein Leben in einer Gemeinschaft darbringt, oder auch für den Priester, der sich der Kirche in der geweihten Ehelosigkeit schenkt.

Auch Verlobte gehen am Tag ihrer Hochzeit eine Weihe ein, die ihnen nicht nur die Gnade der gegenseitigen Liebe schenkt, sondern auch den Glauben an die Liebe, allen Widrigkeiten zum Trotz. Die Verlobungszeit war eine Lehrzeit der unbedingten Treue, so notwendig wie die Novizenzeit, um diesen Riesenschritt zu wagen, der die Frucht des göttlichen Rufes ist.

Am Tag der Hochzeit versprechen sie, einander treu zu sein, das heißt immer an die Liebe zu glauben. An die Liebe des anderen zu glauben ist dann eine greifbare, spürbare Glaubenstat, vergleichbar jener anderen, an Gottes Liebe zu jedem Einzelnen persönlich zu glauben. Diese beiden Formen der Liebe sind in der geistlichen Tiefe des Ehepaares miteinander verbunden.

Wenn alle Menschen dazu berufen sind, *einander zu lieben*, so haben die Getauften in der Welt noch besonders die Aufgabe, an «die Liebe zu glauben». Denn wer an Gott glaubt, glaubt immer an die Liebe, weil *Gott Liebe ist* (vgl. 1 Joh 4,16).

Dann wird die Liebe vom Glauben verwandelt, bezieht Kraft aus ihm und verwurzelt sich in der Treue durch das Vertrauen auf Den, der weder sich selbst noch uns täuschen kann.

Unser Gott ist Der, der den Menschen unverbrüchliche Liebe bekundet hat und sich dadurch mit ihnen **verbündet**. Evangelisieren bedeutet, den Menschen zu offenbaren, dass Gott sie *nicht verlassen* hat (Jes 41,17). Im Gegenteil, er hat mit ihnen einen Bund geschlossen, der in dem «neuen und ewigen Bund» vollendet wird, den Jesus selbst eingesetzt hat, als er *sein Blut für die vielen vergossen hat zur Vergebung der Sünden* (Mt 26,28). Dieser Bund erfüllt sich in den beiden großen Sakramenten der Eucharistie und der Ehe.

Was würde aus der Evangelisierung für dieses Ende des 20. Jahrhunderts, wenn die Gnade der Ehe nicht mehr in jener unbedingten Treue erlebt wird?

Wir wollen es deutlich sagen: Es wird keine zweite Evangelisierung geben ohne die Bekehrung aller und vor allem der Eheleute. Diese stehen in erster Linie in dem Kampf gegen die Kräfte des Bösen, die den Untergang der Menschheit, dieses Meisterwerks unseres Schöpfers, wollen. Aber Christus ist in seiner Auferstehung bereits der Sieger. Es ist die Aufgabe eines jeden von uns, sich je nach den verschiedenen Stufen unserer Weihe diesen endgültigen Sieg Christi in rückhaltlosem Einsatz zu eigen zu machen, bis zur Hingabe unseres Lebens.

Beim Herannahen des dritten Jahrtausends entbrennt dieser Kampf besonders heftig. Wir sind zur Teilnahme an der Schlacht herausgefordert. Es ist unmöglich, sich hier abwartend zu verhalten. Andernfalls würden wir selbst schon im Voraus die Niederlage unterschreiben. Vielleicht hat für die Ehe noch nie so viel auf dem Spiel gestanden, diesen Schmelztiegel der Liebe, der vom Feind an der Spitze angegriffen wird. Aber Gott ist treu zugegen, er kümmert sich um seine Kirche und wirkt so für das Heil der Welt.

Wie sagt der Prophet Jesaja so ausdrucksvoll: *Über deine Mauern, Jerusalem, habe ich Wächter bestellt, den ganzen Tag und die ganze Nacht sollen sie nicht schweigen* (Jes 62,6). Jeder steige auf seine Zinne! Getaufte, Priester, Ordensleute und Verheiratete. Jetzt ist nicht der Augenblick, um zu schweigen!...

Die ihr des Herrn gedenket, schweiget nicht! (Vers 6)

Der Herr überrumpelt uns nicht: Wir sind alle im Voraus unterrichtet worden. Aber der Prophet gibt uns gleich darauf die Gewissheit, in der Fürbitte erhört zu werden:

Laßt ihm keine Ruhe, bis er Jerusalem wiederherstellt und zum Lobpreis auf Erden macht! Der Herr hat geschworen bei seiner Rechten und bei seinem starken Arm (Vers 7-8).

Zählen wir entschlossen auf Gottes Gnade. Mit ihr verlassen wir endgültig den ausgetretenen Weg der Ängste, die uns vom Einsatz abhalten, und der lähmenden Feststellungen, gescheitert zu sein. Seien wir, fern der angeblich lebensnahen, aber glaubenslosen Analysen, gefasst auf Gottes Wunder für die nach Liebe hungernden Ehepaare. Das Glück der Eheleute ist «bei Gott möglich», sogar und und vor allem wenn es die menschlichen Fähigkeiten übersteigt. *Ist denn für den Herrn etwas zu wunderbar?* (Gen 18,14)

Der Glaube an die **Gnade des Ehesakraments** wird die Ehe retten. Die Ehe wird die zweite Evangelisierung retten. Und die zweite Evangelisierung, die Papst Johannes Paul II. gefordert hat, wird die Welt retten. Gewiss, wie jeder Getaufte haben auch die Geistlichen und die in der Ehelosigkeit Geweihten ihr Leben darzubringen. Aber die in unaussprechlicher Gemeinschaft vollzogene Aufopferung der christlichen Eheleute im Liebesopfer füreinander und gemeinsam an den Herrn wird das Meisterstück sein, das Gott selbst bereits in seiner Schöpfung und noch mehr in seiner Erlösung gewollt hat.

Ich ermahne euch also, Brüder, bei den Erbarmungen Gottes, daß ihr eure Leiber als ein lebendiges, heiliges, Gott wohlgefälliges Opfer darbringt, als euren geistigen Gottesdienst. Paßt euch nicht dieser Weltzeit an (Röm 12,1-2).

Wie steht es um die Zukunft des christlichen Ehepaares? Der heilige Paulus hat uns soeben die großen Linien gezeigt: sich nicht der heutigen Welt anpassen und sich als lebendige Hostie darbringen. Auf diese Weise müssen wir an die Liebe «glauben» und unablässig an die Quelle der wahren Liebe zurückkehren.

Aber wie gelangt man dort hin? Auf welchem Weg?

– Es ist eine Gabe, weil der Glaube eine Gottesgabe ist.

– Es ist auch eine Entscheidung, weil der Mensch frei ist, sein Glück oder sein Unglück zu bewirken.

Eine Gabe: Also muss man darum bitten.

Eine Entscheidung: Man muss also einen entsprechenden Entschluss fassen.

Im Zeugnis mitten in der Welt **wird die Kirche erwartet**. Nie waren die Augen der Menschen — die selbst behaupten, der Glaube sei für sie belanglos — so sehr auf die Hierarchie der Kirche wie auch auf den letzten ihrer Gläubigen gerichtet wie heute. Das macht die Not der Zeit, in der wir leben, ganz deutlich. Aber es ist auch eine Zeit verschärfter Prüfungen. Möge sich das Wort aus dem Buch der Weisheit in den kommenden Jahren verwirklichen:

> *Gott hat sie geprüft und seiner würdig befunden. Wie Gold im Schmelzofen hat er sie erprobt und wie ein vollkommenes Brandopfer angenommen. Zur Zeit ihrer Heimsuchung werden sie aufleuchten. (…)*
>
> *Die auf ihn vertrauen, werden alsdann die Wahrheit erkennen, und die treu gewesen sind, werden in der Liebe bei ihm verweilen; denn Gnade und Erbarmen wird den Auserwählten zuteil*
> (Weish 3,5-7. 9).

Freundschaft durch Treue beweist der Mensch in der Prüfung. Die Liebe der Eheleute beweist sich am stärksten in der Prüfung. Ihr Zeugnis vor den Menschen hat die Kirche immer in der Prüfung gegeben. Welch großartige Sendung!

Dann aber sind den Eheleuten in ihrer «Weihe» mitten in der Prüfung *weiße Kleider* gewiss, sind sie doch Gefährten des Lammes, auch sie *erkauft aus den Menschen als Erstlingsgabe für Gott und das Lamm*; um der Wahrheit willen auch Blutzeugen, wenn es sein muss. *In ihrem Munde wurde keine Lüge gefunden; ohne Makel sind sie* (Off 14,4-5).

Weiße Kleider, Kleider der Keuschheit (was nicht Enthaltsamkeit bedeutet) und der Treue sollen die Eheleute also erhalten, wie die geweihten Seelen. Aber man muss es sich etwas kosten lassen! Es kommt eine Zeit auf uns zu, in der die verhöhnte Liebe nur durch Blutzeugen der Liebe gerettet werden wird, treue Zeugen in Selbstüberwindung und Opfer, die fähig sind, in die Fußstapfen des Lammes zu treten, das ihnen in seinem Sieg vorangeht:

> *Einer der Ältesten nahm das Wort und sagte zu mir: «Die da in die weißen Gewänder gehüllt sind, wer sind sie, und woher sind sie gekommen?» Da habe ich zu ihm gesagt: «Mein Herr, du weißt es.» Und er sprach zu mir: «Das sind die, die aus der großen Drangsal kommen, und sie haben ihre Gewänder gewaschen und weiß gemacht im Blute des Lammes»* (Off 7,13-14).

Schwierig, die Gnade der Ehe? Ja, sicher. Aber schwierig ist vor allem die Gnade jedes Getauften. Doch wie schön und begeisternd — und als Einzige imstande, das ganze Wesen zu ergreifen, das geschaffen ist, um sich der Liebe hinzugeben. Das begeistert die Liebe. So weit geht sie. So weit will sie gehen, ihr Durst wird nur gestillt sein, wenn sie zum Ziel gelangt ist. Und das ist gut so. Das ist sogar sehr gut. *Gott sah, dass alles sehr gut war* (Gen 1,31) am sechsten Tag, und er ruhte sich aus.

In der Schöpfung ist alles vollbracht, als das Paar da ist. Das Lamm wird am Kreuz geopfert und auch da ist *«alles vollbracht»* (Joh 19,30). Die zur Hochzeit des Lammes Geladenen haben schon «ja» gesagt. Wiederum ist alles vollbracht. Man braucht nichts weiter zu tun als davon zu leben.

Wie viele Eheleute und ihre Familien werden schließlich durch Gottes Gnade leben und wiederaufleben! Und das, weil sie die richtige Entscheidung getroffen haben: die Entscheidung, an die

Liebe zu glauben, die Barmherzigkeit immer anzunehmen und zu Jesus zu eilen, um schon jetzt und ohne länger zu warten mit Ihm die **Hochzeit des Lammes** zu erleben.

Sigloy,
Pfingsten 1990.

Inhaltsverzeichnis

Vorwort 7
Vorrede 9
Einleitung 13

Kapitel I
LIEBEN HEISST VERGEBEN

1 — Die Liebe erträgt alles 24
    Wirklich lieben heißt einander ertragen 24
    Sich entscheiden, den anderen mit Liebe zu ertragen.... 27
    Einander mit Geduld ertragen 30
    Lieben heißt zuhören, miteinander reden, vergeben 33

2 — Hindernisse bei der Vergebung 38
    Was aus dem Herzen des Menschen kommt 38
    Dem Evangelium entgegengesetzte Ideologien 42
    Murren 45
    Mangelnde Unterwerfung unter den Heiligen Geist 47
    Unwissenheit 50
    Die Verweigerung der umsonst geschenkten
    Barmherzigkeit 53

3 — Barmherzigkeit ausstrahlen 57
    Brüderliche Vergebung 57
    Allen vergeben 61
    Sich selbst vergeben 63
    Gott vergeben 66
    Der Kirche vergeben 71

Kapitel II
DER SIEG DER LIEBE

1 — Der allmächtige Gott, Sieger durch seine Barmherzigkeit	77
Gott lässt seine Barmherzigkeit hervorbrechen	77
Gott ist die Quelle der vollkommenen Barmherzigkeit	79
Selig sind die Barmherzigen…	80
Die Torheit Gottes in seiner Barmherzigkeit	82
2 — An die Möglichkeit der Versöhnung glauben	86
Zuerst die Wahrheit	86
Sich auf Gottes Wort stützen	92
3 — Die Freude der Vergebung	94
«Ich glaube an Wunder»	94
Ich glaube an die Sakramente und an das Gebet der Gemeinschaft	102
Glaube, der rettet	105
Vergebung, die befreit und die Liebe aufbaut	107

Kapitel III
HOFFNUNG MITTEN IN DER NACHT

1 — Aufdeckung der Finsternis	113
Die Täuschung der Hochherzigkeit	113
Mangel an Wahrheit	115
Verblendung	117
Überheblichkeit	120
Der Hochmut des Wissens	122
2 — Die Ehe in der Krise?	124
Es gibt eine Krise der Ehe	125
Die tieferen Ursachen der Krise	126
Ein Blick des Glaubens zur Überwindung der Krise	128
Anhaltspunkte auf dem Weg ins Freie: Gottes Wort und die Sakramente	129
3 — Die Krise verhüten oder steuern?	133
Die Geisteshaltung der «vollendeten Tatsache»	133
Den Weg des Glaubens einschlagen	135
Die Lüge aufdecken	137

4 — Die Wege der Hoffnung 139
    Glauben, dass Versöhnung immer möglich ist 139
    An das Sakrament der Versöhnung glauben 140
    An die Eucharistie, die Quelle der Versöhnung, glauben 141
    Das Gleichgewicht in der Ehe wahren 143
    Um Heilung der Verletzungen beten 144

Kapitel IV
NUR EIN EMPFINDSAMES HERZ KANN LIEBEN

Barmherzigkeit zeigt sich im Mitleid und im Trost 149

1 — Alles Mitleid kommt von Gott 149
    Unsere Welt will kein Mitleid 150
    Der Feind, ein Gegner des Mitleids 153
    Mitleid kann die Welt retten 153

2 — Die beiden Sakramente der Liebe 156
    Eucharistie und Buße: unzertrennlich 156
    Persönliche Begegnung mit Gott 160
    Eine Begegnung durch die Gnade des Priestertums 162
    Verheiratete Diakone im Dienst der Barmherzigkeit 168

3 — Die Anteilnahme des Jüngers 171
    Nicht wirklich natürlich 171
    Die notwendige Bekehrung: das empfindsame Herz 172
    Der sanftmütige und demütige Jünger 175
    Fern von den Göttern der Fremde in der Kirche leben ... 176

4 — Trost, die Frucht des Mitleids 180
    Trost, eine Gottesgabe 180
    Selig die Traurigen, denn sie werden getröstet werden 182
    Ein Gott, der die tröstet, die untröstlich sind 184
    Maria, die Trösterin der Betrübten 188

5 — Wahres und falsches Mitleid 192

Kapitel V
BERUFEN ZUR EINHEIT IN DER LIEBE

1 — Ein Herz, eine Seele, ein Leib 203

Die Einheit des Ehepaares in dreifacher Gemeinschaft...	203
Innige Verbundenheit statt Verschmelzung............................	207
Eheliche Liebe, nicht mehr Freundesliebe	212

2 — Die Ehe, der Weg der Heiligkeit in Gemeinschaft................ 218
    Die Ehe, eine Glaubenstat 218
    Die Ehe, eine ununterbrochene Liebestat........................ 220
    Die Ehe, eine Tat der Hoffnung.. 222

3 — Die geistliche Tiefe der Familie....................................... 226
    Das Gebet des Ehepaares 226
    Sich vom Evangelium unterweisen lassen...................... 230
        Das Leben des Jüngers 230
        Vom Wort Gottes überzeugt sein 232
        Die eheliche Liebe, ein Kampf mit der Aussicht
        auf Sieg... 233
        Der Sieg in der Gnade des Sakraments.................... 235
        Das Befreiungsgebet.. 236
    Vom «Sinnenhaften» zum «Geistigen».............................. 238
    Anteilnahme, eine Tugend der Familie............................. 242

4 — Gemeinschaft in der Kirche... 248
    Das Gebet der Kirche in der Liturgie 248
    Die Ausstrahlung einer einträchtigen Ehe und Familie..... 250
    Evangelisierung... 252

Kapitel VI
GEMEINSAM IM LICHT GEHEN

1 — Gott ist Licht, und keine Finsternis ist in ihm 258
    Die eheliche Liebe im Licht.. 258
    Klarheit, Gespräch, Verbundenheit 260

2 — Eheseelsorge im Licht... 261
    Keine Eheseelsorge ohne Bezug zur Gemeinschaft......... 261
    Eheseelsorge ist für alle ein Werk der Umkehr 263
    Hindernisse wieder verheirateter Geschiedener
    bezüglich des Evangeliums... 266
    Inwieweit Buße und Eucharistie für wieder verheiratete
    Geschiedene? 269

3 — «Vorbeugen ist besser als heilen» 272

Eheleute müssen einander alles vergeben	272
Die Nacht des Glaubens auch in der Ehe	273
Die Gemeinschaft im Gebet für die Eheleute	274
Sich vor Lauheit hüten	276
Gegen die Ichbezogenheit kämpfen	278
Die Selbstsucht zu zweit vermeiden	281
Wie schützt man sich vor der Gefahr einer Trennung oder Scheidung?	283
Eine Rangordnung der Werte aufstellen	287
Entsprechend der Weihe des Ehesakraments leben	288

Kapitel VII
ZEUGEN DER TREUE UND DER BARMHERZIGKEIT

1 — Die Heilsbotschaft in Barmherzigkeit verkünden	295
Das Evangelium der Barmherzigkeit predigen	295
Die zweite Evangelisierung ist Sache der Barmherzigen	297
2 — Das Zeugnis der Treue	300
Wer lässt uns denn an die Liebe glauben?	301
Der schwere Weg der Treue	303
Treue bei getrennten, nicht wieder verheirateten Ehepartnern	306
Solche Treue ist möglich	306
Die Heiligkeit der Eheleute lässt an die Liebe glauben	309
Für die Diener ist wichtig, für treu befunden zu werden	310
Diese Treue ist uns nicht freigestellt	311
Das Zeugnis wiedergefundener Treue	312
Der Herr lässt uns immer wieder staunen!	314
3 — Berufungen für den Dienst der Versöhnung	315
Woher kommen Berufungen?	315
Eheleute als «Botschafter» für die Barmherzigkeit	317
Den Ruf beantworten	320
Verzicht ist unerlässlich	320
Die geistliche Tiefe des «Ja»	323

Kapitel VIII
LIEBEN IST SO EINFACH

Ein kindliches Herz, um zu lieben und die Welt aufzubauen.... 333

1 — Ein kindliches Herz für die Eheleute 333
    Alles wird geschenkt 333
    Im Mittelpunkt der Liebe die Hingabe 335
    Wie ein kleines Kind auf dem Schoß der Mutter 338
    Die Liebe eines Vaters 340
    Die Gnade der Menschwerdung 342

2 — Der Weg der Kindschaft 346
    Wohlwollen, eine Frucht des Geistes 347
    Die Einheit der Person und des Ehepaares
    in Einfachheit des Herzens 348
    Die Vorsehung 351

3 — Die Familie im Mittelpunkt des Reiches 354
    Ein verwandeltes Leben 354
    Unter der Führung des Heiligen Geistes 357
    Lieben ist so einfach! 359

Schluss: Wer wird uns denn an die Liebe glauben lassen? 363

Die Gnade der Ehe an der Schwelle der zweiten
Evangelisierung 363

Andere Bücher beim Parvis-Verlag

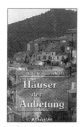

Häuser der Anbetung

«Laß keinen Tag vergehen, ohne auf mich zu schauen.» Darum bittet Christus jene, die auf seine Wiederkunft warten. Er bittet sie, dafür zu sorgen, daß «die Eucharistie geliebt wird, wie sie noch nie geliebt wurde».
Die Seelen, die aus der Anbetung leben, bereiten die Erde darauf vor, Christus bei seiner Wiederkunft in Herrlichkeit aufzunehmen. Durch ihre Weihe an die Eucharistie bereiten sie die Weihe der Welt vor. Im Hinblick auf diese Weihe der Welt will Jesus Häuser der Anbetung erwecken. Sie sollen über die ganze Erde verstreut sein und Licht in ihre Umgebung bringen. Jesus will überall in unserer Mitte und in unseren Häusern wie «Brosamen desselben Brotes sein, das an alle verteilt wird».
von Marie-Benoîte Angot, 240 Seiten, 13x20 cm   *SFR 22.– DM 27.– öS 195.–*

Das Sakrament der Versöhnung – Das Wunder der Liebe

Warum und wie soll nun die persönliche Versöhnung gelebt werden? Möchten wir bei der Lektüre dieses Buches wieder das Verlangen verspüren, zur Beichte zu gehen. Hier gibt uns Pater Marin sehr praktische Ratschläge, mit deren Hilfe wir «die Verzeihung und den Frieden» zu finden vermögen.
von Pater Jacques Marin, 224 S., 13x20 cm   *SFR 21.– DM 26.– öS 185.–*

Der heilige Joseph – Arzt der verletzten Seelen

Das Evangelium sagt nicht viel über Joseph, aber es berichtet das Wesentliche: Joseph ist ein «Gerechter» (Mt 1,19). Die Bibel gibt uns gründlich Auskunft über das Innenleben und das soziale Verhalten eines Gerechten. Hiervon ausgehend vermögen wir uns sein Dasein vorzustellen.
Der Leser wird sich anschließend dem Herzen des heiligen Joseph näher fühlen. Im 2. Teil findet man eine Novene und Gebete an den hl. Joseph.
von René Lejeune, 160 Seiten, 11x17 cm   *SFR 12.50 DM 15.– öS 110.–*

Jenseits der «vaterlosen Gesellschaft»
Gott unser Vater

Dieses Buch führt uns an die gewaltig sprudelnde Quelle aller Vaterschaft. Und das ist etwas sehr Aktuelles, denn nach dem «Tod des Vaters», wovon unsere Zivilisation von der Französischen Revolution an bis zu Freud bestimmt war, kommt es in der letzten Zeit zu einer aufsehenerregenden «Rückkehr des Vaters».
Das ist der richtige Zeitpunkt, um Gott den Vater neu zu entdecken. Der Autor sieht dafür drei Etappen vor:
1) Die Offenbarung, wie sie die Geschichte der Menschen der Bibel und sodann die Überlieferung und die Kirchenväter durchströmt bis zur überraschenden mystischen Welle der letzten Jahrzehnte. 2) Das Mysterium und das Geheimnis des Vaters. 3) Die Herstellung einer lebendigen Beziehung mit ihm.
Nun können wir mit vielen Heiligen, Mystikern und Mystikerinnen und mit Jesus selbst «Abba!» stammeln. Der Vater zeigt sich uns als der Ganz-Nahe und nicht als der Ganz-Andere.
von René Laurentin, 528 Seiten, 14x22 cm   *SFR 39.– DM 48.– öS 350.–*

Die Engel – Unsere himmlischen Helfer

Seit einigen Jahren sind die Engel durch einen aus Kalifornien kommenden Trend — New Age — verblüffenderweise wieder zurückgekommen. Die meisten Veröffentlichungen verbreiten große Irrtümer und sogar alte Häresien. Von da rührt auch die Notwendigkeit dieses Buches, der sich auf die Lehre der katholischen Kirche stützt. Anne Bernet arbeitet alles, was die Theologie über die Engel sagt, klar heraus. Im Anschluß daran befaßt sie sich mit drei Engeln: Michael, Gabriel, Raphael; schließlich stellt sie Überlegungen zu dem Schutzengel — und zu den abgefallenen, sich auflehnenden Engeln — den Dämonen — an.
von A. Bernet, 448 Seiten, 14x22 cm   SFR 32.– DM 39.– öS 290.–

Die Engel – Geheimarmee des Himmel

Es ist eine Glaubenswahrheit, daß es Engel gibt, persönliche, unsterbliche Geschöpfe der unsichtbaren Welt. Als Gottes Boten in unserer Welt sind sie den Menschen zu Diensten, um sie auf den Weg des Heils zu führen. Und wie wunderbar, jeder Mensch, ohne Ausnahme, hat seinen eigenen Schutzengel! Am Vorabend des 3. Jahrtausends werden die Menschen sich der Engel mehr denn je bewußt. Was hat dieses Zeichen der Zeit zu bedeuten? Ihre Wiederkehr mit Macht führt zu seltsamen Einbildungen und überspannten Formen der Darstellung. Wie kann man sich da zurechtfinden? Diese Fragen beantwortet René Lejeune. Gestützt auf das Wort Gottes, bietet er Ihnen sichere Leitlinien auf Ihrer eigenen Suche nach den Engeln, vor allem nach Ihrem Schutzengel.
Im zweiten Teil hat der Verfasser Gebete, Litaneien und eine Novene zu Ehren der Engel zusammengestellt.   von R. Lejeune, 144 Seiten, 11x17 cm   SFR 12.– DM 14.– öS 100.–

365 Tage mit meinem Schutzengel

Diese Botschaften eines Schutzengels sollen einzeln nacheinander gelesen und bedacht werden. Jeden Tag eine. Dein Schutzengel schaut ständig Gottes Angesicht (vgl. Mt 18,10). Und zugleich steht er dir Tag und Nacht bei, von deiner Geburt an bis zu deinem Übergang in die andere Welt; er wird dir beim Jüngsten Gericht zur Seite stehen. Er ist dein Begleiter in Ewigkeit.
Er hat einen Namen. Er liebt dich; er freut sich mit dir; er weint, wenn du weinst. Er vergießt Tränen, wenn du auf den «Vater der Lüge, den Menschenmörder von Anfang an» (Joh 8, 44) hörst. Er ist jedes Mal überglücklich, wenn du eine Anstrengung unternimmst, die dich Jesus ähnlicher macht, der «sanftmütig und von Herzen demütig» ist (Mt 11,29), jedes Mal, wenn du gemäß der Liebe lebst, wie sie der Apostel Paulus beschreibt (1 Kor 13). Diese Texten sind ein Widerhall des Evangeliums, die den Menschen von Jesus Christus verkündigt worden ist.
von René Lejeune, 192 Seiten, 11x17 cm   SFR 14.– DM 17.– öS 125.–

«Der kleine Weg» der Theresia von Lisieux
Spiritualität und Novene

René Lejeune hebt die entscheidenden Ereignisse des Lebens Theresias hervor. In einer für jedermann zugänglichen Redeweise, stellt er den berühmten «kleinen Weg der Kindschaft» dar. Durchdrungen von dieser Spiritualität, hat er eine Novene zusammengestellt, die vom Herrn einen Rosenregen von Gnaden für all jene erlangen sollte, die sie beten werden.
von René Lejeune, 96 Seiten   SFR 7.50 DM 9.– öS 68.–

Der Rosenkranz
Ein Weg zum immerwährenden Gebet
Sieht nicht der Mensch, der die Perlen seines Rosenkranzes immer wieder durch seine Finger gleiten ließ, in der Tiefe der Betrachtung die Gnade des immerwährenden Gebets hervorquellen? Ein Buch für alle, die den Rosenkranz beten oder (besser) beten möchten!
Im 2. Teil des Buches findet man Betrachtungen über die 15 Geheimnisse des Rosenkranzes. von Pater J. Lafrance, 128 S. SFR 14.- DM 17.- öS 125.-

Wurde am 2. Mai 1999 seliggesprochen
Pater Pio aus Pietrelcina
Erinnerungen an einen bevorzugten Zeugen Christi
Eine ausgezeichnete Biographie über den Pater Pio, seine geistliche Ausstrahlung, die Bekehrungen und Heilungen, die auf seine Fürbitte zurückgehen.
von Pater A. Decorte, 320 Seiten
SFR 25.- DM 30.- öS 220.-

Pater Pio
Freund Gottes - Wohltäter der Menschen
Bekehrungen, Heilungen, Wunder, Seelenschau, Bilokation... sind in kurzen Erzählungen vorgestellt. von P. Cataneo, 176 Seiten, 10. Tausend
SFR 15.- DM 18.- öS 135.-

Emiliano Tardif - Steh auf und geh!
Maria-Sylvia Buisson hatte Emiliano Tardif während seines letzten Aufenthaltes im Libanon begleitet. Sie ist Männern, Frauen und Kindern begegnet, die geheilt wurden, als Pater Tardif bei ihnen war. Sie ist ihren Leidenswegen nachgegangen, sie hat Worte voller Glück gehört, und sie hat mit den behandelnden Ärzten gesprochen. Das Buch ist ein Bericht, der auf Beweisen beruht, und so haben wir nun hier eine Botschaft der Hoffnung für all die vielen, die in ihrem Fleische leiden. Wirklich spannend zu lesen!
256 Seiten, 14,5x22 cm SFR 24.- DM 29.- öS 215.-

Im Feuer der Liebe
Pater Emiliano Tardif ohne Koffer rund um die Welt
Das Buch berichtet, wie überall, wo er predigt, die Volksmenge zusammenströmt, um zu beten und den Herrn zu loben. Und Jesus handelt, und manchmal heilt er auch. Ein spannendes Buch! von Emiliano Tardif und Jose Prado Flores
208 Seiten, 14,5x22 cm
SFR 22.- DM 27.- öS 195.-

Zeit für Gott
Führer für das innere Gebet
Für wen ist das innere Gebet? Und wo, wann und wie kann man es praktizieren? Ein kleines Buch, reich an Beispielen und konkretem Rat.
von Pater J. Philippe, 128 Seiten SFR 12.- DM 14.- öS 100.-

Der Leib – Tempel der Schönheit

Jo Croissant ist die Ehefrau von Bruder Ephraïm, dem Gründer der «Gemeinschaft der Seligpreisungen».
Die Autorin lädt uns zu einem echten Weg der inneren Heilung ein: in den Tempel eintreten, in die Innerlichkeit eintreten, bedeutet in die Gegenwart des dreimal heiligen Gottes einzutreten. Unter dem Blick des Vaters und durch sein Wort werden wir unsere wirkliche Identität als Söhne und Töchter Gottes entdecken.   von Jo Croissant, 240 Seiten   *SFR 24.- DM 29.- öS 215.-*

Die Seligpreisungen
Unsere Berufung zum Glück

Jesus sagt uns: «Ich bin der Weg, die Wahrheit und das Leben»; der Weg zum Glück. Dieses Glück gibt es nicht außerhalb von Gott. Der Autor zeigt uns anhand der Seligpreisungen, wie sich das Geheimnis des Glücks ereignet: durch Umwandlung unserer Leiden in Freude.
von Ephraïm, Gründer der «Gem. der Seligpreisungen».
160 Seiten, 14x22 cm   *SFR 20.- DM 24.- öS 180.-*

Bleibt in Mir – Ein Weg zum inneren Gebet

Dieses Buch öffnet uns den schmalen Weg zum inneren Gebet. Dicht, aber einfach, leicht faßlich für alle.
von Sr. Marie-Pascale, 192 Seiten   *SFR 16.- DM 19.- öS 140.-*

Es wagen die Liebe zu leben

In klaren und allgemeinverständlichen Worten spricht die Autorin zu uns von der Schönheit, Größe und Einzigartigkeit der christlichen Ehe. Wirklich wunderbere Seiten über die Ehe!
von Georgette Blaquière, 208 Seiten   *SFR 16.- DM 19.- öS 140.-*

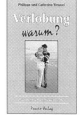

Verlobung – warum?
Antwort an zwei Verliebte

Die Verfasser gehen darin auf rund fünfzig Fragen ein, die sich zwei Verliebten stellen können. Gestützt auf das Wort Gottes gehen sie klar und unverblümt an die Fragen heran und flechten zahlreiche Zeugnisse von Jugendlichen ein.
von Philippe und Catherine Timmel, 96 Seiten
SFR 12.- DM 14.- öS 100.-

Suche den Frieden und jage ihm nach

Was sollen wir tun, wenn wir Zeiten der Verwirrung und der Beängstigung zu durchschreiten haben und dennoch im Vertrauen und in der Hingabe an Gott zu verbleiben verlangen? Darüber belehrt uns diese kleine Abhandlung über den Frieden des Herzens.
An Hand ganz konkreter Situationen unseres täglichen Lebens lädt uns der Autor ein, dem Evangelium entsprechend zu handeln.
von Pater J. Philippe, 128 Seiten   *SFR 11.- DM 13.- öS 95.-*

In der Schule des Heiligen Geistes
Für uns, die wir so schwach und so vielen Kämpfen ausgesetzt sind, muß der Beistand des Heiligen Geistes ein wesentliches Element unseres christlichen Lebens werden. Wie aber sollen wir es machen, um es dem Heiligen Geist zu ermöglichen, uns zu leiten und uns beizustehen?
In allgemeinverständlicher Sprache zeigt uns dieses Buch die praktischen Gegebenheiten auf, welche diese Fügsamkeit gegenüber dem Wirken des Heiligen Geistes ermöglichen.
von Pater J. Philippe, 128 Seiten   SFR 11.- DM 13.- öS 95.-

Der Teufel - Mythos oder Realität?

Abbé Laurentin bietet hier überraschende Antworten, die jedoch auf der Heiligen Schrift, der Tradition und der zweitausendjährigen Erfahrung der Kirche gründen.
Des weiteren findet man Antworten auf konkrete Fragen: Was ist Besessenheit? Wer ist besessen und warum? Was sind Exorzismen? In welcher Hinsicht werden sie reformiert? Wie kann man dem machtvollen Einfluß des Herrschers dieser Welt entrinnen.
von René Laurentin, 400 Seiten   SFR 32.- DM 39.- öS 290.-

Prachtvoller Video-Film
Erscheinungen in Fatima
Dieser Spielfilm ist eine großartige Rekonstruktion der Erscheinungen in Fatima im Jahre 1917, bei der hunderte Darsteller mitgewirkt haben.
Der talentierte Filmmacher Daniel Costelle drehte ihn unmittelbar am Ort der Erscheinungen. Die ganze Geschichte von Fatima ist in diesem Film dargestellt. Wirklich wunderschön!
Farbiger Videofilm, 90 Min.   SFR 52.- DM 65.- öS 490.-

HEILIGGESPROCHEN AM 30. APRIL 2000
TAGEBUCH der Schwester Faustyna Kowalska

Schwester Faustyna (1905-1938) ist vom Heiland zur besonderen Botschafterin seiner Barmherzigkeit berufen worden. Sein Tagebuch enthüllt uns ausdrucksvoll und überzeugend die Unendlichkeit der Barmherzigkeit Gottes. Es lehrt nicht nur vom Barmherzigsten Erlöser, sondern muntert auch auf, ihn zu verehren.   598 Seiten + 16 Seiten, Farbfotos, 14,5x21 cm, gebunden
Vorwort von Bischof J. Stimpfle   SFR 46.- DM 56.- öS 400.-

365 Tage mit MARIA
Jeden Tag eine Botschaft von der Jungfrau Maria in MEDJUGORJE
Jeden Tag einen kurzen Rat entnommen der Botschaften Marias.
Ein ganzes Jahr mit der Mutter Gottes!   vorbereitet von René Lejeune
2. Auflage, 128 Seiten   SFR 10.- DM 12.- öS 90.-

Medjugorje: die 90er Jahre – Der Triumph des Herzens!

Schwester Emmanuel gibt hier ein klares Bild von jenem außergewöhnlichen Dorf, in dem die Mutter Gottes uns seit 1981 «zum Anfassen» nahe kommt. Sie führt uns hier in das Leben der Dorfbewohner, der Seher und der Pilger ein, die an diesem Ort zu Tausenden tiefgreifende Bekehrungen ihrer Herzen und manchmal sogar körperliche Heilungen erleben.

«Die hier gesammelten 87 Berichte enthüllen uns ein neues Gesicht Mariens und verraten etwas von ihrer unbeschreiblichen Mutterliebe. Es ist mehr als ein Buch, es ist ein "Fahrschein ins Glück"!» (Msgr. F. Franic, Alterzbischof von Split)

von Schwester Emmanuel, 432 pages   SFR 30.– DM 37.– öS 270.–

Gnadengeschenke
Wir wurden in Medjugorje bekehrt, geheilt und berufen

Obgleich es zur Zeit mehr als 50 Bücher in deutscher Sprache über Medjugorje gibt, ist dieses zweite Buch des Autors etwas Besonderes.
Peter Zimmermann, konzentrierte sich in erster Linie auf Bekehrungen, Heilungen und Berufungen. Der Leser erfährt durch die Berichte und Erlebnisse der Interviewpartner von den gewaltigen Gnadenschätzen, die durch die Gospa (Madonna) in Medjugorje ausgeteilt werden.
176 Seiten, 13x20 cm   SFR 16.– DM 19.– öS 140.–

Worte des Friedens
Die Botschaften Mariens in Medjugorje

Das vorliegende Buch bietet die gesamten, von Cyrille Auboyneau hervorragend eingeleiteten Worte der Gottesmutter in Medjugorje seit Beginn der Erscheinungen im Jahre 1981 bis 1996.
288 Seiten, 14x22 cm, 2. erweiterte Auflage
SFR 22.– DM 27.– öS 195.–

Der große Kreuzzug der Liebe

In der bolivianischen Stadt Cochabamba erhält Catalina, eine demütige Dienerin Gottes, die Wundmale Jesu. Catalina empfängt auch Botschaften Jesu. Darin bringt er seine Liebe zu Bolivien und zur ganzen Welt zum Ausdruck. Er sucht die Unterstützung seiner Kinder, weil nach seinem Willen in allen Völkern neu die Sühne verbreitet werden soll. Das nennt Jesus «den großen Kreuzzug der Liebe». Jesus erklärt in diesen Botschaften folgendes:

«Diese Botschaften werden wie ein Lichtstrahl und wie ein Schlag Meines Herzens aufgenommen werden... Sie werden wie eine weitere und neue Offenbarung Meiner unwandelbaren Liebe zu den Menschen sein, wie ein Aufruf an alle Menschen, zu Meinem Herzen zurückzukehren, das sich in Liebe verzehrt... (KL 180)
Bevor der Herr in der Welt das Feuer seines Zorns entfacht, müssen die Guten in den Herzen ihrer Brüder das Feuer der Liebe entzünden. Deshalb müsst ihr eure Brüder eilends belehren. Dafür ist jede Seele verantwortlich... Ihr müsst der ganzen Welt die Liebe des Schöpfers zu seinem Geschöpf verkünden... Die Stunde ist ernst, die Gefahr droht. Allein die Liebe kann die Welt retten!» (KL 173)

Mit dem kirchlichen Druckerlaubnis von Msgr. R.-F. Apaza, Erzbischof von Cochabamba (Bolivien)
360 Seiten, 13x20 cm   SFR 26.– DM 32.– öS 235.–